国家科学技术学术著作出版基金资助出版

中国隧道及地下工程修建关键技术研究书系

智能盾构
理论与方法

杨华勇 李建斌 等 编著

人民交通出版社

北京

内 容 提 要

本书基于作者团队多年的科研攻关成果，围绕"人工智能+盾构机"的融合发展理念，提出了"智能盾构机"的内涵和外延，并就其智能感知、智能决策、自动执行以及智能控制等展开系统研究，深入阐述了智能传感器技术、数据传输与通信技术、大数据与云计算技术、数据融合与平台开发技术、智能控制技术、智能机器人技术在盾构机各子系统的研发与应用情况，构建了智能盾构机技术体系。

本书既有理论研究，也有针对性的成果应用，明确了智能盾构实施的技术路径，可供从事工程装备设计、研发以及隧道施工、管理人员参考使用，也可作为高等院校相关专业师生的参考图书。

图书在版编目(CIP)数据

智能盾构理论与方法/杨华勇等编著. —北京：人民交通出版社股份有限公司, 2024.6
ISBN 978-7-114-19566-2

Ⅰ.①智… Ⅱ.①杨… Ⅲ.①人工智能—应用—盾构法 Ⅳ.①U455.43-39

中国国家版本馆 CIP 数据核字(2024)第 111739 号

Zhineng Dungou Lilun yu Fangfa

书　名：	智能盾构理论与方法
著 作 者：	杨华勇　李建斌　等
责任编辑：	谢海龙
责任校对：	赵媛媛
责任印制：	刘高彤
出版发行：	人民交通出版社
地　　址：	(100011)北京市朝阳区安定门外外馆斜街 3 号
网　　址：	http://www.ccpcl.com.cn
销售电话：	(010)59757973
总 经 销：	人民交通出版社发行部
经　　销：	各地新华书店
印　　刷：	北京印匠彩色印刷有限公司
开　　本：	787×1092　1/16
印　　张：	23.75
字　　数：	576 千
版　　次：	2024 年 6 月　第 1 版
印　　次：	2024 年 6 月　第 1 次印刷
书　　号：	ISBN 978-7-114-19566-2
定　　价：	198.00 元

(有印刷、装订质量问题的图书,由本社负责调换)

作者简介
Introduction to the author

杨华勇，1961年1月出生，中国工程院院士，流体传动与控制领域专家，浙江大学教授，浙江大学机械工程学院院长，流体动力与机电系统国家重点实验室(浙江大学)主任，国家电液控制工程技术研究中心主任。

长期从事电液控制方面的理论研究、基础元件和系统开发、盾构与液压电梯关键技术研发以及工程化等工作，先后主持了国家重点基础研究发展计划(973计划)、国家高技术研究发展计划(863计划)、国家自然科学基金、国家科技支撑计划等项目。在国内外重要学术刊物发表论文260余篇，获得中国发明专利150余项，出版多部著作。

李建斌，1962年10月出生，正高级工程师，国家重点基础研究发展计划(973计划)首席科学家，中国中铁股份有限公司高级专家，中铁工程装备集团重大专项研究院院长。曾任中铁工程装备集团有限公司董事长、党委书记，中铁高新工业股份有限公司总经理。

长期致力于盾构机技术创新和推广应用，作为多个型号盾构机总设计师，带领团队历经8年研制出我国第一台复合式土压平衡盾构机，历经15年实现了中铁装备的盾构机产销量中国第一，历经20年实现了盾构机产销量世界第一，各型号盾构机被广泛用于铁路隧道、海底隧道、地铁、国防等国家重大工程。先后获国家科技进步一等奖、国家科技进步二等奖、国家专利金奖、中国优秀工业设计奖金奖、中国好设计金奖等科技奖项，获得中国发明专利40余项，出版著作7部。

编写委员会

主任委员

杨华勇　　李建斌

副主任委员

贾连辉　　龚国芳　　朱国力　　刘成良　　夏毅敏　　刘辛军
霍军周

编　　委

杨华勇　　李建斌　　贾连辉　　龚国芳　　朱国力　　刘成良
夏毅敏　　刘辛军　　霍军周　　荆留杰　　王杜娟　　张　茜
张亚坤　　林福龙　　周小磊　　张　娜　　杨　晨　　郑赢豪
刘　瑞　　魏晓龙　　路亚缇　　王　宁　　郭俊可　　周树亮
陈　力　　郇　泉　　祝　毅　　曲传咏　　刘　洋　　刘浩飞
朱团辉　　郭付军　　张可可　　张　杰　　牛文琪　　王　骞
王志恒　　谷光伟　　王又增　　章龙管　　段文军　　何　博
于太彰　　郑霄峰　　郑康泰　　贺　飞　　牟　松　　闫沁太
李鹏宇　　卓兴建　　孙志洪　　郑永光　　朱永超　　姜礼杰
龚廷民　　贺开伟　　陶建峰　　顾　毅　　徐兵峰　　刘　炜

FOREWORD
前言

近年来,全球人工智能(Artificial Intelligence,AI)技术快速发展,成为引领新一轮科技革命和产业变革的重要驱动力。在此背景下,中铁工程装备集团有限公司等盾构机制造厂商、中铁隧道局集团有限公司等施工企业联合浙江大学、上海交通大学、清华大学、中南大学、华中科技大学、大连理工大学、山东大学等相关高校开展了盾构机智能化的研究。研究团队秉持"产学研用"的研发方法,以提升盾构机的整体性能为目标,探索将新一代人工智能技术融入盾构机的研发、设计、制造与应用之中,充分挖掘利用新技术来推动技术创新,打造新时期的大国重器。相关研究成果如下:

AI技术赋予盾构机更加准确识别地质条件的能力。岩石和土壤的类型繁多,掘进之前无法掌握隧道每个位置的地质数据,还要考虑隧道埋深、含水量、岩体裂隙发育等条件,可以说世界上没有哪两座隧道是完全一样的。盾构机在掘进过程中会产生大量的掘进数据,包括刀盘转速、推进力、刀盘扭矩、推进速度等。采用BP神经网络等算法,可逐步建立盾构机掘进参数集和地质条件之间的关系,解决地质条件难识别的问题。该技术配合地震波法、电磁法等地质预报技术组成地质预报与综合预警系统,提高施工安全性。

神经网络和边缘计算技术可降低盾构机刀盘切削土体所用能耗。驱动系统是驱动刀盘完成土体切削的动力来源,其制造成本高且工作能耗高,该系统的状态监控、维护和运行参数优化需要大量的监测数据,利用大数据分析和人工智能可以准确及时地找出潜在故障点,实时分析运行状态,协助现场或远程技术人员给出最佳的解决方案。利用边缘计算节点,可以识别刀盘是否出现结泥饼等问题,也可以实现异形盾构机多刀盘智能运转。

AI技术提升了盾构机开挖面压力平衡控制的精准性。盾构机开挖面压力失衡会对地表建筑物、人身安全造成严重损害,水土压力大于盾构机密封仓压力会造成地表塌陷事故,反之会引发地表隆起(土压平衡盾构机)或泥水击穿地表(泥水平衡盾构机)事故。在实际工程中,由于需要监测和控制的变量参数多、调节的频率高,因此操作人员的工作量很大,长时间高强度的工作容易因疲劳导致误操作。当遭遇掘进地层水土总压力突变等极端工况时,人工操作的反应通常不够迅速和高效。国内外学者已开展了盾构机开挖面压力动态平衡智能控制方面的研究,有望实现无人化控制。

除了地质条件识别、刀盘驱动系统控制、开挖面压力控制等领域,AI 技术可还应用于出渣、管片拼装、通风、通信等方面,具体研究成果将在本书相关章节予以阐释。

鉴于目前还没有关于"智能盾构机"的明确定义,作者在此给出一个智能盾构机初步定义:能够根据各类信息感知和反馈,自主判断隧道地质状况,自主决策掘进参数,具有自学习和自适应能力,可实现自主导航,自主开展搭载实验和无人(少人)驾驶的盾构机。提出这一定义仅是抛砖引玉,旨在方便对盾构机智能化的研究,也有利于今后完善智能盾构机的内涵。

智能盾构机的研发只有起点,没有终点。智能盾构机研究将是漫漫长路,已取得的一些成果只是开始,仍有很多挑战考验着研究者的信心和能力。回想中国盾构机发展之路可谓艰难而又辉煌,中国首台复合式盾构机的研发历经八年,又经过十几年产销量达到世界第一。在此期间培养了一大批盾构机人才,形成了一支支科研团队,在工程现场、生产车间、实验室汇聚成了中国盾构机研发力量,打造了"产学研用"协同创新样板。实现盾构机智能化将为盾构机插上"飞翔的翅膀",相关科研团队需要继续孜孜以求,携手应对新挑战。

本书由杨华勇院士和李建斌正高级工程师牵头组织,邀请了来自浙江大学、中铁高新工业股份有限公司、中铁工程装备集团有限公司、华中科技大学、上海交通大学、清华大学、中南大学、天津大学、中铁工程服务有限公司等相关高校、企业的数十名专家学者共同编写,是行业科研人员的智慧结晶。全书共分16章:第1章为智能盾构机概述;第2章~第15章分别介绍AI 技术在盾构机导向系统、地质预报与综合预警系统、驱动系统、切削系统、压力平衡控制、姿态控制、管片拼装系统、通风系统、排水系统、注浆系统、安全系统、物料运输系统、检测系统和通信系统的研发和应用情况;第16章主要介绍了盾构智能化管控平台。

人工智能技术经过三次技术浪潮的发展,其算法、算力和数据开发均实现了突破，2016年阿尔法围棋（AlphaGo）击败围棋世界冠军事件成为AI技术里程碑，2023年ChatGPT 4、华为盘古等AI大模型发布应用。AI技术正在深刻地改变着今天的生产生活，其图像识别、语音识别等技术已在城市管理、科学研究、无人驾驶等众多领域得到应用。AI技术在盾构机设计和施工领域的应用虽已起步，透射出未来之光，但许多研究工作似在迷雾中前行，充满不确定性，这也赋予了这项研究神秘感和吸引力。随着AI技术基础理论的不断发展，以及在盾构机领域的应用得到拓展，必将出现盾构机智能选型和智能设计、盾构机维修方案智能设定和掘进寿命智能预测等更加丰富的功能应用。

盾构机智能化，未来可期。

杨华勇　李建斌
2024年5月10日

CONTENTS
目录

第1章 盾构机智能化技术概述 ··· 1
   1.1 盾构机发展历程 ··· 1
   1.2 智能盾构机的概念和关键技术 ··· 6
   1.3 智能盾构机技术体系 ·· 14
   本章参考文献 ·· 17

第2章 盾构机智能导向系统 ·· 19
   2.1 导向系统概述 ··· 19
   2.2 位姿测量误差智能补偿技术 ·· 22
   2.3 位姿测量中的多传感器信息融合技术 ······································ 29
   2.4 管片拼装点位智能选取方法 ·· 36
   2.5 应用案例 ·· 45
   本章参考文献 ·· 48

第3章 盾构机智能地质预报与综合预警系统 ································· 49
   3.1 盾构机施工智能物探技术与方法 ··· 49
   3.2 基于盾构机数据驱动的不良地质智能识别 ································ 56
   3.3 基于刀具状态监测的掌子面地质分析与反演 ····························· 62
   3.4 本章小结 ·· 66
   本章参考文献 ·· 67

第4章 盾构机主驱动系统智能化 ·· 68
   4.1 盾构机主驱动系统简介 ··· 68
   4.2 盾构机智能驱动系统技术架构 ··· 70
   4.3 基于边缘计算的驱动系统控制算法 ·· 75
   4.4 本章小结 ·· 78
   本章参考文献 ·· 78

第 5 章 盾构机智能切削系统 ... 80
5.1 盾构机刀盘参数化设计技术 ... 80
5.2 切削载荷智能预测技术 ... 84
5.3 智能切削系统工程应用 ... 94
5.4 本章小结 ... 96
本章参考文献 ... 96

第 6 章 盾构机压力平衡智能控制 ... 101
6.1 盾构机压力平衡控制技术概述 ... 101
6.2 土压平衡智能控制技术 ... 106
6.3 泥水压力平衡智能控制技术 ... 120
6.4 本章小结 ... 138
本章参考文献 ... 139

第 7 章 盾构机掘进姿态智能控制 ... 141
7.1 盾构机掘进姿态智能控制技术概述 ... 141
7.2 盾构机掘进姿态智能控制技术研究现状 ... 143
7.3 盾构机推进机构工作空间与最小转弯半径分析 ... 146
7.4 盾构机隧道设计轴线参数化方程及目标位姿求解 ... 158
7.5 盾构机各分区推进液压缸目标运动特性分析 ... 163
7.6 盾构机推进系统数学模型 ... 166
7.7 盾构机推进姿态智能控制系统及仿真研究 ... 175
7.8 盾构机推进姿态调整和轨迹跟踪控制试验研究 ... 187
本章参考文献 ... 194

第 8 章 盾构机管片智能拼装系统 ... 196
8.1 盾构机施工管片拼装概述 ... 197
8.2 管片拼装国内外现状 ... 199
8.3 智能视觉识别定位系统 ... 202
8.4 盾构机管片拼装机构设计及路径规划 ... 210
8.5 管片拼装机电液系统智能控制 ... 218
8.6 混凝土管片抓取试验 ... 225
本章参考文献 ... 226

第9章　盾构机智能通风系统 ··········228

9.1　智能通风系统组成 ··········229
9.2　智能通风控制系统原理 ··········231
9.3　本章小结 ··········235
本章参考文献 ··········236

第10章　盾构机智能排水控制系统 ··········238

10.1　智能排水系统硬件组成 ··········239
10.2　智能排水控制系统结构及硬件组成 ··········243
10.3　智能排水控制系统功能与结构设计 ··········245
10.4　智能排水控制系统控制策略及流程 ··········248
10.5　智能排水控制系统预警及故障诊断 ··········249
10.6　本章小结 ··········250
本章参考文献 ··········250

第11章　盾构机智能注浆系统 ··········252

11.1　盾构机注浆系统组成 ··········253
11.2　智能注浆系统控制 ··········257
11.3　本章小结 ··········263
本章参考文献 ··········267

第12章　盾构机智能安全系统 ··········269

12.1　设备安全监控 ··········269
12.2　人员安全监测 ··········274
12.3　本章小结 ··········281

第13章　盾构机智能物料运输系统 ··········282

13.1　智能物料运输系统 ··········283
13.2　智能泥浆输送系统 ··········287
13.3　带式输送机渣土运输系统 ··········293
本章参考文献 ··········299

第 14 章　盾构机智能检测系统 ... 300

14.1　刀盘刀具智能检测技术 ... 300
14.2　沉降预警技术 ... 308
14.3　盾尾密封监测系统 ... 320
本章参考文献 ... 324

第 15 章　盾构机智能通信系统 ... 326

15.1　盾构机施工网络支撑技术研究现状 ... 327
15.2　智能盾构机无线接入技术 ... 334
15.3　智能盾构机地下空间定位技术 ... 339
15.4　盾构机车载网技术及应用 ... 340
15.5　本章小结 ... 343
本章参考文献 ... 343

第 16 章　盾构机智能化管控平台 ... 345

16.1　平台架构 ... 345
16.2　盾构机大脑 ... 348
16.3　盾构机远程指挥中心 ... 352
16.4　数字孪生技术应用平台 ... 362
16.5　本章小结 ... 365
本章参考文献 ... 365

第 1 章
盾构机智能化技术概述

1.1 盾构机发展历程

经过近二十年的发展,中国盾构机自主设计制造技术日趋成熟,中国自主研制的盾构机已在隧道及地下空间开发中得到广泛应用。随着隧道施工需求的不断提升,盾构机技术还将不断突破新高度。

1.1.1 盾构机发展历程和技术痛点

中国盾构机的发展大致分为三个历史时期:

(1)1963—2002 年是盾构机技术探索期,中国相继研制了多种类型的盾构机,开始了盾构机的自主生产制造。中国盾构机制造和应用始于 1963 年,上海市隧道工程局(上海市隧道工程公司前身,1993 年,该公司改制为上海隧道工程股份有限公司)研制了 1 台直径 4.2m 的手掘式盾构机,这是中国首次进行完整的盾构机隧道掘进试验,并应用于上海地铁工程和越江隧道工程。1983 年,上海市隧道工程公司自行设计研制了网格型水力出土盾构机,这是在网格挤压型盾构机基础上改进而得到的一种盾构机,具有调控开挖面进土部位、面积和进土量的功能,可控制盾构机纠偏和控制地面沉降,还通过布设钢弦式土压计来随时监测开挖面部位土压值变化,这是我国首次在盾构机掘进过程中实现信息化施工。1987 年,在消化吸收国外土压平衡盾构机原理和设计制造技术的基础上,中国研制了首台直径 4.3m 加泥式土压平衡盾构机,用于上海市南站过江电缆隧道工程。之后的 10 余年间,又陆续设计制造了直径 3.8～6.34m 土压平衡式盾构机,用于取排水隧道、地铁隧道、电缆隧道等,掘进总长度约 10km。

(2)2003—2008 年是盾构机技术消化吸收阶段,中国成功研制了具有完全自主知识产权的盾构机。2002 年,国家"863"计划首次立项开展盾构机关键技术研究,正式拉开国家层面自主研发盾构机的序幕,国内首个盾构机产业化基地在河南新乡落成,正式掀开了盾构机产业研发的新篇章。2004年10月,上海隧道工程股份有限公司研发的中国首台具有完全自主知识产权的土压平衡盾构机"先行号"样机,在上海地铁2号线西延伸段区间隧道始发。2008年,中国首台具有自主知识产权的复合式土压平衡盾构机"中国中铁1号"在河南新乡成功下线(图1-1),实现了从盾构机关键技术到整机制造的历史跨越,打破了"洋盾构机"一统天下的局面,拉开中国盾构机产业化的序幕。

(3)2009年至今,是盾构机技术跨越式发展期,中国盾构机自主创新能力显著提升,实现盾构机产业化生产,国产盾构机开始走向世界。伴随着盾构机的应用推广,盾构机地质适应能力逐渐提升,相继在成都地区富水砂卵石地层、华南地区上软下硬地层、武汉地区全断面泥岩砂岩、华东地区极软土地层等典型地层中成功应用。土压平衡盾构机关键技术,如冷冻换刀技术、刀具状态在线监测系统、压力动态平衡技术、盾构机姿态纠偏技术等取得重大进展,其技术应用已经相当成熟。2015年,亚洲最大直径土压平衡盾构机在沈阳下线,用于香港莲塘公路隧道,盾构机直径14.1m,配置了蛇形探测臂及三维模拟系统,可实时勘察开挖面。2016年,由中铁装备设计制造、用于太原枢纽西南环线铁路隧道的直径12.14m土压平衡盾构机下线,设备独头掘进4850m卵石、圆砾、黄土、粉土地层,最大卵石粒径达870mm。中国铁建重工集团有限公司(简称铁建重工)首台采用永磁电机驱动的盾构机在武汉地铁27号线成功始发,设备具有低能耗、方便维修保养等特点。2018年,中铁工程装备集团有限公司(简称中铁装备)研制的直径15.03m泥水平衡盾构机在汕头海湾隧道始发,这是我国自主研制的首台15m级大直径泥水平衡盾构机,开创了国产超大直径盾构机服役于越江跨海隧道建设的新篇章。2019年,中铁装备研制的开挖直径为15.8m的超大直径泥水平衡盾构机"春风号"下线(图1-2),首次在大直径盾构机上应用滚齿破碎机技术,是高端泥水平衡盾构机的代表。2020年,分别由铁建重工和中交天和机械设备制造有限公司研制的开挖直径为16.07m的2台超大直径泥水平衡盾构机下线,这是目前中国自主研发的最大直径盾构机,已成功应用于北京东六环提升改造工程。

图1-1 "中国中铁1号"在河南新乡成功下线　　　　图1-2 "春风号"泥水平衡盾构机

目前,盾构机已发展成为集合多种技术的自动化控制机械设备,基本实现了掘进、衬砌、排土等施工工艺的全机械化和自动化,以及自动检测、自动纠偏和故障诊断等功能,几乎不受地形、气候等环境因素的影响,能够在复杂地质条件下工作,在长距离、大直径隧道施工中具有明显优势。随着社会与经济的飞速发展,中国隧道及地下工程将获得更大的发展空间,逐渐呈现建设标准高、速度快、长度长、断面大、地质复杂、工期短等显著特点,为适应不同工程领域及市场需求,盾构机技术也将不断创新发展。

(1)隧道施工地层复杂多变,盾构机可能需要穿越软硬不均、硬岩、孤石、断层破碎带及水底浅覆土等多种地层,面临局部高水压、高地应力、软岩大变形等多种不良地质,为解决传统单一模式工法无法应对复杂多样地质条件的问题,土压-泥水、TBM(岩石隧道掘进机)-土压等双模盾构机应运而生。如土压-泥水双模盾构机同时具备土压和泥水盾构机优点,土压模式下采用土仓内渣土稳定掌子面并利用螺旋输送机出渣,泥水模式下采用土仓内泥浆平衡掌子面并利用泥浆管道出渣,适用于黏土、砂土、软硬不均、高含水等地层。土压-泥水双模盾构机成功应用于广州轨道交通7号线、沈阳地铁4号线、成都铁路紫瑞隧道等工程,TBM-土压双模盾构机应用于深圳地铁13号线、福州地铁4号线等工程,实践证明双模盾构机具有良好的地质适应性和经济性。此外,国内对多功能、多模式盾构机也开展了一些初步工作,TBM-土压平衡-泥水平衡3种掘进模式兼顾TBM和盾构机的优点,能够适应长距离高效掘进,抗风险能力强,未来将成为复杂地质、海底长大隧道等复杂工程项目的首选。

(2)当盾构机在地下水位高、泥水压力大等地质条件下掘进时,刀盘刀具检查和刀具更换作业安全风险大,带压进仓作业耗时长。因此,为了控制和降低带压进仓作业风险,提高刀具更换效率,各盾构机制造商研发了常压换刀刀盘,并在我国武汉地铁、佛莞狮子洋隧道、汕头苏埃通道以及土耳其伊斯坦布尔海峡隧道等项目取得了良好的应用效果,实现了每把滚刀在3～4h完成更换。为了更好地对刀具状态进行监控,有些制造厂商已开发出刀具监测系统,能够对刀具转动、温度、磨损量进行监测,盾构机司机可随时通过上位机软件查看刀具运行状态;还开发了土仓可视化监控系统,能够对土仓、刀盘刀具、掌子面等部位进行观测,实现开挖仓可视化。

(3)盾构机在砂层、淤泥、断层等复杂地质环境中掘进时,或者在穿越建筑物、铁路、管线、江河湖海等特殊地段时,为避免出现地面塌陷、构筑物变形等重大事故,需采取特殊的加固措施,如冷冻刀盘技术。该技术是将冷冻法应用于盾构机掘进,在刀盘周围形成冻结体,以隔绝地下水,增加土体强度和稳定性。

虽然盾构机自动化施工技术水平不断提高,但在盾构机掘进信息化、智能化方面缺乏深入研究与工程实践,盾构机掘进过程中地质与设备状态信息获取滞后,缺少有效的数据规律挖掘方法,决策控制依赖人为经验,致使盾构机盲目掘进,导致盾构机掘进与地层条件不适应、掘进效率低、人工劳动强度大、施工作业调度不及时、施工安全事故时有发生等问题一直存在。

(1)盾构机掘进地质与设备信息感知不足。一方面,盾构机对地质条件变化的适应性较差,施工中经常会遇到影响进度和安全的各种不良地质情况,如空洞、障碍物、孤石等不良地层,易发生卡机、地表塌陷、机械损坏等严重后果;另一方面,尽管盾构机上装有上千种传感元器件,能够记录上百种设备运行参数,但设备状态如刀具、密封、出渣等信息依然无法实时获取,导致设备故障频发、运维措施滞后、成本和工期难以控制。

(2)盾构机掘进信息传递不及时、数据挖掘分析不深入。在盾构机施工过程中,由于缺乏合适的信息管理平台,长期以来施工中产生的海量信息和事故教训无法得到记录和挖掘,或者未被充分利用,不能更好地反馈给装备设计、制造、施工等相关人员,导致盾构机施工风险加大。

(3)盾构机掘进决策控制不科学。受制于盾构机多系统集成的复杂性和耦合性,即使主控室上位机系统能够提供上百种设备运行参数信息,但操作者对当前地质状态、设备运行状态以及两者是否匹配等情况依然掌握不足,在面对富水砂卵石地层、上软下硬地层等复杂地质环境时,只能根据主观经验进行人工控制,缺乏科学决策依据。

(4)盾构机施工工艺流程复杂,再加上地质环境复杂、作业条件差,对操作人员经验和素质要求高,限于人员技术水平、施工标准不一等原因,易造成施工不当而引起地面沉降、隆起、中心线偏离、管片破损、隧道渗漏、非正常停机、设备损坏等事故,长期影响隧道内作业人员健康,同时也制约盾构机的施工效率。如何有效避免这些问题,加快盾构机施工进度,降低人力成本,提高施工智能化水平,是盾构机行业一直关心的问题和研究探索方向。

总的来说,随着盾构机在地铁、电力、电信、地下管廊、海底隧道、岩石隧道等更多领域得到应用,对盾构机技术的要求也越来越高,盾构机不仅要适应长距离、大直径和大深度的施工要求,还要在高压条件下完成施工,更要具备克服复杂施工条件的能力,实现施工的信息化和智能化,提高掘进速度和掘进效率,提高施工安全性,以及提高空间利用率,确保得到断面更为合理、空间利用率更高的异形断面。因此,能够适应多种地质条件和土层结构的复合式盾构机和断面尺寸多样化的超大型和微小型盾构机是未来的发展趋势;同时,盾构机的智能化,即采用先进的感知技术、大数据、深度学习、机器人控制技术,对盾构机掘进进行智能化变革也是其未来的发展方向。

1.1.2 智能盾构机研究进展

传感器、大数据、云计算、人工智能(AI)、物联网、机器人等新一代信息技术发展迅速,智能建造理念已发展至地下工程领域,盾构机智能化施工是隧道及地下工程建设的必然趋势和未来发展方向。国外如日本、法国等在盾构机智能化研究领域起步较早,目前一些知名盾构机生产企业在盾构机智能化方面颇有建树。

在智能感知与检测方面,法国布依格集团于2015年将开发的Mobydic刀具监测、蛇形机器人、Telemach换刀机器人等多项新技术应用于香港屯门隧道盾构机。Mobydic刀具监测系统安装于盾构机刀盘上,可记录刀具受力、转速、温度等,并可通过数据计算反映出掘进中遇到的孤石、桩基等障碍物,同时能够分析出地层环境并绘制模拟图,制定相应的施工措施,最终反馈给盾构机。蛇形机器人的机械臂末端装有摄像机、照明设备、切割设备、高压水枪等,可以清理刀盘,消除堵塞。Telemach换刀机器人专门用于更换刀具,可以在盾构机开挖仓内部拆卸已经磨损的刀头,并更换安装新刀具。除此之外,在开挖仓还配备了视频系统,在工人进入时可提供实时监控画面。

在盾构机智能控制方面,日本于20世纪90年代初就开发了盾构机自动掘进系统。佐藤工业公司研制开发了盾构机专家系统,利用人工智能技术判断盾构机选型和施工方法;在船桥市地下输电管道工程中,基于模糊理论和人工智能自主掘进系统开发了盾构机自动掘进系统,通过控制出土量、线流纠偏量等实现了盾构机自动操纵管理。2019年,清水建设株式会社与名古屋工业大学联合研制了盾构机操作AI系统,该系统通过深度学习建立了模型化工作流程,模拟人脑判断,实现了管片自动配置和盾构机自主运行控制的最优辅助。马来西亚MMC Gamuda公司研发了自主运行TBM系统(Autonomous TBM,简称A-TBM),它是一种能实现盾构机自主推进、转向与控制的智能化系统,该系统采用即插即用模块组建,通过可编程逻辑控制器(PLC)的反馈信息实现盾构机轴线的自动转向控制和盾构机参数自动控制推进,并在吉隆坡 KV 地铁 2 号线中 13.5km 隧道的建设中得到成功应用。

在智能导向方面，日本 ENZNA 公司开发的 Robotec 测量系统利用全站仪自动搜索盾构机内固定安装的棱镜，通过几何关系计算盾构机坐标，实现盾构机掘进方向的自动测量；日本 Gyro 系统运用陀螺仪对盾构机进行方位检测，能自动测量方位角和倾斜角，实现盾构机位姿管理；德国 VTM 自动导向系统通过引入带自动锁定棱镜功能的全站仪和激光标靶，并结合仿真技术，可将土层中向前掘进的盾构机模拟成清晰可见的图形，并辅以文字标识，实时展示在盾构机司机面前。此外，德国 VTM 公司还研发了 TUnIS 地面监控系统、SLuM 自动盾尾间隙测量系统、RCMS 自动管环收敛测量系统、VDMS 数据管理系统、管环平整度检测系统、管模和管片三维激光扫描检测系统等，对盾构机施工起到了很好的辅助作用，大大提高了施工质量。

在管片自动拼装方面，1995 年日本日立公司采用光学图像、激光与传感器检测技术，研制了 7 自由度管片自动拼装机器人，实现了全自动化管片拼装。德国海瑞克股份公司研发了管片自动拼装系统，采用比例控制的回转型真空吸盘，实现管片拼装过程的精确、安全和快速。法国布依格集团 2015 年研发了 Atlas 管片拼装机器人，能够自动抓取运输车上的管片，将其定位至拼装位置，并准确插入完成拼装，拼装区内无需工人在场，成功应用于巴黎地铁的盾构机施工。

中国盾构机智能化发展起步较晚，但一直在不断探索。在智能感知方面，冯欢欢等在 2013 年研究了通过对电瓶车渣斗进行分格量化来统计出渣量进而调节螺旋输送机转速控制出渣；夏俭 2017 年总结了研制土压平衡盾构机出土计量装置的经验；北京玖瑞科技有限公司 2019 年研发了盾构机刀盘状态检测系统，可在线实时测量盾构机刀盘上滚刀的磨损、转速及刀盘的温度；中铁装备 2021 年研制了刀具智能诊断系统，通过采用磁传感器测量滚刀转速，计算转速比间接得出刀具磨损量，同时具有温度检测功能，可实现刀具状态的智能诊断。

在盾构机信息化平台方面，上海隧道工程股份有限公司研发了盾构机隧道信息化施工智能管理系统，2002 年应用于上海轨道交通明珠线二期工程和南京地铁 1 号线工程；中国矿业大学（北京）2003 年开始研发盾构机施工实时管理信息系统，设计了具有施工进度、沉降分析、掘进参数显示、数据分析、材料消耗、数据传输等功能的盾构机施工实时管理系统，2008 年全面应用于北京地铁盾构机隧道施工的实时监控管理工作；随后，国内各装备制造、施工企业相继开发了功能相近的盾构机信息管理系统，如中铁十八局集团有限公司基于地铁项目研发的盾构机施工三维信息管理系统、中铁一局集团有限公司的盾构机集群远程监控与智能决策支持系统、中铁工程服务有限公司的盾构机云、上海大学基于建筑信息模型（BIM）的盾构机隧道施工管理三维可视化辅助系统、中交一公局集团有限公司的盾构机集群化监控与异地决策管理系统、济南轨道交通集团有限公司的盾构机施工多源信息实时移动交互平台、中铁装备盾构机远程指挥中心、盾构及掘进技术国家重点实验室盾构机 TBM 工程大数据中心等众多盾构机信息管理系统等。这些系统都集成了目前先进的计算机技术和移动通信技术，实现了盾构机参数采集与存储、多源数据融合、远程监控、数据分析、姿态管控、故障预防预警、可视化显示、沉浸式漫游、进度、质量与风险管理、掘进历史档案存储与查询等功能。

在智能决策方面，2007 年杨宏燕建立了一个具有自主知识产权的盾构机方向控制模型，并将其应用在了实际的掘进施工中；2008 年李惠平对盾构机掘进时的运动特性进行分析，并建立了盾构机推进时的运动数学模型；2011 年李守巨等基于现场观测数据提出了盾构机掘进决策支持系统模型，能够实现复杂地层特征在线辨识、土仓压力自适应预测、盾构机姿态调整、掘进参数优化等;2014年龚国芳等使用双闭环反馈自动控制对液压缸的速度进行控制;2018年周奇才等依据盾构机施工排土量与注浆量数据对地表沉降进行预测。

在智能控制方面,上海隧道基于信息化大数据平台、第5代移动通信技术(5G)、AI智能学习技术、传感技术研发的盾构机自动巡航技术多元化管控平台,实现盾构机一键启动、管控中心远程操控工地端盾构机主要掘进动作及油脂与浆液注入,达到自动巡航掘进。2018年杨华勇等针对全断面隧道掘进装备智能化提出了无人值守的具体概念,2019年中铁装备提出了盾构机无人化,2020年王同军指出铁路隧道智能建造的核心是无人化或少人化等,2021年赵洪岩等将盾构机智能化划分为辅助巡航、间歇性自动巡航、常态化自动巡航、自动控制和智能掘进5个阶段。

综上所述,国内外盾构机智能化仍处于初期探索阶段。国外的盾构机智能化大多是针对单个系统、单个部件的智能检测、智能诊断及智能运行,自主控制系统仍然以特定工程的数据样本为主,未能得以推广应用。受限于传感器技术、人工智能、大数据技术等发展水平,与国外同类企业相比,中国盾构机生产企业的智能化技术储备与产品的整体自动化、智能化水平依然处于劣势。国内盾构机主要依靠人工操控进行掘进,只有极少部分功能如同步注浆、管片拼装等可实现少人化,还需继续研究自动巡航、智能掘进等技术。

1.2 智能盾构机的概念和关键技术

智能盾构机是具有自判断、自感知、自学习、自适应各种地质、自决策掘进参数和无人驾驶等功能的掘进机。智能盾构机关键技术可细分为智能传感器技术、数据传输与通信技术、大数据与云计算技术、数据融合与平台开发技术、盾构机智能控制技术、盾构机施工智能机器人技术。

1.2.1 智能盾构机的概念

随着智慧设备和先进技术的发展应用,未来盾构机也能实现无人驾驶,工程建设安全性和施工效率也会随之提高。众多隧道掘进工程实践证明,盾构机智能化施工必须满足以下条件:

(1)能够实时感知工程水文地质、地层受力、设备运行等多源信息。

(2)快速全面融合多源信息,准确判断地质与设备状态。

(3)信息快速传递与科学决策。盾构机借助物联网、大数据和人工智能等信息化、智能化技术,可以解决施工过程中信息采集和传递不及时、信息分析处理不完善、信息共享和利用不充分等问题,依据地质与设备状态信息,为盾构机掘进提供科学合理的施工参数。

(4)掘进过程智能控制。基于信息化平台,充分利用机器人等先进智能控制技术,实现盾构机智能掘进与自主巡航,实现盾构机安全高效施工;最终形成"以施工环境和盾构机信息感知为基础,以多源海量信息融合平台建设为中心,以盾构机掘进智能控制为应用目标"的盾构机智能化施工体系,实现盾构机掘进少人化或无人化施工。

智能盾构机是在当前盾构机设备基础上,进行新一代信息技术与隧道建造工业化深度融合的技术变革,围绕盾构机安全、高效施工目标,突破岩土体与盾构机掘进状态智能感知互馈、掘进智能控制与优化决策、智能平台建设、多系统协调自动控制等一批行业重大技术难题,实现盾构机超前探测、开挖、出渣、注浆、运输、管片拼装支护以及通风等掘进全过程的无人或少人的智慧生产。智能盾构机应用场景如图1-3所示。

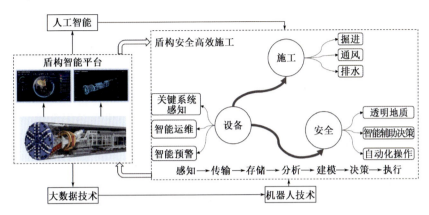

图1-3 智能盾构机应用场景

借助于物联网、传感器、人工智能、云计算等新技术的发展,智能盾构机必将是信息化、自动化和智能化的高度融合。鉴于盾构机的设备多系统、多学科的特点及复杂、恶劣的工作环境,智能盾构机将会全面实现盾构机施工过程关键系统的数字化精准实时采集、各类施工数据的网络化实时传输以及可视化展示,通过盾构智能平台完成数据的智能化分析,最后面向不同的客户、不同的需求提供精准服务,盾构机工作所有相关信息可在多种终端多种场合多维展示。智能盾构机整体技术架构可分为设备感知层、数据传输层、盾构机智能平台层及应用层(图1-4)。

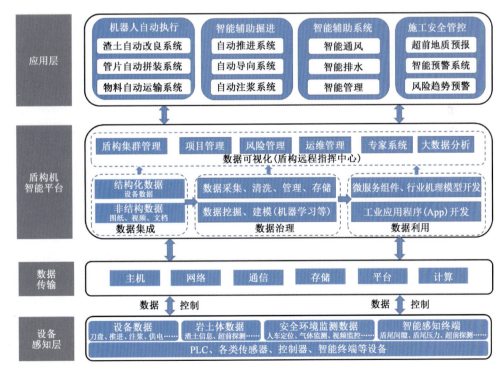

图1-4 智能盾构机总体框架图

(1) 设备感知层

设备感知层主要负责盾构机工作时的多源数据采集,主要包括设备数据、岩土体数据、安全环境监测数据及智能感知终端数据等,实现对盾构机作业环境、设备自身等参数的全面感知以及"人—机—环境"之间的交互感知。基于获取的海量数据,一方面可以快速获取超前地质信息和围岩状态信息,避免盾构机施工中出现重大安全事故;另一方面可以实时采集设备运行信息,实现设备关键部件的健康状态实时监测,降低设备出现故障概率。

(2) 数据传输层

针对盾构机施工现场网络信号覆盖面小、干扰源多、感知点布置复杂等难点,研制高实时性、高稳定性、高透明性的盾构机通信网络系统,建立数据通信互联网与盾构机物联网集成的体系架构。构建网络负载稳定、短帧数据传送、信息交换高速的由现场总线、控制系统以及互联网组成的复杂现场通信系统,解决复杂环境下网络传输数据包时延、抖动、丢包等问题。

同时,为保障施工数据的安全性和数据的一致性,采取数据终端暂存与远程传输同步进行两种方式。当网络稳定工作时,可实时将盾构机现场数据传输至平台;当网络出现故障时,所采集数据将暂存本地,待网络修复后续传回云平台。

(3) 盾构机智能平台

盾构机智能平台针对盾构机作业数字化、网络化、智能化的需求,在传统云平台的基础上叠加物联网、大数据、人工智能等新兴技术,可实现盾构机全生命周期的技术、经验、知识的模型化、软件化和复用化需求。以该平台为载体,基于多源数据集成、海量数据治理、工业数据利用等手段,可对盾构机施工、运维等全过程数据进行可视化表达与展示,提供盾构机集群管理、项目管理、运维管理、风险管理、预测性维护等服务,形成生产管控、智能运维、协同演进的高端掘进装备应用新模式。

(4) 应用层

在盾构机智能化需求的背景下,依托智能盾构机平台所挖掘的相关机理模型及规律,围绕控制自动化、决策智能化、监测实时化、管理信息化四个目标进行应用层设计,可构建盾构机安全掘进过程中的"掘进、出渣、拼装、排水、通风、运输、预警"等主要环节的智能控制方案。在盾构机自动化控制的基础上,集成地质环境和设备多源在线感知信息,研发自动推进、自动导向、自动注浆等系统,实现盾构机掘进全过程的智能化、无人化控制。

1.2.2 智能盾构机关键技术

1) 智能传感器技术

智能传感器(intelligent sensor)是传感器与微处理器赋予智能的结合,兼有信息检测与信息处理功能的传感器。智能传感器带有微处理机,具有信息处理、信息记忆、逻辑思维与判断功能,是传感器集成化与微处理机相结合的产物。相对于仅提供表征待测物理量大小的模拟电压信号的传统传感器,充分利用当代集成技术、微处理器技术等的智能传感器,其本质特征在于其集感知、信息处理与通信于一体,能提供以数字量方式传播具有一定知识级别的信息,具有自诊断、自校正、自补偿等功能。

智能传感器首先借助于传感单元,感知测量,并将之转换成相应的电信号。该信号通过放大、滤波等调理后,经过模拟/数字(A/D)转换,接着基于应用算法进行信号处理,获得待测量大小等相关信息。然后,将分析结果保存起来,通过接口将它们交给现场用户或借助于通信将之告知给系统或上位机。由此可知,智能传感器主要完成信号感知与调理、信号处理和通信三大功能。

盾构机施工工况常处于电磁屏蔽严重、温度高、湿度大、高冲击等恶劣环境下,传感器选取及数据传输存在较多难以解决的问题,现有传感感知技术对盾构机设备状态的实时监测难度很大。因而,未来智能传感器将向着精度与可靠性高、品种多、功能丰富、复合型、集成化与微型化等方向发展。

第一,研究新型敏感材料、探索新颖感知方法,敏感元件的阵列化与复合化将成为智能传感器感知技术未来发展的主要方向。新的敏感材料、感知方法意味着感知范围的扩大或感知可选择性的增强。敏感元件的阵列化是智能传感器高精度、高可靠性的必要源泉。

第二,以定义法、基于数据融合技术与模式识别理论的综合法为代表的粗信号处理方法和利用专家系统、神经网络、自适应等理论的细信号处理方法目前主要研究的是如何精确、可靠地实现智能传感器的"感知""认知"这两大信号处理功能。分析法则研究了让智能传感器如何低成本地去完成其"感知"功能。分析法充分地体现了智能传感器中信号处理的能力,它有利于智能传感器的集成化、微型化。随着计算机技术、控制技术、数字信号处理技术的发展,智能传感器的信号处理将变得日益精密、可靠。

第三,以智能传感器为节点构成的智能传感网络是重要发展方向,在多功能、高精度的复杂分布式测控系统中将显示出其强大的生命力并起着非常重要的基础作用。智能传感器的通信技术将会随着总线技术、网络技术、通信技术的发展而不断丰富。

2) 数据传输与通信技术

目前,市场上盾构机数据采集一般采用"上位机 + 下位机"模式,盾构机搭载的众多传感器信号均通过下位机 PLC 进行采集,在 PLC 中进行逻辑与数学运算后传输至上位机工控机进行显示。此外,盾构机可选配的成套化系统,如导向系统、不良地质超前探测系统、渣土体积测量与识别系统可以直接与上位机工控机通信。PLC 与成套化系统一起通过特定适配协议接入盾构机施工数据采集终端,进一步发送至远程服务器。盾构机施工过程中如设备维保、刀具更换、材料消耗、地层加固等信息由现场一线人员记录,按既定规则上传相关信息至数据库中。然而,上述基于光纤 + 无线传输的数据传输与通信方式,存在传输链条过长、稳定性不足等技术问题。

数据传输与通信技术在发展过程中表现出智能化和自动化特征,这也是盾构机数据传输与通信技术在未来一段时期内的主要发展方向。随着盾构机施工预警系统、远程调度系统、机器人等智能子系统的出现,有线传输无法满足大量传感设备布设的需要,高速宽带无线通信技术是未来盾构机数据传输与通信的主要应用方式,也是智能盾构机发展的必经之路。传统的低频窄带无线通信受到带宽限制而无法满足使用需要,5G 通信技术具备低时延、高带宽、接入点数多的性能,为盾构机数据传输与通信提供技术支持。新一代的高频宽带 Wi-Fi6 通信技术基于 802.11.ax 协议,可实现物理层最高带宽 2974Mbit/s,支持 6G 频段且接入点数高达上千个,满载数据通信时延为 10ms 左右,完全满足盾构机施工智能化数据接入的需要,为解决异构数据高效采集与处理瓶颈提供了核心技术支撑,有力促进了盾构机施工数字化、信息化和智能化发展。

3) 大数据与云计算技术

大数据与云计算技术是面向信息 3.0 时代的 IT 关键技术,泛指网络服务支撑技术和海量数据的管理、存储、计算、分析等技术,是信息技术领域的平台性、支撑性技术,关乎国家 IT 基础设施的建设,也关乎推动国家经济社会发展的关键技术体系的建设。云计算是互联网时代信息基础设施与应用服务模式的重要形态,是新一代信息技术集约化发展的必然趋势;大数据是以互联网为核心的信息化建设达到一定规模的自然产物,具有数据规模大、来源丰富、类型复杂、变化迅速等诸多特征,使得云计算成为大数据处理的主要基础设施。

盾构机施工数据类型多元、关系复杂,包括地质、岩体、设备、维修保养、预警等基础数据,以及岩-机相互作用产生的衍生数据和计算分析产生的中间数据,其特点如下:

(1)空间性。盾构机施工数据以里程为主要标识。对于同一段掘进里程,反映盾构机设备运行参数特征的数据和反映该段里程地质信息的数据由于产生和获取途径不同,分别存放于不同类型文件下,通过标记掘进方向和距离桩号相关联。

(2)实时性。盾构机设备数据产生于安装在盾构机设备上的传感器,传感器实时跟踪记录盾构机设备运行时产生的数据,一般按秒级采集,能实时反映当前地质环境变化和设备运行状态。

(3)多源异构性。盾构机施工数据涉及多种不同类型的数据,如盾构机设备数据存放于 txt 文件中,工程地质资料以 excel、doc、图片等格式存放,施工监控保存了大量视频资料,这些数据的格式和标准多样,且结构化、非结构化数据量差异巨大,不便采用统一的格式进行管理。

(4)海量性。盾构机拥有近千个传感器点位,一般按秒级进行记录,同时配有成套的视频监控、感知检测系统等,每台盾构机每天产生的传感数据和视频图片等超过 2.5G。以每年接入 100 台计,每年的数据量约为 2.5G × 100 × 360 = 90T。

盾构机施工数据体量大、类型多、生成快速和价值密度低,符合大数据基本特征,如图 1-5 所示,可利用大数据技术解决盾构机数据采集、存储和挖掘所面临的难题。

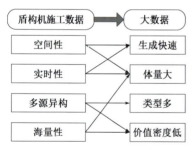

图 1-5 盾构机/TBM 施工数据大数据特征

云计算能够整合巨大的计算资源池,根据客户需求弹性分配虚拟化资源,满足用户海量数据传输、存储和计算等需求,是支撑大数据的关键技术。云计算架构主要分为三个层次,基础设施服务(IaaS)提供网络通信、数据存储和计算资源,平台服务(PaaS)提供访问共享和大数据环境,应用服务(SaaS)提供基础信息服务和数据挖掘等多种应用。分层服务很好地支撑了盾构机施工大数据的各类需求,使平台运行更加稳定,如图 1-6 所示。

大数据和云计算的应用对盾构机施工数据管理、存储、计算与分析起到了巨大的推动作用,但仍存在不少问题有待解决。大数据方面存在数据存储管理与安全性问题。在对数据进行采集和处理的过程中,用户的隐私数据有可能被非法泄露。另一方面,由于大数据的数据量大且复杂,各种类型的数据在存储过程中极易发生错位等数据错乱问题,进而失去了数据原有的价值。因此在大数据的未来发展中,如何加强对用户信息的保护和存储管理将成为重中之重。云计算在计算量、网络性能等方面仍存在着不足之处。因而,随着盾构机施工数据越来越多,云计算的计算能力和网络性能亟待提高。

图1-6　云计算平台分层服务框架

4)数据融合与平台开发技术

物联网(Internet of Things,IoT)的信息采集需要多种传感网支持,由于感知的数据格式还没有达成一致标准,数据结构不同,语义各异,不同数据包格式需分别定义各自解析方式,增加了数据采集时的工作量、成本和时间。传感器数据持续采集形成了海量数据,如果不能提出统一数据集成及融合方案,将导致反馈信息慢,反馈信息不完整等问题,物联网平台难以开发实现多业务应用。

根据数据来源及获取途径,盾构机施工数据可分为盾构设备数据和现场采集数据两大类。如图1-7所示,这两类数据的数据格式、采集频率、采集方式、保密程度均存在较大差异,需要预先对其进行分级分类,并建立标准化的参数字典库、合理且区分度高的采集方式及存储方案,从而为大数据储存、调用、分析、挖掘等提供标准化入口。盾构机施工数据标准化示意如图1-8所示。

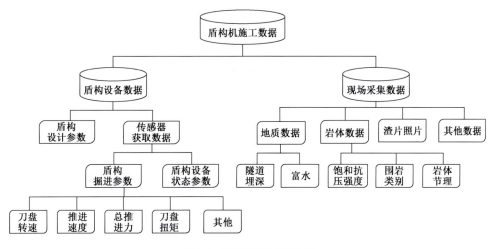

图1-7　盾构机施工数据分类

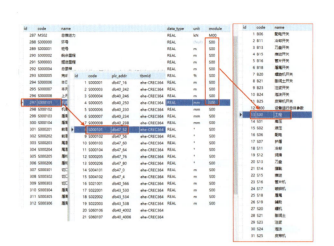

图 1-8 盾构机施工数据标准化示意图

在平台开发方面,工业互联网平台具有完整的云计算架构,能够基于公有云、私有云或混合云提供服务,核心包括数据中台和应用中台。应用中台边缘端完成设备数据采集工作,将数据通过应用中台组件发送到消息队列分流给业务端使用;业务端通过订阅消息队列生产的消息完成设备实时数据流式计算,以及实时数据库入库工作,包括数据中台大数据仓库归档等操作。数据中台基于归档的设备数据可以完成围绕数据统计分析、设备相关性指标应用场景给业务端赋能;通过定制开发完成设备数据接入时序数据库以及数据中台中。整个系统架构引入分布式文件存储、分布式计算、分布式缓存、分布式消息中间件、分布式任务调度框架等;整个架构基于微服务设计理念,涵盖服务发现、日志监控、系统监控、缓存监控等应用场景;基于业务场景构建掘进装备微服务架构体系,赋能业务系统;基于应用中台流式计算能力、数据编排能力及可视化呈现能力;通过应用开发中台云边协调能力,实现智能设计、智能掘进、智能运维应用程序(App)可视化组态监控以及反控能力。云计算技术架构如图 1-9 所示。

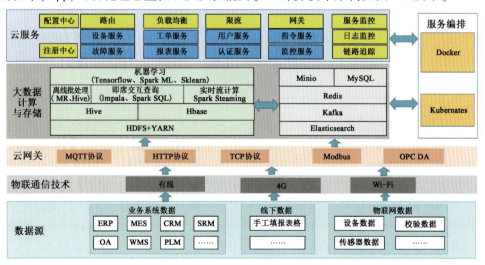

图 1-9 云计算技术架构图(图中英文均为专业术语,作为示意)

5）盾构机智能控制技术

随着盾构机隧道向高水压、长距离、大断面的方向发展，面对施工地质的多样性和复杂性，对盾构机掘进过程的控制目标要求越来越高。此时传统盾构机执行PID（Proportional Integral Derivative）控制系统已不能满足当前施工作业对掘进过程安全、高效、经济的多样性需求，盾构机掘进控制面临以下重大挑战：

（1）非线性。系统非线性强，采用简单的分段线性化的操作方法难以满足对系统实时、精确控制的需求。

（2）时变性。在掘进过程中，土体条件的变化、土仓压力的不稳定性、渣土改良效果或者刀盘系统磨损程度都将使盾构机掘进控制系统运行环境和系统参数发生改变，系统的动态时变性强。

（3）耦合性。盾构机掘进是土-机深度耦合的过程，土-机相互作用关系错综复杂，传统控制策略缺乏有效的控制手段。

（4）时滞性。盾构机掘进系统是一个大惯性系统，具有大时滞特性，滞后的存在将使传统PID闭环控制系统的性能变差，严重时将导致系统不稳定。

（5）可靠性问题突出。采用传统控制策略，受外界条件的改变容易导致控制系统产生较大振荡。例如，土体条件的急剧变化会导致土仓压力系统失稳，产生地表隆起或塌陷等问题。

（6）难以用数学建模方法实现有效控制。盾构机掘进过程系统建模时涉及土体、设备等输入因素过多，对未知控制因素与系统不确定性缺乏量化建模方法，难以进行数学描述，导致基于精确数学模型的传统控制方法难以应用。

（7）掘进效果评价标准难以确定。盾构机掘进过程中需要综合考虑土仓压力平衡、掘进效率、施工安全性、施工质量等多种指标，难以对掘进参数选取的好坏进行直接量化评价，掘进标准不一，操作随意性大。

由于盾构机掘进系统具有上述特点，因此传统控制方法已不再适用。智能控制是一种无需或仅需尽可能少的人为干预就能独立地驱动智能机器，实现其对目标的自动控制，主要用来解决传统控制方法难以解决的复杂系统的控制问题。神经网络是智能控制的一种常用方法，具有学习、记忆和大范围的自适应和自组织能力，能够及时适应不断变化的环境，能有效处理各种信息，以减小不确定性，能以安全可靠的方式进行规划、决策和执行控制动作，从而达到预定的目标和性能指标。目前已有研究人员将其应用在土仓压力控制、掘进参数预测、自主纠偏、管片选型等方面，取得了初步的应用效果，未来将具有广阔的研究和应用前景。

6）盾构机施工智能机器人技术

智能机器人技术是综合计算机、控制论、机构学、信息和传感技术、人工智能、仿生学等多学科而形成的高新技术，集成多学科的发展成果，代表高技术的发展前沿，是当前科技研究的热点方向。随着人工智能、智能控制和计算机技术的发展，机器人的应用领域不断扩大，性能不断提高，在当前的盾构机制造、施工、运维中发挥着日益重要的作用。

尽管国内外对盾构机智能机器人的研究取得了一定成果，先后研发了钢拱架安装机器人、刀盘刀具检测机器人、换刀机器人、清渣机器人，但其智能化水平仍然不尽如人意。围绕未来的盾构机施工智能机器人，本书提出如下技术发展方向：

（1）机器人网络化：利用通信网络技术将各种机器人连接到计算机网络上，并通过网络对机器人进行有效的控制。网络化技术包括网络遥操作控制技术、众多信息组的压缩与扩展方法及传输技术等。

（2）智能控制中的软计算方法：与传统的计算方法相比，以模糊逻辑、基于概率论的推理、神经网络、遗传算法和混沌为代表的软计算技术具有更高的鲁棒性、易用性及计算的低耗费性等优点，应用到盾构机施工智能机器人技术中，可以提高其问题求解速度，较好地处理多变量、非线性系统的问题。

（3）机器学习：各种机器学习算法的出现推动了人工智能的发展，强化学习、蚁群算法、免疫算法等可以应用到盾构机施工智能机器人系统中，使其具有类似人的学习能力，以适应日益复杂的、不确定和非结构化的环境。

（4）智能人机接口：人机交互的需求越来越向简单化、多样化、智能化、人性化方向发展，因此需要研究并设计各种智能人机接口，如多语种语音、自然语言理解、图像、手写字识别等，以更好地适应不同的用户和不同的应用任务，提高人与机器人交互的和谐性。

（5）多机器人协调作业：随着人工智能方法、机器人技术以及多智能体系统等研究的深入，如何组织和控制多个机器人来协同完成单机器人无法完成的复杂任务，在复杂未知环境下实现实时推理反应以及交互的群体决策和操作，已经成为机器人研究领域的新课题，具有重要的理论和现实意义。

1.3 智能盾构机技术体系

基于1.2节提出的智能盾构机总体框架，制定智能盾构机主要实施内容，如图1-10所示。

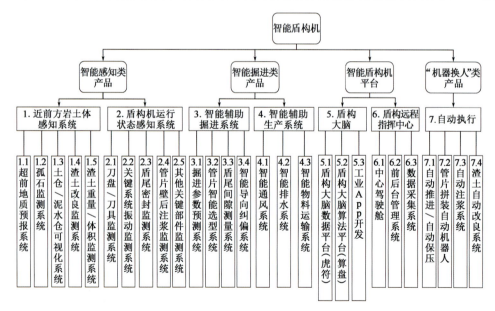

图1-10 智能盾构机主要实施内容

1）智能盾构机平台

智能盾构机的实施应通过智能盾构机平台进行管理，平台向下可实现各种感知数据的接入与存储,向上可为智能盾构机施工提供各类服务与工具,打通数据与基于数据的各类应用之间的通道。平台一方面为项目参与各方提供信息查询、管理等服务;另一方面基于设计、施工过程中的业务需求,通过业务建模、数据建模,实现数据价值的闭环流动,通过数据为施工业务服务。

海量盾构机数据的安全存储与高效利用是建设智能盾构机的一个重要内容,数据预处理、数据清洗、数据挖掘分析,以及挖掘结果和大数据分析结果的可视化表达与展示,是数据处理的关键流程。针对不同类型的盾构机掘进数据、地质数据或感知数据,采用分类、聚类、回归等大数据分析技术,挖掘出数据间的关联规律,构建岩土体与盾构机间的机理模型,在平台实现机理模型与算法模型的融合,并完成快速部署应用,开发出一套满足业务需求的工业智能App,实现云端推送数据到施工中辅助决策或者模型在终端辅助决策,云端实现模型更新,以此解决数据浪费、模型更新滞后等问题。

为更好地保障盾构机顺利施工,平台还应具备盾构机施工智能监控、生产管理、安全风险管理等功能,利用网络通信、数据库、无线传输、模型分析等多种技术,综合施工方、监理方、第三方监测等施工参与方信息,及时对在建工程进行监控、风险预警与施工管理,采用传统现场巡视巡查模式+"线上"监督综合管理模式,实现在各类复杂地层下盾构机施工的安全与质量管控。

2)近前方岩土体感知系统

建立完善的地质环境信息感知系统是实现智能盾构机掘进过程中对前方地质与在掘岩土体准确识别的首要条件。针对现有的超前探测技术探测目标单一、解译存在多解性等问题,综合应用地震波、电法、地质雷达法等多种探测技术,形成前方地质"远、中、近"距离的超前探测预报技术体系,并实现超前预报技术搭载到盾构机快速化、简单化、自动化、可视化的要求,可快速检测涌水、溶洞、孤石等不良地质。同时,如果将盾构机刀盘开挖土体比作大型原位扭剪试验,那么在掘岩土体条件的变化一定会引起设备参数的变化,基于现场施工和模型试验数据,对如地质条件、岩土体类型、掘进参数等进行相关性系统研究,分析各参数间的融合与互馈机制,揭示岩土体与设备主参数之间的映射关系,建立典型地质条件下的识别模型,以实现当前在掘岩土体的快速识别。

3)盾构机运行状态感知系统

盾构机施工时作业环境恶劣,安全性差,难以实现刀具、盾尾密封等关键系统或部件的实时监测与预警识别。因此,开发具有高可靠性的智能终端是实现盾构机状态监测与智能化控制的基础。基于盾构机刀具切削岩土体机理、磨损机理等研究成果,开发研制刀具温度、磨损与转速监测传感器,重点解决传感器可靠性、数据传输与防护等方面的问题,为有效判断刀具状态与更换刀具提供依据;采用光纤光栅传感等先进技术,解决盾构机密封压力难以准确监测的难题,可得到盾尾油脂腔内多个压力监测点的压力变化规律,为盾尾密封安全提供数据支撑;采用振动传感器与无线通信等技术,实现盾构机关键系统的运行状态监测,实现系统的状态分析与健康状态评价,并实现故障及时预警;采用激光雷达传感器以及智能算法,统计盾构机每环掘进渣土的出渣量,为掌子面前方地层的隆沉提供重要的参考,保障盾构机安全施工。

同时广泛采用在线铁谱、在线油液质量检测等技术对液压系统实时监测,及时优化掘进设备的运行状态,共同打造盾构机的智能检测预警系统,提升盾构机施工的可靠性。

4）智能辅助掘进系统

现有盾构机施工中掘进参数的选择往往依赖于操作人员的经验,遇到复杂地质环境时可能带来极大的安全问题。针对上述情况,可从三个方面开展相关技术研究:

(1) 提出适用于盾构机智能掘进的控制策略,基于海量数据开展多目标寻优或者学习盾构机优秀操作手操控经验,探寻在开挖不同地层时,如何进行盾构机掘进参数的决策。

(2) 依托于岩土体等地质信息,基于深度学习和数据挖掘建立不同地质条件下设备与岩土体间的映射关系模型,实现盾构机掘进参数的准确预测,并开发盾构机智能辅助决策系统,为操作人员提供合理的掘进目标。

(3) 研发盾构机姿态与偏差的实时测试技术,获取盾构机姿态的信息,研发盾构机间隙自动测量系统,结合盾构机当前姿态提供管片预选系统,实现管片选型与点位的自动选择;提出盾构机轨迹在线自主规划方法,实现掘进姿态预测控制与自动纠偏功能。

从盾构机掘进到管片支护整个工序实现盾构机智能辅助决策功能。

5）智能辅助生产系统

通风、排水、物料运输等是盾构机生产掘进重要的组成部分,对保障安全和生产发挥着重要的作用,也是盾构机智能化中的重要支撑部分。智能辅助系统主要包含智能通风、智能排水、智能运输与其他智能管理系统。该系统运用信息化技术、传感技术收集掘进过程中设备与环境等多方面的信息,借助智能控制手段,按照需求实现通风、排水等管理。

以智能通风为例,智能通风能够稳定和经济地对隧道进行新鲜空气的连续输送,为人员和设备提供良好的工作环境,并对内部有害的气体与粉尘稀释与排出,有效改善隧道内的空气条件,且出现紧急情况时能够智能调控。智能通风的实现主要是对信息采集、处理以及智能控制技术和通风系统实现有效融合,以此达到按需供风、异常情况下的智能决策和应急调控等。当通风系统发生异常现象时,能够对出现的问题精准诊断和及时预警,并相应调控通风方案,保障通风系统的快速修复。

6）自动执行

为了提升盾构机的智能程度,实现掘进机的无人/少人值守,确保盾构机安全、高效施工,需要解决盾构机掘进、注浆、渣土改良、管片拼装等各环节自动执行的技术难题,从而真正建立盾构机施工全过程无人或少人工作。但由于盾构机是多系统耦合的复杂系统,对各子系统间的任务智能规划与控制提出了较大的挑战。在盾构机自动掘进系统中,依据盾构机智能辅助决策系统提供的掘进参数目标,利用 PID 等经典控制方法实现盾构机的自动推进与自动保压,实现盾构机掘进速度与土压的平稳控制;在管片自动拼装系统中,通过各类视觉传感器获得管片与标志物的灰度、光学三元色(RGB)、或者二维、深度信息,经过给定图像处理算法之后,实现对物体的快速类型判断以及精确的位姿计算,以进行后续机器人的驱动环节,完成拼装可视化、管片识别及拼装自动化的工作流程;在自动注浆系统中,通过集成同步注浆装置,实现盾构机同步注浆输送、储浆和注浆等各关键环节的一体化,通过增加 PLC 控制器和人机界面,实现注浆的自动化。

本章参考文献

[1] 李建斌.我国掘进机研制现状、问题和展望[J].隧道建设（中英文）,2021,41(6)：877-896.

[2] 苗圩巍,颜世铠,李纪强,等.我国全断面隧道掘进机的发展现状及发展趋势[J].内燃机与配件,2021(2):203-205.

[3] 李云山,刘放.盾构机发展趋势分析[J].一重技术,2018(1):35-38,23.

[4] 日本隧道智能技术大合集[J].隧道建设（中英文）,2019,39(7):1174.

[5] 徐蓉蓉.盾构机也要"无人驾驶",马来西亚的自主运行TBM[EB/OL]. https://www.tunnelling.cn/PNews/NewsDetail.aspx? newsId=37139,2020-3-5.

[6] 潘明华.盾构机自动导向系统的研究与实现[D].武汉：华中科技大学,2005.

[7] 冯欢欢,杨书江.成都地铁4号线砂卵石地层土压平衡盾构机施工技术[J].隧道建设,2014,34(3):274-279.

[8] 夏俭.土压平衡盾构机出土计量装置研制与应用[J].城市道桥与防洪,2017,4:222-225.

[9] 周文波,胡珉.盾构机隧道信息化施工智能管理系统设计及应用[J].岩石力学与工程学报,2004,23(S2):5122-5127.

[10] 杨志勇."盾构机施工实时管理系统"助力地铁隧道建设[J].市政技术,2012,30(7):4-5.

[11] 李金锁,吴涛,王荣平,等.地铁项目盾构机施工三维信息管理系统研究[J].项目技术管理,2012,10(9):112-114.

[12] 喻钢,胡珉,高新闻,等.基于BIM的盾构机隧道施工管理的三维可视化辅助系统[J].现代隧道技术,2016,53(1):1-5.

[13] 华振.盾构机集群化监控与异地决策管理系统的开发与应用[J].现工程技术研究,2018,(12):97-98.

[14] 刘凤洲,谢雄耀,王强,等.盾构机施工沉降多源数据实时交互平台开发[J].隧道建设（中英文）,2020,40(S1):82-89.

[15] 杨宏燕.盾构机掘进方向计算机辅助控制技术研究[J].隧道建设,2007,1:91-94.

[16] 李惠平,夏明耀.盾构机运动过程的数值分析[J].上海理工大学学报,2008,1:95-98.

[17] 李守巨,曹丽娟.盾构机掘进过程中的决策支持系统[J].信息技术,2011,35(10):39-42,46.

[18] 龚国芳,洪开荣,周天宇,等.基于模糊PID方法的盾构机掘进姿态控制研究[J].隧道建设,2014,34(7):608-613.

[19] 周奇才,沈鹤鸿,赵炯,等.基于排土量与注浆量的盾构机施工地表沉降预测[J].中国工程机械学报,2018,16(5):457-461.

[20] 杨华勇,周星海,龚国芳.对全断面隧道掘进装备智能化的一些思考[J].隧道建设（中英文）,2018,38(12):1919-1926.

[21] 张雪.盾构机自动控制技术现状与展望[J].科技资讯,2019,17(16):73-74.

[22] 王同军.我国铁路隧道建造方法沿革及职能建造技术体系与展望[J].中国铁路,2020(3):1-11.

[23] 赵洪岩,王利民,王浩,等.盾构机智能化施工的发展历程和研究方向[J].建筑技术,2021,52(8):900-903.

[24] 陶雪娇,胡晓峰,刘洋.大数据研究综述[J].系统仿真学报,2013,25(S1):142-146.

[25] 程学旗,靳小龙,王元卓等.大数据系统和分析技术综述[J].软件学报,2014,25(9):1889-1908.

[26] 刘智慧,张泉灵.大数据技术研究综述[J].浙江大学学报(工学版),2014,48(6):957-972.

[27] HILBERT M. Big Data for Development: A Review of Promises and Challenges[J]. Development Policy Review,2016,34:135-174.

[28] MELL P, GRANCE T. The NIST definition of cloud computing[J]. National Institute of Standards and Technology, U. S. Department of Commerce,2011.

[29] 刘飞香.铁路隧道智能化建造装备技术创新与施工协同管理展望[J].隧道建设(中英文),2019,39(4):545-555.

[30] 于太彰,李建斌,荆留杰,等.TBM施工信息云计算平台的设计与实践[J].现代隧道技术,2018,55(6):33-41,52.

[31] 王灏,毛宗源.机器人的智能控制方法[M].北京:国防工业出版社,2002.

[32] 孙华,陈俊风,吴林.多传感器信息融合技术及其在机器人中的应用[J].传感器技术,2003,22(9):1-4.

第 2 章 盾构机智能导向系统

盾构隧道施工中,必须确保盾构机严格按照设计轴线掘进。根据《盾构机法隧道施工及验收规范》(GB 50446—2017)的规定,地铁隧道施工的横向贯通测量中误差为 ±50mm,高程贯通测量中误差为 ±25mm,成型的隧道验收标准则是轴线平面位置允许偏差 ±100mm,轴线高程偏差 ±100mm。因此,在掘进过程中需要实时测量掘进机的位置和姿态,计算掘进位置偏差及掘进方向的偏差,以实现及时反馈和纠正。若施工中掘进机位姿测量不及时、稳定性差或测量精度低,易导致掘进机位置偏差过大或者掘进姿态角偏差过大,严重时会引发恶劣的施工事故。导向系统,是一种对掘进机位姿进行高精度动态测量,并集位姿偏差求取、管片点位选取等功能于一体的辅助掘进系统,是智能盾构机的一项关键的组成部分。

华中科技大学朱国力教授团队对盾构机智能导向系统进行了长期研究,积累了丰富研究成果。本章在对导向系统进行概述后,对朱国力教授团队关于导向系统的研究成果进行了介绍,包括标靶法导向系统位姿测量误差补偿技术、为了提升标靶法测量精度和稳定性的多传感器信息融合技术,以及管片拼装点位智能选取方法,最后介绍了导向系统的现场应用案例。

2.1 导向系统概述

2.1.1 位姿测量方法概述

盾构机位姿测量是引导掘进机沿着设计轴线方向掘进的重要环节,是导向系统的关键部分。掘进机在地层中掘进时会发生俯仰、横摆和扭转三种运动,常用的位姿测量方法有棱镜法、惯性测量法和标靶法。

图 2-1 展示的是三棱镜法位姿测量示意图。在盾构机内部安装 3 个参考棱镜作为参考点,实时观测三个参考点的坐标就可以解算出盾构机的姿态。图 2-2 展示的是双棱镜法位姿测量示意图。两个棱镜和一个双轴倾角仪固定安装在掘进机内部,棱镜法的测量精度与棱镜的安装位置有很大关系,要求两棱镜在水平方向有较大距离,否则棱镜坐标测量误差将引起较大的方位角和俯仰角误差;垂直方向有一定偏移,否则两个棱镜会互相遮挡,盾构机内部狭小的空间在一定程度上限制了棱镜法的应用。

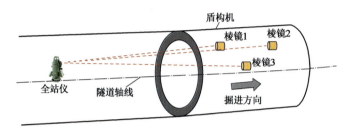

图 2-1　掘进机的三棱镜法位姿测量示意图

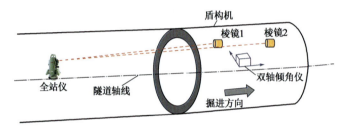

图 2-2　双棱镜法位姿测量示意图

惯性测量系统示意如图 2-3 所示。基于惯性测量原理的位姿测量方法是将陀螺仪以及加速度计等惯性元件安于测量对象上,测量对象在运动过程中的角加速度及运动加速度,通过积分运算得到被测目标的姿态角变化、速度及位移等参数。由于隧道施工的工期较长,而陀螺仪连续运行时间越长,产生的误差越大,因此陀螺仪每工作一段时间就要测定一次姿态角度漂移量并加以修正。由于人工干预较为频繁,该系统的自动化程度大大降低。

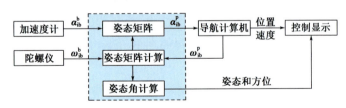

图 2-3　惯性测量系统示意图

电子标靶法是基于机器视觉的一种运动目标的位姿参数非接触测量方法,能够适应待测目标的快速、大范围的运动,受环境影响较小。现有的视觉位姿测量是根据相机采集待测目标的图像信息,利用二维图像坐标系与三维空间坐标系的映射计算待测目标与摄像机的相对位姿关系。如图 2-4 所示,全站仪通过测距激光获取标靶目标点的空间坐标,并用平行于测距激光的导向激光照射在标靶上形成光斑,固定在标靶内的摄像机采集标靶上的光斑图像,以计算激光与标靶的相对姿态。该方法求解出的是标靶与激光的相对位姿,要获得被测标靶的绝对姿态,还需要在标靶内使用倾角仪,以确定标靶的绝对姿态信息。

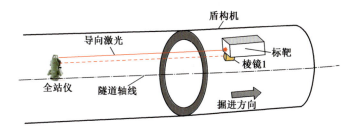

图 2-4 电子标靶法位姿测量示意图

电子标靶视觉测量系统主要由全站仪和电子标靶组成,全站仪可对电子标靶上安装的棱镜进行定位并测量激光束的水平角H_z和垂直角V_t,全站仪与电子标靶配合测量盾构机的滚角α、俯仰角β和水平角γ。以全站仪O_A为原点建立坐标系$\{A\}$,以相机成像面板中心O_B为原点建立坐标系$\{B\}$,坐标系$\{A\}$与坐标系$\{B\}$的X、Y、Z轴互相平行。$^AP_{O_A}=[0,0,0]$,导向激光在坐标系$\{A\}$中的方向矢量为$^A\vec{P}_C$。

$$^A\vec{P}_C = \begin{pmatrix} \cos(V_t) \cdot \sin(H_z) \\ \cos(V_t) \cdot \cos(H_z) \\ \sin(V_t) \end{pmatrix} \quad (2\text{-}1)$$

坐标系$\{A\}$相对于坐标系$\{B\}$的旋转矩阵$^B_A\boldsymbol{R}$为:

$$^B_A\boldsymbol{R} = \begin{bmatrix} \cos(\gamma)\cos(\alpha) & \sin(\gamma)\cos(\alpha) & -\sin(\alpha) \\ \cos(\gamma)\sin(\alpha)\sin(\beta)-\sin(\gamma)\cos(\beta) & \sin(\gamma)\sin(\alpha)\sin(\beta)+\cos(\gamma)\cos(\beta) & \cos(\alpha)\sin(\beta) \\ \cos(\gamma)\sin(\alpha)\cos(\beta)+\sin(\gamma)\sin(\beta) & \sin(\gamma)\sin(\alpha)\cos(\beta)-\cos(\gamma)\cos(\beta) & \cos(\alpha)\cos(\beta) \end{bmatrix} \quad (2\text{-}2)$$

导向激光在坐标系$\{B\}$中的方向矢量$^B\vec{P}_C$为:

$$^B\vec{P}_C = \begin{bmatrix} R_1 \\ R_2 \\ R_3 \end{bmatrix} = {^B_A\boldsymbol{R}} \cdot {^A\vec{P}_C} \quad (2\text{-}3)$$

在坐标系$\{B\}$中通过焦点的导向激光和相机成像面板的交点可通过下式求得:

$$\begin{cases} \dfrac{x-0}{R_1} = \dfrac{y+f}{R_2} = \dfrac{z-0}{R_3} \\ y = 0 \end{cases} \quad (2\text{-}4)$$

可以得到相机成像面板上激光点的坐标为:

$$\begin{pmatrix} u \\ v \end{pmatrix} = \begin{pmatrix} f\dfrac{R_1}{R_2} \\ f\dfrac{R_3}{R_2} \end{pmatrix}$$

$$= \begin{pmatrix} f\dfrac{\cos(\gamma)\cos(\alpha)\cos(V_t)\cdot\sin(H_z)+\sin(\gamma)\cos(\alpha)\cos(V_t)\cdot\cos(H_z)-\sin(\alpha)\sin(V_t)}{[\cos(\gamma)\sin(\alpha)\sin(\beta)-\sin(\gamma)\cos(\beta)]\cos(V_t)\cdot\sin(H_z)+[\sin(\gamma)\sin(\alpha)\sin(\beta)+\cos(\gamma)\cos(\beta)]\cos(V_t)\cdot\cos(H_z)+\cos(\alpha)\sin(\beta)\sin(V_t)} \\ f\dfrac{[\cos(\gamma)\sin(\alpha)\cos(\beta)+\sin(\gamma)\sin(\beta)]\cos(V_t)\cdot\sin(H_z)+[\sin(\gamma)\sin(\alpha)\cos(\beta)-\cos(\gamma)\cos(\beta)]\cos(V_t)\cdot\cos(H_z)+\cos(\alpha)\cos(\beta)\sin(V_t)}{[\cos(\gamma)\sin(\alpha)\sin(\beta)-\sin(\gamma)\cos(\beta)]\cos(V_t)\cdot\sin(H_z)+[\sin(\gamma)\sin(\alpha)\sin(\beta)+\cos(\gamma)\cos(\beta)]\cos(V_t)\cdot\cos(H_z)+\cos(\alpha)\sin(\beta)\sin(V_t)} \end{pmatrix}$$

$$(2\text{-}5)$$

通过全站仪可以得到水平角 H_z 和垂直角 V_t，相机可以得到成像面板上激光点的坐标 (u,v)，倾角仪可以得到两个角度 (j_a,j_b)，j_a 和 j_b 与滚角 α、俯仰角 β 的关系如下式：

$$\begin{cases} \beta = j_a \\ \alpha = \sin^{-1}\left(\dfrac{\sin j_b}{\cos \beta}\right) \end{cases} \tag{2-6}$$

相较于棱镜法和惯性测量法，标靶法只测量一个点的位置，坐标误差不会引起偏航角的误差放大，且数值波动小，测量姿态角精度高达 0.5mrad，具有明显优势。

2.1.2 管片选点方法概述

盾构法施工中盾构机顶推在已拼装管片上向前掘进，并在盾尾的支护下拼装新的管片，拼装成环的管片形成最终的隧道。我国隧道施工主要采用的管片类型有普通型管片和通用型管片两种。采用普通型管片的隧道需要设计和加工多种管片环，同时由于转弯环的拼装点位是固定的，不利于在隧道施工中对隧道轴线进行精确控制。通用型管片则是一种更先进的隧道衬砌，是一种具有一定楔形量的圆环，施工过程只需要一种类型的通用型管片便可完成整条隧道的拼装，制作模具通常也只需要一组，因而在施工中所占比重正在日益增长。

选择不同点位拼装管片，会对水平和竖直方向产生不同的超前量，从而实现对各种线形的拟合，对推进液压缸行程差和盾尾间隙也会造成不同程度的调整。合理的点位选取，可以避免盾构机挤压管片，同时盾构机能有较大的运动空间和较好的纠偏能力，在保证成型隧道能拟合设计隧道轴线（Designed Tunnel Axis，DTA）的同时避免了施工事故的发生。目前现场施工中管片的拼装点位仍主要是人工计算并结合经验来确定，这不仅限制了施工速度，增加了技术人员的工作强度，而且点位选取的质量也因受选点人员主观因素的影响而得不到保证。现有的隧道掘进软件中，德国 VMT 公司的 SLS-T 系统和 TACS 公司的 ACS 系统实现了管片拼装点位自动选取，但使用软件时仍然需要施工人员根据施工工况修改软件参数，对施工人员的技术要求较高，选点的结果也与盾构机司机的选择密切相关。

对管片选点的相关研究中，选点主要有两种方法。第一种方法是以减少实际轴线和 DTA 之间的轴线拟合偏差为目的，首先计算不同拼装点位下待拼装管片的坐标，然后使用最小二乘法计算所有拼装点位对应的轴线拟合偏差，并选择偏差最小的点位。但在工程上，各种施工考虑因素对拼装点位的选择有很大影响，只考虑轴线拟合偏差的选点方法在现场应用性不强。另一种方法是以改善推进液压缸行程差、盾尾间隙等施工因素为目标，首先建立一个以多个施工考虑因素为优化目标的目标函数，然后选取使得目标函数最小的拼装点位。这种选点方法综合考虑了管片选点对多种施工考虑因素的影响，符合现场实际选点习惯，具有极广阔的研究前景。

2.2 位姿测量误差智能补偿技术

位姿测量系统的关键部件是电子标靶，电子标靶内部的相机、镜头、倾角仪等均存在着自身的误差。镜头安装于相机上会存在焦距误差和镜头畸变误差，倾角仪测得的角度也会因为温度变化和振动而存在误差。使用蒙特卡罗法、小波阈值滤波和神经网络对位姿测量系统各部分的误差进行标定补偿,可以提升位姿测量系统的精度。

2.2.1 基于蒙特卡罗法的相机内参标定方法

实际成像中,由于生产时透镜厚薄不均,光线会在径向上发生偏移,见图2-5,图像像素点沿着径向产生位置偏差,该偏差称为径向畸变;由于透镜与成像平面不严格平行,光透过镜头传到图像传感器上时,图像像素点沿着切向产生位置偏差,该偏差称为切向畸变;由于镜头制造时的缺陷引起光束的径向与切向方向的偏差称为薄棱镜畸变。上述因素均会对成像结果产生影响,因此需要进行一定的矫正。由于盾构机位姿测量中摄像机焦距较长且视场较小,故一般只考虑一阶径向畸变系数 k_1 即可满足要求。对于切向畸变系数 p_1 与 p_2 以及薄棱镜系数 s_1 与 s_2,由于这两种畸变有很大的相似度,因此可以考虑将两种畸变系数合并为 q_1、q_2 简化运算。

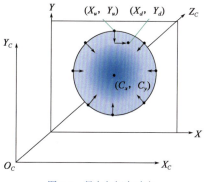

图 2-5 径向与切向畸变

传统的摄像机参数标定精度严重依赖于标定板的制造精度及特征点提取位置精度,且算法较复杂。高精度的标定板价格昂贵,简易的标定板棋盘格尺寸精度不高,且由于环境光源的多变性,导致图像成像质量受到高斯噪声的污染,特征点的提取精度也很难提高。这两方面的误差耦合的效果,使得标定结果的不确定度较大。

对此,提出一种基于全站仪的激光以及高精度的角度标定设备的摄像机参数标定方法,使用蒙特卡罗法对焦距、径向畸变系数、切向畸变系数等参数进行单维多步优化,其原理如图 2-6 所示。

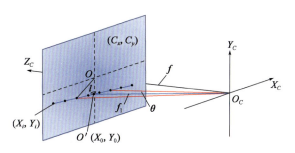

图 2-6 标定原理示意图

图 2-6 中 $\{(X_i, Y_i), i=1,\cdots,n\}$ 为 ATR 激光在相机像平面上获得的一系列光斑的理论值,由于旋转台与全站仪的转轴均为竖直,光斑序列应该在一条水平线上。主点 (C_x, C_y) 到该线的垂线长为 l,垂足 $O'(X_0, Y_0)$ 到 O_C 距离为 $f_1 = \sqrt{f^2 + l^2}$。则每个光斑对应的入射激光与 $O'O_C$ 的夹角 $\{\theta_i, i=1,\cdots,n\}$ 与光斑位置的关系为 $\theta_i = \tan^{-1}(\sqrt{(x_i-x_0)^2+(y_i-y_0)^2}/f_1)$,$\theta_i$ 处于水平方向,由全站仪水平角以及旋转平台水平角结合可以得到。使用全站仪的 ATR 激光以及高精度的角度标定设备进行相机的参数标定时,相机安装于电子标靶盒内,电子标靶置于高精度的旋转平台上,其角度变化可以由旋转台精确标定。调节旋转平台的基座使得旋转轴竖直向上,调节全站仪的高度使得 ATR 激光对准棱镜中心时垂直角为 0°。全站仪对电子标靶

棱镜进行自动对中,并用 ATR 激光射入相机,由相机采集光斑数据,而激光角度则由全站仪读出。旋转平台绕竖直轴转动,使相机改变水平方向的角度,全站仪绕自身的竖直轴旋转并瞄准棱镜,从而在相机像平面上获得一系列的光斑数据。

$$\theta_i = \tan^{-1}(\sqrt{(X_i - X_0)^2 + (Y_i - Y_0)^2}/f_1) \quad (i = 1, \cdots, n) \tag{2-7}$$

参量有 $Y_2 = \{\theta, f, k_1, q_1, q_2\}$。试验获取的测量数据有 $\{\theta_i, i = 1, \cdots, n\}$ 以及 $\{(X_{di}, Y_{di}), i = 1, \cdots, n\}$。光斑因图像畸变引起的坐标变化用下式表示:

$$\begin{cases} X_d = X_u + k_1 r_u^2 X_u + q_1 r_u^2 \\ Y_d = Y_u + k_1 r_u^2 Y_u + q_2 r_u^2 \end{cases} \tag{2-8}$$

采用相机内部参数的初始值,并选取测量数据计算对应的入射角,获得一系列的角度值 $\{\theta_i', i = 1, \cdots, n\}$,与旋转平台和全站仪数据合并得到的理论角度 $\{\theta_i, i = 1, \cdots, n\}$ 进行比较,得到的入射角误差曲线见图 2-7。

衡量误差程度的标准为测量点样本的入射角均方根误差 RMSE。RMSE 越小,则入射角测量精度越高。使用蒙特卡罗法对焦距、径向畸变系数、切向畸变系数进行单维多步优化,得到最小的入射角均方根误差。

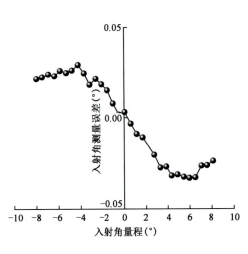

图 2-7 入射角误差曲线

$$\min\left\{\text{RMSE}\left[\tan^{-1}\left(\frac{\sqrt{(X_i - X_0)^2 + (Y_i - Y_0)^2}}{\sqrt{f^2 + l^2}}\right)\right]\right\} \tag{2-9}$$

以华中科技大学研发的电子标靶 EIS-8025 为例,使用上述基于蒙特卡罗法的相机内部参数标定方法,综合考虑焦距、径向畸变系数、切向畸变系数和薄棱镜效应,经过迭代优化,标定后的焦距为 16.187mm,径向畸变系数 $k_1 = -0.28$,切向畸变系数 $q_1 = -0.0035, q_2 = 0.0125$,对应的入射角样本数据的均方根误差达到最小,RMSE = 0.0034°(表 2-1),可以用于标靶的姿态角测量。

入射角均方根误差逐步优化结果　　　　　　　　　　　　　　　表 2-1

优化过程	原始数据	焦距优化后	径向畸变优化后	综合畸变优化后
入射角均方根误差 RMSE	0.0218°	0.0152°	0.0042°	0.0034°

$$\begin{cases} f = 16.187\text{mm} \\ k_1 = -0.28 \\ q_1 = -0.0035 \\ q_2 = 0.0125 \end{cases} \tag{2-10}$$

2.2.2 基于小波阈值滤波的倾角仪振动误差补偿技术

在硬岩掘进过程中,掘进机刀盘与岩层刚性接触、剐擦、切割,承受的载荷较大且变动比较剧烈,从而导致了频率多变的剧烈振动,对导向系统的影响很大。特别是倾角仪这种根据重力加速度来测量角度值的传感器,在振动加速度影响下,测量数据会产生很大的跳动,严重影响测量效果,甚至使得导向系统无法工作。为了补偿振动效应造成的姿态角误差,使用基于小波阈值滤波的方法对倾角仪信号进行误差修正,减少振动对掘进机姿态角测量的影响,优化导向系统的应用性能。

图 2-8 为利用加速度计测量的掘进机的振动数据。图 2-9 是在该振动下的倾角数据,其中 x 轴读数波动幅度高达 $\pm 4°$,y 轴读数波动幅度也达到了 $\pm 3°$。振动加速度在倾角仪 x 轴和 y 轴方向的投影分量不相同,因而倾角仪两轴的数据振幅也不相同。

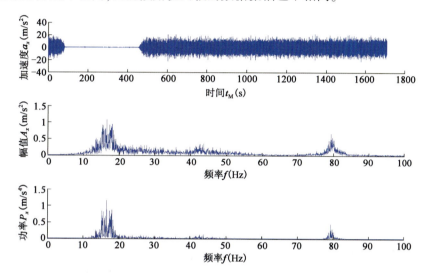

图 2-8 加速度波动曲线及对应的振动频谱分析

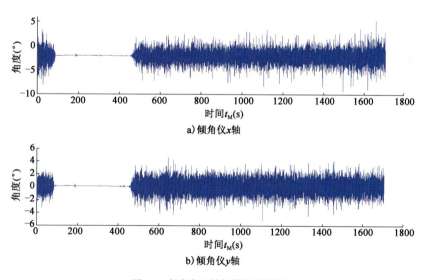

图 2-9 倾角仪双轴的数据波动曲线

为了补偿振动效应造成的姿态角误差,使用基于小波阈值滤波的方法对倾角仪信号进行误差修正,采用信号延拓和小波系数正交多项式延拓的综合方法减小边界效应,获取最优的误差修正值。通过对正交小波、双正交小波的特点进行分析,选择滤波器长度适当的 Db4 小波进行滤波处理。在选择小波分解层数时,考虑到层数太低不易滤掉噪声、层数太高会破坏信号特征,一般选择 3~9 层,通过试验来确定具体情况下的层数选择。然后采用基于 Birge-Massart 策略确定的分层阈值,建立每层小波系数阈值与尺度的关系。为避免阈值处理后的信号出现间断点,采用软阈值方法处理信号。

Mallat 算法作为小波变换中的一种快速算法,用于每层小波数据的分解和重构。它的分解方法如下:

$$\begin{cases} a_{k,s} = \sum_m \tilde{h}(m-2k) a_{m,s+1} \\ \omega_{k,s} = \sum_m \tilde{g}(m-2k) a_{m,s+1} \end{cases} \tag{2-11}$$

重构算法如下:

$$a_{m,s+1} = \sum_k h(m-2k) a_{k,s} + \sum_k g(m-2k) \omega_{k,s} \tag{2-12}$$

它表示由高尺度的尺度系数得到低尺度的尺度系数和小波系数。利用式(2-11)及式(2-12)对信号序列进行分解,然后重构。

信号延拓采用对称延拓,即将信号对称复制到信号末端,将原始信号 $x(n)$,$n = 0,1,\cdots,N-1$ 延拓成 $x(0), x(1), \cdots, x(N-1), x(N-1), \cdots, x(1), x(0)$。

小波系数正交多项式延拓即对系数边界处的低频变化规律用正交多项式表示出来,选用拟合阶数和拟合长度要慎重。如果阶数过大,则拟合求解过程中的正则方程是病态的;如果拟合长度过大,不能充分反映边界情况;如果拟合长度过小,拟合多项式受边界噪声随机性的影响会很大。现采用二阶正交多项式拟合算法为例进行正交多项式延拓处理。

取左边界的 N_1 个点为 $(x_1, y_1), (x_2, y_2), \cdots, (x_{N_1-1}, y_{N_1-1}), (x_{N_1}, y_{N_1})$,拟合后正交多项式为:

$$y = c_0 T_0(x) + c_1 T_1(x) + c_2 T_2(x) \tag{2-13}$$

其中,三个正交多项式分别为:

$$T_0(x) = 1 \tag{2-14}$$

$$T_1(x) = x - \frac{1}{N_1} \sum_{i=1}^{N_1} x_i \tag{2-15}$$

$$T_2(x) = x^2 - \left[\frac{\sum_{i=1}^{N_1} x_i^2 T_1(x_i)}{\sum_{i=1}^{N_1} T_1^2(x_i)} \right] T_1(x) - \frac{1}{N_1} \sum_{i=1}^{N_1} x_i^2 \tag{2-16}$$

三个正交多项式系数分别为:

$$c_0 = \frac{\sum_{i=1}^{N_1} T_0(x_i) y_i}{\sum_{i=1}^{N_1} T_0^2(x_i)} \tag{2-17}$$

$$c_1 = \frac{\sum_{i=1}^{N_1} T_1(x_i) y_i}{\sum_{i=1}^{N_1} T_1^2(x_i)} \tag{2-18}$$

$$c_2 = \frac{\sum_{i=1}^{N_1} T_2(x_i) y_i}{\sum_{i=1}^{N_1} T_2^2(x_i)} \tag{2-19}$$

根据求出的正交多项式对左右边界分别进行延拓 $M-1$ 个数值。如果近似系数长度小于 N_1,则对整个序列进行拟合。

图 2-10 展示的是使用不同滤波方法对吉林硬岩隧道掘进施工现场测得数据进行滤波处理。从中可以看出,采用提出的小波阈值滤波方法效果要明显好于均值滤波和传统小波滤波。

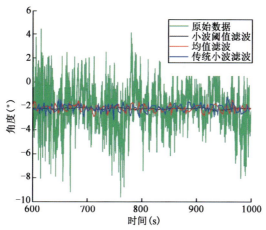

图 2-10 倾角仪现场输出三种滤波方法比较

2.2.3 基于神经网络的倾角仪温度漂移误差和非线性误差补偿技术

环境温度变化对倾角仪的读数有较大的影响,如图 2-11 所示,环境温度分别为 23℃、28℃、33℃、38℃、43℃和48℃时使用双轴倾角仪,得到在不同倾斜角度下的测量误差曲线。可以看出,当倾斜角度在 ±20°范围之内时,双轴倾角仪的测量误差较小,误差均小于0.5mrad;随着测量范围的扩大,双轴倾角仪的非线性特性就会造成很大的测量误差。当倾斜角度在 ±30°以外时,双轴倾角仪的测量误差就超过了 1mrad。倾斜角度越大,非线性特性引起的测量误差越大。

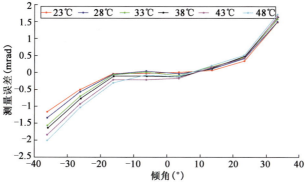

图 2-11 不同温度下倾角仪读数变化

图 2-12 表示当环境温度从 19℃ 逐渐上升到 48℃（以 1℃ 为间隔）时双轴倾角仪在每个倾斜角度下的测量误差。很明显，随着环境温度的不断升高，测量误差也在不断起变化，倾斜角度越大误差漂移越明显。总的来说，环境温度的变化所造成的误差漂移都近似是线性漂移，只不过漂移的具体情况不同而已。综上所述，双轴倾角仪的测量输出同时具有非线性误差和温度漂移误差。特别是当倾斜角度较大时，非线性误差和温度漂移误差都很明显。因此，要想补偿双轴倾角仪的测量误差，就必须综合考虑非线性因素和环境温度的影响，使用 BP 神经网络综合考虑倾角仪的非线性误差和温度漂移误差，对倾角仪的测量误差进行补偿。

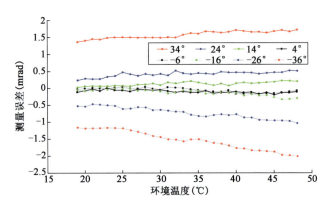

图 2-12　不同姿态角下的温度误差

设计的 BP 网络模型如图 2-13 所示，隐层 12 个，输入层为环境温度 t 和双轴倾角仪的测量输出 y，BP 神经网络输出最终的倾角 p。神经网络的泛化能力仅仅对被训练的输入输出最大范围内的数据有效，即神经网络只具有内插值特性，而不具有外插值性。超出最大训练值的输入必将产生大的输出误差。训练样本集的范围要足够宽。采用的训练样本集中，环境温度的范围是 19~48℃，倾斜角度的范围是 -36°~34°。训练参数的选择对训练效果的影响相当大，因此应设置合理的训练参数，如学习速率、训练的最大步长、误差性能目标值等。在训练网络时，神经元之间的连接权值以及各自的阈值由学习规则进行调整，搜索寻优，以使误差性能函数达到最小，从而改善网络的自身性能。

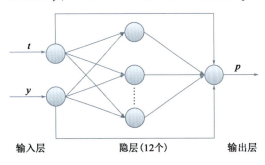

图 2-13　设计的 BP 网络模型

为了验证神经网络补偿方法的可行性和有效性，本书采用了新的试验数据来检测双轴倾角仪测量输出误差的补偿精度。当温度从 19℃ 逐渐上升到 48℃，倾斜角度分别为 28°、18°、8°、-10°、-11° 和 -31° 时，双轴倾角仪在补偿前的测量输出误差如图 2-14 所示。而采用训练好的 BP 神经网络对双轴倾角仪的测量输出进行校正后，其测量误差如图 2-15 所示。通过对比很容易看出，神经网络方法有效校正了双轴倾角仪的测量输出，大幅度地提高了其测量精度，使双轴倾角仪最大测量误差的绝对值由补偿前的 1.6mrad 下降到了补偿后的 0.2mrad。

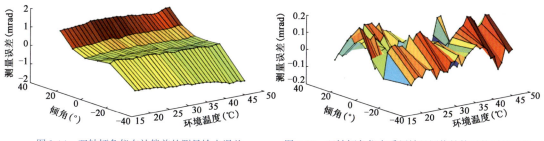

图 2-14 双轴倾角仪在补偿前的测量输出误差　　图 2-15 双轴倾角仪在采用神经网络补偿后的测量误差

2.3 位姿测量中的多传感器信息融合技术

在盾构机施工中由于强振动环境的影响,只利用标靶法进行盾构机隧道掘进导向存在精度不高、稳定性不好的问题。为了提高系统的测量精度、实时性及鲁棒性,可以将多个、多种传感器组合应用,形成测量精度更优的多传感器信息融合技术。本节将通过分析盾构机导向技术中激光靶、外置倾角仪以及陀螺仪等各传感器的优缺点,分别介绍两种由华中科技大学朱国力教授团队提出的用于提升盾构机导向位姿测量精度的多传感器信息融合方法。

2.3.1 基于倾角仪和微机电系统陀螺仪的扩展卡尔曼滤波融合方法

在非振动环境下,双轴倾角仪具有体积小、精度高、可靠性高等优点。但是在硬岩掘进过程中,由于破岩冲击载荷导致的强振动因素的影响,常规姿态测量系统中的倾角仪难以可靠工作,即使通过滤波、机械隔振等手段也无法完全消除振动影响,使得测量结果容易失效。为确保隧道掘进机沿着设计隧道轴线推进,对其姿态进行实时高精度测量,在强振动环境下有效识别并提取掘进过程的姿态信息成为必须解决的问题。

而微机电系统(Micro Electro Mechanical System,MEMS)陀螺仪具有体积小、成本低、抗振动能力强等优点,可以弥补倾角仪在强振动环境下易失效的劣势,但陀螺仪传感器的不足在于零偏影响其测量精度,长时间测量存在累积测量误差。因此结合双轴倾角仪测量精度高和MEMS 陀螺仪抗振能力强的特点,本小节将介绍一种应用于强振动下硬岩掘进导向系统的基于扩展卡尔曼滤波多传感器融合方法。

1)陀螺仪误差模型

根据 MEMS 陀螺仪的输出统计特性,陀螺仪的随机漂移误差呈现五种特征,分别为量化噪声、角度随机游走误差、零偏不稳定性、速率随机游走误差和速率斜坡,它们的误差系数分别用字母 Q、N、B、K、R 表示,采用 Allan 方差评价 MEMS 陀螺仪误差和噪声。研究表明,通过常温下连续采样 MEMS 陀螺仪 10h 的数据进行 Allan 方差分析,结果显示其随机误差主要表现为角度随机游走误差、零偏不稳定性和速率随机游走误差,因此建立误差模型:

$$\begin{cases} \omega_g = \omega + b + n_a \\ \dot{b} = n_b \end{cases} \quad (2\text{-}20)$$

式中:ω_g——陀螺仪实际输出;

ω_g——真实角速度;

$\dot{b}$——陀螺仪的速率随机游走,表示为噪声n_b的积分形式,n_b的方差为Q_b;

n_a——角度随机游走噪声,方差为Q_a。

2) 多传感器融合数学模型

双轴倾角仪在一般情况下输出角度精度高,在强振动下测量误差较大,修复性为零;而 MEMS 陀螺仪的零偏因受系统噪声影响而呈现缓慢变化的趋势,在强振动下绕零偏变化的方差值有所加大,误差在可控范围内。由此建立基于倾角仪和 MEMS 陀螺仪的姿态测量方法,其流程如图 2-16 所示。

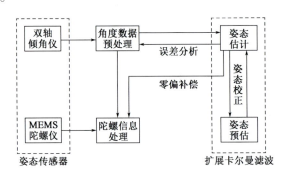

图 2-16　基于倾角仪和 MEMS 陀螺仪的姿态测量流程图

根据 MEMS 陀螺仪的误差模型,建立状态方程,取状态向量为:

$$\boldsymbol{X}_k = [\varphi^w, \theta^w, \omega_x, \omega_y, \omega_z, b_x, b_y, b_z]_k^T \tag{2-21}$$

式中:φ^w、θ^w——分别为 k 时刻物体在大地坐标系的滚动角和俯仰角;

ω_x、ω_y、ω_z——分别为陀螺仪在载体坐标系下的三个坐标轴真实角速度值;

b_x、b_y、b_z——分别为陀螺仪实际输出角速度值包含的零偏。

取量测向量为:

$$\boldsymbol{Y}_k = [\Delta\varphi^w, \Delta\theta^w, \omega_{gx}, \omega_{gy}, \omega_{gz}]_k^T \tag{2-22}$$

式中:$\Delta\varphi^w$、$\Delta\theta^w$——分别为 k 时刻倾角仪在大地坐标系下测量的滚动角和俯仰角的差分形式;

ω_{gx}、ω_{gy}、ω_{gz}——分别为 k 时刻陀螺仪三个坐标轴的实际输出角速度值。

根据系统的状态变量和特征,非线性系统线性化后的状态方程和观测方程为:

$$\begin{cases} \boldsymbol{X}_{k+1} = \boldsymbol{A}\boldsymbol{X}_k + \boldsymbol{C}\boldsymbol{W}_k \\ \boldsymbol{Y}_k = \boldsymbol{H}\boldsymbol{X}_k + \boldsymbol{V}_k \end{cases} \tag{2-23}$$

式中:$\boldsymbol{W}_k$——驱动噪声向量,由角速度驱动白噪声和零漂驱动白噪声建模组成;

$\boldsymbol{V}_k$——观测噪声向量,由倾角仪测量噪声和陀螺仪测量噪声建模组成;$A = \{\partial f_{[i]}/\partial X_{[j]}\}$;$H = \{\partial f_{[i]}/\partial X_{[j]}\}$;$C = \text{diag}[T, T, \cdots, T]_{8\times 8}$,$T$ 为采样周期。

取系统驱动噪声向量为:

$$\boldsymbol{W}_k = [0, 0, n_{w_x}, n_{w_y}, n_{w_z}, n_{b_x}, n_{b_y}, n_{b_z}]_k^T \tag{2-24}$$

式中:n_{w_x}、n_{w_y}、n_{w_z}——陀螺仪各轴的真实速率驱动白噪声;

n_{b_x}、n_{b_y}、n_{b_z}——陀螺仪各轴的速率随机游走白噪声。

取观测量噪声向量为:

$$V_k = [n_x, n_y, n_{a_x}, n_{a_y}, n_{a_z}]_k^T \tag{2-25}$$

式中:n_x、n_y——分别为倾角仪 X 轴和 Y 轴的测量噪声差分值,即 $[n_x]_k = [\sigma_x]_{k-1}$,$[n_y]_k = [\sigma_y]k - [\sigma_y]_{k-1}$,$\sigma$ 为倾角仪的量测噪声;

n_{a_x}、n_{a_y}、n_{a_z}——分别为三轴陀螺仪各轴的角度随机游走误差。

在完成以上数学模型的建立后即可结合信息融合算法对陀螺仪进行误差修正和补偿,下面将介绍具体的信息融合算法。

3)扩展卡尔曼滤波(Extended Kalman Filter,EKF)融合算法

卡尔曼滤波融合算法采用递推的方式进行滤波,首先需要建立系统的状态方程和量测方程,根据预测值均方误差及测量值的情况进行数据融合来获取系统最优的状态值。在得到陀螺仪误差模型以及多传感器融合数学模型的基础上,基于双轴倾角仪和三轴 MEMS 陀螺仪的扩展卡尔曼滤波(EKF)融合算法的步骤如下:

步骤1:时间更新

以"^"表示估计值,在 $k-1$ 时刻可由状态方程得到误差估计均方误差 P_{k-1} 以及系统噪声对误差协方差矩阵 P 的预报计算为:

$$P_{k|k-1} = A_{k|k-1} P_{k-1} A_{k|k-1}^T + Q_k \tag{2-26}$$

步骤2:测量更新

k 时刻倾角仪和陀螺仪的测量值用来计算卡尔曼滤波增益:

$$K_k = P_{k|k-1} C_k^T (P_{k|k-1} C_k^T + R_k)^{-1} \tag{2-27}$$

系统在 $k-1$ 时刻的状态估计值对系统在 k 时刻的状态值进行预测,则:

$$\hat{X}_{k|k-1} = A_{k|k-1} \hat{X}_{k-1} \tag{2-28}$$

此时状态变量更新为:

$$\hat{X}_k = \hat{X}_{k|k-1} + K_k (Y_k - C_k \hat{X}_{k|k-1}) \tag{2-29}$$

同时误差协方差矩阵更新为:

$$P_k = P_{k|k-1} - K_k C_k P_{k|k-1} \tag{2-30}$$

步骤3:状态修正

给出状态更新值后,采用常规方法即可修正 MEMS 陀螺仪的零偏。

4)融合算法试验验证

为了验证该信息融合方法在强振动环境下的有效性,团队搭建了由双轴倾角仪、陀螺仪、伺服电机和振动台组成的试验台。振动台模拟掘进过程中的振动环境,伺服电机模拟掘进装备的姿态角的变化,同时作为倾角仪和陀螺仪输出的基准。通过控制器使伺服电机始终保持一个不变的角度,一般振动下采集数据 1h,然后给试验平台施加 133Hz 的强振动干扰,再采集数据 30min。首先对所采集数据预处理,通过 3σ 准则将因外界环境的扰动和采集电路自身的噪声所造成的异常数据剔除。前 60min 倾角仪输出用于对陀螺仪进行零偏估计,后 30min 即在倾角仪失效情况下,姿态角输出以零偏补偿后的陀螺仪为准,试验结果如图 2-17 所示,结果显示 MEMS 陀螺仪的测量角度误差在 0.06° 以内,具有较高的稳定性和可靠性。

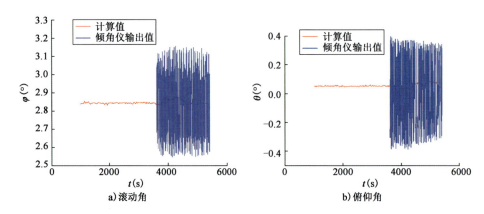

图 2-17 滚动角、俯仰角经 EKF 融合前后

至此,本小节以双轴倾角仪结合 MEMS 陀螺仪的导向系统为例,对其建立了误差模型以及多传感器数学模型,介绍了一种基于扩展卡尔曼滤波提高盾构机位姿测量精度的融合算法,最后通过试验验证了其可靠性。

2.3.2 基于自适应神经模糊系统的倾角仪和激光标靶信息融合方法

在盾构机掘进导向姿态测量系统中,激光标靶法具有自动化程度高、对通视空间的要求较低、抗振能力强等优点。但由于激光电子标靶需要结合机器视觉对导向激光的靶点图像进行分析,求解费时,所以采样周期相比于一般倾角仪较长,导致获取的掘进姿态信息与之相比不够及时。而倾角仪的采样速率高、测量周期短,在非强振动环境下测量精度高、可靠性好,因此团队通过合理安放一个外置倾角仪于盾构机中振动较小的位置,结合外置双轴倾角仪和激光标靶测得的位姿角度进行信息融合,来对盾构机的姿态进行预测,以提高位姿预测的实时性,测量原理如图 2-18 所示。

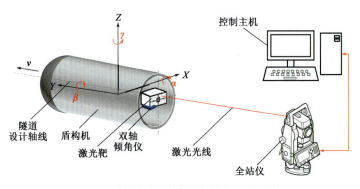

图 2-18 激光靶与双轴倾角仪结合的测量系统

在盾构机施工环境中,考虑到强振动因素的影响,外置倾角仪的测量误差相比于激光电子标靶较大,这将导致按传统的双速率信息融合方法依然会产生较大的预测误差,从而降低了信息融合过程中的融合效应。针对这一问题,本小节将介绍一种基于自适应神经模糊系统(Adaptive-Neuro-Fuzzy Information Fusion System,ANFIS)的信息融合方法来提高多传感器之间的融合效应,在提高实时性的同时保证掘进过程中的位姿测量精度。

1) 双速率信息融合姿态算法

双速率信息融合常用于融合采样速率不同的两种传感器之间的信息。外置双轴倾角仪具有高采样速率、低延迟的特点，但易受噪声的影响；而激光定位系统因为跟踪激光目标、解耦和修正每个姿态角度都很耗时，所以采样速率相比于倾角仪较低，但其精度和抗振能力较强。因此，为了满足高精度和高采样率的要求，通过双速率信息融合将两种测量结果进行集成，以获得一个平滑的盾构机姿态角度预测。首先介绍传统的双速率信息融合的原理：

建立状态方程，其描述为：

$$X(k+1) = \boldsymbol{\Phi} X(k) + \boldsymbol{\Gamma} W(k) \tag{2-31}$$

$$Y(k+1) = \boldsymbol{H} X(k) + V(k) \tag{2-32}$$

式中：k——离散时间，$X(k) \in R$ 为时间 k 时的状态向量，由两种传感器测量的角度组成；

$Y(k)$——量测向量，表示传感器的观测值；

$\boldsymbol{\Phi}$、$\boldsymbol{H}$——分别为状态转移矩阵和观测矩阵；

$\boldsymbol{\Gamma}$——噪声矩阵，具体的参数定义将在后文介绍；

$W(k)$、$V(k)$——分别为输入噪声和测量噪声，由测量仪器的出厂参数决定。

利用卡尔曼滤波器来预测新的状态：

$$\hat{X}(k+1|k) = \boldsymbol{\Phi} \hat{X}(k|k) \tag{2-33}$$

式中：$\hat{X}(k+1|k)$——$X(k+1|k)$ 的预测值。

同时可以得到协方差的预测值：

$$P(k+1|k) = \boldsymbol{\Phi} P(k|k) \boldsymbol{\Phi}^{\mathrm{T}} + \boldsymbol{\Gamma} Q \boldsymbol{\Gamma}^{\mathrm{T}} \tag{2-34}$$

式中：Q——输入噪声的平方误差。

卡尔曼滤波器的增益矩阵如下式：

$$K(k+1) = P(k+1|k) \boldsymbol{H}^{\mathrm{T}} [\boldsymbol{H} P(k+1|k) \boldsymbol{H}^{\mathrm{T}} + R]^{-1} \tag{2-35}$$

式中：R——测量噪声的平方误差。

由此可以进行状态更新：

$$\hat{X}(k+1|k+1) = \hat{X}(k+1|k) + K(k+1)\varepsilon(k+1) \tag{2-36}$$

$$\varepsilon(k+1) = Y(k+1) - \boldsymbol{H} \hat{X}(k+1|k)$$

协方差可由下式得到：

$$P(k+1|k+1) = [I_n + K(k+1)\boldsymbol{H}] P(k+1|k) \tag{2-37}$$

$\alpha_L(k)$、$\beta_L(k)$ 为激光定位系统测量到的俯仰角和滚角；$\alpha_I(k)$、$\beta_I(k)$ 分别为双轴倾斜仪感测的俯仰角和滚角。这四个变量可以通过上述卡尔曼滤波器分别进行滤波，输入的 $X(k)$ 是每个变量的一维向量。由于 TBM 移动缓慢，所以 $\boldsymbol{\Gamma}$、$\boldsymbol{\Phi}$ 和 $\boldsymbol{H}$ 可以设置为单位矩阵。

因此输入姿态角度可以写为如下形式：

$$\begin{cases} X_a(k) = [\alpha_L(k) \alpha_I(k)] \\ X_b(k) = [\beta_L(k) \beta_I(k)] \end{cases} \tag{2-38}$$

根据上述方程，可以对 X_a 和 X_b 中的每个元素进行滤波。假设滤波后的角度分别为

$\alpha_{L\text{-}f}(k)$,$\beta_{L\text{-}f}(k)$,$\alpha_{I\text{-}f}(k)$ 和 $\beta_{I\text{-}f}(k)$。

结合以下的融合矩阵,即可进行信息融合:

$$\begin{cases} \boldsymbol{K}_{fa} = \begin{bmatrix} k_{f1} \\ 1-k_{f1} \end{bmatrix} \\ \boldsymbol{K}_{fb} = \begin{bmatrix} k_{f2} \\ 1-k_{f2} \end{bmatrix} \end{cases} \tag{2-39}$$

式中:$k_{f1} \in [0,1]$ 和 $k_{f2} \in [0,1]$——分别为俯仰角和滚动角的融合增益。

因此 $X_a K_{fa}$ 和 $X_b K_{fb}$ 即为激光瞄准系统与双轴倾角仪的信息融合,结果为:

$$\begin{cases} \alpha(k+1|k+1) = k_{f1}\alpha_{L\text{-}f}(k+1|k+1) + (1-k_{f1})\alpha_{I\text{-}f}(k+1|k+1) \\ \beta(k+1|k+1) = k_{f2}\beta_{L\text{-}f}(k+1|k+1) + (1-k_{f2})\beta_{I\text{-}f}(k+1|k+1) \end{cases} \tag{2-40}$$

基于上述信息融合模型,通过线性预测方程,即可得到滚转角和俯仰角的一步预测值:

$$\begin{cases} \hat{\alpha}(k+1) = \alpha(k) + k_p[\alpha(k) - \alpha(k-1)] \\ \hat{\beta}(k+1) = \beta(k) + k_p[\beta(k) - \beta(k-1)] \end{cases} \tag{2-41}$$

式中,$k_p = 1$,k_p 也可以是用于预测未来 $(k+k_p)$ 时刻角度值的任意正比例系数。

2)基于 ANFIS 的信息融合方法

外置双轴倾角仪的测量误差会降低双速率信息融合过程中的融合效应,因此需要对其测量误差进行预测和补偿。在实际施工中,滚动角对沿着所设计的隧道路线运行的 TBM 的影响较小,因此由双轴倾角仪得到的滚动角在校正后可直接作为主传感器的输出结果。而由双轴倾角仪获得的俯仰角的影响因素过于复杂,不能简单地通过其安装姿态误差来修正,无法通过一个简单的线性模型建模,同时其影响因素的变化又导致了模型的不确定性。对于这一问题,自适应神经模糊推理系统(ANFIS)具有的神经网络和模糊系统的双重优势能较好地加以解决,ANFIS 既能实现强非线性系统的建模,也能实现系统参数的实时更新。

图 2-19 显示了基于 ANFIS 的信息融合方法的方案。信息融合方法主要包括两个部分:双速率信息融合和 ANFIS。在实际应用中发现,激光定位系统测得的俯仰角比双轴倾角仪测得的俯仰角更准确,因此可以估计由 α_L 和 α_I 之差得到的俯仰角误差 e_a,并用于补偿 α_I。

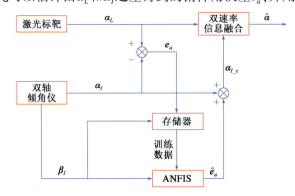

图 2-19 基于自适应神经模糊推理系统的信息融合方法流程图

根据对某地铁施工数据的相关性分析，双轴倾角仪和激光标靶测得的俯仰角误差e_a与倾角仪的滚转角β_I有比较大的相关性，并且受其他因素的影响较小。所以基于 ANFIS 的信息融合基本思路为：首先记录e_a和β_I，训练自适应神经模糊模型，对e_a关于β_I的映射函数进行建模；其次利用所建立的模型来实时估计俯仰角误差；最后，将经过误差补偿后的俯仰角$\alpha_{I\text{-}c}$与激光定位系统测得的俯仰角α_L进行双速率融合，从而得到预测精度更高的俯仰角估计值。具体的融合算法步骤如下：

$\alpha_{L(j)}$和$\alpha_{I(k)}$分别由激光定位系统和双轴倾斜仪获得。k和j之间的关系为：

$$k = m \times j \tag{2-42}$$

假设双轴倾斜仪的采样周期为T，则激光瞄准系统的采样周期为mT。从盾构机司机的角度来看，激光瞄准系统的观测值将保持在mT周期内，因此$\alpha_L(j)$可以通过下式扩展其值，得到与$\alpha_I(k)$相同的采样周期：

$$\alpha_L(m \times j + i) = \alpha_L(j) \tag{2-43}$$

式中，$i = 1, 2, \cdots, m-1$。

以激光定位系统得到的俯仰角为参考，通过下式可以得到$\alpha_I(k)$的俯仰误差：

$$e_a(j) = \alpha_L(j) - \alpha_I(m \times j) \tag{2-44}$$

基于 ANFIS，通过训练构建的数据集$E = [e_a(j)\beta_L(j)]^{\mathrm{T}}$，可以得到$e_a$关于$\beta_I$的函数模型，进而可以得到$e_a$的估计值：

$$\hat{e}_a(k) = f(\beta_I(k)) \tag{2-45}$$

$f(\cdot)$是由 ANFIS 表示的非线性函数。使用预测的$\hat{e}_a(k)$，$\alpha_I(k)$可以通过下式进行校正：

$$\alpha_{I\text{-}c}(k) = \alpha_I(k) + \hat{e}_a(k) \tag{2-46}$$

式中：$\alpha_{I\text{-}c}(k)$——$\alpha_I(k)$的修正值。

通过本小节标题 1) 介绍的双速率信息融合算法，将$\alpha_I(k+1|k+1)$替换为$\alpha_{I\text{-}c}(k+1|k+1)$，得到修正后的融合俯仰角为：

$$\alpha(k+1|k+1) = k_{f1}\alpha_{L\text{-}f}(k+1|k+1) + (1-k_{f1})\alpha_{I\text{-}cff}(k+1|k+1) \tag{2-47}$$

式中：$\alpha_{I\text{-}c\text{-}f}(k+1|k+1)$——滤波后的$\alpha_{I\text{-}f}(k)$。

基于 ANFIS 信息融合的俯仰角的最终预测输出可以通过类似式 (2-41) 得到：

$$\hat{\alpha}(k+1) = \alpha(k) + k_p[\alpha(k) - \alpha(k-1)] \tag{2-48}$$

3) 信息融合试验验证

为了验证团队提出的基于 ANFIS 的信息融合方法的有效性，通过对某地铁施工工地数据进行处理，建立 ANFIS 及双速率信息融合模型，得到训练后的自适应神经模糊推理系统 (ANFIS) 预测结果如图 2-20 所示，可以看出俯仰角误差模型的预测误差在 0.01°以内，满足对倾角仪俯仰角的误差补偿要求。基于 ANFIS 的信息融合的姿态测量误差如图 2-21 所示，结果显示利用基于自适应神经模糊系统的信息融合后的俯仰角预测误差从 0.049°进一步减小到

0.018°,提高了掘进位姿预测精度。

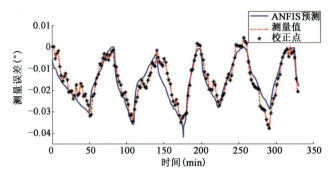

图 2-20　ANFIS 预测结果

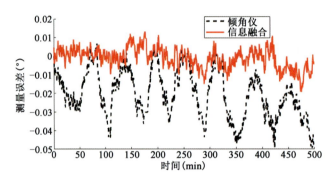

图 2-21　基于 ANFIS 的信息融合的姿态测量误差

2.4　管片拼装点位智能选取方法

盾构机施工时盾构机的推进液压缸顶推在已拼装的管片上,依靠管片给予的反作用力向前掘进。盾构机每推进一环就在盾尾的支护下拼装一环新的管片,盾构机与管片的结构如图 2-22 所示。选取不同的点位拼装管片会对盾尾间隙、液压缸行程差等参数造成不同程度的调整,进而影响盾构机的运动空间和纠偏能力,因此管片选点是智能导向的一个关键技术。

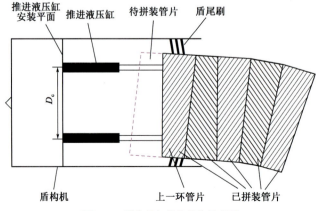

图 2-22　盾构机与管片结构示意图

2.4.1 管片选点问题建模

1）管片拼装点位

图 2-23 为一种 16 点位通用型管片结构示意图,管片由封顶块、邻接块和标准块拼装组成,管片从侧面观察为双面楔形的梯形,其中 S 为管片的单边楔形量,θ 为管片的楔形角,b 为管片的标准宽度,D_g 为管片的外径。在管片的端面上均匀分布着 1~16 号纵向螺栓孔,管片环之间通过纵向螺栓进行连接,在这种连接方式下,相邻两环管片的旋转角度必须为单位旋转角度(22.5°)的整数倍。管片的拼装点位是指封顶块的拼装位置,通常用来描述管环的旋转角度,如图 2-24a)中,封顶块位于管环顶部,点位为 16;图 2-24b)中,封顶块旋转了 3×22.5°,点位为 3。

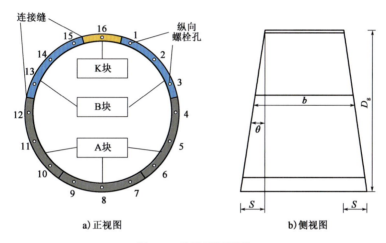

图 2-23 通用型管片结构

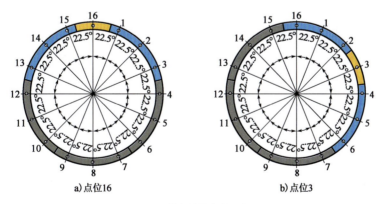

图 2-24 管片拼装点位示意图

拼装管片需要满足错缝拼装的原则,即相邻两管片的连接块缝隙需要错开。此外,考虑拼装难度以及管片拼装的质量,8 号点位和 16 号点位通常不允许选择。表 2-2 列举了待拼装管片的可选点位 i_{n+1} 与上一环管片点位 i_n 的对应关系。

i_{n+1} 与 i_n 的对应关系　　　　表 2-2

上一环管片点位 i_n	待拼装管片可选点位 i_{n+1}				
1	3	6	9	12	15
2	4	7	10	13	
3	5	11	14	1	
4	6	9	12	15	2
5	7	10	13	3	
6	11	14	1	4	
7	9	12	15	2	5
9	11	14	1	4	7
10	12	15	2	5	
11	13	3	6	9	
12	14	1	4	7	10
13	15	2	5	11	
14	3	6	9	12	
15	1	4	7	10	13

注：点位 8、16 通常不允许选择。

2）管片选点优化目标

成型隧道需要满足对设计隧道轴线（DTA）的拟合要求，通常满足如下的施工原则：盾构机沿着 DTA 掘进，管片拼装以调整与盾构机的相对姿态为目的。盾构机与管片的相对姿态反映在盾尾间隙和推进液压缸行程差上，选取合理的点位拼装管片，会使得盾尾间隙和液压缸行程差得到不同程度的改善。

(1) 管片点位对液压缸行程差的影响

盾构机的推进液压缸分为上、下、左、右四组，水平方向的推进液压缸行程差（左减右）和竖直方向的推进液压缸行程差（上减下）是盾构机施工工况的重要评价指标。推进液压缸行程差过大会导致作用在管片上的径向分力增大，易发生管片破碎、盾构机不受控制等。不同的管片点位会对推进液压缸行程差产生影响，待拼装管片点位 i_{n+1} 对水平推进液压缸行程差和竖直推进液压缸行程差的影响如下：

$$U_h(n+1) = U_h(n) - 2S \cdot \sin\left(\frac{360° \cdot i_{n+1}}{N}\right) \quad (2\text{-}49)$$

$$U_v(n+1) = U_v(n) + 2S \cdot \cos\left(\frac{360° \cdot i_{n+1}}{N}\right) \quad (2\text{-}50)$$

式中：$U_h(n+1)$、$U_v(n+1)$——分别为管片拼装后的水平推进液压缸行程差和竖直推进液压缸行程差；

$U_h(n)$、$U_v(n)$——分别为待拼装管片拼装前测量得到的水平推进液压缸行程差、竖直推进液压缸行程差；

i_{n+1}——待拼装管片点位；

N——管片总点位数。

(2)管片点位对盾尾间隙的影响

管片是在盾尾内部拼装成环,然后再在盾构机掘进时逐渐脱出盾尾,这就要求盾尾内壁和已拼装管片外壁之间要保持有一定的空隙,将这个空隙被称为"盾尾间隙"。当盾尾间隙过小时,盾尾会挤压管片,造成管片破裂、错台及盾尾密封损坏等。选取不同的点位拼装管片,会对上、下、左、右四个方向的盾尾间隙造成不同影响。因为上、下侧盾尾间隙之间以及左、右侧盾尾间隙之间相互关联,为了减小优化目标的个数,以待拼装管片拼装后的水平盾尾间隙差 $T_h(n+1)$(左减右)和竖直盾尾间隙差 $T_v(n+1)$(上减下)作为优化目标,其计算公式如下:

$$T_h(n+1) = T_h(n) - \frac{2b \cdot U_h(n)}{D_c} + \frac{2b \cdot s}{D_g} \cdot \sin\left(\frac{360° \cdot i_{n+1}}{N}\right) \quad (2\text{-}51)$$

$$T_v(n+1) = T_v(n) - \frac{2b \cdot U_v(n)}{D_c} - \frac{2b \cdot s}{D_g} \cdot \cos\left(\frac{360° \cdot i_{n+1}}{N}\right) \quad (2\text{-}52)$$

式中:$T_h(n+1)$、$T_v(n+1)$——管片拼装后的水平盾尾间隙差和竖直盾尾间隙差;

$T_h(n)$、$T_v(n)$——管片拼装前测量得到的水平盾尾间隙差、竖直盾尾间隙差;

b——管片宽度;

D_g——管片外径;

D_c——液压缸安装直径,如图 2-22 所示。

3)管片选点目标函数

$U_h(n+1)$、$U_v(n+1)$、$T_h(n+1)$ 和 $T_v(n+1)$ 的值越小,表明管片拼装后盾构机与管片的相对姿态越好,选取待拼装管片点位 i_{n+1} 的目的是使四个优化目标值尽量小。为了解决管片点位选取的多目标优化问题,采用权值系数变换法对优化目标进行组合,转化多目标优化问题为单目标优化问题,构建如式(2-53)所示的管片点位选取目标函数:

$$\min G(i_{n+1}) = \lambda_h U_{h,n+1}^2 + \lambda_v U_{v,n+1}^2 + \xi_h T_{h,n+1}^2 + \xi_v T_{v,n+1}^2$$

$$\text{s.t.} \begin{cases} i_{n+1} = \begin{cases} i_n + 2 + 3t, i_n + 2 + 3t \leq 16 \\ i_n + 2 + 3t - 16, i_n + 2 + 3t > 16, t \in N^* \end{cases} \\ 1 \leq i_{n+1} \leq 16 \cap \{i_{n+1} | i_{n+1} \neq 8,16\} \\ -100 \leq U_{h,n+1} \leq 100 \\ -100 \leq U_{v,n+1} \leq 100 \\ -90\text{mm} \leq T_{h,n+1} \leq 90\text{mm} \\ -90\text{mm} \leq T_{v,n+1} \leq 90\text{mm} \\ \lambda_h + \lambda_v + \xi_h + \xi_v = 1 \\ \lambda_h, \lambda_v, \xi_h, \xi_v \in [0,1] \end{cases} \quad (2\text{-}53)$$

式中:λ_h、λ_v、ξ_h、ξ_v——各优化目标的对应权值。

管片点位选取方式是通过计算得到所有可选取的待拼装管片点位 i_{n+1},然后将 i_{n+1} 逐一代入式(2-49)~式(2-53),计算使得目标函数 $G(i_{n+1})$ 最小的点位作为待拼装管片最佳点位 i_{n+1}^*。

要使目标函数选择的点位合理,权值的确定至关重要。部分研究成果中权值主要由经验丰富的司机来确定,进一步而言,若采用遗传算法等启发式优化算法对权值进行分区间优化,可以得到更准确的随工况自适应变化的权值,进而保证目标函数选择点位的正确性。

2.4.2 基于遗传算法的权值优化方法

1)样例数据获取

为了给遗传算法优化权值提供数据集,介绍一种样例数据生成方法。首先生成盾构机停止掘进时的位姿及上一环管片的位姿,以此模拟施工现场盾构机掘进完成准备拼装管片的状态;然后通过空间解析几何、齐次坐标变换等方法计算当前的液压缸行程和盾尾间隙,以此模拟施工现场在选点前测量液压缸行程和盾尾间隙的过程。由此得到一组样本数据($U_h(n)$,$U_v(n)$,$T_h(n)$,$T_v(n)$,i_n),再由专业的盾构机司机选取待拼装环管片点位,得到一组样例数据($U_h(n)$,$U_v(n)$,$T_h(n)$,$T_v(n)$,i_n,i_{n+1}^*)。

(1)确定盾构机位姿和管片位姿

图2-25建立了盾构机和管片的几何模型,并在DTA、盾构机以及管片上建立局部坐标系以描述其相对位姿关系。其相对位姿关系由施工规范及工程经验确定,表2-3给出了一组相对位姿取值范围的参考数据,包括盾构机相对DTA的位姿(x_1,y_1,z_1,α_B,β_B,γ_B)和管片相对DTA的位姿(x_2,y_2,z_2,α_C,β_C,γ_C),其中α_B、β_B和γ_B分别表示盾构机的滚角、水平角和俯仰角,α_C、β_C和γ_C分别表示管片的滚角、水平角和俯仰角。

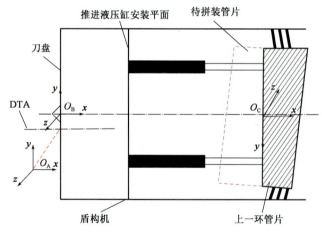

图2-25 盾构机和管片相对位姿关系

位姿参数取值范围   表2-3

参数	取值范围	参数	取值范围
x_1(mm)	0	x_2(mm)	[6700,6900]
y_1(mm)	[-50,50]	y_2(mm)	[-50,50]
z_1(mm)	[-50,50]	z_2(mm)	[-50,50]
α_B(°)	[-3,3]	α_C(°)	$\dfrac{i_n \cdot 360°}{16}$
β_B(°)	[-1.5,1.5]	β_C(°)	[-3,3]
γ_B(°)	[-1.5,1.5]	γ_C(°)	[-3,3]

各位姿参数在其取值范围内均匀随机取值,即得到盾构机和上一环管片的位姿,管片位姿确定后,管片点位 i_n 也相应确定。

(2)液压缸行程仿真计算方法

设 4 组推进液压缸在盾构机上的 4 个安装点分别为 $M_k(k=1,2,3,4)$,计算得到推进液压缸与上一环管片末端面的交点 $S_k(k=1,2,3,4)$,便可计算 4 组推进液压缸行程。图 2-26 展示了竖直方向推进液压缸行程计算示意图,水平方向与其相同。

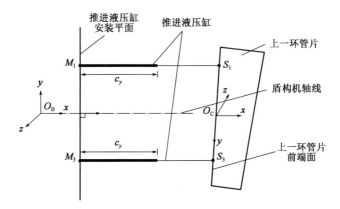

图 2-26　竖直方向推进液压缸行程计算示意图

设推进液压缸零行程长度为 c_y,则 4 个方向的推进液压缸行程 $U_k(k=1,2,3,4)$ 为:

$$U_k = |\overrightarrow{M_k S_k}| - c_y \quad (k=1,2,3,4) \tag{2-54}$$

(3)盾尾间隙计算方法

盾尾间隙的计算在盾尾间隙测量平面中进行,过盾尾内壁上 4 个盾尾间隙测量点 $H_k(k=1,2,3,4)$,分别做垂直尾盾轴线的直线 l_1、l_2,求得 l_1、l_2 与管片外壁的交点 $D_k(k=1,2,3,4)$,即可求得盾尾间隙。盾尾间隙计算示意图如图 2-27 所示。

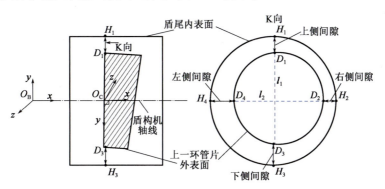

图 2-27　盾尾间隙计算示意图

4 个盾尾间隙表示为:

$$T_k = |\overrightarrow{H_k D_k}| \quad (k=1,2,3,4) \tag{2-55}$$

(4)数据处理及标签制定

①仿真数据噪声添加:考虑到实际施工中的推进液压缸行程测量传感器和盾尾间隙测量

传感器的测量精度,在 U_k 和 $T_k(k=1,2,3,4)$ 上还应添加随机误差 X。以测量精度均为 1mm、随机误差以高斯噪声形式添加为例,$X \sim N(0,1/3)$。

②工况参数计算及筛选:由 U_k 和 $T_k(k=1,2,3,4)$ 计算得到 $U_h(n)$、$U_v(n)$、$T_h(n)$ 和 $T_v(n)$,根据工程经验确定工况参数的取值范围,式(2-56)所示为一组示例:

$$-90 \leqslant U_h(n), U_v(n), T_h(n), T_v(n) \leqslant 90 \tag{2-56}$$

同时保留满足式(2-56)的一组工况参数,上一环管片点位 i_n 在管片位姿确定时即已确定,于是得到了一组样本数据 $(U_h(n), U_v(n), T_h(n), T_v(n), i_n)$。

③数据标签制定:由多名盾构机司机通过计算、讨论后制定样本数据对应的待拼装管片最佳点位 i_{n+1}^*,得到了样例数据 $(U_h(n), U_v(n), T_h(n), T_v(n), i_n, i_{n+1}^*)$。

2)工况分区

为了实现目标函数权值的自适应变化,将施工工况划分为多个区间,遗传算法在每个区间内均优化得到一组权值。

$U_h(n)$、$U_v(n)$、$T_h(n)$ 和 $T_v(n)$ 数值大小相同表示处于相同的工况,于是以工况参数的绝对值为指标,进行区间划分。工程上通常对工况参数的评价分为好中差 3 类,因此将 $|U_h(n)|$、$|U_v(n)|$、$|T_h(n)|$ 和 $|T_v(n)|$ 各分为 3 类,并且按照工程经验分别以 30 和 60 作为分区界限值,各参数进行组合得到了 81 个区间,工况分区方式如图 2-28 所示,图中红线和绿线连接的类分别表示两个区间。

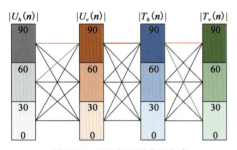

图 2-28 81 区间工况分区方式

3)遗传算法设计

将样例数据划分在 81 个区间内,遗传算法以区间内的点位预测正确率为适应度值,来优化目标函数权值。遗传算法分区间优化目标函数权值流程如图 2-29 所示。

算法的流程如下:

(1)样例数据区间划分:将样本数据划分在 81 个小区间 $(\Omega_1, \Omega_2, \cdots, \Omega_{81})$。

(2)遗传算法参数确定,包括种群数 M、迭代次数 MIter、交叉概率 P_c、变异概率 P_m。

(3)对于区间 $\Omega_j(j=1,2,\cdots,81)$,初始化遗传算法种群,得到 M 个二进制编码的染色体。

(4)计算适应度值:将染色体表示的权值代入选点目标函数对样本数据进行点位预测,预测正确率作为遗传算法染色体的适应度值 $f=(f_1, f_2, \cdots, f_M)$。

(5)执行遗传操作:根据适应度值 f,采用轮盘赌方式选择 $(M-1)$ 个染色体,对 $(M-1)$ 个染色体执行交叉算子和变异算子;采用精英保留策略保留上一代最好的染色体,得到包含 M 个染色体的新种群。

(6)重复步骤(4)、步骤(5)直到迭代次数达到 MIter,完成对区间 Ω_j 权值的优化;输出选点正确率 p_j、区内样本数 n_{dj} 以及目标函数权值。

(7)重复步骤(3)~步骤(6)直到完成对所有区间的权值优化,建立权值自适应变化的管片智能选点目标函数。

(8)计算模型训练的点位预测总正确率 P^*:

$$P^* = \frac{\sum_{j=1}^{81} f_j n_{\mathrm{d}j}}{N_{\mathrm{D}}} \quad (2\text{-}57)$$

式中：N_{D}——总的训练数据。

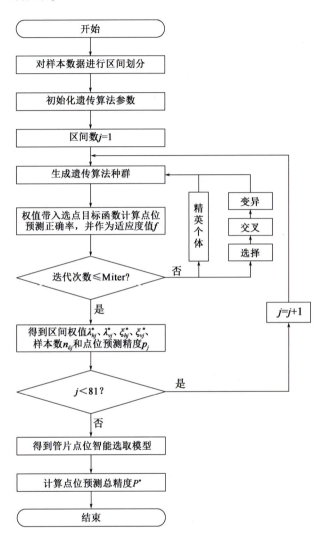

图 2-29　遗传算法分区间优化目标函数权值流程

4）工程验证

本小节提出的管片点位智能选取方法在郑州某地铁线进行了工程验证。该线采用国内 6m 级盾构机，拼装衬砌为 16 点位通用型管片，管片宽度为 1.5m，外径为 6.2m，双边楔形量为 40mm。盾构机司机在实际选取管片点位时由于时间仓促、考虑因素不全面以及个人疏忽等原因，不能保证每环管片选取点位的合理性，于是两名司机对已拼装的右线 1~21 环以及左线 80~90 环的点位进行了校核，经过大量的计算和讨论，给出了最合理的可选点（部分环数具有两个可选点）。同时利用目标函数选取了该 32 环数据的点位，模型选取点位与实际点位、盾构机司机校核点位对比如表 2-4 所示。

目标函数预测点位与实际点位、盾构机司机校核点位对比表 表 2-4

环号	盾构机司机校核		现场实际		选点目标函数	
	可选点位1	可选点位2	选取点位	与校核点位一致	预测点位	与可选点位一致
1	5		1		5	√
2	9		9	√	9	√
3	7	11	11	√	11	√
4	6		3		6	√
5	11	5	5	√	5	√
6	10		10	√	10	√
7	12		12	√	12	√
8	10	7	10	√	7	√
9	5		5	√	5	√
10	7		7	√	7	√
11	5	2	5	√	2	√
12	13	7	13	√	13	√
13	5		5	√	15	
14	3	13	13	√	13	√
15	2		2	√	15	
16	13		13	√	13	√
17	11	2	11	√	11	√
18	6	3	6	√	3	√
19	4		4	√	4	√
20	12	6	12	√	9	
21	10	7	10	√	7	√
80	7	4	4	√	7	√
81	6	2	12		6	√
82	7	10	4		7	√
83	6	2	12		6	√
84	7	4	4	√	7	√
85	6	2	2	√	6	√
86	10	7	7	√	10	√
87	15	9	12		15	√
88	7	1	4		1	√
89	15	12	12	√	15	√
90	1	14	1	√	14	√

从表 2-4 中可以看出,实际点位与盾构机司机校核点位的一致度仅为 78.1%(25/32),表明技术人员在施工现场选点确实会受到环境、时间、经验等因素影响,导致部分点位选取不合理;模型选取点位与盾构机司机校核点位一致度较为接近,达到了 90.6%(29/32),模型选取的点位比实际点位更为合理,证明了本小节提出的点位智能选取方法的可靠性。

2.5 应用案例

标靶法位姿测量系统已经应用于多个隧道掘进施工标段中。这些隧道施工标段位于不同的土质、岩层,应用的隧道盾构机型号和功能也各不相同。地铁隧道位于城市地下,土层松软的情况比较多,掘进时振动较小,而穿山引水等工程主要进行硬岩隧道施工,振动比较剧烈。本系统在不同的地质条件、不同的工况下进行了全面应用,取得了较好的效果。

2.5.1 地铁隧道施工应用

标靶法位姿测量系统最初应用的隧道施工项目是郑州地铁 5 号线,采用土压平衡盾构机,隧道所在的土层主要成分为黏土、砂砾等,振动较小,位姿测量系统的工作条件较好。在安装标靶法位姿测量系统时,因为是样机的初次应用,为了避免标靶设备出现故障而影响地铁隧道施工掘进,同时采用了两棱镜法进行导向测量。

标靶安装于掘进机内部,标靶下方前后各安装了一个电控棱镜,棱镜后方的平面上安装两棱镜法的双轴倾角仪,如图 2-30 所示。两种位姿测量系统使用同一台全站仪,在相同的世界坐标系中工作,对相同的对象(盾构机)交替进行位姿测量,经过测量数据的对比,能够说明两种位姿测量系统的优劣。

图 2-30 标靶与棱镜的安装位置

在地铁隧道施工中,设计轴线是平滑的大曲率半径曲线,且由于硬质岩层和变载荷因素较少、振动噪声较小,盾构机稳定推进过程中,短距离内测量得到的目标点坐标和偏航角应该是平缓过渡的,不应出现数值的大幅度非平稳随机波动。据此将两种位姿测量系统的数据放在一起进行比较,得到了图 2-31 和图 2-32。

试验证明,在盾构机连续施工过程中,本书所述标靶法对盾构机目标点坐标和姿态角的测量值平稳性明显高于两棱镜法。产生这样的差别主要有两点原因:①两棱镜法中的前后两个棱镜受空间限制距离太短,棱镜的坐标转换为姿态角时误差被放大;②两个棱镜的测量不同步,坐标之间有时滞误差,同样放大了姿态角误差。

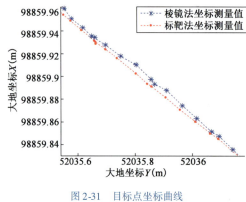 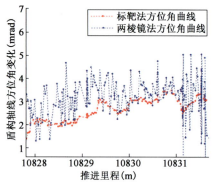

图 2-31　目标点坐标曲线　　　　　图 2-32　盾构机方位角变化曲线

通过实践对比,得出以下结论:标靶法位姿测量系统由于本身具有高度集成化、安装简单、占用空间少、适合小半径掘进等特点而被广泛使用;两棱镜法位姿测量系统可长距离测量,对恶劣环境具有更好的适应性。

2.5.2　硬岩隧道掘进施工应用

为了验证在振动较大的硬岩掘进施工中的应用效果,标靶法位姿测量系统应用到山东文登抽水蓄能项目,见图 2-33。项目中某一地段地层岩层比普通的城市地下土层硬,振动对姿态角的测量带来了一定的噪声干扰。为了保证了实时位姿测量的精度,系统中对标靶的数据小波滤波进行降噪处理,测量结果显示偏差始终在合理范围以内,有力地保障了掘进施工的进度和质量。

a)电子标靶　　　　　　　　b)测量通道　　　　　　　　c)成型隧道

图 2-33　标靶法位姿测量系统应用于抽水蓄能项目

该工程采用直径 3.53m 的超小直径硬岩 TBM 掘进机,隧道内的岩层为花岗岩,质地坚硬,工作载荷剧烈且变化较大。掘进机工作时,刀盘转动产生的剧烈变载荷通过主轴传递给机体各处,将振动传递给机体上每一个构件。此外,为了稳定机体的位置,在掘进机机体前后各有 2 个撑靴支撑在隧道两侧的岩体上。撑靴也承受了较大的变载荷,同样产生强烈的振动。

该工程的施工条件比较恶劣,振动噪声对导向系统产生了较大的干扰。

该项目位姿测量数据中截取的一段姿态角变化曲线及掘进偏差测量曲线分别见图 2-34、图 2-35。由于振动过大,滤波并不能完全滤除振动噪声,干扰信号对姿态角数据和掘进偏差数据的影响较为明显。数据中,掘进里程每前进 1.5m 有一次明显的跳变,这是由于每前进 1.5m 时,掘进机需要收回撑靴,换步向前重新支撑,撑靴承受了较大载荷。当撑靴收回后,载荷消失,掘进机位姿会有瞬变。撑靴重新支撑到位时,产生的载荷会使掘进机的位姿再一次变化。尽管振动噪声影响较大,不能完全滤除,但导向系统仍然能够给掘进机及时有效的位姿测量和施工指导,掘进偏差始终被控制在合理范围以内。

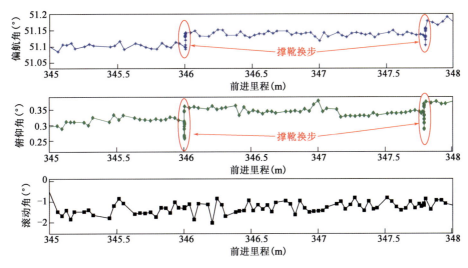

图 2-34　文登项目隧道工程姿态角曲线

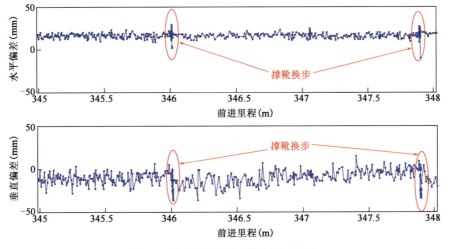

图 2-35　文登项目隧道工程掘进偏差曲线

本章参考文献

[1] 潘明华.盾构机自动导向系统的研究与实现[D].武汉:华中科技大学,2005.
[2] 王浩.二棱镜加倾斜仪盾构机自动导向系统的优势及发展[J].上海建设科技,2011(3):15-17.
[3] 李成麟,雷旭亮,陆煜明,等.激光捷联惯导动态精度提升技术综述[J].导航与控制,2021,20(6):15-27.
[4] 潘明华,朱国力.盾构机自动导向系统的测量方法研究[J].施工技术,2005,34(6):3.
[5] 邹万军,朱国力,吴学兵.基于面阵CCD的激光角度测量系统的研究[J].光电工程,2006,33(10):5.
[6] 文香稳.盾构机姿态测量中的倾角仪误差补偿研究[D].武汉:华中科技大学,2011.
[7] 王龙.TBM导向系统中倾角仪测量误差补偿[D].武汉:华中科技大学,2015.
[8] 张春草,张剑波,朱国力.基于多传感器融合的TBM姿态角测量方法[J].华中科技大学学报(自然科学版),2015,43(12):48-51,81.
[9] HE B,ZHU G,HAN L,et al. Adaptive-Neuro-Fuzzy-Based Information Fusion for the Attitude Prediction of TBMs[J]. Sensors,2020,21(1):61.
[10] 黄俊杰.基于多种测量方式数据融合的盾构机姿态测量[D].武汉:华中科技大学,2012.
[11] 卢金胜.盾构机自动导向系统软件的开发[D].武汉:华中科技大学,2017.
[12] 张剑波.基于陀螺仪与倾角仪组合的TBM姿态角测量研究[D].武汉:华中科技大学,2015.
[13] 刘凤华.盾构机隧道通用管片拟合排版与管片选型技术研究[D].上海:同济大学,2007.
[14] 赵文斌,李宗春,张晓日.基于三轴线拟合的管片自适应选型研究[J].信息工程大学学报,2017,18(3):379-384.
[15] 张文萃.软土地层盾构机隧道通用环管片排版纠偏应用技术及施工监控研究[D].西安:西安建筑科技大学,2016.
[16] 苗磊.隧道通用楔形管片动态排版算法设计与实现[D].石家庄:石家庄铁道大学,2020.
[17] LIU R,HU J,ZHANG D,PENG D,et al. Genetic Algorithm-Based Intelligent Selection Method of Universal Shield Segment Assembly Points[J]. Applied Sciences,2022,12(14):6926.
[18] 郭庆尧.激光标靶与捷联惯性导航系统组合位姿测量关键技术研究[D].天津:天津大学,2018.

第 3 章
盾构机智能地质预报与综合预警系统

随着盾构机的推广应用,穿越复杂地层的项目越来越多,如遇有暗河、溶洞、断层破碎带、孤石等不良地质条件都会给隧道施工带来严重危害。在众多隧道工程事故案例中,有很大一部分原因是没有做好充分、准确的超前预报措施。为了实现智能盾构机安全、高效掘进,有必要对掌子面前方异常地质进行实时探测,并在掘进中为智能决策系统提供异常地质数据支撑,并对当前掌子面地质状态进行智能评价与预测。

为了实现盾构机在掘进过程中对掌子面前方地层的精细化探测,需要融合多源数据进行综合解译和分析,包括不同类型的超前物探技术、基于掘进参数的地质分析技术以及基于刀盘刀具感知和出渣量监测的地质分析技术等。通过多源数据的融合,实现不同方法之间的优势互补,弥补单一方法存在的缺陷,最终实现掌子面前方地层从远到近、从定性到定量的精细化探测。而随着地质预报技术的不断进步,加之大数据、人工智能技术的迅速发展,在机械化与信息化融合的基础上,超前地质预报技术将朝着更加广域、精准、实时、定量的方向发展。

3.1 盾构机施工智能物探技术与方法

隧道开挖过程中实时准确地对掌子面前方的地质情况及不良地质体的性质及位置、产状进行探测、分析解释及预报,从而实现对开挖面前方不良地质体空间位置、赋存形态、充填特性三大核心属性的定性辨识和定量预报。不良地质的定性辨识和定量预报内容主要包括:①探明断层及其影响带的位置、规模及其性质,是否充填水;②探测岩溶位置、规模,判断其充填物性质;③探测不同岩体接触面位置及其产状形态;④判断隧道围岩级别变化情况;⑤判断地质灾害可能发生的位置和规模。

为达到超前地质预报的目的,不同的超前探测方法应运而生,主要有直流电法、地震波法、电磁波法等超前探测技术,并且已经在大量工程实际中得到应用。但是不同的检测方法对不同地质缺陷预报效果不同,且适用探测距离及施工方式不尽相同,如电法适用于溶洞、富水不良地质的检测,声波法对断层、破碎带地质具有准确的识别特性;电法中发射电流的聚焦效果及电磁干扰的屏蔽效果直接影响不良地质探测准确性;声波法中震源不同的发射方式与盾构机施工效率相关,如人工敲击管片激发震源,需要盾构机停机操作,占用一定的施工时间;电磁法根据电磁波天线与收发系统对掌子面前方岩体介质全方位探测,获得波阻抗异常界面的分布,进一步判断异常体的性质,但是在盾构机电磁环境复杂工况下,电磁波收发天线的布置受到极大限制。

单一预报方法对地质预报的准确度并不十分可靠,同时不同方法对不同的地质缺陷预报效果也不尽相同;多种超前预报技术和地质识别智能算法相互结合、相互验证、相互补充、相互约束,可起到降低多解性、提高探测可靠性的作用。

3.1.1 实时电法超前地质预报

电法超前探测以岩石导电性差异或激电效应差异为基础,对含水构造响应敏感,适用于对含水体及地下空洞的超前地质预报。电法(激发极化法)超前地质预报的原理是通过对岩层电阻率进行测试来探知岩石质量、空洞和水体的。早期激发极化法应用主要以直流激电法(即时间域激发极化法)为主,但是由于直流激电法的装备比较笨重,且断电后的二次场易受外界电磁干扰,后来的发展以交流激发极化法(即频率域激发极化法)为主,德国 GET 公司开发研制的隧道地质超前电法监测技术(Bore-Tunneling Electrical Ahead Monitoring,BEAM)就是一种以交流激发极化法为探测手段的技术。

交流激发极化法使用超低频段(0.01~10Hz)中两种相差较大的固定频率(f_1 和 f_2)分别供电,然后分别观测两种频率供电时的电压,求得两种电阻率 R_{f_1}(用较低频率 f_1 观测所得)和 R_{f_2}(用较高频率 f_2 观测所得),由此来计算百分比频率效应 PFE,见式(3-1)和式(3-2)。

$$R_{f_1} = \frac{U_1}{I_1} \quad \text{和} \quad R_{f_2} = \frac{U_2}{I_2} \tag{3-1}$$

$$\text{PFE} = \frac{R_{f_1} - R_{f_2}}{R_{f_1}} \times 100\% \tag{3-2}$$

PFE 是一种表征岩石储存电能能力的岩体特性参数,而孔隙率与 PFE 成反比关系。在隧道超前预报中岩溶洞穴、断层、破碎带等具有较高孔隙率的不良地质体,相应的 PFE 就较低;充水和充气的高孔隙率段只能储存很少的电能,PFE 也因此较低;砂、黏土层、桩、漂石和混凝土等也因其典型的 PFE 值,能够通过 BEAM 探测到。

在 BEAM 对掌子面前方的地质情况的预测预报中,除了 PFE 值这一主要的表征参数,电阻率 R 也是一种反映不良地质体尤其是针对含水不良地质体重要的参数。比如,对孔隙率高地带的超前预报中,充水的断层和岩溶带电阻率会较低,而干燥的或赋存瓦斯的断层带电阻率会较高。不同的电阻率也会对应不同的岩体情况,干燥致密的岩体电阻率较高,孔隙率大的含水岩体电阻率较低,BEAM 系统采用交流激发极化法进行超前预报,获得百分比频率效应 PFE 和电阻率 R 两种参数,以这两种参数为成果解译基础,综合对前方地质情况进行预报。

BEAM 超前监测系统主要探测掌子面前方裂隙水、暗河、水囊。BEAM 系统布置方案如图 3-1 所示。

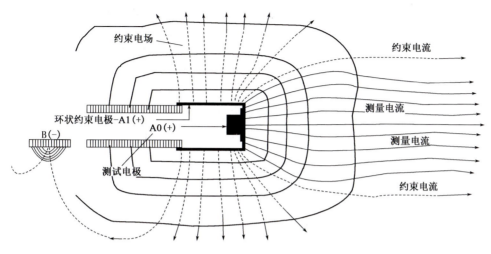

图 3-1　BEAM 系统布置方案示意图

TEAM-2000 隧道电法超前地质预报系统是一种应用于盾构机法搭载式的电法超前地质预报系统,该系统利用聚焦电法与频域激发激化法相结合,以刀盘为发射电极、以盾体为屏蔽电极,向地层发射不同频率的交变电流,在聚焦作用下,发射电流可以深入掌子面前方地层,通过测量发射电流的电阻率参数和激发极化参数,实现对掌子面前方岩石完整性和含水特性的实时定量评价。

TEAM-2000 隧道电法超前地质预报系统地质解析过程:以频率激电参数 PFE 为横坐标,横坐标数值越大对应地层越完整,反之,对应地层越破碎;再以电阻率参数 R 为纵坐标,纵坐标数值越大含水越少,纵坐标数值越低含水情况越严重。将这两个坐标结合起来,形成一个坐标系,设置合理的区间,每个区间代表一种岩石完整性和含水特性,每测得一组电阻率参数和频率激电参数都能一一对应一种地质解释,从而实现数据测量到地质解释。

TEAM-2000 隧道电法超前地质预报系统由主机、数据采集解译软件、连接线路、数据转换盒、A0 电极(位于刀盘上)、A1 屏蔽电极、A2 屏蔽电极和回流电极 B(TBM 之后的接地电极)组成,见图 3-2。实时电法地质预报系统是记录整个极化过程中地层电阻系数变化频率的过程。通过滑环向刀盘向 A0 供入恒流,依据 A2 调整 A1 电流的输出大小,保证 A2 的电流为零,达到聚焦的目的。在 A1 电极的屏蔽电流下,A0 电极发射的电流呈放射状向隧道纵深传播,B 电极一般作为接地电极(负极)。返回的电流在数据转换下接入系统主机,主机通过软件程序对其进行控制测量,实时监测掌子面前方一定范围内电阻率和极化率的空间变化分布,通过对电阻率值及极化率 PFE 值的分析,实现前方异常地质的判断。

该系统关键参数如下:
(1)预报有效距离:2 倍掌面直径。
(2)探测分辨率:1m。
(3)预报内容:岩石完整性(完整、破碎、中等破碎、溶洞等)。
(4)预报方式:自动测量。

(5)视电阻率稳定性:5%。

(6)百分比频率效应:5%。

(7)设备供电:220V。

(8)软件系统:含采集软件、处理软件。

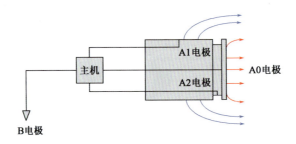

图 3-2　聚焦频域激电法方案设计

3.1.2　实时波法超前地质预报

地震波法探测技术通过识别围岩密度差异、速度差异、岩体结构差异等实现掌子面前方异常体探测,具有探测精度高、探测范围大、受金属管线等电磁干扰小的优势,是现阶段隧道超前地质预报的主要技术。

地震波法超前地质预报是通过主动震源产生的一部分球面波通过隧道轴线方向向掌子面前方传播,当掌子面前方遇到地层界面、溶洞、裂隙、孤石等不良地质时,将产生反射波,根据反射波的反射时间、传播速度、强度、波形和方向等通过不同的数据形式表现出来,然后被高灵敏检波器接收,通过测试主机处理来预测掌子面前方不良地质的相关性质和产状。

球面波的一部分直接向接收器方向传播,被接收器接收,形成首次到达波(首到波),由此可计算波速。纵波波速计算公式为:

$$V_P = \frac{L_1}{T_1} \tag{3-3}$$

式中:L_1——震源到检波器距离;

T_1——首到波到达传感器时间。

由主动震源产生球面波,到反射信号被接收,这段时间与距反射界面的距离成比例,由反射时间和地震波的波速进行换算,得出不良地质的位置以及与隧道轴线的夹角,从而确定出距掌子面的距离和大体的形状,同时可以通过对波速的计算来发现岩性的变化。反射波传播时间计算公式如下:

$$T_2 = \frac{L_2 + L_3}{V_P} = \frac{2L_2 + L_1}{V_P} \tag{3-4}$$

水平声波剖面法(HSP)是中铁西南科学研究院有限公司开发的一种探测距离较长、精度较高且应用方便的地质预报方法,能较好地处理探测距离和分辨率之间的矛盾,对较规则的断层及不规则的岩溶均有较好的探测效果,同时满足实时地质探测需求。该方法是建立在弹性波理论的基础上,在任意介质中传播的声波,当其传播到该介质与另一介质的分界面时,一部分产生反射,另一部分穿过界面折射继续在另一介质中传播。波阻抗变化越大,反射越明显,预报辨识准确度越高;岩体中的不良地质体——断层、溶洞等与岩体相比,波阻抗差异较大,一般要比岩体小很多,因此不良地质体界面的反射系数一般比较大,其反射波易于识别。通过分析掘进机刀盘破除掌子面岩石产生的振动信号,实现对掌子面前方不良地质体的预报。

HSP 超前探测系统实现对前方断层、破碎带、岩体破碎带及软弱夹层等不良地质体的超前预报,探测距离为掌子面前方 100m 左右。HSP 超前探测系统由主机、信号传输大缆、检波器、触发检波器、耦合杆、软件系统组成,其关键参数如下:

(1)预报有效距离:硬岩段(100~200m),软岩段(70~100m)。
(2)数据传输性能:USB2.0 高速总线传输,最大传输速度达 180Mb/s。
(3)输入阻抗:1MΩ。
(4)采样频率:7.6μ~500μs。
(5)通道数:8 道(可扩展)
(6)单通道记录长度:1~16K(1K=1024 点)。
(7)动态范围:1mV~10V。
(8)仪器供电:DC12V。
(9)软件系统功能:数据预处理、滤波、反射成像与速度。

HSP 的工作过程:HSP 探测检波器布设主要布设于距掌子面 12~32m 范围内(图 3-3);测试检波器安装需与基岩接触并耦合,需钻孔直径 20mm,入基岩 10cm,并采用黄油或石膏耦合。盾构机掘进过程中,刀盘在推力作用下剪切掌子面岩体时采集数据,采集 10~15min 内振动信号,用于数据处理和反演;实际测试时间小于 30min,探测距离在 80~120m。

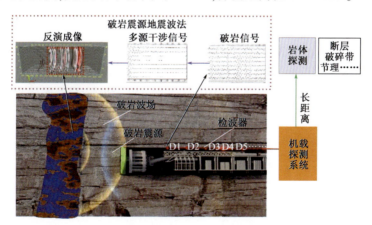

图 3-3 HSP 超前探测方案示意图

3.1.3 电磁法超前地质预报

电磁法也是目前应用较多的一种超前地质预报技术。该方法在掌子面及隧道壁上开展探测工作,利用探地雷达天线激发的高频电磁波,根据目标异常体介电常数差异实现对破碎带、富水区等不良异常体的探测。然而在实际应用中,受电磁波衰减影响,该技术探测范围相对较小。

地质雷达技术是一种短距离有效探测地下水、断层破碎带、溶洞等异常地质的预报方法,它利用电磁波双程走时的长短差别来确定前方地质体的形态和属性。它的工作原理是设备向隧道前方发射连续的电磁波,由于前方地质体带电属性的差异,遇到不良地质体界面就会发生反射,由接收设备接收返回的电磁波,回波的频率、振幅和相位都会发生相应的变化,根据其特性分析前方不良地质的类型和规模。在实际应用中,地质雷达能较好地反馈前方围岩性质的变化,对裂隙密集带、断裂破碎带等不良地质的识别具有一定的优势,对岩溶、含水体作用明显,但地质雷达的探测距离较短,探测过程中易受其他杂波干扰,且对于不良地质体垂直发育情况以及倾斜角度方面存在一定的局限性,影响预测结果,需配合其他方式进行综合预测。地质雷达观测方式如图3-4所示。

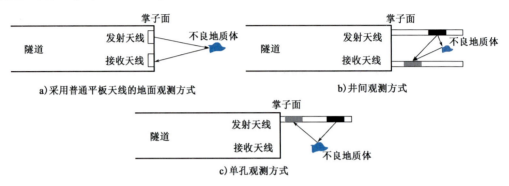

图3-4 地质雷达观察方式

探地雷达法利用发射天线在掌子面上向前以宽频带、窄脉冲的形式发射高频电磁波,当遇到介质内部分界面或异常地质体时,会发生反射并返回掌子面,被接收天线所接收并由雷达主机记录,连续采集、记录便可形成雷达测试剖面图。

由于电磁波在介质中传播时,它的传播途径、场强及波形将随所通过介质的电磁特性及形态而变化,所以可根据反射电磁波的特征(包括波的幅度、频率、旅行时间和相位等信息),后期分析和处理雷达图像,可确定前方目标体的结构特征、位置等。

掘进机雷达(Boring Machine Radar,BMRD)是由北京同度工程物探技术有限公司研发的一款实时电磁波法超前地质预报系统,见图3-5。

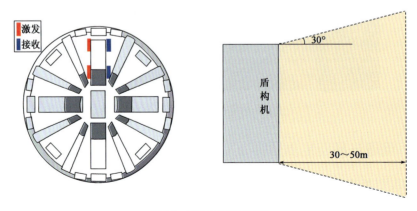

图3-5 BMRD系统示意图

BMRD系统将电磁波天线与收发系统安装在盾构机的刀盘上,刀盘旋转与电磁波收发同步进行,对掌子面前方岩体介质全方位探测,获得波阻抗异常界面的分布,结合人工智能技术进一步判断异常体的性质。BMRD 系统与盾构机深度集成,实现了自动化的采集、计算与成像,与盾构机掘进同步进行,是一种实时化的智能超前预报系统。BMRD 可用于泥水平衡、土压平衡等各种盾构机、TBM 掘进机等,每次预报掌子面前方 30~50m 范围,对断层破碎带、节理密集带、岩溶、孤石等地质构造异常以及富水带、含水体等地下水分布均可准确预报。

BMRD 基于电磁波反射法进行探测。岩土介质可以被视为导电介质,电磁场在其中的传播特性取决于电导率 σ、电容率 μ 及频率 ω 等相关电磁特征参数。根据电磁场传播麦克斯韦方程,可计算出导电介质的本征阻抗 $\hat{\eta}$:

$$\hat{\eta} = \sqrt{\frac{\mu}{\hat{\varepsilon}}} = \sqrt{\frac{j\omega\mu}{\sigma + j\omega\varepsilon}} \tag{3-5}$$

当电磁波在岩土介质中传播时,不同岩性、断层等地质构造,或含水差异界面,形成了阻抗差异界面,电磁波在此发生反射与透射。反射与透射满足界面上电场与磁场的边界条件,反射系数 R 与透射系数 T 分别为:

$$\hat{R} = \frac{\hat{\eta}_2 - \hat{\eta}_1}{\hat{\eta}_1 + \hat{\eta}_2} \tag{3-6}$$

$$\hat{T} = \frac{2\hat{\eta}_2}{\hat{\eta}_1 + \hat{\eta}_2} \tag{3-7}$$

反射波的幅值大小与反射系数密切相关。BMRD 通过分析反射波的走时、幅值、相位等,可计算出反射界面的空间位置与性质。

BMRD 系统包括收发天线、收发单元、中继单元、主机、滑环以及线缆等。BMRD 结构分解图见图 3-6。BMRD 的天线包括发射天线和接收天线。发射天线将发射单元产生的电磁波向掌子面前方辐射出去,接收天线接收包含反射信号在内的空间电磁波,并传输给采集单元。BMRD 的天线具有电磁屏蔽结构,以消除天线所在位置的刀盘等金属介质的影响。天线的基本结构包括天线本体、防护与支撑结构、信号线与连接三个部分。其中防护与支撑结构为根据盾构机刀盘结构进行定制的定制化产品,其余为标准化产品。因此 BMRD 的天线结构灵活多变,以适应不同的机型需要。

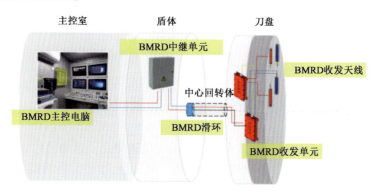

图 3-6 BMRD 结构分解图

发射天线和接收天线成对安装,且所有天线方位应保持大致平行。天线位置的选择原则是在半径范围内尽量均布,即靠近刀盘边缘与靠近中心都要布设,以实现覆盖面积最大。一般常用 2 组收发天线,大直径的刀盘可考虑采用 3 组或更多的天线,以提高对掌子面不同方位的全覆盖,具体收发天线布置组数需要参考刀盘结构进行选择。

BMRD 发射单元的功能是在采集单元的控制下产生电磁波并传输给发射天线。BMRD 采集单元接收主机的指令,控制发射单元产生电磁波,将接收天线与发射天线的电磁波信号进行 AD 采集,并传输给主机。收发单元的安装位置应尽量靠近天线,以减少高频电磁波信号传输中的衰减与干扰。一般安装在刀盘刀梁或背面,有常压仓则尽量安装在常压仓内。

BMRD 收发单元的供电需求为 DC12V/5A,同时与主控电脑之间通过 IP 网络连接。因此一般需要在收发单元和主控电脑之间配置一组 BMRD 配电单元和网络中继单元。配电单元的输入为 AC220V/10A,输出为 DC15V/5A。若盾构机带有中心回转体,则需要增加导电滑环;若盾构机为无中心回转体的 TBM 或多模机型中的 TBM 模式等,则需要配置无线收发单元。网络中继单元可采用有线局域网或无线网。采用无线网模式时,需要在刀盘上和中继单元各增加一个无线网桥的收发天线。刀盘上的无线网桥天线作为一个独立单元进行安装。

BMRD 主机为人机交互界面,监控系统运行状态,控制采集单元,接收并存储系统数据,实时进行计算和成像。主机一般安装在主控室,既可以采用单独的硬件形式,也可以与盾构机的主机共用。BMRD 系统需要与盾构机主机进行通信,以实时获得盾构机的里程、刀盘旋转角度两项基本数据以及其他数据。通信的方式可根据具体盾构机设计。

图 3-7 是采用网络通信的 BMRD 局域网与盾构机局域网的网络拓扑结构。

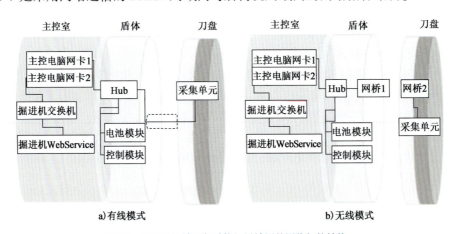

图 3-7 BMRD 局域网与盾构机局域网的网络拓扑结构

3.2 基于盾构机数据驱动的不良地质智能识别

盾构机施工中,一般根据前期地质勘探结果确定隧道穿越不良地质的划分,但由于地质勘探属于定点采样,钻孔间距较长,不能覆盖隧道施工全过程,使得实际揭露不良地质与前期勘探结果存在较大差异。盾构机掘进过程中,刀盘覆盖整个掌子面,使工作人员难以直接观察到围岩信息,难以快速、准确地对前方地质条件进行现场试验与评估。

盾构机掘进过程中参数多、数据量大、变化规律较为复杂,多数参数为保持固定的设定值,少数参数依据功能不同分为人工调节参数、被动参数、目标参数等,此类参数会随着掘进地层的不同而改变,如总推进力、刀盘转速等在不同地层变化幅度较大。随着人工智能及数据分析技术的发展,可以对掘进参数实时分析并反馈当前地质信息,基于掘进参数的地质识别技术对盾构机隧道安全施工与质量都有很大的帮助。基于数据的地质识别技术,主要用于掘进地层岩溶发育、岩石风化程度、孤石等地质识别与异常风险预警。基于上述思想,结合实际工程数据,建立了掘进参数-不良地质数据库。通过LightGBM对掘进参数进行特征筛选,利用支持向量机多分类算法建立基于盾构机数据驱动的不良地质智能识别模型。

3.2.1 Light GBM 特征筛选

盾构机施工中会记录大量的运行参数数据,在其中筛选有助于识别不良地质特征的数据,以有效提高不良地质识别模型的精度。Light GBM(Light Gradient Boosting Machine)是微软DMTK团队开源发布的一个轻量级的梯度提升框架,为基于决策树的学习算法,可支持分布式计算,能够自动实现输入特征的贡献度排序,有效实现特征筛选。GBDT拥有梯度提升和决策树的功能特性,具有训练效果好、不易过拟合等优点。而Light GBM是GBDT的一种,用于解决GBDT在海量数据处理所遇到的问题。Light GBM采用按叶子分裂的方法,计算代价小,通过控制树的深度和每个叶子节点的最小数据量,避免过拟合现象。Light GBM选择了基于Histogram的决策树算法,可以降低储存成本和计算成本。另外,类别特征的处理也使得Light GBM在特定数据下有比较好的性能提升。

1) 分类决策树

分类决策树模型是一种描述对实例进行分类的树形结构,可通过递归选择最优特征,建立树形结构,实现分类模型的建立。决策树的核心在于决策树的生成算法。常见的决策树生成算法包括ID3、C4.5和CART算法。其中,CART算法既可用作回归,也可用作分类,被广泛用于决策树生成中。CART算法在用于分类时,通常以Gini指数作为评价指标来确定决策树中分割节点,对样本集进行划分。样本集S的Gini指数表示S的不确定程度,计算式为:

$$\text{Gini}(S) = 1 - \sum_{i=1}^{n} p_i^2 \tag{3-8}$$

式中:n——目标分类数量;

p_i——第i个分类类别的概率分布。

在特征$B=b$的条件下,将样本集S划分为S_1、S_2后的Gini指数$\text{Gini}(S,B)$的计算公式为:

$$\text{Gini}(S,B) = \frac{|S_1|}{|S|}\text{Gini}(S_1) + \frac{|S_2|}{|S|}\text{Gini}(S_2) \tag{3-9}$$

$$\Delta\text{Gini} = \text{Gini}(S) - \text{Gini}(S,B) \tag{3-10}$$

$\text{Gini}(S,B)$表示经过$B=b$分割后集合S的不确定程度,使用特征$B=b$进行样本空间划分,引起的Gini指数下降程度为ΔGini,通常将引起ΔGini最大者作为划分样本空间的最优节点。通过CART算法进行决策树建模的过程就是对数据集进行划分,然后根据每次划分的数据集递归实现上述过程,直到所有子集被正确分类或者没有可用于分割的特征为止,从而建立决策树。

2) GBDT

GBDT是一种将决策树作为基学习器的集成学习框架。梯度提升(gradient boosting)的思想是:在训练中使用分段贪婪算法,以迭代的方式优化下一个子模型的参数。迭代过程中,逐一增加子模型,并且保证损失函数不断减小。假设 $f_i(x)$ 为子模型,由 k 个子模型进行梯度提升训练产生的复合模型为:

$$f_k(x) = \sum_{j=0}^{k} \beta_j h(x;b_j) \quad (3-11)$$

GBDT 中使用的基学习器 $h(x;b_j)$ 为决策树模型,第 j 次迭代值为 $f_j(x) = f_{j-1}(x) + \beta_j h(x;b_j)$,其损失函数为 $L[f_j(x),Y]$,令 $-g_j(x_i)$ 表示第 j 次迭代的负梯度方向,$i = 1,2,\cdots,n$,则有:

$$-g_j(x_i) = -\left[\frac{\partial L(y_i, f(x_i))}{\partial f(x_i)}\right]_{f(x)=f_{j-1}(x)} \quad (3-12)$$

$$(\beta_j, b_j) = \arg\min_{\beta,\alpha} \sum_{i=1}^{n} L(y_i, f_{j-1}(x_i) + \beta(x_i;b)) \quad (3-13)$$

经过 k 棵决策树的迭代、组合,得到最终的学习器 $f_k(x)$,如图 3-8 所示。

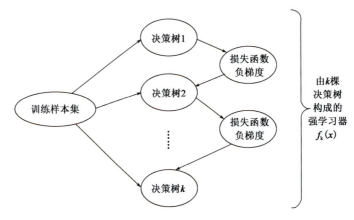

图 3-8 GBDT 框架图

3) 基于 Light GBM 的特征选择

特征 B 对 Light GBM 模型建立的贡献程度,为构成 Light GBM 所有决策树中,特征 B 引起的 Gini 指数下降程度之和。对构成 Light GBM 决策树中的特征 B,其重要度为特征 B 的贡献程度占构成 Light GBM 所有特征贡献程度的比例。对构成 Light GBM 决策树的所有特征重要度排序,一般选择重要度占所有特征重要度比例超过 80% 的特征作为智能模型的最终输入特征。

3.2.2 支持向量机分类

盾构机不良地质智能识别模型的建立,涉及多输入特征向不良地质类型的非线性映射。支持向量机(Support Vector Machine,SVM)是机器学习中一种强大、灵活的模型,可成功应用于线性和非线性分类、回归甚至异常点检测等方面。

1) 线性分类

假设存在一个线性可分的样本 n 维向量 $\boldsymbol{x}$,给定训练样本集为 $(x_1,y_1),\cdots,(x_l,y_l)$,其中,$\boldsymbol{x} \in R_n, y \in \{\pm 1\}$。SVM 分类的目的是寻找一个不但能将两类样本正确分类,还能使分类间隔达到最大的最佳超平面 $\boldsymbol{W} \cdot \boldsymbol{X} + b = 0$。样本与分类超平面的距离会随着 $\boldsymbol{W}$ 和 b 而改变,为了

得到不依赖于 W 和 b 的几何距离,对于所有的样本 x_i,设定式 $|w \cdot x_i + b|$ 的最小值为1,则样本与此最佳超平面的最小距离为 $|w \cdot x_i + b|/\|w\| = 1/\|w\|$,此时分类间隔为 $2/\|w\|$。超平面方程 $W \cdot X + b = 0$ 能将两类样本正确区分,并使分类间隔最大的优化问题可表示为在式(3-14)的约束下求解式(3-15)。

$$y_i[W \cdot X + b] - 1 \geq 0 \quad (i = 1, \cdots, l) \tag{3-14}$$

$$\min \frac{1}{2}\|w\|^2 \tag{3-15}$$

在线性不可分的情况下,考虑到可能存在一些不能被超平面正确分类的样本,引入非负松弛因子 $\xi_i \geq 0 (i = 1, \cdots, l)$,约束条件式变为:

$$y_i[W \cdot X + b] - 1 + \xi_i \geq 0 \quad (i = 1, 2, \cdots, l) \tag{3-16}$$

寻优目标函数式变为:

$$\varphi(W) = \frac{1}{2}(w \cdot w) + C\sum_{i=1}^{l}\xi_i \tag{3-17}$$

式中:C——一个事先指定的实数,起到控制错分样本惩罚程度的作用,实现在错分样本的比例和目标函数损失程度之间的"折衷"。

采用 Lagrange 方法可将上述问题转化为其对偶问题。即在 $\sum_{i=1}^{l} y_i \alpha_i = 0$ 和 $0 \leq \alpha_i \leq C (i = 1, 2, \cdots, l)$ 的约束下求式(3-18)的最大值。求解出上述各系数 α、w、b 对应的最优解 α^*、w^*、b^* 后,得到最优分类函数如式(3-19)所示。

$$Q(\alpha) = \sum_{i=1}^{l} \alpha_i - \frac{1}{2}\sum_{i,j=1}^{l} \alpha_i \alpha_j y_i y_j (x_i \cdot x_j) \tag{3-18}$$

$$f(x) = \mathrm{sgn}(\sum_{i=1}^{l} \alpha_i^* y_i (x_i \cdot x) + b^*) \tag{3-19}$$

2)非线性分类

以上讨论都是在线性分类超平面的基础上讨论的,对于非线性问题,可通过一个变换 $\phi: R^N \to F$ 将输入样本 x 映射到高维特征空间 F,在新空间 F 中使用线性分类器求最优分类面。在上面的对偶问题中,不论是寻优目标函数还是分类函数都只涉及训练样本之间的内积运算 $(x_i \cdot x_j)$,如果可以找到一个函数 $K(x_i, x_j) = K(x_i) \cdot K(x_j)$,那么通过原空间的函数运算就能实现这种内积运算。根据泛函的有关理论,只要核函数 $K(x_i, x_j)$ 满足 Mercer 条件,它就对应某一变换空间中的内积。因此,在最优分类面中用适当的内积核函数 $K(x_i, x_j)$,就可以实现将输入空间中的样本映射到高维空间,从而实现某一非线性变换后的线性分类,而计算复杂度却没有增加。此时的寻优目标函数变为:

$$Q(\alpha) = \sum_{i=1}^{l} \alpha_i - \frac{1}{2}\sum_{i,j=1}^{l} \alpha_i \alpha_j y_i y_j K(x_i, x_j) \tag{3-20}$$

而相应的分类函数式也变为:

$$f(x) = \mathrm{sgn}\{\sum_{i=1}^{l} \alpha_i^* y_i [K(x_i, x)] + b^*\} \tag{3-21}$$

目前研究最多的核函数有以下三类:

(1)多项式核函数是一个全局核函数,每一个样本点都会对核函数的值产生影响。

$$K(x, x') = (ax^{\mathrm{T}}x' + c)^d \quad (d = 1, 2, \cdots) \tag{3-22}$$

当 d 为 1 时,多项式核函数变为线性核函数。

(2)径向基核函数,又被称为高斯核函数,是一种有着更好的局部性特性的非线性核函数。

$$K(x,x') = \exp(-\gamma \parallel x-x' \parallel^2) \tag{3-23}$$

(3)Sigmoid 核函数,采用 Sigmoid 作为核函数时,支持向量机实现的是一种多层神经网络。

$$K(x,x') = \text{th}(k(x^\text{T}x') + v) \tag{3-24}$$

3)多分类问题

SVM 分类解决的是二分类问题,在用 SVM 分类解决多分类问题时,通常采用一对多(OVR)或一对一(OVO)的方式建立模型。其中,OVR 训练时依次把某个类别的样本归为一类,其他剩余的样本归为另一类,在有 k 个类别的样本的条件下,构造出 k 个 SVM 分类器,分类时将未知样本分为 k 个分类器中具有最大分类函数值的类别。OVO 则是在任意两类样本之间设计一个 SVM,因此 k 个类别的样本需要设计 $k(k-1)/2$ 个 SVM。当对一个未知样本进行分类时,最后得票最多的类别即为该未知样本的类别。

使用 OVR 的方法建立多分类模型,其优点是只需训练 k 个分类器,个数较少,其分类速度相对较快。但 OVR 方法中每个分类器的训练都是使用全部的样本作为训练样本,这样在求解二次规划问题时,训练速度会随着训练样本数量的增加而急剧减慢。同时,由于负类样本的数据要远远大于正类样本的数据,会进一步加剧样本不平衡的情况,且这种情况会随着训练数据的增加而趋向严重。并且,当有新的类别加进来时,需要对所有的模型进行重新训练。OVO 不存在上述问题,但需要训练 $k(k-1)/2$ 个模型,其计算复杂度较大。

3.2.3 模型数据库

大连地铁 5 号线火车站站至梭鱼湾南站区间采用大直径泥水平衡盾构机施工。设备所穿越不良地质以溶洞为主。当场区溶洞发育较大时,以全填充为主;当发育较小溶洞时以半填充或无填充为主。全填充溶洞充填物多为可塑~硬塑黏性土夹溶蚀风化岩碎屑,半填充溶洞充填物多为流塑~可硬塑状黏性土夹溶蚀风化岩碎屑。

盾构机掘进过程中通过 PLC 记录的相关掘进参数共计 3000 列,其中存在大量的常量、桩号记录、时间记录、预警值等不能反映掘进机与当前地质相互作用关系的特征项。根据不同特征对应物理含义对特征参数进行筛选,选取总推进力、刀盘扭矩、总接触力、刀盘挤压力、推进速度、刀盘速度、贯入度、泥水仓顶部 1 压力、泥水仓顶部 2 压力、泥水仓左中压力、泥水仓右中压力、泥水仓左中下压力、泥水仓右中下压力、气垫仓顶部 1 压力、气垫仓顶部 2 压力、气垫仓保压 1 压力、气垫仓保压 2 压力、主进浆流量、主排浆流量、进排浆流量差共计 20 个特征作为模型建立的初始输入特征。

在不良地质数据库的建立中,通过桩号对 PLC 记录数据与不良地质记录数据进行匹配,提取 PLC 记录数据中稳定掘进段的上述选定特征,通过该条记录的桩号查找对应不良地质类型,建立输入特征、输出特征数据库。由于短时间段内施工记录数据、不良地质类型都不会发生较大的变化,为减少数据库中样本数量、降低建模成本,提取掘进循环稳定段中每分钟数据特征的均值建立数据库,共提取 191325 组数据建立样本空间。其中,无溶洞、中等发育、强烈发育溶洞样本数分别为 166088 组、2601 组及 22636 组。

3.2.4 智能识别模型构建

不良地质在线智能识别的实现包括离线训练和在线决策两个部分。离线训练过程中,基于掘进参数、不良地质数据实现特征筛选与模型训练;而在线决策阶段,将训练好的模型部署在施工现场,供现场决策系统软件调用,实现不良地质类型的实时识别。

在大连地铁 5 号线项目建立掘进数据-不良地质数据集的基础上,通过对 LightGBM 筛选后的设备运行参数进行重要度排序,对特征进行综合考量,最终选择刀盘转速、总推进力、气垫仓顶部 1 压力、气垫仓保压 1 压力、主进浆流量、主排浆流量、总接触力(控制)、扭矩因子、泥水仓右中压力、泥水仓顶部 1 压力、气垫仓保压 2 压力、刀盘挤压力共计 12 个特征作为模型的输入特征,如图 3-9 所示。

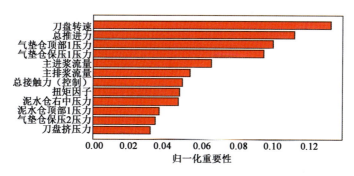

图 3-9　不良地质识别模型特征重要性排序

在 SVM 模型的建立过程中,采用 OVO 的方式建立多分类 SVM 模型。模型建立过程中,核函数、惩罚因子 C、核函数 γ 值等超参数的选择通过随机网格搜索的方式确定,即在每次迭代中,为每个超参数选择一个随机值,然后对一定数量的随机组合进行评估,选出使模型表现最优的超参数组合。

在线决策阶段,首先加载训练好的不良地质智能识别模型,实时采集盾构机掘进参数,对掘进状态进行判断,判断掘进进入稳定段后,选择在离线阶段确定的特征参数,将其作为模型的输入数据,将输入数据输入训练好的识别模型后,将输出结果实时输出,辅助操作人员做出不良地质判别。

3.2.5 模型验证

为了评估不良地质智能识别模型的预测效果,采用精确率 Precision、召回率 Rcall、$F1$ 得分等评价指标对不同溶洞类型的预测效果进行验证。

$$\begin{cases} \text{Precision} = \dfrac{\text{TP}}{\text{TP} + \text{FP}} \\ \text{Rcall} = \dfrac{\text{TP}}{\text{TP} + \text{FN}} \\ F1 = \dfrac{2\text{Precision} \times \text{Rcall}}{\text{Precision} + \text{Rcall}} \end{cases} \quad (3\text{-}25)$$

式中：TP——将正类预测为正类的数量；
　　　FP——将负类预测为正类的数量；
　　　FN——将正类预测为负类的数量。

通过表 3-1 中不同溶洞类型在训练集、测试集的预测效果分析，基于盾构机数据驱动的不良地质智能识别模型在不同溶洞类型上的表现都可满足工程需求。

大连地铁 5 号线项目不同溶洞类型的预测效果　　　　　　表 3-1

溶洞类型	训练集				测试集			
	精确率(%)	召回率(%)	F1 得分	样本数	精确率(%)	召回率(%)	F1 得分	样本数
无溶洞	92.99	89.99	0.9199	99706	89.26	89.88	89.62	66247
中等发育	93.97	90	0.9279	1562	89.81	88.15	88.58	1038
强烈发育	89.97	90.13	0.9005	13681	89.86	85.80	87.79	9090

3.3　基于刀具状态监测的掌子面地质分析与反演

岩-机相互作用的关系同样可以为掌子面的地质识别提供一些数据支撑，进一步实现掌子面地质的分析和反演。例如，滚刀在掘进过程中的状态（包括旋转、受力等）很大程度是由地质决定，通过在掘进过程中监测滚刀的状态，并将滚刀实时状态与空间位置进行融合分析，并依据此对当前实时掘进的地质信息进行反演推断，为实时感知掌子面地质创造可能性。在苏埃隧道西线盾构机掘进过程中，基于获取的滚刀实时转速数据和刀盘角度数据，探索性地研究了掌子面地质实时感知技术，并取得了一定的成果。

3.3.1　基于滚刀旋转监测掌子面地质分析与反演

滚刀的旋转是基于刀盘挤压掌子面，掌子面对滚刀产生作用力后，刀盘旋转进而带动滚刀旋转。所以滚刀的旋转一方面取决于刀盘挤压力，另一方面取决于掌子面能够对滚刀形成的反向作用力。简单来说，在全断面硬岩地层，由于岩石强度高，地层能够给滚刀提供足够的作用力，滚刀就能够较好地旋转；而在软土地层中，由于掌子面较软，无法对滚刀提供足够的反作用力，会导致滚刀无法正常旋转。利用这一特质，分析滚刀在随刀盘旋转过程中能够正常转动的角度范围，可以较好地对掌子面的软硬地层分布进行分析与反演。

由于不同滚刀在刀盘上所处的轨迹半径不同，所以在同样的刀盘转速下滚刀的理论转速不同。滚刀转速监测方案示意见图 3-10。为了将所有滚刀统一在同一个度量基准上，避免出现不同轨迹半径上的滚刀转速报警阈值不同，需要计算滚刀实际转速与理论转速比 ε。滚刀的实际转速通过盾构机搭载的滚刀转速实时检测装置获取，滚刀的理论转速通过刀盘转速、滚刀所在轨迹半径、滚刀自身半径计算获得。并根据计算出的滚刀实际转速与理论转速比 ε 和滚刀实时角度位置，绘制滚刀旋转分布图综合分析滚刀状态。

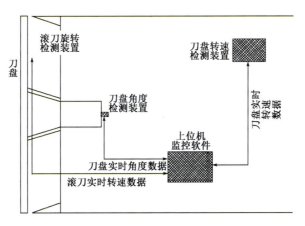

图 3-10 滚刀转速监测方案示意图

1)单把滚刀转速分布图

在采集滚刀转速数据时,监控软件同步记录了采集时刻的刀盘角度,并计算出该把滚刀实时角度位置。利用极坐标的方式,将每一组转速数据和采集时的角度位置关联起来,显示滚刀在随着刀盘旋转时不同位置的转速信息。依据此信息,可以大致分析出在该轨迹范围内不同角度的地质信息,特别适用于上软下硬地层、溶洞地层等。图 3-11a)所示为全断面地质滚刀转速分布,图 3-11b)所示为基岩凸起地质滚刀转速分布。

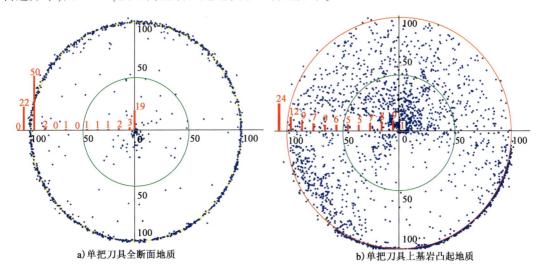

a)单把刀具全断面地质   b)单把刀具上基岩凸起地质

图 3-11 全断面地质与基岩凸起地质滚刀转速分布图

注:采用极坐标,角度为刀具所处的实际角度,横轴和纵轴为刀具转速比。

图 3-11 中每一个点表示监测系统采集到的一组有效数据(ε,α),点到中心的距离 ε 表示转速比大小,点所在的位置 α 表示采集到该数据时滚刀所在位置。转速分布图表达了滚刀跟随刀盘旋转时在不同位置的转速大小特征,可结合地质情况进一步提高刀具状态判断准确率。例如,在上软下硬地层,下部硬岩地层能够对滚刀提供足够的支撑力,从而保证滚刀正常旋转;上部软土地层因不能提供足够支撑力,所以滚刀无法正常旋转。所以滚刀旋转分布图应该是

下部转速正常,上部转速较低,只有滚刀旋转分布图下部转速较低,才可以判断滚刀状态异常。

2)完整掌子面地质感知

通过对单把滚刀的转速分析,获得该轨迹下不同角度的转速特征值,汇总所有滚刀全部轨迹内的转速特征值,就可以得到整个开挖面地质状态图。图 3-12 为苏埃通道西线第一段基岩凸起段地质状态图,同心圆即所有滚刀在开挖面上的轨迹线,汇总所有滚刀不同角度的转速特征值,并以不同颜色区分,就可以得到掌子面地质状态图,下部红色区域为基岩凸起范围,可完成基岩凸起高度及分布位置的准确判断,帮助盾构机司机进一步优化掘进参数。

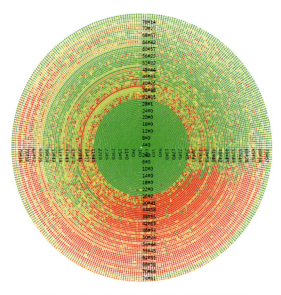

图 3-12 苏埃通道西线基岩凸起段地质状态图

3.3.2 基于滚刀载荷监测的掌子面地质分析与反演

同样的,通过直接测量盾构机掘进过程中滚刀与掌子面之间的相互作用力,并结合刀盘与滚刀的旋转角度,能够更加直观地分析出掌子面地质的软硬状态,进而为掌子面地质分析提供更多的数据支撑。

滚刀掘进过程中的受力分解图见图 3-13,F_r 和 F_n 分别为掌子面对滚刀刀圈形成的正向压力和切削阻力,通过刀体传递至两侧刀轴,并分解为 F_{r1} 和 F_{n1},F_{r2} 和 F_{n2}。

滚刀载荷监测系统可实现在掘进过程中对滚刀受力进行实时监测,真实反映滚刀与掌子面之间的接触力,通过内嵌在滚刀支撑座上的传感器对滚刀受力进行实时测量,刀座和滚刀端盖直接接触,传感器位于刀座一侧,用于测量二者之间的相互作用力。用于监测滚刀受力的刀轴支撑座(C 形块)如图 3-14 所示。

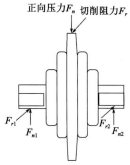

图 3-13 滚刀受力分解图

刀座中的传感器电缆通过液压接头在刀座外(刀筒内)汇集,通过液压保护管接至刀筒端盖底部,在端盖上预留过孔及连接器,电缆经过承压电连接器后最终引至刀筒外的应变信号采集与无线发射一体式模块,受力监测数据经一体式模块以无线的方式传送至主控室。通过对滚刀受力进行测量,最终实现滚刀各分向载荷实时监测,包括正压力、切向力和侧向力。滚刀载荷监测系统界面如图 3-15 所示。

图 3-14　刀轴支撑座(C 形块)

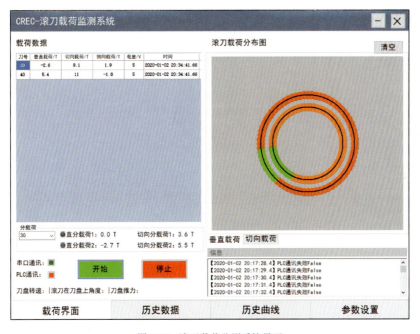

图 3-15　滚刀载荷监测系统界面

结合刀盘旋转、盾构机推力等参数,对掌子面进行受力扫描,辅助判断掌子面地质状态,见图 3-16,滚刀载荷分布见图 3-17,滚刀载荷与刀盘推力具有非常好的同步性。在掌子面存在软硬不均地层情况下,刀具载荷受力分布图能够很清楚地看到数据分布特征,图 3-17 中左下部分的点表示滚刀随刀盘旋转到该位置时受力明显大于其他位置,说明该区域的掌子面地层明显比其他区域更硬,为典型的上软下硬地层。

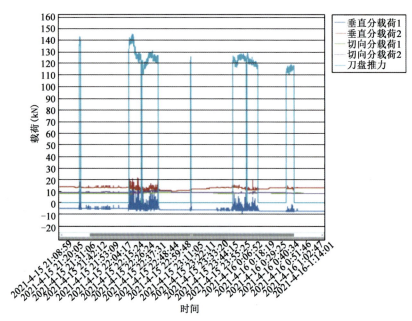

图 3-16　刀盘推力与垂直载荷、切向载荷的数据曲线图

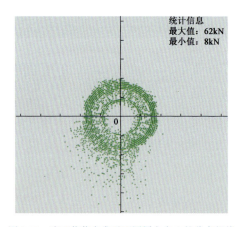

图 3-17　滚刀载荷在掌子面圆周方向上的分布规律

3.4　本章小结

尽管学术界在隧道超前地质预报技术方面开展了大量的理论分析、模型模拟及试验研究,但是将这些技术引入实际工程应用中的相对较少,大部分仍然停留在现场试验阶段。开发优化基于掘进参数地质识别智能算法和新型三维成像技术的综合地质预报系统是未来的大势所趋,在未来隧道超前地质预报技术的研究过程中,一方面要发挥传统预报技术的优势,提高传统预报系统的技术水平;另一方面,要积极创新,结合三维激光扫描、人工智能、大数据、5G 通信等前沿技术,提高隧道超前地质预报的能力,为工程提供更加精确的指导。

本章参考文献

[1] 刘招伟,何满潮,王树仁.圆梁山隧道岩溶突水机理及防治对策研究[J].岩土力学,2006(2):228-232,246.
[2] 杨兵.宜万铁路马鹿菁隧道岩溶灾害的工程处治技术[J].地下空间与工程学报,2011,7(3):581-586.
[3] 金新锋,夏日元,梁彬.宜万铁路马鹿菁隧道岩溶突水来源分析[J].水文地质工程地质,2007(2):71-74,80.
[4] 殷颖,田军,张永杰.岩溶隧道灾害案例统计分析研究[J].公路工程,2018,43(4):210-214,273.
[5] 何振宁.铁路隧道疑难工程地质问题分析:以30多座典型隧道工程为例[J].隧道建设,2016,36(6):636-665.
[6] 钱七虎.隧道工程建设地质预报及信息化技术的主要进展及发展方向[J].隧道建设,2017,37(3):251-263.
[7] 田四明,巩江峰.截至2019年底中国铁路隧道情况统计[J].隧道建设(中英文),2020,40(2):292-297.
[8] 赵勇,田四明,孙毅.中国高速铁路隧道的发展及规划[J].隧道建设,2017,37(1):11-17.
[9] 张星煜.盾构机法施工超前地质预报初探[D].北京:北京市市政工程研究院,2016.

第 4 章
盾构机主驱动系统智能化

盾构机的主驱动系统是驱动刀盘切削土体的动力源,是盾构机上制造成本高、工作能耗最高的系统。该系统的状态监控、维护和运行参数优化需要大量的监测数据,利用大数据分析和人工智能可以准确及时地找出潜在故障点,实时分析运行状态,协助现场或远程技术人员给出最佳的解决方案。通过掘进数据分析,可以优化掘进参数,降低能耗。利用边缘计算节点,可以基于主驱动系统开发更多新功能。

4.1 盾构机主驱动系统简介

盾构机主驱动系统主要有液压驱动和电机驱动两种方式。液压驱动的使用相对较早,能够满足带载启动、无级调速等要求,比较适用于小直径盾构机。液压驱动系统主要由液压泵站、阀块组、驱动液压马达、管路、大齿圈、小齿轮、减速器、主轴承器件、密封件等组成。以开式液压回路驱动方式为例,通过改变变量泵排量可以实现刀盘转速的调节,通过压力传感器检测进油口压力,并反馈到变量泵的比例阀,从而实现闭环控制,其中变量泵控制机构使泵的排量与比例电磁铁的控制电流成正比;液压驱动系统先将电能转化为液压能,再由液压能转化为机械能,效率较低。液压油箱和泵站的体积随着盾构机刀盘直径的增大也愈加庞大,系统维修保养更加复杂,同时还有效率低、噪声高、液压油泄漏等缺点。

电机驱动方式的变频电机经减速装置直接驱动刀盘转动,可直接将电能转化为机械能,因此效率更高,更加节能。采用电力直驱的主驱动的机械结构由6个部分组成,见图4-1,其中与液压驱动区别明显的是电机、减速机和扭矩限制器三种元件。电机转速经减速机比例减小后作用于主轴,扭矩被比例放大,当负载过大造成电机扭矩过大时,扭矩限制器脱扣,使电机空转,以此保护主轴承。采用变频电机驱动方式是主驱动系统驱动技术的发展趋势,目前中、大直径盾构机已经越来越多地采用变频电机驱动方式。

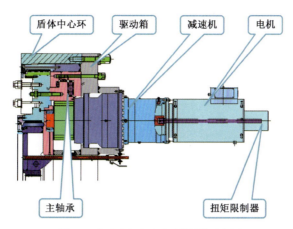

图 4-1　电力直驱主驱动系统结构示意图

目前电力直驱技术多采用异步电机。异步电机价格便宜，电枢反应极小，过载能力强，并且隧道内高温高湿的环境对其影响小，大功率异步电机的制造技术和控制技术已十分成熟。异步电机的劣势在于低速时，效率较低和输出大扭矩能力较差，不利于脱困。永磁电机更加高效、节能，低速大扭矩能力强，但高速阶段弱磁困难，并且电机成本高昂，但是随着国家节能减排要求的日益严格，高效节能的永磁电机也逐渐被应用于盾构机行业。

另一种电力直驱主驱动方案是使用大扭矩低速电机直接驱动主轴，取消减速机。类似技术在电动汽车行业已有研发，典型应用为轮毂电机。低速大扭矩电机大多基于多极对数永磁无刷电机，但该技术应用于盾构机行业的难点是电机单位体积的扭矩密度不足。受涡流损耗影响，永磁电机极对数不能过多增加，因此以目前的技术在盾构机行业尚无法取消减速机。

电力直驱技术的关键技术在于电机控制技术。盾构机的主驱动电机需要大范围调速、调扭矩，因此必须利用变频驱动技术控制电机。变频器是变频驱动技术的软硬件实施载体。硬件上，变频器利用现代可控功率半导体技术，例如功率二极管和绝缘栅双极型晶体管（IGBT）搭建整流和逆变电路，先将工业三相电整流为直流电，再将直流电经逆变电路逆变为频率和幅值可控的三相交流电驱动电机。变频器与其外围电路、冷却结构一同装入变频柜中，在盾构机应用中，需要变频柜在硬件上有很强的散热和防水能力。根据散热的方式不同又可将变频柜分为风冷和水冷两种，目前盾构机行业中 200kW 以下的电机多采用风冷变频柜，200kW 以上的均采用水冷变频柜。

软件上，变频器的控制软件搭载在变频器内的数字信号处理器（DSP）中（图 4-2），近年来也有部分产品使用了可编程逻辑门阵列（FPGA）代替 DSP。变频器采取的逆变控制算法即为电机控制算法，目前盾构机领域应用到的有电压频率比控制（V/F）、矢量控制（FOC）和直接转矩控制（DTC）。V/F 控制即控制电压幅值与频率之比，是一种纯开环控制，应用于对扭矩和控制精度需求不高的场景。FOC 和 DTC 是精确控制扭矩或转速的先进控制算法，两者利用定子电流的反馈精确辨识和控制电机内部磁场，根据是否在电机上加装编码器来测量电机速度，又分为闭环 FOC、DTC 和开环 FOC、DTC，这里的开环控制是指利用算法从定子电流中辨识出电机转速进而对速度进行闭环控制，而不是 V/F 控制时电机实际速度完全未知；开环控制的缺点在于对转速的辨识有一定误差,导致转速无法精确控制。FOC、DTC 这两种控制算法可使电机输出更大的转矩,获得更广的调速范围。为了适应隧道内恶劣的掘进环境,减少故障点,电机均采用开环控制,不使用编码器。

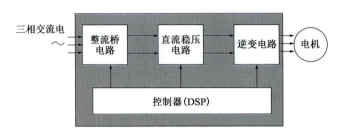

图 4-2　变频器工作原理

许多场景下盾构机的掘进能力取决于变频器的控制能力,例如脱困场景下,需要变频器能在电机低速或接近零速时使电机输出 120% 以上的额定扭矩,这需要变频器的控制算法能在低速和接近零速时精准辨识电机的磁场位置,因此变频器的算法水平是评价变频器优劣的关键之一。工厂调试时需要根据工况的需求调整变频器算法参数,以获得更好的扭矩性能。

4.2　盾构机智能驱动系统技术架构

盾构机主驱动系统智能化有三个方面的作用:主驱动中的各种传感器提供的信息可以用来分析电机、变频器的状态,故障预警;刀盘转速、扭矩、电流等参数可以用来分析电能运用效果,优化设计时电机功率的选择,提高电驱系统工作效率,降低能源使用成本;驱动系统的控制参数优化在提高运行效率的同时也会延长设备寿命,降低故障率。本节将从主驱动智能监测系统技术原理和设计、主驱动系统运行参数优化阐述盾构机智能驱动系统的技术架构。

4.2.1　主驱动智能监测系统

盾构机主驱动系统工作环境恶劣,长时间掘进主驱动系统可能出现各种故障与隐患。为保障高效掘进,降低施工成本,主驱动系统关键部件的状态监测受到越来越多的关注。传统的电机变频器监测方式是采用各种传感器的电子监测,在关键部位增加相应的传感器,用于采集主驱动运转过程中的参数,配合相应的电子仪表进行主驱动的参数测量,由人工检查。这种方式存在较大的局限性,主要体现在电子监测只能针对单台设备进行监测,无法根据采集到多台设备的历史数据进行分析处理,信息化程度低;此外,很多故障可以通过其他数据深度挖掘辨识查找,专门加装新的传感器会提高成本、占用空间。利用云平台建立的主驱动系统状态智能监测系统将很大程度满足数据异地采集监测、数据分析及智能管理的要求。国内外许多电力驱动设备生产商已经在该方向深度耕耘,基本实现了智能监测的设想和需求。下面将分别讨论变频器智能监测、电机状态智能检测、电机轴承磨损检测。

1)变频器智能监测

在变频器-电动机构成的控制系统中,变频器发生故障的概率远高于电动机。高温、高湿的隧洞施工环境使得变频器的故障率大幅增加,以至于许多变频柜都需达到 IP65 防水级别,即便如此,施工中也会出现冷凝水导致短路的现象。变频器的故障主要分为电容故障、绝缘栅双极型晶体管(IGBT)故障、印刷电路故障。其中,电容故障是一个长期衰减的过程,容易被提早发现。IGBT 故障分为短路、开路故障和续流二极管故障。续流二极管故障极为少见。短路是最常见和最具破坏性的故障,其导致过高的电流和温度。开路故障时电机往往还能继续运行,因而不易被发现,但同样造成很大危害,尤其是因此出现的谐波电流造成电机发热,所以关于开路故障的研究多集中在开路检测方面。

当前逆变器诊断技术主要包括硬件检测法、基于模型法、专家系统和人工智能方法。在逆变器内加装传感器检测 IGBT 等内部组件的电压和电流可准确监测逆变器状态,但增加了成本并且占用空间。基于模型的方法是利用逆变器模型基于开发的模型用数学表达式建立统输入和输出之间的连接,以免除电流/电压传感器的使用,但仍然存在各种限制,首先类别在很大程度上取决于建立的模型,如果条件或可测量因素稍有改动,检测精度将受到很大影响。为了避免过于复杂的建模过程,利用专家经验建立诊断信息库,但专家经验无法穷尽所有的故障类型。人工智能方法由于其低成本、模型独立性和卓越的性能等而受到工业界和学术界的青睐。人工智能算法具有强大的拟合、分类、自学习能力,可以精确地分辨故障类型并实时更新故障辨识模型,再利用工业互联网,能从任何一个位置安全访问变频器,对变频器进行在线监测、配置和诊断。

智能监测系统是将信号处理与人工智能结合的数据驱动监测方法。原始信号的特征规律性一般较低,首先利用信号处理算法将数据变换至频域或时频域,使特征更加明显。常用的信号处理算法有快速傅里叶变换(FFT)、短时傅里叶变换(SIFT)等频域变换,可对不连续的电压电流平稳信号进行处理。对于非平稳信号,可利用小波变换或希尔伯特-黄变换(HHT)在时频域处理特征。经过信号处理后的数据,能反映故障的特征与规律就可以利用机器学习进行特征提取。为了达到最好的故障辨识效果,一般使用有监督学习,而有监督学习需要的故障标签又需要手动添加。对于主驱动用到的三相全桥逆变器,有 6 个 IGBT 模块,如果把各种 IGBT 开路故障组合都进行标记则多达几十种,有的故障组合也很难得到数据进行标记,而人工智能技术大多需要有大量高质量的数据支撑,在实验室重现场景构造数据可以一定程度上解决这一难题,满足基本的训练需求。但到了实际的应用场景使用,往往会因为构造数据与实际数据的差异而导致预测的结果不够准确。因此在变频器诊断中常使用迁移学习法,将已得到的数据特征充分标记,作为源领域,未充分标记的数据作为目标领域,基于特征进行迁移,得到的目标领域故障诊断模型具有很强的泛化性。因此各类变频器故障可由变频器生产厂家积累的使用数据或实验数据做好标记和训练,在盾构机/TBM 掘进时工业大数据分析平台可根据云端记录的运行数据在线进行迁移诊断。

2)电机状态智能检测

电机是盾构机/TBM 主驱动系统的关键设备。掘进中常见的故障有定子绕组故障、转子端环开裂和转子断条故障。定子绕组故障多为短路故障,隧洞中粉尘和潮湿环境可能导致定子短路;转子断条故障多来自过载或突变扭矩造成的冲击力和热应力。这几种故障在发生初期基本不影响电机工作,因而不易被发现。如果对电机运行数据进行在线监测和挖掘,可以及早发现问题,避免出现更大事故。

与变频器的诊断相类似,电机的故障诊断也分为基于模型和数据驱动+人工智能两种模式。早期的故障诊断多利用基于电机模型计算,而随着电机设计日趋复杂,越来越难以建立一套准确的电机电磁模型,对故障辨识的精度有较大影响。数据驱动+人工智能辨识电机故障适用性广、精确性高,但电机初期故障的异常信号信息密度低,靠人工进行信号处理提取特征和标记困难较大,因此该技术的重点在于对故障特征的深度挖掘。工业界很早就开始利用人工智能对故障信号进行挖掘,起初应用广泛的三种智能算法有支持向量机、BP 神经网络(BPNN)和 K 邻近法(KNN)。这三种智能算法属于浅层网络,对于特征的深度挖掘能力不足,存在过拟合、梯度衰减等问题。随着人工智能技术的发展,近年来深度学习技术已经在故障诊断领域得到广泛应用,它利用深层神经网络对输入样本数据逐层贪婪学习并自动提取代表性特征。利用深度学习辨识电机故障的一个优势是具有自适应性,自动提取信号特征,避免了人工对信号的预处理和对专家知识的依赖,能够应对复杂变化的信号。但深度学习的分类能力相对弱化,常使用浅层网络如 SVM 作为后端分类器,对深度网络提取的故障特征进行分类。利用深度神经网络在大数据分析平台可对电机内传感器以及电机进出线电压、电流数据进行在线分析,省去了定期由人工对信号进行解析和分析。

3)电机轴承磨损检测

电机轴承是电机上最易磨损的机械组件,需要定期检查。磨损的轴承会造成振动和噪声,严重的振动对传动系统有很大危害。大多数轴承故障诊断算法依赖于轴承振动信号,少数使用电机电流信号、转子速度等。基于人工智能的新特征提取方法正在越来越多地被提出并应用于轴承故障鉴别。

中铁装备开发了一套电机轴承监测系统(图 4-3、图 4-4),先利用概率神经网络(PNN)对振动信号是否异常故障进行整体判断,判断方式为 3σ 原则;然后结合频谱图与 SVM 对故障类型进行具体分类。概率神经网络是径向基概率神经网络的一种,其区别在于概率神经网络在第二层网络中使用竞争函数作为输出传递函数,因此,该网络常用模式识别。概率神经网络思路大致如下:获得一个输入时,第一层神经元计算输入向量和输入样本向量之间的距离,并生成一个向量,该向量反映输入向量与样本输入向量之间的相似度;第二层神经元和输入向量的类别关联起来,产生一个表征概率的向量;最后,通过竞争函数来选择输入向量的最大概率类别,该类别为 1,其他类别为 0。

图 4-3 展示的界面为自适应报警界面,自适应报警。根据加速度传感器采集的振动信号计算振动烈度并更新数据库和正态分布的 σ 值,判断是否异常。其优点是不需要大量的故障数据标签作为训练集,自适应能力强。振动烈度是判断故障的通用判断参数,它反映了包含各次谐波能量的总振动能量的大小,其表达式为:

$$V_{\text{ims}} = \sqrt{\frac{1}{T}\int_0^T v^2(t)\,\mathrm{d}t} \tag{4-1}$$

式中:T——所测信号时间长度;

$v(t)$——振动速度。

一级自适应报警为故障前期警告,电机可以继续工作;当达到二级自适应报警时需要停机更换轴承。图 4-4 展示波形图、频谱图与故障类型分类。

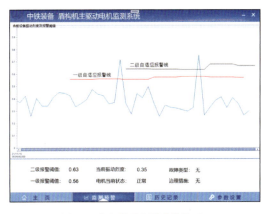
图4-3 电机轴承监测系统界面1

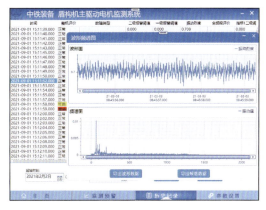
图4-4 电机轴承监测系统界面2

4.2.2 主驱动系统运行参数优化

刀盘主驱动系统是盾构机能耗最大的动力系统,盾构机掘进施工环境存在诸多变量且较为封闭,无意义的能量耗散不仅浪费能源,也会使施工环境更为严酷,而目前国内外施工时都开始追求绿色环保,中铁装备等厂商也已开始发展绿色盾构机。如何在盾构机施工中高效利用能量,减少能耗是一个值得研究的问题。

盾构机在掘进过程中,除了刀盘主驱动系统外的其他系统工作时的功率相对比较稳定,而刀盘驱动系统要考虑到盾构机刀盘的脱困问题,因此设计的刀盘驱动系统额定功率往往很高。在大多数掘进状态下,刀盘驱动功率远小于额定功率,因此电机长期处于轻载的状态工作,导致电机效率偏低,而通过预测能耗和优化变频器参数和工作电机的数量,主驱动会有着巨大的节能潜力。盾构机在工作时,工作面的地质条件的变化会直接影响盾构机主驱动系统的能耗,利用超前地质预报可以提供一部分刀盘前方地质信息,但能耗不仅与地质相关,更多地反映当前掘进参数。盾构机的各项掘进参数是盾构机当前工作状态下的直接表现,工作面地质条件的变化都会引起相应的掘进参数发生变化,因此主要采用通过盾构机的掘进参数来优化刀盘能耗。

盾构机/TBM 能耗的指标是掘进比能:

$$E_s = \frac{2\pi NTt + Fvt}{0.25 \times \pi D^2 v} \tag{4-2}$$

式中:N——刀盘转速;

T——刀盘扭矩;

t——单位时间长度;

F——推进力;

v——推进速度;

D——刀盘直径。

该表达式 E_s 等于推进力做功 Fvt 与刀盘扭矩做功 $2\pi NTt$ 之和除以单位时间向前掘进的体积。

与故障诊断不同,能耗控制的关键在于优化,而优化建立在与能耗相关的掘进参数的调整上。盾构机在隧道掘进过程中输出的掘进参数有很多,各参数之间的相关性和关联程度也都不同。利用中铁装备某型号土压平衡盾构机的历史数据,对盾构机各参数间的关联性进行皮尔森相关性系数分析:

$$\rho X,Y = \frac{\text{cov}(X,Y)}{\sigma X \sigma Y} = \frac{E[(X-\mu X)(Y-\mu Y)]}{\sigma X \sigma Y} \tag{4-3}$$

式中:X,Y——同一组掘进参数,包含关键耗能参数如总推进力、推进压力、螺旋输送机转速等,以及刀盘扭矩、地层信息土压力,示意如图4-5所示。

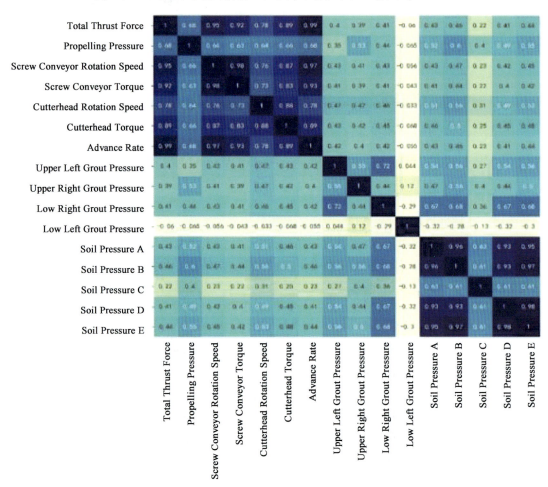

图4-5 与能耗有关的掘进参数间的皮尔森相关系数(仅做示意)

能耗参数受到地层条件和盾构机掘进参数设置的影响。利用智能盾构机平台对数据进行挖掘,建立掘进负载与能耗的数学模型,利用模型先预测负载,进而得到预测的能耗,并优化掘进参数。利用数据分析建立模型的方法有聚类分析、成分分析、分类模型和回归模型。盾构机/TBM的掘进参数之间存在多变量耦合特性,因此一般使用多变量回归方法建立各变量间的映射关系。利用多元回归建立模型存在的问题是某项数据反映了多个不确定的物理参数影响,这将影响应用的可迁移性。为了解决这一问题,可以利用原理分析法建立一个基于机械原理的模型表达式,再利用回归算法拟合该表达式,得到负载模型与能耗模型后,可以利用优化算法实时给出最优掘进参数。

优化算法分为凸优化、智能群优化和黑盒优化三大类别。其中,凸优化需要精确的凸函数模型,在能耗模型是解析的凸函数的情况下可以使用例如牛顿拉格朗日法等经典凸优化算法。若采用的能耗模型并非凸函数,则可使用智能群优化如粒子群、果蝇算法等。其优点是具有全局优化能力,适合非线性多极值问题,并且鲁棒性强;缺点是需要时间长,对算力要求高。

4.3 基于边缘计算的驱动系统控制算法

边缘计算(Edge computing)指的是接近于事物、数据和行动源头处的计算,用更通用的术语表示为即邻近计算或者接近计算(Proximity Computing)。边缘计算是为应用开发者和服务提供商在网络的边缘侧提供云服务和IT环境服务,目标是在靠近数据输入或用户的地方提供计算、存储和网络带宽。在盾构机系统中,可在上位机和主驱动系统中间设置边缘计算节点,向上由上位机调用,向下采集主驱动的信号经过计算发送给变频器或PLC执行特定功能,可以看作上位机系统或中央智能决策器的计算子网络,具有低延时、高算力特点。该子网络硬件为坚固型边缘计算机,能在恶劣环境下无故障长期工作。利用5G技术,还可实现实时无线控制功能。

利用边缘计算节点,可为盾构机主驱动系统设计提供更加丰富的监测和控制功能,提高掘进效率。中铁装备目前开发了几种利用边缘计算的主驱动系统功能:多刀盘同平面交叉防干涉控制、基于转动惯量观测的刀盘结泥饼在线监测等。

4.3.1 多刀盘同平面交叉防干涉控制

在盾构机开挖面上布置多个刀盘,可提高开挖率,但多刀盘的开挖面经常重叠,为防止发生相互干扰,可采用刀盘前后布置,但该布置方式在鹅卵石地层中容易卡刀;同平面布置可以避免卡刀,在较硬地层和复杂地层适应性更好。

多刀盘同平面防干涉算法可使刀盘同平面布置变得可行。每个刀盘都需要加装一个绝对位置编码器,该编码器可测量旋转物体相对零参考线转动的绝对角度。选择一根辐条的延长线作为转动参考线,以刀盘中心出发水平向右的射线为参考零起始线,这样可以获知每个刀盘相对零起始线的转动角度和每根条幅的位置角。控制相邻刀盘转动的角度差一定,因为单个刀盘上辐条间的夹角是相同的。角度差恒定,设为两根辐条间夹角的一半。

基本控制策略是根据转动角度差,将所述位置角和转动速度输入状态空间表达式模型,预测刀盘间的转动角度差;根据所述转动角度差,确定期望输出序列;根据转动角度差、期望输出序列和优化准则方程,进行多刀盘顶管机的防干涉控制。模型预测控制(MPC)适合多输入多输出控制,鲁棒性很强。通过在线优化和求解 Diophantine(丢番图)方程来获得下一步的最优解。算法步骤如图4-6所示。

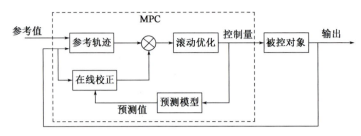

图 4-6 模型预测控制算法步骤

模型预测控制是建立在计算机数字离散系统中的线性系统预测算法,分为预测、控制量优化两大部分。在预测部分,设置控制周期 T,T 为计算机采样时间的整数倍,一个周期称为一步,根据模型的阶跃响应模型和设定的预测步长 n 预测未来 n 步内输出的曲线。在优化部分,根据预测曲线优化未来 m 步的控制增量的 $\Delta u(1)$、$\Delta u(2)$、$\cdots$、$\Delta u(m)$,使得代价函数 P 最小:

$$P = \sum_{j=1}^{n}[y(k+j) - w(k+j)]^2 + \sum_{j=1}^{m}\lambda(j)[\Delta u(k+j-1)]^2 \quad (4\text{-}4)$$

找到 m 步控制增量使得 P 最小,输出第一步控制增量。式中,$y(k+j)$ 为第 k 个控制步内算法对未来第 j 步的预测;$w(k+j)$ 为期望输出序列的未来第 j 步值;$\lambda(j)$ 为第 j 步控制量权重。期望输出序列是对参考输入值的平滑逼近曲线,一般取:

$$w(k+j) = \alpha^j y(k) + (1 - \alpha^j)y_r \quad (4\text{-}5)$$

式中:α——柔化系数,$0 < \alpha < 1$;

$y(k)$——系统实际输出值;

y_r——参考输入。

这里恒定 α,将预测值 $\hat{y}$ 代入式(4-5)中替换 y,求:

$$\frac{\mathrm{d}j}{\mathrm{d}\Delta u} = 0 \quad (4\text{-}6)$$

得到 Δu,即控制量序列。而后在该控制步内只实施第一步控制增量 $\Delta u(1)$,其余控制增量舍弃,到下一个控制步后再输出未来 n 步预测曲线和计算 m 步控制增量并只实施第一步控制增量,周而复始。控制程序可集成于工控机或依托于智能盾构机的设备站点。

4.3.2 基于转动惯量观测的刀盘结泥饼在线监测

在推进压力的作用下,土压平衡盾构机的刀盘处泥土容易形成致密泥饼凝结在刀盘上,阻碍掘进和出渣,严重影响施工进度。但是否结泥饼的判断仍依赖操作者的经验,并且在结泥饼尚不严重的阶段无法对结泥饼趋势预先判断和处理。基于负载和转动惯量的在线监测,开发了一种判断刀盘是否结泥饼的算法,其基本原理为泥饼凝结在刀盘上,使得刀盘转动系的转动惯量变大。基本旋转运动公式如下:

$$T_e - J\frac{\mathrm{d}\omega}{\mathrm{d}t} = T_d \quad (4\text{-}7)$$

式中:T_e——转动系驱动扭矩;

J——转动系转动惯量;

T_d——负载转矩；

ω——刀盘转动的角速度。

可将刀盘转动系看作一个整体,将驱动刀盘的多个电机输出扭矩经减速机构后相加,再乘以减速比后,直接看作整体转动系的驱动力矩T_e。这里忽略了减速机构造成的刀盘驱动力矩误差,因为可以将减速机构看作刀盘与电机的刚性连接件。判断是否结泥饼需要关注转动惯量的变化趋势,如转动惯量明显持续上升,则表明泥饼逐渐凝结,惯量具体数值不需特别精确。考虑到盾构机负载扭矩的剧烈波动,为减小负载扭矩振动带来的影响,需要对观测方程中的状态变量进行卡尔曼滤波。

可在刀盘上加装编码器测量刀盘转速。由于变频器采样和计算是一个数字离散化过程,因此需要将式(4-7)离散化,得到离散方程：

$$\omega(k) = \omega(k-1) + \frac{T_s}{J}[T_e(k-1) - T_d(k-1)] \tag{4-8}$$

式(4-8)中T_s为采样周期,可以设置为计算单元与变频器通信周期的整数倍。可以设计自适应模型为式(4-9)。

$$\omega(k) = \omega(k-1) + aT_e(k-1) + b \tag{4-9}$$

$$a = \frac{T_s}{J}, b = \frac{-T_d T_s}{J}$$

以先验输出表示的可调模型为：

$$\hat{\omega} = \omega(k-1) + \hat{a}_I(k-1)T_e(k-1) + \hat{b}_I(k-1) \tag{4-10}$$

式中：下标 I——积分自适应律。

$$e_k^0 = \omega(k) - \hat{\omega}(k) \tag{4-11}$$

根据朗道离散时间参数递推机制 A 类算法,可得参数自适应律为：

$$\begin{cases} \hat{a}(k) = \hat{a}_p(k) + \hat{a}_I(k) \\ \hat{b}(k) = \hat{b}_p(k) + \hat{b}_I(k) \end{cases} \tag{4-12}$$

式中：下标 p——比例自适应律。

$$\begin{cases} \hat{a}_I(k) = \hat{a}_I(k-1) + T_s \dfrac{\beta_I T_e(k-1)}{1 + \beta T_e^2(k-1) + \gamma} e_k^0 \\ \hat{b}_I(k) = \hat{b}_I(k-1) + T_s \dfrac{\gamma_I}{1 + \beta T_e^2(k-1) + \gamma} e_k^0 \end{cases} \tag{4-13}$$

$$\begin{cases} \hat{a}_p(k) = \dfrac{\beta_p T_e(k-1)}{1 + \beta T_e^2(k-1) + \gamma} e_k^0 \\ \hat{b}_p(k) = \dfrac{\gamma_p}{1 + \beta T_e^2(k-1) + \gamma} e_k^0 \end{cases} \tag{4-14}$$

式中：γ_I、β_I——积分项自适应增益；

γ_p、β_p——比例项自适应增益。

式(4-12)~式(4-14)即为朗道自适应扰动观测器,利用比例项a_p、b_p和积分项a_i、b_i,实现对观测参数$\hat{J}(k)$、$\hat{T}_d(k)$的递推辨识。

$$\hat{J}(K) = \frac{T_s}{\hat{a}(k)} \tag{4-15}$$

$$\hat{T}_d(k) = -\frac{\hat{b}(k)}{\hat{a}(k)} \tag{4-16}$$

式中：$\hat{J}(K)$——观测的刀盘转动系转动惯量，需再经过卡尔曼滤波滤除白噪声；

$\hat{a}(k)$、$\hat{b}(k)$——系数 a、b 的观测值。

该算法首先在变频控制电机对拖平台上进行了测试。该算法又在盾构机主驱动综合试验台（图4-7）上进行了测试。该试验台有四台驱动电机和四台加载电机。在其驱动箱内主轴壁上匀速粘贴密封胶泥来近似模拟结泥饼过程。

图4-7　盾构机主驱动综合试验台外观

4.4　本章小结

本章主要从盾构机主驱动系统简介、盾构机智能驱动系统架构和基于边缘计算的主驱动系统控制算法三个方面介绍了盾构机智能化的相关知识与成果。随着人工智能时变特征和分类的能力越来越强，故障识别算法层出不穷，目前已基本满足主驱动系统的故障监测需求。主驱动能耗优化是一个目前较少被探索和应用的技术，随着各国的节能减排法规日益严格，国内外对这项技术表现出了很大兴趣，因此具有一定的研究价值。利用边缘计算节点，设计与研发人员可以充分发挥创造力，为主驱动系统设计更丰富的功能，解决施工中的难题，为产品提升附加价值。

本章参考文献

[1]　余晓晖,刘默,蒋昕昊,等.工业互联网体系架构2.0[J].计算机集成制造系统,2019,25

(12):2983-2996.

[2] 陈涛.三相电压源逆变器功率管开路故障诊断方法研究[D].北京:北京科技大学,2021.

[3] XIA Y,XU Y. A Transferrable Data-Driven Method for IGBT Open-Circuit Fault Diagnosis in Three-Phase Inverters[J]. IEEE Transactions on Power Electronics,2021,36(12):13478-13488.

[4] B MASRI,H AL-SHEIKH,N MOUBAYED. A Review on Artificial Intelligence Based Strategies for Open-Circuit Switch Fault Detection in Multilevel Inverters[C]//IECON 2021-47th Annual Conference of the IEEE Industrial Electronics Society. 2021:1-8.

[5] 宫文峰,陈辉,张美玲,等.基于深度学习的电机轴承微小故障智能诊断方法[J].仪器仪表学报,2020,41(1):195-205.

[6] 陈炜,郭照升,夏长亮,等.基于转动惯量辨识的交流伺服系统自适应扰动观测器设计[J].电工技术学报,2016,31(16):34-42.

[7] 王明.基于SVM和概率神经网络多特征组合的在线产品评论情感信息挖掘[D].镇江:江苏大学,2017.

[8] WANG L T,SUN W,LONG Y Y,et al. Reliability-Based Performance Optimization of Tunnel Boring Machine Considering Geological Uncertainties[J]. IEEE Access,2018(6):19086-19098.

[9] ZHANG Q,QU C Y,KANG Y L,et al. Identification and optimization of energy consumption by shield tunnel machines using a combined mechanical and regression analysis-ScienceDirect[J]. Tunnelling and Underground Space Technology,2012,28:350-354.

[10] 张仁贤.泥水盾构机掘进功率自适应控制技术研究[D].杭州:浙江大学,2019.

第 5 章
盾构机智能切削系统

盾构机依靠刀具旋转切割岩土并由液压缸向前推进,从而实现连续的机械化隧道掘进。由于我国地质复杂盾构机掘进会遇到诸如软塑黏土、粉细砂、砂卵石及软弱破碎岩石等复杂的地层,盾构机刀盘旋转切削土体时与隧道开挖面将产生复杂各异的相互作用。在不同的土体条件下,刀具切削形式及切削原理不同,存在一个刀盘刀具与土体相适应的问题。这将对刀具的磨损,换刀及盾构机掘进速率产生很大的影响。因此,刀盘及刀具配置方式,刀具切削原理是盾构机最关键最核心的技术。刀盘结构、刀具类型的选择、刀具的布置和磨损常成为盾构机选型的重点内容。

刀具切削力的解析公式对刀盘设计有一定的指导意义,解析公式无法适用于工程中复杂多变的地质、刀具类型和刀具配置方式。盾构机智能切削系统融合不同类型的理论模型及相应的自编程序与商业软件,协调不同来源的地质、装备及操作数据,实现盾构机整机掘进全过程切削数字试验,可为隧道施工中的盾构机操作控制实时提供参考数据,并对危险地段施工进行预警;也可对各类不同地质的施工隧道进行全断面盾构机掘进过程物理模拟,实时给出盾构机掘进过程中的掘进推力、扭矩等信息,以及关键部件强度和刚度数据和云图分布信息,并以三维(3D)形式显示刀盘推进时刀具切削土体的全场与实时过程图像。最后,以数字试验结果数据和工程实测数据为基础,通过数据挖掘和深度学习技术,盾构机智能切削系统可以生成实时载荷预测模型,对工程施工有指导意义。

本章介绍盾构机智能切削系统的工作原理、研究进展,并通过工程实例详细阐述智能切削系统在现代化盾构机设计与施工中的重要价值(注:本节介绍以盾构机为主,未对 TBM 做区分)。

5.1 盾构机刀盘参数化设计技术

目前,盾构机与岩土相互作用的相关研究已经有不少研究成果,并部分在工程中得到应用。但是要建立一个可以工程应用的智能切削数字化平台来对载荷特别是动态切削载荷进行分析,仍有很多问题需要解决。其中关键问题之一是融合各种不同类型的理论模型及相应的自编程序与商业软件,协调不同来源的地质(来自勘探部门)、装备(来自盾构机制造企业)及操作(来自施工单位)数据,实现盾构机整机掘进全过程切削数字试验。

通过数字化平台可以实现基于地质勘探数据、意向性盾构机装备类型等基本信息,进行不同地质条件下掘进全过程数字试验,可给定掘进推力、扭矩、密封仓压力等控制参数的允许范围,可为隧道施工中的盾构机操作控制实时提供参考数据,并对危险地段施工进行预警;可对各类不同地质的施工隧道进行全断面盾构机掘进过程物理模拟;并基于真实的地质数据与掘进物理环境,数字化掘进试验能够实时给出盾构机掘进过程中的掘进推力、扭矩等信息,以及关键部件强度和刚度数据和云图分布信息。基于数字化试验结果,以 3D 形式显示刀盘推进时刀具切削土体的全场与实时过程图像。

因此,该试验平台主要包含试验准备系统[包括试验挖掘对象(围岩)的建模系统]、试验对象(盾构机刀盘)的建模系统、试验分析系统(包括能实现的各类试验模块)、可视化系统。上述几大部分构成了数字化试验平台的基础框架。相关的试验结果分析及试验准备数据还应有相应的存放数据库,满足相关数据的存储,为后续的研究分析提供便利。

通常工程中得到的都是相关的地质报告,要满足盾构机掘进数字化试验的要求,要求能快速准确地建立相应的地质模型并显示出来。现有很多成熟的地质软件主要存在以下问题:一是缺乏可以用来进行力学分析的土体参数,力学本构模型也较少,后续二次开发困难;二是土体模型较为复杂,数据量庞大,很难实现相关力学分析后的快速显示。软件平台可以基于国家标准,结合典型工程地质报告,提取数值化掘进所需要的各种地质力学参数;研制地质力学参数化建模软件,结合实验室试验,形成被掘进土体的标准力学模型,包括本构模型选取、单元划分、边界条件确定、接触非线性模型选取、切削剥离准则等;建立对应于各种地质条件的力学模型;以简便实用为基本准则,将对应于各种地质条件的力学模型加以集成,建立开放式的地质力学模型库,与盾构机类型库结合,即可实现切削过程数字化试验。

5.1.1 盾构机刀盘参数化建模系统

在盾构机刀盘的参数化建模方面,相关的商业软件很多,但是在应用时由于技术复杂,对操作者的要求很高,要求很深的专业知识。同时,很多商业软件建模之后不能直接用于力学分析,还需要平台使用者仔细校对,如没有相应的计算力学知识及软件知识,分析得到的结果往往存在很大偏差。这时就需要一种基于典型盾构机刀盘结构的快速建模软件模块,建立各类型盾构机的完整数字化模型,建立对应于各种地质条件的盾构机拓扑结构、刀具分布等数字模型,包括辐条与面板式刀盘等;将对应于各种地质条件的盾构机数字模型加以集成,建立盾构机数字模型库。可根据地质力学特征匹配盾构机数字模型,组成数字试验模型。

在刀盘刀具参数化研究方面,高智勇以盾构机施工过程中的刀盘产品为对象,通过建立软土地层辐条式刀盘谱系,分析其结构特点,结合模块化参数化思想,在三维设计平台支撑下,以模板方式实现产品参数的自顶向下传递,构建刀盘参数化模板,参数化建模系统基本框架示意如图 5-1 所示。研究设计刀盘产品的物料清单(BOM)结构,以数据库平台为支撑,建立设计知识库、刀盘零部件参数库,实现产品的数字表达和数据驱动。剖析了刀盘刀具的配置规范,开发刀具自动布置算法,在刀盘模板和刀具库支持下,实现刀具的参数化配置。最后,选择 C++ 作为开发语言,建立系统架构,实现了 SolidWorks 和 MySQL 的集成应用,构建了刀盘参数化设计系统,实现了预期功能,并且基本实现了辐条式盾构机刀盘的参数化设计,能够快速实现刀盘零部件的三维建模,导出满足企业生产要求的工程图。

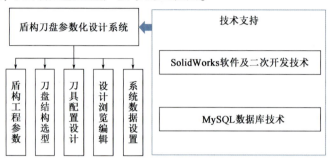

图 5-1　参数化建模系统基本框架示意图

韩伟锋等结合使用 CATIA 和 Visual Basic 软件进行盾构机刀盘建模软件开发,完成盾构机刀盘 90% 以上的设计工作,刀盘基体和刀盘上的各种刀具分属于不同本体,刀盘基体可以用于后续的刀盘结构分析,而整个盾构机刀盘三维模型可以直接用于工程设计。采用 CATIA 软件完成盾构机刀盘参数化建模后,通过 Visual Basic 软件封装即可完成盾构机刀盘参数化建模系统的开发。通过该系统输入关键的边界条件,系统即可快速生成盾构机刀盘模型。由于在对盾构机刀盘参数化建模过程中已经完成关键参数的计算,因此,根据边界条件生成的刀盘模型各方面的性能基本满足设计要求,设计人员通过简单的后处理即可快速完成刀盘的设计。

以上研究对于提升盾构机刀盘的设计水平具有重要的促进作用,但同时存在可以改进之处。由于不同阶段虽然有相应数字化设计工具的支撑,但各部分信息相对独立,数据共享程度低,人工干预繁多,导致研发周期漫长,不能很好满足工程应用需求。田怀文等提出了一种刀盘结构自动建模、分析、优化一体化系统,开发了 SolidWorks 与 ANSYS 之间的通用化信息接口,实现参数化设计和有限元分析一体化的系统,见图 5-2,建立了简化规则和评判标准,可自动实现盾构机刀盘有限元分析及刀盘模型的简化,有效提高盾构机刀盘结构分析与优化的效率,降低设计成本,缩短产品的研发周期。以工作于砂卵石地层的盾构机刀盘为例,当用户输入盾构机工程参数时,系统可自动生成盾构机刀盘参数化模型,并自动对模型结构进行合理简化,然后通过 C# 语言实现了 SolidWorks 软件与 ANSYS 软件的无缝连接,基于 ANSYS 提供的 APDL 参数化设计语言,进一步实现了盾构机刀盘有限元分析模型的自动建立、模型结构的自动分析及自动优化功能。

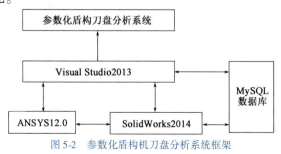

图 5-2　参数化盾构机刀盘分析系统框架

盾构机刀具是盾构机的执行者,应根据盾构机不同地质情况选用不同类型的刀具及刀具组合,以保证刀盘结构的强度、刚度及开挖效率,并且刀具的性能影响掘进工程的安全性和进度。姚三刚等开发的刀具参数化模型库和数据库系统,该系统可提供友好用户界面,由人机交互输入相关设计参数,能够快速生成刀具模型,既避免了设计人员烦琐的重复劳动,又可提高设计精度工作效率,降低了成本,有利于盾构刀具设计水平的提高,并为盾构机数字化试验平台的建立提供基础。潘伶伶等为满足设计和研究人员快速构建 TBM 刀盘有限元模型的需求,采用 ANSYS APDL 与 VC++ 可视化编程技术相结合的方法,在编制刀盘建模 APDL 程序的基础上,开发友好的人机交互界面。该系统实现了 VC++ 与 ANSYS 之间的参数传递,建立了一套可视性良好的刀盘有限元参数化建模系统。通过对此建模系统的开发,可实现 TBM 刀盘数字化建模、分析等全套设计,有利于完善数字化平台的搭载与应用。

5.1.2 切削过程仿真系统

现有的关于盾构机刀盘切削仿真算法很多。如上海交通大学的沈建奇等开发了一套盾构机刀盘切削仿真系统,提出了刀盘切削土体的三维动态数值模拟方法。在显式积分求解格式的基础上,以任意拉格朗日-欧拉(ALE)方法、动态耦合接触算法结合动力学非线性土体本构关系解决了土体大变形、失效面客观形成与土体切削的自然流动等数值处理难点。此外,还提出了控制模型规模的模型缩减方法、研究地层应力影响的地应力初始化方法以及基于刀盘动态切削多尺度数值模拟问题的网格精细度确定方法。通过对大型模型盾构机的掘进试验以及针对该试验过程进行的刀盘切削土体的动态数值模拟,验证了数值模拟方法的正确性与准确性。在此基础上,研究了刀盘转速、加速度、土体物理力学性质对刀盘扭矩的影响关系,进一步探讨了网格精细度对结果精度的影响。

盾构及掘进技术国家重点实验室提出了一种掘进过程全物理数字化仿真系统;从切削角度出发,将隧道掘进过程视为刀盘系统与土体的相互作用问题,采用损伤失效准则模拟土体切削分离过程,实现盾构机刀盘掘进过程的直接数值模拟;拟研制掘进过程中岩土体与刀盘刀具耦合问题的分析模块,用于刀盘刀具变形受力特征、负载模型、操作参数优化等方面的研究;通过编写包括复杂地质条件下的本构模型模块、各种破碎方式的损伤失效准则模块、不同求解策略的切削剥离条件模块及前处理模块等四大模块的用户子程序,与 LS-DYNA 无缝连接形成完整的掘进过程数字化试验系统,进行切削机理试验、载荷试验、掘进性能试验、地质适应性试验、预施工试验及强度刚度试验等六大类试验。具体仿真理论与方法参见相关文献。

苏翠侠针对当前盾构机刀盘载荷分析和刀盘可靠性设计缺少必要的研究方法的现象,通过研究有限元相关技术提出了一种基于数值方法的盾构机刀盘掘进全物理过程仿真模型,从切削角度出发,将隧道掘进过程视为刀盘系统与土体的相互作用问题,采用损伤失效准则模拟土体切削分离过程,实现了盾构机刀盘掘进过程的直接数值模拟。同时通过分析和提取典型盾构机刀盘的拓扑结构特征,开发了一套盾构机刀盘参数化建模系统,解决了盾构机刀盘建模过程耗时、费力、重复性工作多等问题。刀盘全断面物理仿真流程如图 5-3 所示。

根据仿真计算结果文件的相关信息,可以直接得到盾构机刀盘的位移场、变形场、应变场、应力场等信息,之后可以通过分析刀盘的接触力、支反力等信息得到整个刀盘的切削载荷信息等。

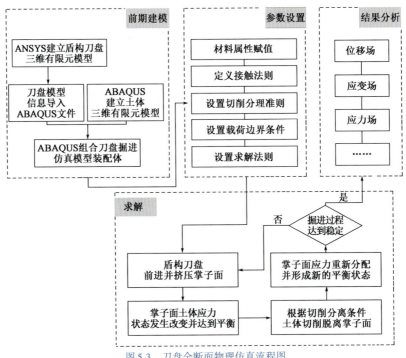

图 5-3 刀盘全断面物理仿真流程图

5.2 切削载荷智能预测技术

随着科技的进步,智能化和信息化施工已经成为盾构机/TBM 行业的必然发展趋势。国内一些制造企业及施工企业都开发了各自的盾构机智能化系统,包含远程施工监测、智能运维等功能。如中铁隧道局集团有限公司研发了一套盾构机远程施工管理信息系统,以引汉济渭工程秦岭隧洞 TBM 施工段岭南工程为依托,开展了远程信息化管理系统开发的关键技术研究,重点研究了系统整体架构搭建、数据采集方案设计、数据压缩与打包技术、数据传输和分析方案设计等。为盾构机施工远程信息化管理系统的搭建提供了理论基础,为盾构机数字化、智能化施工提供技术支持,实现盾构机掘进参数远程可视化与项目管理信息化。相关成果被应用于中铁隧道局集团有限公司天津地铁 6 号线盾构机工程复兴路站至人民医院站和重庆地铁 5 号线等盾构机工程项目,实现了对盾构机施工参数远程监控,便于专家或技术人员对施工项目的远程决策、诊断,实现了对数据统计分析、材料消耗远程有效监管。然而限于智能切削系统计算耗时长、计算复杂,上述系统中都没有搭载相应的智能切削仿真功能。

5.2.1 智能切削系统分析刀具载荷

在现阶段的研究中,韩美东等利用自己研发的智能切削系统以吉林省中部城市引松供水工程总干线 TBM 施工段所用刀盘为研究对象,分析了刀具载荷的时域分布规律。该刀盘直径 8m,装配中心刀 4 把(双刃滚刀)、正滚刀 36 把、边滚刀 12 把。刀具均采用标准 17 英寸(约 0.43m)盘形滚刀,并按螺旋线方式对其进行布局。刀盘简化模型见图 5-4。

依据工程实测数据,仿真中设定的地质及操作参数如下:掘进岩层为Ⅱ级围岩,密度 $2.5\times10^3\text{kg}/\text{m}^3$、弹性模量 22500MPa、泊松比 0.3、摩擦角 46.5°、单轴抗压强度 112MPa;推进速度 72mm/min,刀盘转速 6.6r/min;仿真时间为 30s(前 3s 刀盘加速启动,后 27s 刀盘以恒定速度掘进)。

通过分析得到了正滚刀在一个掘进周期内(刀盘旋转一周)的载荷时程曲线,如图 5-5 所示。对法向力与切向力进行快速傅里叶变换(Fast Fourier Transformation,FFT),得到其幅频响应曲线如图 5-6 所示。所得结果与 Entacher 等及 Samuel 等的试验测试结果一致。类似的,还可以得到边滚刀的载荷时空分布特征。

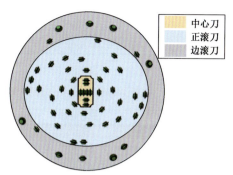

图 5-4 刀盘简化模型

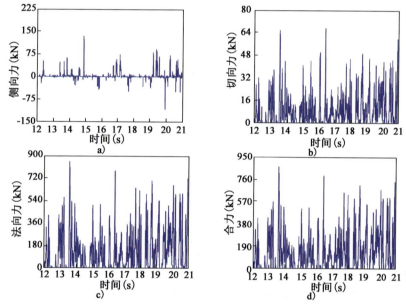

图 5-5 正滚刀破岩载荷时程曲线

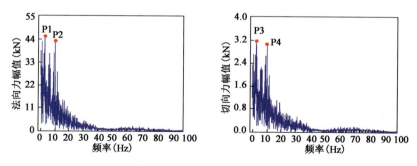

图 5-6 正滚刀载荷幅频响应曲线

同样,还可以分析刀具载荷沿着刀盘不同位置的分布。图 5-7 所示不同种类的刀具,其侧向力的数值相差较大。因回转半径较小,中心刀内外两侧径向力的差值较大,使得其侧向力大

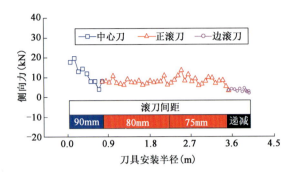

图5-7 刀具侧向力随半径的变化

于正滚刀与边滚刀。随安装半径的增大,中心刀的侧向力显著减小。对于正滚刀而言,其侧向力随安装半径变化不大;对于边滚刀,因刀间距很小且回转半径较大,刀刃内外两侧的挤压力趋于均等,因此其侧向力在三类刀具中最小。边滚刀的侧向力仅为内侧中心刀侧向力的1/9。

除边滚刀外,其余刀具的法向力随安装半径的增大整体呈现增加的趋势(图5-8)。刀盘边缘正滚刀的法向力可达内侧中心刀法向力的4倍。安装半径越大,刀具在单位时间内的运动行程越长,破岩面积越大,致使破岩载荷有所增大。在刀间距为75mm的布刀区域,由于刀间距相对较小,滚刀间的协同破岩效果较强,因此该区域内各刀具的破岩载荷差异较小。对于安装于刀盘最外缘的边滚刀而言,其运动的线速度较大,为使得各刀具磨损相对均衡,边滚刀的布局较为密集,且滚刀间距随半径的增大而显著减小(由65mm减小至6.5mm)。刀间距越小,滚刀间的协同破岩作用越强,单把滚刀的破岩力就越小;同时随安装半径的增大,滚刀的破岩量也逐渐减小,因此,边滚刀的法向力随安装半径的增大而显著减小。最外侧边滚刀的法向力仅为刀盘外区正滚刀法向力的2/5。刀具切向力与法向力高度相关,因此刀具切向力随半径的变化规律(图5-9)与法向力基本一致,此处不再赘述。

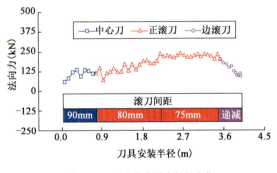

图5-8 刀具法向力随半径的变化

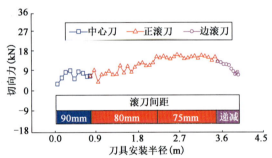

图5-9 刀具切向力随半径的变化

5.2.2 智能切削系统分析刀盘载荷

基于自建的本构模型结合商业软件,可以分析得到整个掘进过程中刀盘载荷剧烈波动,如图5-10和图5-11所示。观察载荷时程曲线可知,在TBM掘进过程中推力和扭矩在每个时刻都有明显变化,基于宋克志对现场掘进试验数据的分析研究,掘进载荷的这些变化具有较强的随机性,但随机中也体现出一定的规律性。为探究刀盘推力和扭矩的分布规律,采用雨流计数法对其时程数据进行统计分析,结果表明:刀盘推力近似服从正态分布,而刀盘扭矩近似服从对数正态分布。还可以分析得到刀盘推力呈现典型的低频特性,主要载荷分布在10Hz以下,最大幅值出现在0.111Hz处;刀盘扭矩的幅频响应分布较为均匀,仅在0.05~0.22Hz的狭窄区间内存在较大幅值。

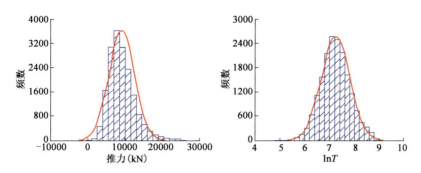

图 5-10 刀盘掘进载荷分布图（T 表示刀盘扭矩，单位为 kN·m）

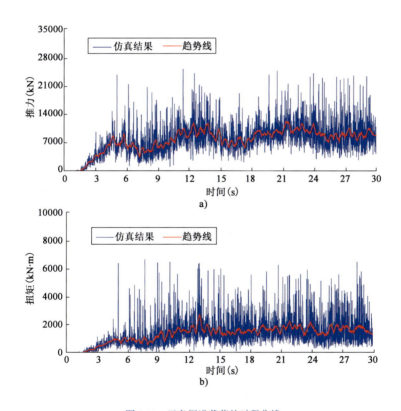

图 5-11 刀盘掘进载荷的时程曲线

该系统还可以分析刀盘法向合力作用点，见图 5-12、图 5-13。在掘进初始阶段，因刀具与岩石开始发生接触，且操作参数不断调整，使合力作用点的分布较为离散；进入稳定掘进阶段后，绝大多数作用点集中分布在刀盘中心区域。在整个掘进过程中偏心距（刀盘法向合力作用点至坐标原点的距离）的均值为 0.623m，约为刀盘半径的 0.16 倍。

从结果中可以发现，在两种工况下刀盘法向合力作用点横向坐标的均值较为接近，而纵坐标的均值差异很大；在上软下硬的复合地层中掘进时，刀盘载荷偏心更为严重，合力作用点多集中于硬岩区，其偏心距约为均匀地层的 2 倍。在 TBM 实际施工中，若遇到复合地质，应重点关注刀盘的偏载情况,并及时调控装备姿态,以避免 TBM 掘进偏离设计轴线及不必要的超挖,防止倾覆或卡机。

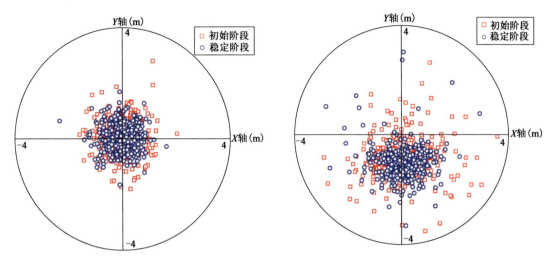

图 5-12　均匀地质下刀盘法向合力作用点的分布图　　图 5-13　复合地质下刀盘法向合力作用点的分布图

在此基础上还可以依据单参数对刀盘载荷的影响规律,设定载荷预测模型形式:

$$\begin{cases} 推力: F = a_1 CP^{b_1} D^{c_1} \\ 扭矩: Q = a_2 CP^{b_2} D^{c_2} \end{cases} \tag{5-1}$$

式中：　　　　F——刀盘推力；

　　　　　　　Q——刀盘扭矩；

　　　　　　　C——岩石抗压强度(UCS)；

　　　　　　　P——贯入度；

　　　　　　　D——刀盘直径；

a_i、b_i、c_i($i=1,2$)——待定常数。

最终,拟合得到的刀盘载荷预测公式如式(5-2)所示,拟合曲线见图 5-14。

$$\begin{cases} 推力: F = 0.147 CP^{0.73} D^{1.27}; R^2 = 0.996 \\ 扭矩: Q = 0.262 CP^{1.39} D^{1.61}; R^2 = 0.993 \end{cases} \tag{5-2}$$

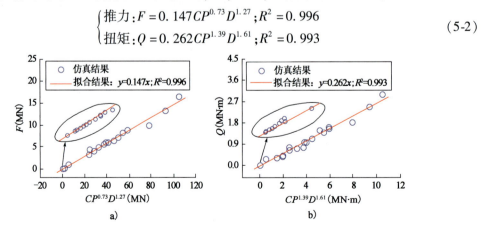

图 5-14　拟合曲线

该预测模型反映了刀盘载荷与 UCS、贯入度和刀盘直径间的本质关系,即刀盘载荷与 UCS 成比例,与贯入度和刀盘直径呈幂函数关系。对于刀盘推力,贯入度和刀盘直径的幂指数的加和为 2;对于刀盘扭矩,贯入度和刀盘直径的幂指数的加和为 3。此外,对于模型中的常数,本书基于数值仿真结果给出了其具体值;若可以获取较为丰富的工程数据,则可以对这些常数的取值做进一步修正。

5.2.3 智能切削系统载荷预测方法

盾构机装备掘进总载荷,主要包括总推力与总扭矩。其中,总推力用于装备整体的持续向前推进,总扭矩用于维持刀盘不断旋转并切削土体。不同隧道工程中的装备结构与尺寸、地质条件变化、操作状态调整均会引起载荷的显著变化。由于载荷对装备的重要性,国内外学者或工程技术人员围绕装备载荷开展了相关研究,部分代表性工作及发展简要概述如下:

早期的装备载荷研究主要是经验数据积累与分析,如 Herzog、Anseuser、Kuhnhenn 等收集了液压缸推进力的工程数据并分析其变化范围,Szechy 基于施工经验给出掘进界面单位面积推力的建议值为 600kN/m²;最为经典的工作是 Krause 经验公式,Krause 收集了 397 台日本和 12 台德国盾构机施工中的载荷数据,通过统计整理提出了如下经验公式:

$$F = \beta D^2 \tag{5-3}$$
$$T = \alpha D^3 \tag{5-4}$$

式中:F——总推力(kN);

T——总扭矩(kN·m);

D——装备直径(m);

α、β——经验系数,目前工程上常用的取值范围是 α 在 9~23 之间,β 在 500~1200 之间。

Krause 经验公式描述了装备载荷与直径间的幂方次关系,其中推力与直径呈平方关系,扭矩与直径呈三次方关系。α、β 是经验系数,地质条件、操作状态等因素都归入了这两个经验系数中。由于该经验公式形式简洁,便于应用,多年来一直作为装备制造中载荷设计的主要依据。其载荷估算区间如图 5-15 所示。

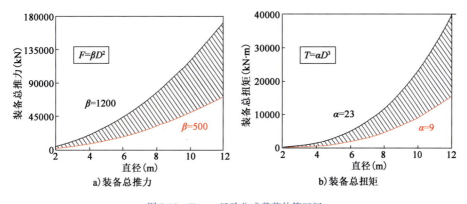

图 5-15 Krause 经验公式载荷估算区间

由于载荷是装备正向设计与施工控制中的核心参数,围绕盾构机载荷的试验与工程实测分析方面已经取得不少研究进展。施虎等基于土压平衡盾构机模型试验,分析了掘进进尺与刀盘开口率对扭矩的影响,如图 5-16 所示;徐前卫等通过土箱模型试验研究了刀盘切削扭矩与掘进速度、刀盘转速间相互影响关系;李向红等分别开展了软土、砂土、砂砾土层中的盾构机掘进模型试验,研究了不同地质条件下装备密封仓内外土压力的相关关系;夏毅敏等研究了不同岩石抗压强度下的刀具选型问题;宋克志等由现场掘进试验得到法向与切向载荷均与掘进进尺近似呈线性关系,Gertsch 等由刀盘破岩试验给出了同样的结论;Beaucour 等分析了掘进试验中的摩擦力变化;Okubo 等给出了刀具破岩试验的载荷与贯入度变化曲线;Acaroglu 由常截面(CCS)滚刀破岩试验分析了刀具推力的主要影响因素;Dollinger 等基于压头加载试验研究了不同岩石特性对硬岩隧道掘进机掘进速度的影响;李建斌等研究了软岩盾构机的地质适应性刀盘设计问题;韩亚丽等讨论了不同地质与载荷要求下的装备选型问题;陈仁鹏等通过现场实测数据分析,讨论了平行隧道施工时的地面沉降问题;程永亮结合现场施工情况分析了有助于降低刀盘扭矩的若干因素与技术环节;赵宝虎等对盾构机始发阶段的反力架载荷分布进行了实时检测,讨论了反力架载荷随时间的变化,如图 5-17 所示;刘志杰等基于已有工程实例的分类归纳方式设计刀盘主参数;苏鹏程等基于刀盘受力的空间力系平衡原则,讨论了滚刀布局优化问题;Jung 等对韩国首尔某隧道工程的分析结果表明,减小掘进速度将直接使推力下降;Yamamoto 等通过分析工程掘进参数的变化趋势,来判别开挖面前方地质特征。

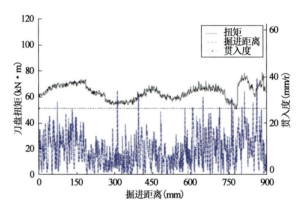

图 5-16 装备掘进过程中扭矩与进尺的模型试验曲线

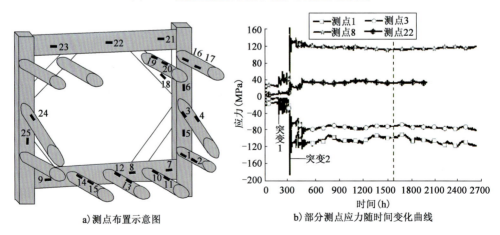

a) 测点布置示意图　　b) 部分测点应力随时间变化曲线

图 5-17 始发反力架载荷实时监测

在数值仿真方面的研究工作有,丁峻宏等利用 LS-dyna 模拟分析了刀盘切削载荷;王晓宇等通过滚刀破岩的三维有限元仿真计算,给出了滚刀所受法向力与进尺间的相互影响关系;苏翠侠等对刀盘切削土体掘进过程开展了仿真模拟,分别计算出面板式刀盘与辐条式刀盘在掘进中的受力与变形结果,如图 5-18 所示;敖日汗等采用数值分析方法研究了隧道周围土层的超孔隙水压力分布及沉降变形特征;高健等基于有限元方法研究了装备掘进速度对隧道掘进面稳定性的影响,得出增大掘进速度会引起隧道掘进面支护力显著增加的结论;钟登华等由数值计算给出隧道衬砌与周围土体作用时的载荷分布;上官子昌等通过有限元方法研究了密封仓土压力与推进速度间映射关系;Wen 等给出复合地层不同刀盘开口率对应载荷的数值模拟结果;Shen 等运用 ALE 算法计算出装备扭矩随掘进行程的近似变化曲线;Eberhardt 等与 Kasper 等讨论了掘进面土体应力变化特征;Zhang 等通过数值分析模型讨论掘进扭矩与转速间关系;Cho 等由数字模拟试验研究了不同间距下滚刀破岩效率。目前对掘进过程的数值仿真分析取得很大进展,但仍受到模型简化、计算繁杂及土体大变形仿真技术等限制。

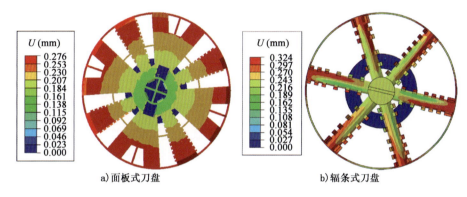

图 5-18 不同结构刀盘的数值仿真整体变形云图

载荷分析计算方面的相关研究工作还有:施虎等在计算总推力时,近似将刀盘推力等价于覆土埋深引起的掘进面土压力,给出沿埋深线性分布的刀盘载荷,如图 5-19 所示;王洪新在载荷计算中假设刀盘载荷均匀分布,通过弹性力学的集中力作用于平面时的开尔文(Kelvin)解,分析了刀盘平均挤压力与土体变形间的关系;唐晓武等基于刀盘载荷均布假设,采用弹性力学的集中力作用于半空间的明德林(Mindlin)解,分析了推力与地表土体变形量间的关系,讨论了地面隆起、沉降问题;管会生等针对复合式盾构机分别考虑刮刀和盘形滚刀对切削扭矩的影响;Yu 等讨论了土压平衡盾构机掘进中不同刀具的载荷特征;王立辉等建立了以 TBM 破岩比能为目标参数的刀具磨损识别的能量方法;李丰华等给出一种预估滚刀磨损量的理论方法,考虑了载荷及结构参数等对磨损的影响;张厚美利用统计回归方法建立了总推力、总扭矩与掘进速度间关系的经验公式,并利用预测掘进值与实测值的差异来判断磨损状态;日本小松公司通过对不同刀具尺寸、刀盘转速、掘进速度下的载荷经验曲线与实测曲线的对比估算刀具磨损状态;此外,美国科罗拉多矿业大学(Earth Mechanics Institute,EMI)实验中心在掘进效能研究方面开展了较为系统的基础试验研究,以滚刀的线性切割试验为基础,建立了较为完善的多种类型岩石条件下的试验数据库,提出了硬岩隧道掘进机掘进载荷与效能的 CSM 预测模型;挪威科技大学建立了隧道掘进机 NTNU 预测模型,考虑了掘进速度、滚刀磨损、掘进机使用率等因素,这套预测模型从 20 世纪 70 年代中期形成,至今仍在不断完善。

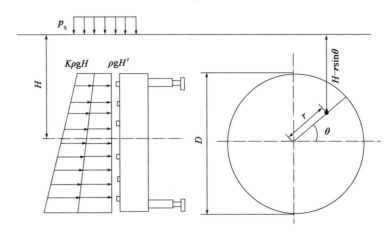

图 5-19　刀盘正面载荷的线性分布示意图

综合以上研究工作与进展,围绕装备掘进载荷的力学分析与建模研究受到国内外研究者以及工程领域的持续关注:经典的 Krause 经验公式总结出载荷与装备直径间的幂方次关系以及载荷大致经验范围,虽然简便易行,但是载荷估算范围过宽,经验系数取值缺乏有效依据;相关试验测试及数值仿真计算结果表明,除装备尺寸参数直径外,各类地质参数、掘进速度等操作参数、装备结构参数均对载荷具有显著影响。

在装备载荷研究中,如何处理刀盘系统掘进界面载荷是建模计算的核心,刀盘载荷研究直接与刀盘设计和刀具受力以及磨损等因素密切相关,已有的盾构机载荷研究通常将刀盘载荷作为均匀分布或者线性分布处理:线性分布将覆土埋深引起的掘进界面土压力作为刀盘系统受力,忽略刀盘与土体间相互作用引起的动态载荷部分;均匀分布假设刀盘界面载荷均匀分布,利用集中力作用于掘进面土体时的结果沿掘进界面均匀积分来近似计算。掘进载荷问题的研究对象在本质上是刀盘与周围地质相互接触并相互作用的耦合力学系统,地质条件、装备操作状态、装备结构特性几类核心要素正是通过影响刀盘与土体间的耦合作用引起载荷的变化。因此,需要进一步将其作为耦合系统处理,深入分析掘进过程中刀盘系统的力学特征,对刀盘界面载荷分布规律给予科学描述,建立能综合反映地质条件、装备操作状态及结构特性等核心要素影响的装备载荷计算模型,为装备载荷设计与施工载荷控制提供科学指导与理论依据。

针对上述问题,张茜、亢一澜等从分析刀盘系统载荷的力学特征入手,抓住刀盘与土体相互作用耦合系统的本质,提出一种刀盘载荷解耦模型,即将刀盘与界面土体耦合系统分解为两个相互关联的子系统,建立平衡微分方程,并由原系统耦合特征确定其定解条件,对刀盘与土体间相互耦合作用解耦求解;提出了一种在考虑整体平衡条件下,利用弹性-塑性屈服损伤理论的更接近土体实际状态的本构模型,给出了盾构机刀盘在掘进状态下,沿刀盘半径方向非线性的载荷分布(图 5-20),并引入刀盘拓扑结构、地下埋深等因素的影响,建立了刀盘载荷解耦模型,给出了有实用意义的刀盘系统载荷分布的解析表达式。

在上述刀盘载荷解耦模型基础上,进一步系统地研究了装备总载荷的特点,考虑盾壳、后续设备等装备部件所受载荷分量,建立了装备总载荷正向计算模型,实现了施工地质条件、装备操作状态、装备结构特征三类关键要素与掘进载荷之间相互影响规律的力学描述。

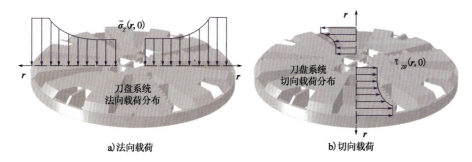

图 5-20 刀盘系统载荷分布

掘进总推力计算模型：

$$F_{总} = \frac{2E(1-\eta)}{1-\mu^2}\delta R + \pi R^2(1-\eta)K_0\gamma H + \pi R^2 p_m \eta + f_4 \cdot (2\pi R \cdot L \cdot P_m + W) + f_5 \cdot W_b \tag{5-5}$$

式中：E——土体弹性模量（kPa）；

μ——土体泊松比；

K_0——静土压系数；

γ——土体重度（kN/m³）；

η——刀盘开口率；

R——刀盘半径（m）；

L——盾壳长度（m）；

W——盾构机主机自重（kN）；

W_b——后续设备总重（kN）；

H——地表至装备中轴线处的埋深（m）；

δ——掘进贯入度（m/r）；

p_m——密封仓平均土压力（kPa）；

P_m——装备所受平均土压（kPa）；

f_4——盾壳与周围土体间摩擦系数；

f_5——后续设备与轨道间的摩擦系数。

刀盘总扭矩计算模型：

$$T_{总} = \frac{\pi G f_1(1-\eta)}{1-\mu}\delta R^2 + (1-\eta)\frac{2}{3}\pi R^3 f_1 K_0 \gamma H + \frac{\delta R^2}{2}\left[p_m \tan^2\left(\frac{\pi}{4}+\frac{\varphi}{2}\right) + 2c\tan\left(\frac{\pi}{4}+\frac{\varphi}{2}\right)\right] + 2\pi \cdot R^2 \cdot t \cdot f_2 \cdot P_m + m \cdot \pi D_a \cdot L_a \cdot b \cdot f_3 \cdot p_m \tag{5-6}$$

式中：G——土体剪切模量（kPa）；

μ——土体泊松比；

K_0——静土压系数；

γ——土体重度（kN/m³）；

φ——土体内摩擦角（°）；

c——土体黏聚力(kPa);

H——地表至装备中轴线处的埋深(m);

δ——掘进贯入度(m/r);

p_m——密封仓平均土压力(kPa);

P_m——装备所受平均土压(kPa);

η——刀盘开口率;

R——刀盘半径(m);

t——刀盘厚度(m);

m、D_a、L_a——分别为搅拌棒的个数、直径和长度(m);

b——搅拌棒与刀盘系统中心轴线之间的平均距离(m);

f_1——刀盘系统与掘进界面土体间滑动摩擦系数;

f_2——刀盘侧边与周围土体间摩擦系数;

f_3——搅拌棒与土体间摩擦系数。

5.3 智能切削系统工程应用

以吉林省中部城市引松供水工程总干线 1 号隧洞 TBM 施工段的载荷实测数据为标准,对本书基于掘进仿真得到的载荷结果及载荷预测公式(5-2)的预测结果进行验证。该施工段位于吉林市丰满水库至温德河左岸之间,线路桩号 2 + 000m ~ 24 + 600m,总长度 22600m,见图 5-21a)。施工所用 TBM 直径 8m,其刀盘如图 5-21b)所示。该刀盘共装配滚刀 47 把,其中正滚刀 31 把、双刃中心刀 4 把、边滚刀 12 把,并采用米字形布局形式。

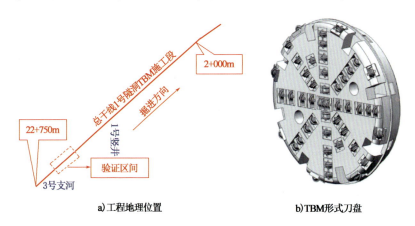

a) 工程地理位置　　　　b) TBM 形式刀盘

图 5-21　工程地理位置及 TBM 刀盘形式

验证所用载荷数据采自桩号 20 + 101m ~ 21 + 402m 区间,掘进距离为 1301m,该区间段主要穿越Ⅲ ~ Ⅴ级围岩,围岩岩性以凝灰岩、花岗岩和砂岩为主,其 UCS 值在 86 ~ 167MPa 区间变化。

依据装备记录的操作参数和实测地质参数,对桩号 20 + 101m ~ 21 + 402m 区间内若干典型开挖断面处的掘进载荷进行模拟。为保证计算载荷的有效性,在每个开挖断面处设定刀盘旋转破岩 3 周,并取稳定段的载荷均值与实测载荷进行对比。同时,应用载荷预测模型对载荷进行预测,并将预测载荷与实测载荷进行对比,结果如图 5-22 所示。

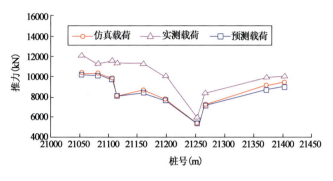

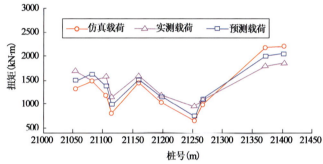

图 5-22 载荷对比

比较可知,仿真载荷、预测载荷与实测载荷皆较为接近,不同方式得到的载荷总体变化趋势基本一致。观察图 5-22 可发现,由仿真计算和预测得到的推力值略小于实测值,这是由于工程实测推力包含刀盘破岩的法向力、刀盘护盾与岩石间的摩擦阻力以及带动后配套所需的牵引力,而本书仿真和预测得到的推力仅为刀盘破岩的法向力,是工程实测推力的主要成分之一,故略小于实测值。经计算,仿真推力和预测推力分别占实测总推力的 85.1% 和 82.8%,与工程实际相符。

对于扭矩,工程实测值与本书的计算结果皆反映的是刀盘的破岩力矩,故无明显的大小差异。经统计分析,仿真扭矩和预测扭矩与实测扭矩的相对误差皆在工程允许范围以内(其值分别为 17.8% 和 9.8%)。分析误差成因:

(1)因测量误差的存在,地质参数的取值存在一定的偏差。

(2)仿真模型对实际地质结构进行了一定的简化,而载荷预测模型忽略了岩石内外摩擦角(例如,桩号 21250 处于软岩区,其摩擦系数或与其他区域岩石存在差异,而本书扭矩计算时对不同岩石采用的是相同的摩擦系数,因此该位置的扭矩计算结果偏差较大)、滚刀间距等参数对载荷的影响。

经工程验证,仿真计算得到的刀盘载荷及由预测模型给出的预测载荷皆可以较好地反映 TBM 实际施工时刀盘载荷的水平及变化趋势。目前,智能切削系统主要用于掘进机数字化设计、施工参数预测等方面。这一系统与掘进机远程监测系统得到的施工参数相互验证,未来可望为掘进机数字孪生技术平台提供有效帮助。

5.4 本章小结

由于盾构机与地面相互作用的机理非常复杂,施工引起的盾构机刀盘响应机制很难计算准确,而盾构机与岩土相互作用作为盾构机法施工过程中重要的一环,所以众多学者也对其进行了大量的相关性研究。目前探讨较为广泛的方法是利用盾构机大数据分析预测技术,以及已经收集到的相关地层隧道项目中的地质信息和运行数据,采用基于人工神经网络的人工智能系统,建立地质条件、运行参数和切削载荷的映射关系。盾构机大数据分析成为预测和解决盾构机隧道施工切削载荷问题的一种手段,并且在众多工程领域得到了验证和应用。但是对于建立一套完整的、可以工程应用的智能切削数字化平台对载荷,特别是对于动态切削载荷进行分析和预测,仍有很多关键性问题亟待解决。

刀盘系统是盾构机切削系统的重要性环节,其参数化设计技术解决了刀盘建模研发周期长,人工干预繁多的问题,通过开发刀盘的参数化建模系统,为搭建数字化试验平台奠定了基础。在此基础上,利用有限元相关技术设计一种基于数值方法的盾构机刀盘掘进全仿真模型,从切削角度出发,分析刀盘系统和土体的作用模型,通过仿真结果获取刀盘系统的位移场、应变场、变形场等信息,分析刀盘的切削载荷信息,为预测和解决盾构机隧道施工切削载荷提供了一种手段。

盾构机刀盘掘进的全仿真技术提供了刀盘实际工作过程中的时程曲线图,通过对仿真结果分析,可以得到刀盘载荷分布情况。基于此得到单参数对刀盘载荷影响,从而得到刀盘切削载荷的拟合预测公式。利用不同的地质本构关系模型,可以模拟复杂地层刀盘的工作情况,为智能化刀盘载荷预测系统提供数值分析结果,为施工做出先验性预测。盾构机智能切削系统的部分成果已应用于实际工程并与工程实际数据进行对比验证。例如,以吉林省中部城市引松供水工程总干线1号隧洞TBM施工段的载荷实测数据作为比较数据,仿真载荷、预测载荷与工程实测载荷皆较为接近,不同方式得到的载荷总体变化趋势基本一致。

本章参考文献

[1] 高智勇.基于SolidWorks的辐条式盾构机刀盘参数化设计研究[D].成都:西南交通大学,2019.

[2] 韩伟锋,李凤远,王助锋.盾构机刀盘参数化建模系统开发[C]//2012年中铁隧道集团低碳环保优质工程修建技术专题交流会论文集.2012.

[3] 田怀文,梁铃,布申申.盾构机刀盘数字化集成设计研究[J].华东交通大学学报,2020,37(3):127-134.

[4] 姚三刚,李航,王强.基于Pro/toolkit二次开发技术的盾构机刀具库系统开发[J].矿山机械,2008,36(1):14-18.

[5] 潘伶伶,焦永树,蔡宗熙.TBM刀盘的有限元参数化建模系统开发[J].隧道建设,2015,35(4):382-386.

[6] 沈建奇.盾构机掘进过程数值模拟方法研究及应用[D].上海:上海交通大学,2009.

[7] 陈馈,曲传咏,冯欢欢.盾构机掘进数字化实验平台研究与应用[J].现代隧道技术,2016,53(3):8-18.

[8] 韩美东,陈馈,蔡宗熙,等.TBM刀盘有限元参数化建模方法[J].机械科学与技术,2016,35(10):1489-1493.

[9] CHEN KUI,HAN M,WANG Y,et al. A new automatic program to generate parametric model of shield cutter head[C]//IEEE/ASME International Conference on Mechatronic and Embedded Systems and Applications. IEEE,2016:1-6.

[10] 苏翠侠,王燕群,蔡宗熙,等.盾构机刀盘掘进载荷的数值模拟[J].天津大学学报,2011,44(6):522-528.

[11] CHEN KUI,HAN M D,CAI Z X,et al. Contact surface recognition method for the numerical simulation of shield tunneling[J]. Design, Manufacturing and Mechatronics,2015:781-789.

[12] HAN M D,CAI Z X,ZHANG Y T,et al. A VUMAT of modified Mohr-Coulomb model and its application in TBM tunneling simulation[C]//Ieee/asme International Conference on Mechatronic and Embedded Systems and Applications. IEEE,2016:1-6.

[13] HAN M,CAI Z,QU C,et al. Tunneling Simulation and Strength Analysis of Cutterhead System of TBM[C]// International Conference on Intelligent Robotics and Applications. Springer-Verlag New York, Inc,2015:445-455.

[14] 韩美东.全断面岩石掘进机刀盘掘进载荷特性与结构性能研究[D].天津:天津大学,2017.

[15] 苏翠侠.基于数值仿真技术的盾构机刀盘系统载荷与结构特性研究[D].天津:天津大学,2011.

[16] ENTACHER M,WINTER G,BUMBERGER T,et al. Cutter force measurement on tunnel boring machines-System design[J]. Tunnelling & Underground Space Technology Incorporating Trenchless Technology Research,2012,31:97-106.

[17] SAMUEL A E,SEOW L P. Disc Force Measurements on a Full-face Tunneling Machine[J]. International Journal of Rock Mechanics and Mining Science & Geomechanics Abstracts,1984,21(2):83-96.

[18] 欧阳涛.盾构机典型刀具组合破岩受力特性研究[D].长沙:中南大学,2011.

[19] 宋克志.泥岩砂岩交互地层越江隧道盾构机掘进效能研究[D].北京:北京交通大学,2005.

[20] MAIDL B,HERRENKNECHT M,ANHEUSER L. Mechanised Shield Tunneling[M]. Berlin:Ernst&Sohn,1996.

[21] 陈馈,洪开荣,吴学松.盾构机施工技术[M].北京:人民交通出版社,2009.

[22] KRAUSE T. Schildvortrieb mit flüessigkeits-und erdgestützter Ortsbrust[R]. Mitteilung des Instituts für Grundbau und Bodenmechanik,TU Braunschweig,Heft 24,1987.

[23] 日本土木学会.隧道标准规范(盾构机篇)及解释[M].朱伟,译.北京:中国建筑工业出版社,2001.

[24] SHI H,YANG H Y,GONG G F,et al. Determination of the cutterhead torque for EPB shield

tunneling machine.[J]. Automation in Construction,2011,20:1087-1095.

[25] 徐前卫,朱合华,丁文其,等.均质地层中土压平衡盾构机施工刀盘切削扭矩分析[J].岩土工程学报,2010,32(1):47-54.

[26] 李向红,傅德明.土压平衡模型盾构机掘进试验研究[J].岩土工程学报,2006,28(9):1101-1105.

[27] 夏毅敏,罗德志,周喜温.盾构机地质适应性配刀规律研究[J].煤炭学报,2011,36(7):1232-1236.

[28] 宋克志,孙谋.复杂岩石地层盾构机掘进效能影响因素分析[J].岩石力学与工程学报,2007,26(10):2092-2096.

[29] GERTSCH R,GERTSCH L,ROSTAMI J. Disc cutting tests in Colorado Red Granite:Implications for TBM performance prediction[J]. International Journal of Rock Mechanics & Mining Sciences,2007,44:238-246.

[30] BEAUCOUR A L P,KASTNER R. Experimental and analytical study of friction forces during microtunneling operations[J]. Tunnelling and Underground Space Technology,2002,17:83-97.

[31] OKUBO S,FUKUI K. Applicability of the variable-compliance-type constitutive equation to rock breakage by excavation machinery[J]. Tunnelling and Underground Space Technology,2011,26:29-37.

[32] ACAROGLU O. Prediction of thrust and torque requirements of TBMs with fuzzy logic models[J]. Tunnelling and Underground Space Technology,2011,26:267-275.

[33] DOLLINGER G L,HANDEWITH H J,BREEDS C D. Use of the punch test for estimating TBM performance[J]. Tunnelling and Underground Space Technology,1998,13(4):403-408.

[34] 李建斌,何於琏.软岩盾构机中具有小范围变径功能的切削装置[J].隧道建设,2011,31(1),33-36.

[35] 韩亚丽,吕传田,张宁川.北京铁路地下直径线盾构机选型及功能设计[J].中国工程科学,2010,12:29-34.

[36] CHEN R P,ZHU J,LIU W,et al. Ground movement induced by parallel EPB tunnels in silty soils[J]. Tunnelling and Underground Space Technology,2011,26:163-171.

[37] 程永亮.盾构机泡沫系统优化技术研究[J].建设机械技术与管理,2011,11:141-144.

[38] 赵宝虎,王燕群,岳澄,等.盾构机始发过程反力架应力监测与安全评价[J].工程力学,2009,26(9):105-111.

[39] 刘志杰,史彦军,滕弘飞.基于实例推理的全断面岩石隧道掘进机刀盘主参数设计方法[J].机械工程学报,2010,46(3):158-164.

[40] 苏鹏程,王宛山,霍军周,等.TBM的滚刀布置优化设计研究[J].东北大学学报,2010,31(6):877-881.

[41] JUNG H S,CHOI J M,CHUN B S,et al. Causes of reduction in shield TBM performance:A case study in Seoul[J]. Tunnelling and Underground Space Technology,2011,26:453-461.

[42] YAMAMOTO T,SHIRASAGI S,YAMAMOTO S,et al. Evaluation of the geological condition ahead of the tunnel face by geostatistical techniques using TBM driving data[J]. Tunneling and Underground Space Technology,2003,18:213-221.

[43] MIKAEIL R,NAGHADEHI M Z,SERESHKI F. Multifactorial fuzzy approach to the penetrability classification of TBM in hard rock conditions[J]. Tunnelling and Underground Space Technology,2009,24:500-505.

[44] 丁峻宏,金先龙,李根国,等. 基于并行计算的盾构机刀盘三维切削仿真[J]. 系统仿真学报,2007,19(23):5376-5396.

[45] WANG X Y,CAI Z X,SU P C,et al. Numerical modeling of the effects of wears on cutting loads[J]. Advanced Materials Research,2011,308-310:2340-2344.

[46] SU C X,WANG Y Q,ZHAO H F,et al. Analysis of Mechanical Properties of Two Typical Kinds of Cutterheads of Shield Machine[J]. Advanced Science Letters,2011,4:2049-2053.

[47] 敖日汗,张义同. 盾构机施工引起的固结沉降分析[J]. 岩土力学,2011,32(7):2157-2161.

[48] 高健,张义同. 考虑盾构机掘进速度的隧道掘进面稳定性分析[J]. 岩土力学,2010,31(7):2232-2238.

[49] ZHONG D H,TONG D W. 3D finite element simulation of tunnel boring machine construction processes in deep water conveyance tunnel[D]. Transactions of Tianjin University,2009,15:101-107.

[50] 上官子昌,李守巨,孙伟,等. 土压平衡盾构机密封舱土压力控制方法[J]. 煤炭学报,2010,35(3):402-405.

[51] WEN W L,FENG P F,WU Z J,et al. Study on External Load Domain of Shield Machine Cutterhead[J]. Intelligent Robotics and Applications,2009,5928:1176-1182.

[52] SHEN J Q,JIN X L,LI Y,et al. Numerical simulation of cutterhead and soil interaction in slurry shield tunneling[J]. Engineering Computations,2009,26(8):985-1005.

[53] EBERHARDT E. Numerical modelling of three-dimension stress rotation ahead of an advancing tunnel face[J]. International Journal of Rock Mechanics & Mining Sciences,2001,38:499-518.

[54] KASPERZ T,MESCHKE G. A 3D finite element simulation model for TBM tunnelling in soft ground[J]. International Journal for Numerical and Analytical Methods in Geomechanics,2004,28:1441-1460.

[55] ZHANG K Z,YU H D,LIU Z P,et al. Dynamic characteristic analysis of TBM tunnelling in mixed-face conditions[J]. Simulation Modelling Practice and Theory,2010,18:1019-1031.

[56] CHO J W,JEON S,YU S H,et al. Optimum spacing of TBM disc cutters:A numerical simulation using the three-dimensional dynamic fracturing method[J]. Tunnelling and Underground Space Technology,2010,25:230-244.

[57] 施虎,龚国芳,杨华勇,等. 盾构机掘进机推进力计算模型[J]. 浙江大学学报,2011,45(1):126-131.

[58] 王洪新.土压平衡盾构机刀盘挤土效应及刀盘开口率对盾构机正面接触压力影响[J]. 土木工程学报,2009,42(7):113-118.

[59] 唐晓武,朱季,刘维,等.盾构机施工过程中的土体变形研究[J].岩石力学与工程学报, 2010,29(2):417-422.

[60] 管会生,高波.复合式土压平衡盾构机刀具切削扭矩的研究[J].现代隧道技术,2008,45 (2):73-78.

[61] YU Y,XUE F,XI Y. Theoretical force modeling of cutting tools based on earth pressure balanced shield machine[J]. Advanced Science Letters,2011,4:2420-2425.

[62] WANG L H,KANG Y L,CAI Z X,et al. The energy method to predict disc cutter wear extent for hard rock TBMs[J]. Tunnelling and Underground Space Technology,2012,28:183-191.

[63] LI F H,CAI Z X,KANG Y L. A theoretical model for estimating the wear of the disc cutter [J]. Applied Mechanics and Materials,2011,90-93:2232-2236.

[64] 张厚美.隧道掘进机掘进过程中刀具磨损的检测方法[P]. 中国专利,200610034017. 4,2006.

[65] KOMATSU LTD. Wear detecting method for disc cutter and wear detecting equipment[P]. Japanese Patent,JP10140981-A,1998.

[66] ROSTAMI J,OZDEMIR L,NILSON B. Comparison between CSM and NTH hard rock TBM performance prediction models[C] // Proceedings of Institute of Shaft Drilling Technology (ISDT) annual Technical Conference. 1996.

[67] BRULAND A. Hard rock tunnel boring[D]. Trondheim:Norwegian University of Science and Technology,1998.

[68] 龚秋明,赵坚,张喜虎.岩石隧道掘进机的施工预测模型[J].岩石力学与工程学报, 2004,23卷(增2):4709-4714.

[69] 张茜.盾构机装备掘进中的力学特征分析与载荷建模[D].天津:天津大学,2012.

[70] ZHANG Q,QU C Y,CAI Z X,et al. Modeling of the thrust and torque acting on shield machines during tunneling[J]. Automation in Construction,2014,40:60-67.

[71] ZHANG Q,SU C X,QIN Q H,et al, Modeling and prediction for the thrust on EPB TBMs under different geological conditions by considering mechanical decoupling[J]. Science China Technological Sciences,2016,59(9):1428-1434.

第 6 章
盾构机压力平衡智能控制

盾构机开挖面压力失衡会对地表建筑物、人员安全造成严重损害。如果环境水土压力大于盾构机密封仓压力,则会造成地表塌陷事故;如果环境水土压力小于盾构机密封仓压力,则会造成地表隆起(土压平衡盾构机)或泥水击穿地表(泥水平衡盾构机)事故。因此,开挖面压力平衡控制技术是保证盾构机安全施工、控制地表沉降的关键技术。本章首先介绍盾构机压力平衡控制过程的基本原理和发展趋势,然后分别介绍土压平衡和泥水压力平衡智能控制技术。

6.1 盾构机压力平衡控制技术概述

6.1.1 土压平衡控制

土压平衡指盾构机土仓内压力与掘进界面土水总压力保持平衡,是通过改变掘进参数,使进入土仓的介质体积与排出的介质体积相平衡实现的,见图 6-1。盾构机掘进过程中,在推进力作用下,盾构机刀盘旋转切削土体,并将切削下来的泥土充满密封土仓,通过切削下来的泥土将推力传递到开挖面;与此同时,调节螺旋输送机的转速控制排土量,或通过调节盾构机推进液压缸的推进速度控制进土量,从而使得与开挖面土层的水土压力在开挖过程中波动尽量小,即保持平衡,以此来维持开挖面地层的稳定和防止地表变形。

在开始推进时,先设定土仓目标值,推进过程中,当土仓压力大于目标值时,增大螺旋输送机转速增加排土量,或者减小推进速度减少进土量,降低土仓内的土压力;当土仓压力小于目标值时,减小螺旋输送机的转速减少排土量,或增大推进速度增加进土量,增大土仓土压力。先进的盾构机在土仓内设置土压传感器,将土仓压力值实时反馈给计算机控制系统,通过计算机平台开发的智能控制器,实现土压平衡的自动控制。

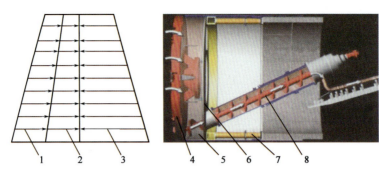

图 6-1　土压平衡盾构机的工作原理

1-开挖面水压力;2-开挖面土压力;3-密封仓土压力;4-刀盘;5-密封土仓;6-隔板;7-推进液压缸;8-螺旋输送机

盾构机在黏性土层中施工时,含砂量如果低于/高于某一限度时,泥土的塑流性就明显变差,土仓内的土体因固结作用而被压密,导致渣土难以排送,此时可向密封土仓内注水、泡沫或泥浆等,以改善土体的塑流性。

盾构机在砂性土层或砂砾土层中施工时,由于砂土和砂砾的流动性差、摩擦力大、渗透系数高、地下水丰富等原因,密封土仓内压力不易稳定,所以需要进行渣土改良。常用的方法是向开挖的密封土仓里注入膨润土或泡沫剂,然后强制搅拌,使砂质土泥土化,具有塑性和不透水性,从而使得密封土仓内的压力容易稳定。

土压平衡盾构机掘进过程中,密封土仓内土压力的设定应遵循以下两个原则:

(1)密封土仓内的土压力应可以维持刀盘前方开挖面的稳定,不至于因土压偏低造成土体塌陷、地下水流失;也不至于因土压偏高造成土体表面隆起、地表建筑设施破坏等。

(2)密封土仓内的土压力应尽可能低,以减小掘进扭矩和推力,增大掘进速度,降低土体对刀具的磨损,最大限度地降低掘进成本。

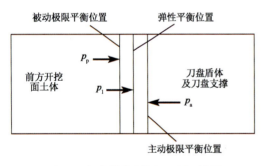

图 6-2　主动、被动及静止土压力示意图

根据 Rankine 土压力理论,土压力可分为主动土压力 p_a、被动土压力 p_p 和静止土压力 p_1,见图 6-2。盾构机施工过程中,刀盘扰动改变了原状天然土体的静止平衡状态,从而使刀盘附近的土体产生主动土压力或被动土压力。盾构机推进过程中,如果密封土仓内土压力设置过低,开挖面前方的土体向盾构机刀盘方向产生微小的移动或滑动,土体出现向下滑动趋势,为了抵抗土体向下滑动的趋势,土体的抗剪应力逐渐增大。当土体的侧向应力减小到一定程度,土体的抗剪强度充分发挥时,土体的侧向土压力减小到最小值,土体处于极限平衡状态,即主动极限平衡状态,与此相适应的土压力称为主动土压力 p_a;反之,如果密封土仓内土压力设置偏高,刀盘对土体的侧向应力逐渐增大,刀盘前部的土体出现向上滑动趋势,为了抵抗土体的向上滑动趋势,土体的抗剪力逐渐增大,土体处于另一种极限平衡状态,即被动极限平衡状态,与此相适应的土压力称为被动土压力 p_p。如果刀盘与开挖面前方的土体无相对位移,前方开挖面土体处于一种弹性平衡状态,此时作用于刀盘上的土压力就是静止土压力 p_1。

实际施工过程中,一般采用修正后的静止土压力作为设定土压力,即:

$$p_0 = p_1 + p' = K_0 \times \gamma \times H + p' \tag{6-1}$$

式中:p_0——设定土压力;

p_1——静止土压力;

p'——修正土压力;

K_0——静止土压力系数;

γ——土体重度;

H——计算压力点所处深度。

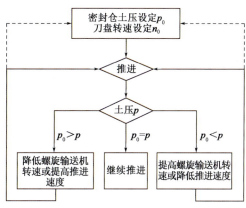

图6-3 盾构机土压平衡控制模式框图

土压平衡盾构机以土压力为控制目标,通过将盾构机密封土仓内的实际土压力 p 与设定的土压力 p_0 进行比较,根据此压差进行相应控制。盾构机土压平衡控制模式框图见图6-3,当盾构机刀盘以一定的转速 n_0 切削开挖时,如果实际检测到的土压力值 p 大于理论土压力设定值 p_0 时,可降低推进速度或提高螺旋输送机转速;反之,可提高推进速度或降低螺旋输送机的转速;如果两者相等,则可继续推进。

盾构机实际推进过程中,为保持密封土仓内土压力始终稳定在设定值范围内,通常可采用两种操作控制模式:

(1)控制排土量的排土操作控制模式,即通过土压检测来改变螺旋输送机的转速控制排土量,以维持开挖面土压稳定的控制模式。此时盾构机推进速度由人工事先给定。

(2)控制进土量的推进操作控制模式,即通过土压检测来控制盾构机推进液压缸的推进速度,以维持开挖面土压稳定的控制模式。此时螺旋输送机转速由人工事先给定。

以上两种操作控制模式,在盾构机实际施工操作时有时可同时并用。考虑到模拟试验台中推进系统要进行推进压力和推进速度的单独控制、复合控制及多缸同步控制等,密封土仓内的土压力平衡主要采用第一种控制方式,即根据土仓压力反馈来实时控制螺旋输送机转速的排土操作控制方式。

6.1.2 泥水压力平衡控制

泥水压力平衡指盾构机泥水仓内压力与掘进界面土水总压力保持平衡,如图6-4所示。泥水盾构机在刀盘后侧通过设置一道密封隔板构成一个泥水仓,泥浆通过进浆管路被泵送到泥水仓并将其充满,形成一定的作用压力以维持开挖面的稳定;盾构机掘进时,刀盘切削下来的砂石与泥土在泥水仓和泥浆混合并经搅拌机搅拌和破碎机破碎等工序,再由排浆管路泵送至地面的泥水分离站,完成后续加工。即泥水盾构机借助泥水仓的压力泥浆支护开挖面土体,且以泥浆形式将开挖泥土排出。根据泥水仓的结构和压力控制方式的不同,泥水盾构机可分为直接加压式和间接加压式两种,前者以日本体系的泥水盾构机为代表,如图6-5所示,由泥浆直接提供维持开挖面稳定的压力,即泥水仓的压力直接由进、排浆的流量控制,通过调节泥浆泵的转速或节流阀的开口率来实现;后者以德国体系的泥水盾构机为代表,如图6-6所示,其显著特点是泥水仓与一个气垫仓相连通,通过气体保压系统和泥浆环流系统共同完成泥水仓的压力控制,即通过压缩空气的压力调节间接控制开挖面泥浆的压力,气垫仓的缓冲作用可以缓解掘进地质突变等情况带来的影响,对开挖面土体支护更为稳定,并且对隧道沿线地表的隆沉控制更为精确。

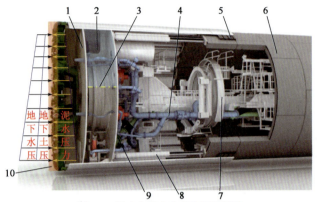

图 6-4 泥水仓压力动态平衡原理图

1-泥水仓隔板;2-气垫仓;3-气垫仓液位;4-进浆管;5-盾尾密封;6-管片衬砌;7-管片拼装机;8-推进液压缸;9-排浆管;10-泥膜

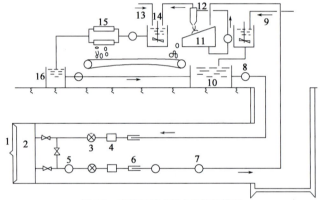

图 6-5 直接加压式泥水盾构机模型

1-刀盘;2-泥水仓;3-流量计;4-密度计;5-排浆泵;6-伸缩管;7-中继泵;8-进浆泵;9-膨润土;10-泥浆调整池;11-振筛;12-旋流器;13-添加剂;14-搅拌棒;15-压滤机;16-清水池

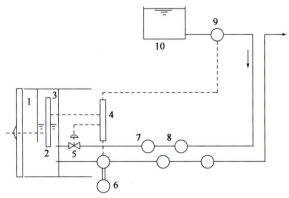

图 6-6 间接加压式泥水盾构机模型

1-泥水仓;2-液位计;3-气垫仓;4-液位控制器;5-调节阀;6-排浆泵;7-流量计;8-密度计;9-进浆泵;10-泥浆调整池

当泥水仓充满泥浆后,在开挖面上会形成一层泥膜,以构成隔水封闭空间和提供有效的压力作用面,即泥水仓的压力通过泥膜作用于开挖面土体,以维持掌子面的稳定。泥膜的不断形成和刀盘不断切削土体向前推进之间形成一个动态的平衡过程,即刀盘不断切削泥膜覆盖的土体,泥浆又在新的土层上形成泥膜。泥水仓的泥浆压力等于开挖面前方地层的侧向土压和地下水压之和,泥水压力直接受气体压力和气垫仓液位的影响,目前工程中间接加压式泥水盾构机的泥浆压力是靠气体保压系统自动控制在设定值,掘进前需根据前方地质条件设定相应的支护压力,掘进过程中需要控制调节气垫仓液位,以辅助泥水压力的控制。

如图 6-7 所示,在掘进过程中气垫仓压力一经设定,便由气体保压系统通过机械式的比例积分控制器维持压力恒定,但泥浆液位的上下波动会引起开挖面支护力的变化,所以现有施工技术中要求驾驶操作人员需根据气垫仓的液位和压力监测值,调节进、排浆泵电机的转速或者推进系统的推进速度,即通过进出仓内泥浆流量的变化来调节气垫仓的泥浆液位,以维持开挖面支护力的稳定。如液位较低时,可只增加进浆泵流量或只降低排浆泵流量,也可降低排浆泵流量的同时降低推进速度,以配合出浆流量;液位较高时采用类似的调节方法。掘进过程中,当泥浆液位较高时,旁路泥浆球阀会自动打开,并且进浆主球阀会随之自动关闭,待液位达到标准时需手动打开进浆主球阀和关闭旁路阀;而当泥浆液位达到上限值时,旁路阀自动打开且进浆泵自动关闭,排浆泵保持工作状态至液位恢复,再手动打开进浆泵和关闭旁路阀;当液位较低时有类似的控制过程。此外,泥水仓和气垫仓的压差若超过限定值,会自动停止推进。

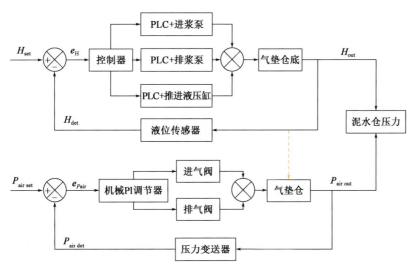

图 6-7 泥水压力平衡控制原理图

6.1.3 压力平衡智能控制技术研究现状与趋势

在实际工程中,由于盾构机压力平衡控制需要监测和控制的变量数量多、调节的频率高,因此操作人员的工作量很大,长时间高强度的工作容易导致疲劳和误操作。在遭遇掘进地层水土总压力突变等极端工况时,人工操作的反应通常不够迅速和有效。因此,人工操作的可靠性和准确性已逐渐成为盾构机压力平衡技术进一步发展的主要瓶颈之一。无人值守的盾构机开挖面压力动态平衡智能控制是盾构机操控智能化的一项重要内容,是提高盾构机智能化程度的关键技术之一。针对盾构机/掘进机开挖面压力平衡控制依赖人工操作可靠性不足的问题,国内外学者进行了大量研究,目标是实现开挖面压力平衡控制过程的智能化,替代人工操作。

在土压平衡盾构机方面,早在 20 世纪 80 年代,日本学者 Kuwahara 等就开发了一种模糊控制器,通过模仿熟练司机的操作实现土仓压力控制。Yeh 应用人工神经网络来自动控制土仓压力。大连理工大学张晓峰通过机理分析,确定了密封仓土压力设定值的影响因素,开发了 BP(英文全称 Back Propagation)神经网络,根据当前时刻土仓压力、推进速度、刀盘转速、螺旋输送机转速等参数预测下一时刻土仓压力,采用 200 组施工现场数据对神经网络进行训练,并根据神经网络输出的压力值采用优化算法求解最优螺旋输送机转速对土仓压力进行控制,经过仿真对比,系统性能优于人工操作。在此工作的基础上,李丹进一步提出了基于神经网络的盾构机多点土压平衡控制策略。刘任喜建立了密封土仓设定压力预测的最小二乘支持向量机模型,经过仿真对比,效果优于 BP 神经网络。刘宣宇等基于地层识别建立了刀盘转速专家控制系统,并采用非线性模型预测控制,实现与刀盘转速相适应的推进速度和螺旋输送机转速,实现协调控制,拓展了密封土仓压力控制系统对地质变化的适应能力。浙江大学杨华勇等通过理论分析建立了土仓压力理论模型,采用 PID(Proportional Integral Derivative,简称 PID)控制器开发了推进系统与螺旋输送机电液控制系统,利用土箱模拟试验重点研究了恒定参考输入下系统的性能。大连理工大学 Shao 等提出了根据密封土仓压力场中心法向量角评价开挖面稳定性的方法,在此基础上采用粒子群算法开发了最优螺旋输送机转速的求解方法,以保证开挖面的稳定性。

泥水平衡盾构机方面,北京交通大学叶旭洪、王胤、陈孟乔、刘泉维等从岩土力学的角度分别分析了砂卵石地层、高水压小覆土、高水压砂土地层、透水砂层等不同地质条件下泥水平衡盾构机开挖面稳定机理。同济大学韦良文对泥水盾构机开挖面稳定性、盾尾拖出管片的土体坍塌、隧道上浮现象以及出洞段土体稳定性进行了研究。在智能控制方面,同济大学宋蕴璞等建立了泥水平衡过程传递函数模型,采用模糊 PID 控制器对气垫仓气压力进行恒定值控制,采用数字 PID 加前馈的控制器对进浆流量进行控制,由于切口压力仍需人工设定,该方法只能实现泥水平衡过程的半自动控制。华中科技大学 Zhou 等建立了气垫仓压力设定最大值与最小值工程经验模型,并在此基础上开发了基于 Elman 递归神经网络与粒子群算法的气垫仓压力预测控制系统,替代人工设定气垫仓压力值。浙江大学龚国芳等基于对角递归神经网络和粒子群算法在线预测最优气垫仓压力与液位值,采用滑模控制构建气垫仓压力与液位控制器,实现泥水压力平衡的智能控制。

6.2 土压平衡智能控制技术

6.2.1 数学模型

1)土仓土体流动模型

在土压平衡盾构机的土仓压力平衡控制过程中,进土率和排土率是影响土仓压力变化的直接因素,通过对土仓的进土率和出土率的协调可以实现对土仓压力动态平衡控制,有效控制地表变形。由于在推进过程中通过向土仓内注入添加剂,有效改善了土体的流动特性,可以在忽略推力对土仓内土体产生的变形作用的前提下,得出以下控制关系方程。以土仓为研究对象,土仓土体流动性方程可以表达为:

$$Q_i = \pi R^2 k_T v_c \tag{6-2}$$

式中:Q_i——土仓进土体积流量;
v_c——推进速度;
R——刀盘的半径;
k_T——体积换算系数。

排土率和螺旋输送机转速关系为:

$$Q_o = \eta \pi r_s^2 T n = \frac{1}{2}\eta r_s^2 T\delta\omega_m \tag{6-3}$$

式中:Q_o——排土体积流量;
η——螺旋输送机的排土效率;
n——螺旋输送机转速;
r_s——螺旋输送机半径;
ω_m——输送机马达的角速度;
T——输送扭矩;
δ——输送机马达减速机减速比。

其内部介质流量连续性方程为:

$$Q_i = Q_o + \gamma_e(P_e - P_o) + \frac{V_e}{\beta_e}\frac{dP_e}{dt} \tag{6-4}$$

式中:γ_e——土仓土体泄漏系数;
P_e——土仓土压力;
P_o——土仓外泄漏压力,在推进过程中 $P_o \approx 0$;
V_e——土仓容积;
β_e——土仓内部介质体积弹性模量。

综合以上关系方程,通过拉普拉斯变换可以得到土压平衡控制系统的传递函数,土体流动模型如图 6-8 所示。

2)推进控制模型

(1)压力流量复合控制方式

在推进过程中,通过位移传感器监测推进位移,并转换成速度信号反馈到比例调速阀的控制器中,通过控制比例调速阀控制器的压力输入信号对系统中的流量进行调节控制,

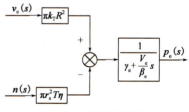

图 6-8 土体流动模型

与此同时,液压缸内的压力传感器也传回实时压力值,通过比例溢流阀的控制器对比例溢流阀的开度大小进行调整,系统中多余流量会从溢流阀中溢流回到油箱,控制流量则进入液压缸的腔体内,按照控制输出的压力推动活塞动作,这样就形成推进压力和流量的闭环控制回路。比例溢流阀流量控制方程可以表示为:

$$q_1 = K_1 y_1 + K_1' p_L \tag{6-5}$$

式中：q_1——经过溢流阀的流量；
$\quad\quad K_1$——流量增益；
$\quad\quad y_1$——比例溢流阀的阀芯位移；
$\quad\quad K_1'$——流量-压力转换系数。

比例溢流阀的阀芯运动方程为：

$$p_L A_1 - F_1 = m_1 \frac{d^2 y_1}{dt^2} + D_1 \frac{dy_1}{dt} + K_{s1} y_1 \tag{6-6}$$

式中：A_1——阀芯有效面积；
$\quad\quad F_1$——电磁阀的输出力；
$\quad\quad m_1$——阀芯的有效质量；
$\quad\quad D_1$——黏滞系数；
$\quad\quad K_{s1}$——弹簧总刚度。

比例调速阀的流量控制方程可以表示为：

$$q_2 = K_2 y_2 \tag{6-7}$$

式中：q_2——经过比例调速阀的流量；
$\quad\quad K_2$——调速阀的流量增益；
$\quad\quad y_2$——阀芯位移。

在比例调速阀中，经过节流阀的压降是恒定的，其阀芯运动方程表示为：

$$F_2 = m_2 \frac{d^2 y_2}{dt^2} + D_2 \frac{dy_2}{dt} + k_{s2} y_2 \tag{6-8}$$

式中：F_2——比例调速阀的输出力；
$\quad\quad m_2$——比例调速阀阀芯质量；
$\quad\quad y_2$——比例调速阀的阀芯位移；
$\quad\quad D_2$——比例调速阀的黏滞系数；
$\quad\quad k_{s2}$——比例调速阀的弹簧刚度。

进入液压缸的流量方程可以表示为：

$$q_L = q_2 - q_1 = A_c v + \gamma_c p_c + \frac{V_c}{\beta} \frac{dp_c}{dt} \tag{6-9}$$

式中：q_L——进入液压缸的流量；
$\quad\quad A_c$——推力有效作用面积；
$\quad\quad v$——液压缸活塞杆速度；
$\quad\quad \gamma_c$——液压缸内泄漏系数；
$\quad\quad p_c$——液压缸输出压力；
$\quad\quad V_c$——液压缸工作有效容积；
$\quad\quad \beta$——油液有效弹性模量。

活塞杆作用力平衡方程可以表达为：

$$A_c p_c = m\frac{\mathrm{d}v}{\mathrm{d}t} + B_c v_c + Ex + F_L \tag{6-10}$$

式中：m——移动质量；

B_c——移动黏滞系数；

E——负载刚度；

x——活塞杆位移量；

F_L——负载作用力。

比例电磁铁线圈的动态方程为：

$$u(t) = L\frac{\mathrm{d}i}{\mathrm{d}t} + iR + k_v\frac{\mathrm{d}y}{\mathrm{d}t} \tag{6-11}$$

式中：u——比例电磁铁的电压值；

L——感应系数；

i——比例电磁铁的电流值；

R——电磁铁的总阻值；

k_v——反电动势的磁滞系数；

y——电磁铁位移。

$$F_i = K_F i \tag{6-12}$$

式中：F_i——电磁力；

K_F——电流增益。

通过对以上方程进行拉普拉斯变换得到推进系统复合控制函数框图，如图 6-9 所示。图 6-9 中，u_1 和 u_2 分别代表压力、流量输入信号。

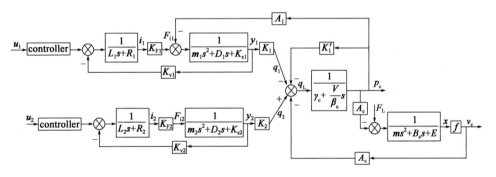

图 6-9　推进系统复合控制函数框图

（2）比例减压阀控制模式

图 6-10 所示为比例减压阀工作原理图，通过压力传感器的反馈信号与比例减压阀，形成压力闭环控制回路。

先导液桥中容腔 Q_1 的流量连续性方程：

$$Q_{R1}(s) + Q_c(s) = Q_{y1}(s) \tag{6-13}$$

式中：$Q_{R1}(s)$——通过液阻 R_1 进入先导液桥的流量；

$Q_c(s)$——从控制容腔 V_c 流进先导液桥的流量。

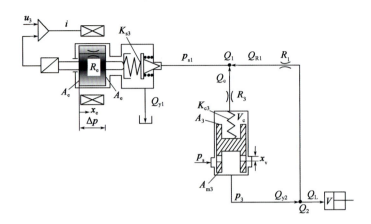

图 6-10　比例减压阀工作原理图

$$p_3(s) - p_{s1}(s) = R_1 Q_{R1}(s) \tag{6-14}$$

式中：$p_3(s)$——减压阀出口压力；
　　　$p_{s1}(s)$——先导液桥的输出压力。

$$P_c(s) - P_{s3}(s) = R_3 Q_c(s) \tag{6-15}$$

式中：$P_c(s)$——主阀芯控制容腔 V_c 中的压力。

控制容腔 V_c 的流量连续性方程：

$$Q_c(s) = A_3 s x_v(s) \tag{6-16}$$

式中：$x_v(s)$——主阀芯位移；
　　　A_3——主阀芯对先导液桥输出压力 p_c 的测压面积。

主阀口压力腔 Q_2 的流量连续性方程：

$$Q_{y2}(s) = Q_L(s) + Q_{R1}(s) + A_{m3} s x_v(s) + \frac{V_3}{E_3} s P_3(s) + C_L P_3(s) \tag{6-17}$$

主阀芯上力平衡方程：

$$A_3 p_c(s) - A_{m3} p_3(s) = (m_3 s^2 + B_3 s - K_{s3}) x_v(s) \tag{6-18}$$

式中：K_{s3}——主阀复位弹簧刚度；
　　　m_3——主阀芯质量；
　　　B_3——主阀芯阻尼比。

主阀口的压力-流量方程：

$$Q_{y2}(s) = K_{q3} x_v(s) - K_{c3} P_3 \tag{6-19}$$

式中：$Q_{y2}(s)$——通过主阀口的流量；
　　　K_{q3}——主阀口流量增益；
　　　K_{c3}——主阀口的流量-压力系数。

推进系统比例减压阀控制框图如图 6-11 所示。

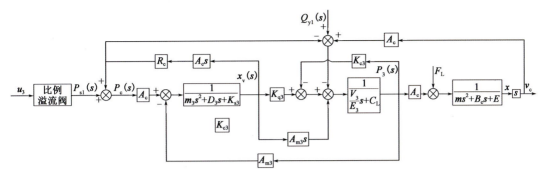

图 6-11　推进系统比例减压阀控制框图

3）螺旋输送机控制模型

螺旋输送机液压系统采用带压力切断和电控变量功能的变量泵驱动液压马达和液压缸，对螺旋输送机的转速和排渣阀门开口进行实时调整，实现渣土的排出和土仓压力平衡功能。螺旋输送机转速的控制采用泵控马达控制模型，通过转速传感器将螺旋输送机的转速大小反馈到泵的控制器，并与设定的输出转速进行比较，实时调整泵的输出排量，从而对螺旋输送机的转速进行闭环控制，实现土仓内的压力平衡。

忽略螺旋输送机工作的机械效率，螺旋输送机各参数之间的关系表示为：

$$T_s = D_s P_s = J\frac{d\omega_m}{dt} + B_s \omega_m + T_L \quad (6\text{-}20)$$

式中：T_s——螺旋输送机输出转矩；
　　　D_s——马达排量；
　　　P_s——马达输出压力；
　　　J——螺旋输送机及土体的总转动惯量；
　　　B_s——角速度黏滞系数；
　　　T_L——作用在马达轴上的负载扭矩。

假设螺旋输送机液压系统的回油压力为 0，则电控变量泵的流量控制方程为：

$$q_p = K_p \theta_p - C_p p_0 \quad (6\text{-}21)$$

式中：q_p——变量泵流量；
　　　K_p——泵的流量增益；
　　　θ_p——电控变量泵旋转斜盘的补偿角；
　　　C_p——泵的泄漏系数；
　　　p_0——泵的输出压力。

变量马达的流量控制方程：

$$q_p = C_m p_0 + D_m \omega_m + \frac{V_0}{\beta_m}\frac{dp_0}{dt} \quad (6\text{-}22)$$

式中：C_m——马达泄漏系数；
　　　V_0——马达总容积；
　　　β_m——油液有效弹性模量。

通过对以上方程进行拉普拉斯变换,得出螺旋输送机转速控制函数框图,如图 6-12 所示。

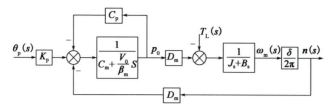

图 6-12　螺旋输送机转速控制函数框图

通过对模拟掘进试验机的推进系统和螺旋输送机系统的控制参数关系进行分析,并将其与压力平衡开环控制参数关系建立联系,从而可以得到压力平衡各控制参数之间的关系模型。土压平衡控制模型框图如图 6-13 所示。

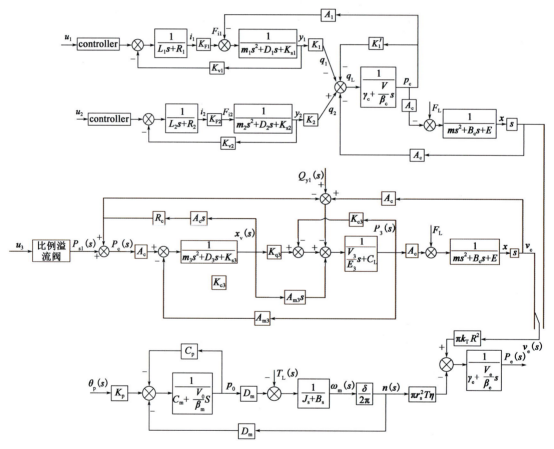

图 6-13　土压平衡控制模型框图

6.2.2　土压平衡模糊自适应控制

自适应神经模糊推理系统(ANFIS)是一种基于数据的建模方法,它将模糊逻辑系统(FLS)和人工神经网络系统(ANN)相结合,同时具备模糊控制系统的善于表达基于规则知识的优点,和神经网络的自适应学习的优点,对非线性系统控制问题具有良好的逼近能力。

自适应模糊推理系统采用 Takagi-Sugeno 推理计算方法,一个典型的具有两输入单输出的五层一阶 Sugeno 模糊系统网络结构见图 6-14,其中节点的连线为信号流向,方形节点为带可调参数节点,圆形节点为不带可调参数节点。

第一层:模糊化层,每个节点 i 均为一个有节点函数的自适应节点,此层输入为训练样本数据集,输出为各输入变量 x_i 的隶属度。

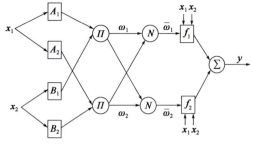

图 6-14 ANFIS 结构图

$$O_{1,i} = \mu_{Ai}(x_1) \quad (i=1,2)$$
$$O_{1,i} = \mu_{B(i-2)}(x_2) \quad (i=3,4)$$

式中:$O_{1,i}$——模糊集 $A(A=A_1,A_2,B_1,B_2)$ 的隶属度,它确定了给定输入 x_i 满足 A 的程度。

第二层:运算层,每个节点表示一条规则,与上一层中表示相应规则条件的节点连接,对输入进行模糊乘积运算,实现第一层各输出隶属度函数间的与运算。

$$O_{2,i} = \omega_i = \mu_{Ai}(x_1)\mu_{Bi}(x_2) \quad (i=1,2)$$

第三层:归一化层,对各条规则的适用度归一化处理,第 i 个节点计算第 i 条规则的 ω_i 与全部规则 ω 值之和的比值。

$$O_{3,i} = \overline{\omega}_i = \omega_i/(\omega_1+\omega_2) \quad (i=1,2)$$

第四层:结论层,每个节点为有节点函数的自适应节点,其传递函数为线性,计算每条规则的输出。

$$O_{4,i} = \overline{\omega}_i f_i = \overline{\omega}_i(p_i x_1 + q_i x_2 + r_i) \quad (i=1,2)$$

第五层:去模糊化层,计算所有规则的输出之和。

$$O_{5,i} = \sum_i \overline{\omega}_i f_i = \frac{\sum_i \omega_i f_i}{\sum_i \omega_i}$$

通过对推进压力 P_c、推进速度 v 和土仓压力 n 与土仓的实时压力 P_e 的非线性控制模型的理论分析,可以建立控制网络 $P_e = \Gamma(P_c,v,n)$。

此系统隶属函数选用广义钟型隶属度函数,每个输入参数分为五种状态,即偏小、小、中、大、偏大。ANFIS 的 T-S 模糊模型是由一组"If-then"模糊规则来描述非线性系统,共包含 125 条模糊规则,第 j 条模糊控制规则可以表示为:

If v is U_{vi}, and P_c is $U_{P_c m}$, and n is U_{nk}, then
$$P_{ej}(t+1) = a_{0j} + a_{1j}v(t) + a_{2j}P_c(t) + a_{3j}n(t)$$

式中:$i,m,k=1,2,3,4,5$;
$j=1,2,\cdots,125$;
$P_{ej}(t+1)$——第 j 条规则的输出;
U——模糊集;
a_{ij}——第 j 条规则的后向参数,$i=0,1,2,3$。

土仓压力控制系统的最终输出为:

$$P_e = \sum_{j=1}^{125} P_{ej}(t+1)$$

采用神经网络理论中误差反向传播和最小二乘法估计相结合的混合算法自适应地调整系统参数,逼近输入输出数据之间的隐含关系。在每次迭代计算过程中,当输入正向传递时固定条件参数,而采用最小二乘估计方法调整结论参数;当输出误差反向传播时,固定结论参数,而采用梯度下降法调整条件参数。这种方式不仅可以得到全局最优的结论参数,而且可以显著提高参数收敛速度。

因此,选用效果较好的试验数据在 Matlab 中按照上述方法进行训练,以构建控制系统在特定条件下 ANFIS 模型结构。训练前和训练后的输入参数隶属函数分别如图 6-15 和图 6-16 所示。

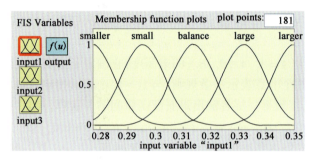

图 6-15　训练前输入参数的隶属函数图(程序界面图)

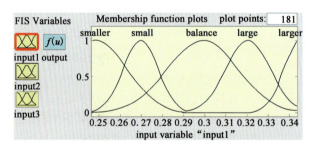

图 6-16　训练后输入参数的隶属函数图(程序界面图)

在训练过程中,选用 100 组数据进行训练,选用 100 组数据作为校验数据对训练后的控制模型进行验证,其确定模型的可行性。选择训练误差要求为小于 0.1,见图 6-17,在数据训练 15 次以后,控制模型就开始表现出良好的收敛性,并且满足了训练要求。采用另外 100 组的校验数据对模型进行验证,其结果如图 6-18 所示。

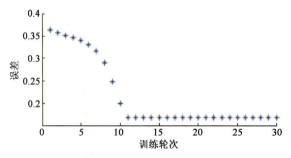

图 6-17　训练误差示意图(程序界面图)

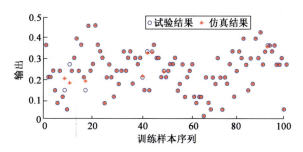

图 6-18 仿真结果与试验结果的对比

通过检测数据的校验结果可以看出,该模型的输出结果与实际输出结果具有较高的吻合度。采用 ANFIS 控制模型对各土压控制参数与土仓压力的关系进行进一步分析。利用训练推导出的 ANFIS 模型,通过模型分别研究推进压力、推进速度、螺旋输送机转速等三个单一变量改变时对土仓压力的影响,结果表达在图 6-19 中,从图 6-19a)中可以看到,推进压力的变化使土仓压力呈现出随机变化趋势,两者之间存在非直接对应变化关系;相反,从图 6-19b)和图 6-19c)中可以发现,土仓压力对螺旋输送机转速和推进速度的变化十分敏感,当螺旋输送机转速增大时,土仓压力呈减小趋势,而当推进速度增大时,土仓压力趋向增大,这与选择推进速度和螺旋输送机转速作为土压平衡调节控制参数的实际经验正好吻合。通过以上分析可以得出,由 ANFIS 建立的土压控制模型与实际的控制模型之间具有较好的匹配性。

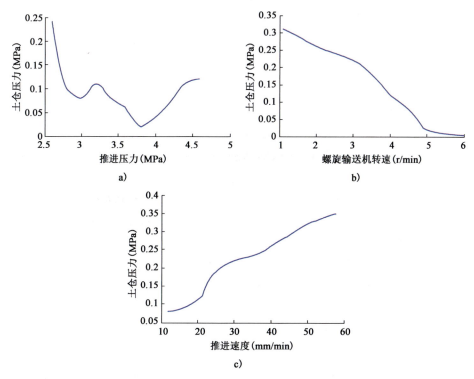

图 6-19 ANFIS 模型中盾构机掘进参数与土仓压力的关系

基于 ANFIS 建立的土压控制模型有良好的逼近能力,可建立特定地质土压平衡控制器,即:

$$n = f(P_c, v, P_e)$$

基于 ANFIS 的土压平衡控制原理见图 6-20。通过离线训练掘进土层的 ANFIS 控制模型,在达到理想效果后,将其应用于掘进过程土压平衡控制系统之中,通过实时采集当前时刻的推进速度 v、推进压力 P_c 与土仓压力 P_e 值,并将它们及时反馈作为 ANFIS 控制输入,在经过 ANFIS 的推导后输出下一时刻的螺旋输送机转速 n,从而实现掘进过程土压平衡。在实际掘进过程中,将采集到的控制数据扩充到数据库中,并从中挑选优秀的数据样本对模型进一步进行训练,完善模型的参数和结构,以此逼近实际环境下的控制模型,达到更高的控制精度。

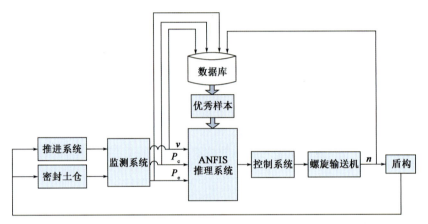

图 6-20　基于 ANFIS 的土压平衡控制原理图

6.2.3　土压平衡多模型自适应控制

盾构机施工往往处于复杂多变的地质环境,盾构机在不均匀地质掘进时采用单一控制模型或控制器来实现复杂环境下的土压压平衡控制,易引起土体扰动、地表变形甚至引发安全事故。如果完全采用样本训练来对复杂地质环境下的土压平衡非线性控制系统进行拟合,工作量大且效果难以保证,而 ANFIS 建模的准确性和匹配性很大程度上会依赖于所选择的样本。通过对试验资料和有关资料研究发现,盾构机掘进参数是一定的地质条件的外在表现,在不同的掘进地质环境之中存在较好的聚类特性。基于以上考虑,将多模型控制方法应用于土压平衡技术中,利用模糊神经推理系统的逼近非线性系统的能力,建立多个子模型来逼近盾构机在复杂掘进环境下的土压平衡控制的动态特性,并通过相关控制策略选择最优土压控制器,从而输出最优控制参数,实现良好的土压平衡控制特性。

多模型自适应控制是解决非线性、变工况和参数不确定性等复杂系统问题的一种有效方法,它利用非线性控制过程在多个工作点或工况下的线性化模型,把非线性空间划分为一些子空间,每个子空间代表在某种工作状态下的特性,而每个子控制模型对应设计子控制器,然后由一个有效的控制器调度或切换方案,将所有线性控制器非线性地组合起来,从而构造出非线性控制系统。

多模型自适应控制的三大要素，包括模型集、控制器集及相关切换或加权策略。

模型集是所有控制子空间的模型的集合 Ω：

$$\Omega = \{M_i | i = 1,2,3\cdots,n\}$$

式中：Ω——一个以模型 M_i 为元素的模型集；

M_i——系统特定工况 i 下的系统模型。

控制器集是根据模型集合 Ω 中的不同模型建立多个控制器构成控制器集合 P：

$$P = \{P_i | i = 1,2,3\cdots,n\}$$

式中：P——基于 Ω 设计的控制器集合；

P_i——基于工况 i 和模型 M_i 而设计的控制器。

基于切换的控制策略是根据某一性能指标的切换函数，选择能够描述当前被控对象的最佳模型，并将基于最佳模型而设计的控制器映射为最终的控制器，可以表示为：

$$T = G(P_1, P_2 \cdots, P_n, \delta)$$

式中：G——非线性映射函数；

δ——描述模型与被控对象的匹配程度的切换指标。

通过对 δ 大小进行判断将基于此模型的控制器切换为当前控制器。基于加权控制策略则是一种并行结构，通常会选择多个控制器同时作用，加权系数的总和为 1。如果其中一个加权系数的值取 1，则其他均为 0，这时只会有一个控制器作用，加权策略就变成切换策略，因此，也可以将切换可以看作加权的一种特例。

采用 ANFIS 建模方法，选用不同地质试验数据进行训练，可以建立相对应的土压平衡控制 ANFIS 子模型集 $P_{ei} = \Gamma_i(P_{ci}, v_i, n_i)$，每个模型都表征了在特定地质环境下的推进压力 P_c、推进速度 v 和螺旋输送机转速 n 与土仓压力 P_e 的关联特性。对应每一个模型 Γ_i 建立控制器集 $n_i = f_i(P_{ci}, P_{ei}, v_i)$。如选择控制系统模型切换策略来实现控制器的切换，其控制原理图如图 6-21 所示，切换指标选择如下：$e_i(t)$ 是其中一个子模型与实际控制模型的输出误差，称为辨识误差，它反映了辨识模型与实际对象的匹配程度，当模型参数与被控对象真实参数越接近，辨识误差则越小。除了辨识误差，在性能指标中还包含时间 t，这主要是因为保证系统快速稳定地切换至最佳模型，在运用过程中，选择 $t = KT_0$，T_0 为采样周期，$K = 1,2,3,\cdots$

$$J_i(t) = \int_0^t \tau |e_i(\tau)| \mathrm{d}\tau \tag{6-23}$$

如选择加权策略来实现各控制器输出的加权作为实际系统的控制输出，控制原理图如图 6-22 所示，各控制器的加权系数可以通过上述的性能指标归一化后得到：

$$w_i = \frac{1}{J_i(k)} \cdot \frac{1}{\sum_{i=1}^{n} J_i(k)} \tag{6-24}$$

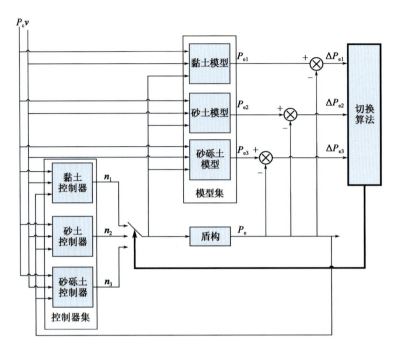

图 6-21　基于多模型切换策略的土压平衡控制原理图

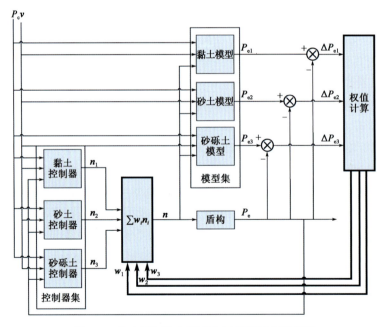

图 6-22　基于多模型加权策略的土压平衡控制原理图

使用黏土、砂土和砂砾层的分层填土试验数据对基于 ANFIS 多模型土压平衡控制系统的控制性能进行仿真验证。其中，在推进行程中，80~240cm 为黏土层区域，240~420cm 为砂土层区域，420~560cm 为砂砾层区域。推进速度、推进压力和土仓压力曲线分别如图 6-23~图 6-25 所示。

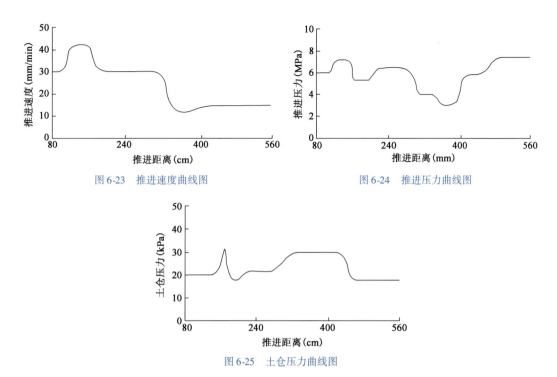

图 6-23　推进速度曲线图

图 6-24　推进压力曲线图

图 6-25　土仓压力曲线图

在仿真结果对比图 6-26 中,曲线 A 代表了基于切换策略的仿真结果,曲线 B 代表了基于加权策略的仿真结果,曲线 C 代表实际的试验结果。可见,两种控制策略的仿真曲线均能够真实逼近实际的试验曲线,误差基本控制在 0.3r/min 以内,输出的结果具有较小的超调量,具备较好的控制品质,说明基于 ANFIS 的多模型控制系统能够适应复杂的变工况非线性控制系统的需要。基于切换控制策略的控制系统在两种工况过渡过程中出现一定的振荡和超调,而基于加权策略的系统过渡则相对要平滑一些,这是因为在工况的转换区域正是处于两种土层边界处的混合地质环境中,土层模型与所推理出的所有模型都不能很好匹配,那么由任何一个特定地质的控制器的输出结果都难以实现比较满意的控制效果,因此在此区域内的控制输出地误差相对较大,具有一定的失调。对于组合加权的控制模型则正好能够适应这种混合的地质环境,它的控制输出效果正是多种单一模型的最优控制效果总和,控制的效果会比单一地质模型好。相反,当处于单一地质掘进过程中时,在基于加权的控制系统中,控制器输入中除引入对应模型的误差外,还存在其余控制模型的干扰误差,输出的控制效果相比于切换方案下的控制模型会差一些。

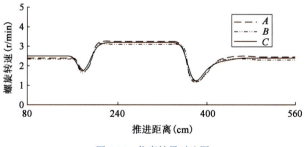

图 6-26　仿真结果对比图

从中我们可以得出,ANFIS 具有很强的推导和自适应控制能力,如果通过 ANFIS 的推理能力使得控制模型中的不确定参数能够落在给定范围,即模型的失配较小,各控制模型集和控制器集能够充分覆盖掘进环境和非线性控制系统中的不确定性因素,从而选择合适的控制器的调度方案,则可以实现土压控制系统的准确性和稳定性,获得良好的控制效果。

6.3 泥水压力平衡智能控制技术

本节首先建立泥水压力动态平衡过程的状态空间模型,经过模型验证后,采用奇异值分解(Singular Value Decomposition)对操作输入对输出的可控度进行理论分析。本节的数值结果基于直径 6.5m 的实际泥水盾构机施工数据,该盾构机应用于湖北省武汉市轨道交通 6 号线琴台站—武胜路站区间,主要参数如表 6-1 所示。琴台站—武胜路站区间起点里程 YK15+361.500m,终点里程 YK17+052.948m,总长 1691.448m,所处地貌为长江 I 级阶地,下穿汉江,所穿过的汉正街、汉中街、长堤街两侧为居住社区和商铺。

ϕ6.5m 泥水盾构机掘进机主要参数　　　　表 6-1

参数	值	单位
直径	6.5	m
刀盘转速	0~3	r/min
最大推进速度	90	mm/min
最大推进力	4.26×10^4	kN
最大驱动扭矩	6.30×10^3	kN·m
总长度	90	m
总质量	500	t
装机功率	1787	kW
最大泥水支护压力	6	bar

6.3.1 数学模型

1)泥水压力平衡过程建模

为了方便分析,对泥水压力动态平衡过程作如下假设:

(1)泥水仓中的泥浆经过充分搅拌,其各点的化学成分和物理性质在宏观上是均匀一致的。

(2)盾壳表面隔热良好,周围土壤与盾构机之间没有传热。

(3)泥膜可看作理想的不渗透膜,且其质量恒定不变。

(4)由于刀盘的转速很低,所以泥水仓中泥浆混合物的旋转运动可以忽略不计。

(5)开挖面土体稳定,不存在突然坍塌现象。

在这些假设下,泥膜可以理想化为一个两侧具有相同面积的可移动活塞,如图 6-27 所示。根据流体力学,作用在曲面上的流体静压力等于质心的压力乘以曲面的投影面积,因此这样的理想化和简化是合理的。以泥浆所占体积作为控制体积(control volume),如图6-27中黄色部分所示,同时在泥水盾构机上固定一个笛卡尔坐标系。

控制体积的体积变化率可以表示为:

$$\dot{V}_{CV} = \sum \dot{V}_{in} - \sum \dot{V}_{out} = \dot{V}_p - \dot{V}_a \quad (6-25)$$

其中:

$$\sum \dot{V}_{in} = \frac{\dot{m}_{s,in}}{\rho_s} + \frac{\dot{m}_{l,in}}{\rho_l} = \pi R^2 \dot{x} + Q_{in} \quad (6-26)$$

$$\sum \dot{V}_{out} = \frac{\dot{m}_{m,out}}{\rho_m} = Q_{out} \quad (6-27)$$

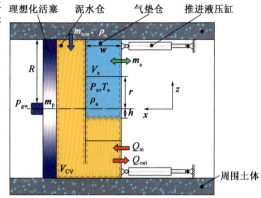

图6-27 泥水压力平衡过程的理想化分析模型

$$\dot{V}_p = \pi R^2 (\dot{x}_p - \dot{x}) \quad (6-28)$$

式中:$\dot{V}_p$——由于理想活塞运动所形成的体积变化率;

$\dot{V}_a$——气垫仓体积变化率;

$\dot{m}_{s,in}$——掘进过程进入泥水仓的土体质量流量;

ρ_s——土体密度;

$\dot{m}_{l,in}$——通过进浆管道进入泥水仓的液体质量流量;

ρ_l——进浆液体密度;

R——刀盘半径;

Q_{in}——进浆体积流量;

$\dot{m}_{m,out}$——通过排浆管道排出泥水仓的泥水混合物质量流量;

ρ_m——排浆密度;

Q_{out}——排浆体积流量;

$\dot{x}_p$——理想活塞速度;

$\dot{x}$——盾构机掘进速度。

压缩空气所占的为环形空间,其微元面积 dA 可表示为:

$$dA = 2\sqrt{R_c^2 - z^2}\,dz - 2\sqrt{r^2 - z^2}\,dz \quad (6-29)$$

式中:r——气垫仓内径。

假设泥水液位 h 位于开区间$(-r, +r)$,则压缩空气所占环形空间的面积可表示为:

$$A = \frac{\pi(R^2 - r^2)}{2} - \int_0^h 2(\sqrt{R^2 - z^2} - \sqrt{r^2 - z^2})\,dz$$

$$= \frac{\pi(R^2 - r^2)}{2} - [\sqrt{R^2 - h^2} - \sqrt{r^2 - h^2}]h + r^2 \arcsin\left(\frac{h}{r}\right) - R^2 \arcsin\left(\frac{h}{R}\right) \quad (6-30)$$

将式(6-30)在 $h=0$ 处线性化后,压缩空气所占据的环形面积可以表示为:

$$A = -2(R-r)h + \frac{\pi(R^2 - r^2)}{2} \tag{6-31}$$

压缩空气所占体积的时间变化率可表示为：

$$\dot{V}_a = w\dot{A} = -2w(R-r)\dot{h} \tag{6-32}$$

式中：w——气垫仓轴向宽度；

$\dot{A}$——面积变化率；

$\dot{h}$——液位高度变化率。

理想活塞的运动方程可以表示为：

$$\pi R^2 P_c - \pi R^2 P_{gw} - B\dot{x}_p = m_p \ddot{x}_p \tag{6-33}$$

式中：P_c——泥水仓中心点处的泥水压力；

P_{gw}——开挖地层水土总压力；

B——黏性力系数；

m_p——理想活塞质量。

泥水仓中心点处的泥水压力 P_c 可以表示为：

$$P_c = P_a + \rho_m g h \tag{6-34}$$

式中：P_a——气垫仓压力。

选择状态变量 x 为：

$$\boldsymbol{x} = [x_1 \quad x_2]^T = [\dot{x}_p \quad h]^T \tag{6-35}$$

定义输入向量 $\boldsymbol{u}$ 和输出 y 分别为式(6-36)和式(6-37)。

$$\boldsymbol{u} = [u_1 \quad u_2 \quad u_3 \quad u_4 \quad u_5]^T = [P_a \quad Q_{in} \quad Q_{out} \quad \dot{x} \quad P_{gw}]^T \tag{6-36}$$

$$y = h \tag{6-37}$$

则泥水压力平衡过程的线性时不变状态空间表达式为：

$$\dot{\boldsymbol{x}} = \boldsymbol{Ax} + \boldsymbol{Bu} \tag{6-38}$$

$$y = \boldsymbol{Cx} \tag{6-39}$$

其中：

$$\boldsymbol{A} = \begin{bmatrix} -\dfrac{B}{m_p} & \dfrac{\pi R^2 \rho_m g}{m_p} \\ -\dfrac{\pi R^2}{2w(R-r)} & 0 \end{bmatrix} \tag{6-40}$$

$$\boldsymbol{B} = \begin{bmatrix} \dfrac{\pi R^2}{m_p} & 0 & 0 & 0 & -\dfrac{\pi R^2}{m_p} \\ 0 & \dfrac{1}{2w(R-r)} & -\dfrac{1}{2w(R-r)} & \dfrac{\pi R^2}{w(R-r)} & 0 \end{bmatrix} \tag{6-41}$$

$$\boldsymbol{C} = [0 \quad 1] \tag{6-42}$$

2) 模型验证

为了验证过程模型,从施工现场数据中随机抽取了 12.5h 的总计 45000 个样本的 u 值,输入模型计算输出值 y,最后将计算结果与实测数据进行比较。利用表 6-2 列出的参数可以得到系统矩阵 A 和输入矩阵 B 的数值表达式,分别如式(6-43)和式(6-44)所示。

$$A = \begin{bmatrix} -0.1649 & 416.6732 \\ -7.0904 & 0 \end{bmatrix} \quad (6-43)$$

$$B = \begin{bmatrix} 0.0332 & 0 & 0 & 0 & -0.0332 \\ 0 & 0.2137 & -0.2137 & 14.1808 & 0 \end{bmatrix} \quad (6-44)$$

表 6-2 模型参数

参数	值	参数	值
B	164.9N·s/m	w	1.56m
m_p	1000kg	g	9.81m/s²
R	3.25m	ρ_m	1280kg/m³
r	1.75m		

比较结果如图 6-28 所示,平均绝对误差(Mean Absolute Error,简称 MAE)值为 0.30,表明该模型可以描述泥水压力平衡过程的动态特性,验证了其有效性。

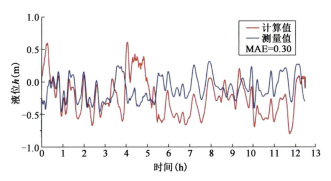

图 6-28 理论模型计算值与测量值的比较

3) 模型分析

系统矩阵 A 的特征值为 $\lambda_1 = -0.08 + 54.35i$ 和 $\lambda_2 = -0.08 - 54.35i$,全部具有负实部,因此泥水压力平衡动态过程是稳定的。

系统的输入变量可分为两类:操作输入(manipulated inputs)和扰动输入(disturbance inputs)。在泥水压力平衡过程中,选择压缩空气压力 P_a、进浆体积流量 Q_{in}、排浆体积流量 Q_{out} 作为可控的操作输入,而掘进速度 $\dot{x}$、水土总压力 P_{gw} 作为扰动输入。毫无疑问,P_{gw} 是一种外部扰动,因为它无法被控制,由掘进段的地质条件所决定。而 $\dot{x}$ 虽然可以主动控制,但此处仍作为扰动进行处理,这是因为理想情况下,泥水压力平衡控制过程应该适应掘进速度,而不是反过来通过调整掘进速度去适应泥水压力平衡过程。这样,输入矩阵可以重新写为:

$$B = [B_u \vdots B_d] \quad (6-45)$$

$$B_u = \begin{bmatrix} 0.0332 & 0 & 0 \\ 0 & 0.2137 & -0.2137 \end{bmatrix} \tag{6-46}$$

$$B_d = \begin{bmatrix} 0 & -0.0332 \\ 14.1808 & 0 \end{bmatrix} \tag{6-47}$$

式中：B_u——操作输入矩阵；

B_d——扰动输入矩阵。

不考虑扰动，则可控性矩阵可写为：

$$C_o = \begin{bmatrix} B_u & AB_u \end{bmatrix} = \begin{bmatrix} 0.0332 & 0 \\ 0 & 0.2137 \\ 0 & -0.2137 \\ -0.0055 & -0.2353 \\ 89.0327 & 0 \\ -89.0327 & 0 \end{bmatrix}^T \tag{6-48}$$

可控性矩阵 C_o 的秩为 2，因此，该过程在三个操作输入下是完全可控的，这与操作员的经验和直觉是一致的。

可观性矩阵为：

$$O_b = \begin{bmatrix} C \\ CA \end{bmatrix} = \begin{bmatrix} 0 & 1 \\ -7.0904 & 0 \end{bmatrix} \tag{6-49}$$

可观性矩阵 O_b 的秩为 2，因此泥水压力平衡过程完全可观。

控制的目标是保持开挖面中心处 P_c 与 P_{gw} 之间的动态平衡。根据式(6-34)，该控制目标可以表示为：

$$P_{gw} - P_a = \rho_m g h \tag{6-50}$$

式(6-50)表明，通过保持液位 h 为常数，即可以实现 P_{gw} 与 P_a 之间的完美压力平衡。在实际工程中，操作员尽量使 h 保持在 0，并使其波动最小化，从而有足够的安全裕度来处理意外情况。与此类似，从自动控制的角度来看，可以将泥水液位 h 的设定值设为 $h_{set} = 0$。此外，h 可以用来表示 P_{gw} 和 P_a 的相对大小。如果 P_{gw} 大于 P_a，则 h 为正，反之则 h 为负。更为重要的是，由于在实际工程中大多数情况下 h 是在零液位附近稳定或缓慢变化的，所以可以用泥水仓中心的实测压力来近似 P_{gw}。

可控性矩阵只提供了一个粗糙的二元判据：完全可控或不完全可控。对于一个多输入系统，操作输入对系统输出的可控度也是非常值得关注的。已知被控过程是稳定的，假设系统在一个恒定的输入向量 $u = \bar{u}$ 作用下，系统输出达到一个稳态值 $y = \bar{y}$，则系统模型可以从稳态增益的角度表示为：

$$\bar{y} = K\bar{u} \tag{6-51}$$

其中:

$$\bar{y} = \lim_{t \to \infty} y(t) \tag{6-52}$$

$$\boldsymbol{K} = -\boldsymbol{CA}^{-1}\boldsymbol{B} \tag{6-53}$$

为了比较各输入对输出的影响程度大小,消除测量单位的影响是很重要的。进行归一化处理,将输出 y 和每个输入 u_i 通过除以其相应的最大期望值或允许值来进行缩放,使它们的大小都小于 1。已知比例因子为:

$$D_y = 2.05 \tag{6-54}$$

$$\boldsymbol{D}_u = \begin{bmatrix} 4.18 \times 10^5 & 0 & 0 & 0 & 0 \\ 0 & 0.34 & 0 & 0 & 0 \\ 0 & 0 & 0.35 & 0 & 0 \\ 0 & 0 & 0 & 1.55 \times 10^{-3} & 0 \\ 0 & 0 & 0 & 0 & 4.54 \times 10^5 \end{bmatrix} \tag{6-55}$$

则相应缩放后的输出和输入变量为:

$$\tilde{y} = D_y^{-1}\bar{y} \tag{6-56}$$

$$\tilde{\boldsymbol{u}} = \boldsymbol{D}_u^{-1}\bar{\boldsymbol{u}} \tag{6-57}$$

将式(6-56)与式(6-57)代入式(6-51),则经过归一化得到的系统稳态模型可以表示为:

$$\tilde{y} = \tilde{\boldsymbol{K}}\tilde{\boldsymbol{u}} \tag{6-58}$$

其中:

$$\tilde{\boldsymbol{K}} = D_y^{-1}\boldsymbol{K}\boldsymbol{D}_u = [-16.24 \quad 1.98 \times 10^{-6} \quad -2.04 \times 10^{-6} \quad 5.98 \times 10^{-7} \quad 17.64] \tag{6-59}$$

归一化的稳态增益矩阵 $\tilde{\boldsymbol{K}}$ 中每一个元素的符号和值分别指示出相应的输入对输出影响的方向和大小。式(6-59)说明 P_a 和 Q_{out} 对输出有负向影响,即 P_a 或 Q_{out} 越大,则输出液位 h 越小,而其他输入对输出有正向影响;此外,P_a 和 P_{gw} 对输出幅值的影响要比其他输入变量大得多。

由于稳态增益矩阵 $\tilde{\boldsymbol{K}}$ 不是方阵,因此泥水压力平衡过程是病态的(Ill-conditioned),即输入的某些方向对输出的影响较大,而其他方向的影响较小。输入向量中对输出最有效的方向可以通过稳态增益矩阵的奇异值分解得到。稳态增益矩阵 $\tilde{\boldsymbol{K}}$ 可以写为:

$$\tilde{\boldsymbol{K}} = [\tilde{\boldsymbol{K}}_u \vdots \tilde{\boldsymbol{K}}_d] \tag{6-60}$$

其中:

$$\tilde{\boldsymbol{K}}_u = [-16.24 \quad 1.98 \times 10^{-6} \quad -2.04 \times 10^{-6}] \tag{6-61}$$

$$\tilde{\boldsymbol{K}}_d = [5.98 \times 10^{-7} \quad 17.64] \tag{6-62}$$

仅考虑操作输入,$\tilde{\boldsymbol{K}}_u$ 矩阵的奇异值分解可以写为:

$$\tilde{\boldsymbol{K}}_u = \boldsymbol{U}\boldsymbol{S}\boldsymbol{V}^T \tag{6-63}$$

其中：

$$\boldsymbol{U} = 1 \tag{6-64}$$

$$\boldsymbol{S} = \begin{bmatrix} 16.24 & 0 & 0 \end{bmatrix} \tag{6-65}$$

$$\boldsymbol{V}^T = \begin{bmatrix} -1 & 1.22\times10^{-7} & -1.25\times10^{-7} \\ 1.22\times10^{-7} & 1 & 7.64\times10^{-15} \\ -1.25\times10^{-7} & 7.64\times10^{-15} & 1 \end{bmatrix}^T \tag{6-66}$$

$\boldsymbol{U}$ 和 $\boldsymbol{V}$ 中的列向量分别是正交的单位奇异向量，它们分别代表了泥水压力平衡过程的输出和输入方向。$\boldsymbol{S}$ 中的非零项为奇异值，该奇异值直接给出了 $\tilde{\boldsymbol{K}}_u$ 矩阵在相对应的输入输出方向上的增益，其中增益值 16.24 对应于式(6-66)的第一列给出的方向上的输入。由于被控过程输入变量的数量多于输出变量的数量，式(6-66)中的额外输入奇异向量表示输入对输出没有影响的方向。以上奇异值分解分析表明，最有效的输入方向几乎沿着 P_a 轴。

可以验证，即使仅使用气垫仓压力 P_a 作为操作输入，泥水压力平衡过程仍是完全可控的。然而，在实际中不能忽略进浆流量 Q_{in} 和排浆流量 Q_{out} 作为操作输入，主要原因有两个：第一个原因是安全性。假设由于开挖面大面积塌陷而导致 h 处于最大位置，则 P_{gw} 的任何进一步增加都会导致盾构机涌水事故，从而给人员和设备造成损害。相反，由于土壤渗透率突然增加而导致 h 处于最小位置时，P_{gw} 的任何进一步降低都可能导致泥浆从地表涌出。由于建模时假设了开挖面土体稳定、泥膜为理想的不渗透膜，因此上述极端工况并没有在理想模型中进行考虑，而 Q_{in} 和 Q_{out} 为泥水压力平衡过程提供了额外的控制自由度。如果遭遇极端工况导致 h 达到临界点，则必须采取紧急措施以保证施工安全，所以事件驱动的控制逻辑（Event-driven Control Logic）必须包含在控制系统中。第二个原因则是泥浆循环系统的另一个重要功能——输送渣土，将挖出的渣土通过泥水混合物输送到地面。

6.3.2 泥水压力平衡自主控制

根据所建立的泥水压力平衡过程数学模型及其分析，提出基于信息-物理系统的泥水压力动态平衡分层自主控制方法，其结构如图 6-29 所示。该自主控制系统在结构上分为两层：执行层和协调层。离散的事件驱动动力学和连续的物理动力学同时存在并相互作用，是典型的信息-物理系统。执行器、泥水压力平衡的物理过程和所需的硬件代表物理部分，而执行层和协调层的控制器或智能体代表信息部分。此外，在这两个部分的连接处为信息-物理接口，分别采用模数转换器（Analog-to-Digital Converter，简称 ADC）和数模转换器（Digital-to-Analog Converter，简称 DAC）实现。

执行层的任务是尽可能准确地执行上层的指令，并向上层反馈必要的信息。执行层使用传统的闭环反馈来控制执行器。为了保证安全，在执行层同时采用事件驱动的控制逻辑来控制进排浆管路和旁路阀的开/关状态，以及泥浆泵的启/停状态。基于逻辑的离散动力学和连续动力学通过事件和模式切换进行交互。

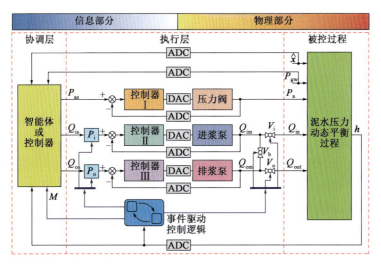

图 6-29　基于信息-物理系统的泥水压力动态平衡分层自主控制方法

协调层的任务是根据任务目标、来自下层反馈的信息、任务过程、动作规划(action planning),给出适当的指令。协调层是一个典型的决策器(decision-maker),负责为下层控制器提供参考输入,替代操作员操作。协调层决策器可以采用基于任务先验知识的智能体(intelligent agent)或基于控制理论的控制器来实现。由于不考虑实现人机交互的功能,所以该自主控制系统没有设置组织层。整个系统可以在没有人员干预的情况下,克服开挖面水土压力扰动和低层状态部分可观的不确定性的影响,自主完成泥水压力动态平衡控制。

1) 执行层的设计

(1) 执行器数字最优控制器的设计

为了更加灵活地进行气压控制,气垫仓压缩空气压力 P_a 由气动比例三通减压阀进行调节。由于压缩空气相对于其临界点值而言处于高温低压状态下,因此可将压缩空气假设为一种理想气体。气动比例三通减压阀的线性化质量流量方程为:

$$\dot{m}_a = k_q x_v - k_c P_a \tag{6-67}$$

式中:$\dot{m}_a$——流入或流出气垫仓的压缩空气净质量流量;

k_q——流量增益;

x_v——阀芯位移;

k_c——流量-压力系数;

P_a——气垫仓压力。

比例电磁铁线圈端电压方程为:

$$U_v = L\dot{I} + R_e I + K_e \dot{x}_v \tag{6-68}$$

式中:U_v——电磁铁端电压;

L——线圈电感;

I——线圈电流;

R_e——线圈总电阻;

K_e——反向电动势系数。

动铁芯总成(包括阀芯)的运动方程为:

$$F_m - K_s x_v - B_v \dot{x}_v - P_a A_v - K_f x_v = m_v \ddot{x}_v \tag{6-69}$$

式中:F_m——比例电磁铁输出力;

K_s——阀芯复位弹簧刚度;

B_v——阀芯黏性阻尼系数;

A_v——阀芯有效作用面积;

K_f——稳态液动力系数;

m_v——动铁芯与阀芯的总质量。

比例电磁铁输出力方程为:

$$F_m = K_I I - K_x x_v \tag{6-70}$$

式中:K_I、K_x——分别为电流-力增益与位移-力增益。

根据热力学理论,流入或流出气垫仓内的压缩空气净质量流量方程为:

$$\dot{m}_a = \rho_{a0} \dot{V}_a + V_{a0} \dot{\rho}_a \tag{6-71}$$

式中:ρ_{a0}——平衡状态下的压缩空气密度;

ρ_a——压缩空气的密度;

V_a——气垫仓体积;

V_{a0}——平衡状态下的气垫仓体积。

假设当地大气压固定为 1×10^5 Pa,则理想气体状态方程为:

$$\rho_a = \frac{P_a + 1 \times 10^5}{R_g T_a} \tag{6-72}$$

式中:R_g——气体常数;

T_a——压缩空气绝对温度。

对式(6-72)求导可得:

$$\dot{\rho}_a = \frac{1}{R_g T_{a0}} \dot{P}_a - \frac{P_{a0} + 1 \times 10^5}{R_g T_{a0}^2} \dot{T}_a \tag{6-73}$$

式中:T_{a0}——平衡状态下压缩空气的绝对温度;

P_{a0}——平衡状态下的压力。

假设压缩空气的流入/流出过程是绝热的,则压缩空气在气垫仓中的温度为:

$$T_a = T_{a0} \left(\frac{P_a + 1 \times 10^5}{P_{a0} + 1 \times 10^5} \right)^{\frac{k-1}{k}} \tag{6-74}$$

式中:k——压缩空气的比热容比。

对式(6-74)求导可得:

$$\dot{T}_a = \frac{k-1}{k} \frac{T_{a0}}{P_{a0} + 1 \times 10^5} \dot{P}_a \tag{6-75}$$

将式(6-32)、式(6-73)代入式(6-71)得:

$$\dot{m}_a = -2w(R-r)\rho_{a0}\dot{h} + \frac{V_{a0}}{R_g T_{a0} k}\dot{P}_a \tag{6-76}$$

对式(6-67)~式(6-70)、式(6-76)做拉普拉斯变换,并消去中间变量,利用表6-3所列参数,则被控压缩空气压力的传递函数可表示为:

$$P_a(s) = G_{UP_a} U_v(s) + G_{hP_a} h(s) \tag{6-77}$$

其中:

$$G_{UP_a} = \frac{3.59 \times 10^{12}}{s^4 + 1.89 \times 10^3 s^3 + 9.93 \times 10^5 s^2 + 8.38 \times 10^7 s + 6.02 \times 10^7} \tag{6-78}$$

$$G_{hP_a} = \frac{1.43 \times 10^5 s^4 + 2.69 \times 10^8 s^3 + 1.42 \times 10^{11} s^2 + 1.19 \times 10^{13} s}{s^4 + 1.89 \times 10^3 s^3 + 9.93 \times 10^5 s^2 + 8.38 \times 10^7 s + 6.02 \times 10^7} \tag{6-79}$$

由式(6-77)可知,气垫仓内压缩空气的压力与比例阀电磁铁端电压和液位有关,其中比例阀电磁铁端电压是操作输入,而液位是扰动输入。

压缩空气压力控制系统主要参数　　　　　表6-3

参数	值	参数	值
m_v	7.92×10^{-3} kg	K_q	3.47×10^4
B_v	7.01 N·s/m	K_c	1.7×10^{-5}
K_s	300	A_v	1.77×10^{-6}
K_f	300	ρ_{a0}	4.65 kg/m^3
K_x	62.25	V_{a0}	18.38 m^3
K_I	0.15	R_g	287 J/(kg·K)
K_e	1.5	T_{a0}	300 K
L	1.2×10^{-3} H	k	1.4
R_e	1.2Ω		

Q_{in}和Q_{out}分别由两台变频驱动的离心泵进行调节。电机定子相电压与变频器控制电压之间的关系为:

$$U_\phi = K_u K_{fq} u_{pc} \tag{6-80}$$

式中:U_ϕ——电机定子相电压;
　　　K_u——电压频率转换系数;
　　　K_{fq}——频率电压转换系数;
　　　u_{pc}——变频器控制电压。

异步电机的线性化电磁转矩为:

$$T_m = K_{T1} U_\phi - K_{T2} n_p \tag{6-81}$$

式中:K_{T1}、K_{T2}——线性化系数;
　　　U_ϕ——电机定子相电压;
　　　n_p——电机实际转速。

异步电机轴的运动方程为:

$$\frac{2\pi}{60}J_{\mathrm{T}}\dot{n}_{\mathrm{p}} = T_{\mathrm{m}} - T_{\mathrm{p}} - \frac{2\pi}{60}B_{\mathrm{T}}n_{\mathrm{p}} \tag{6-82}$$

式中：J_{T}——折算到机电轴的转动惯量；
　　　T_{p}——离心泵的驱动扭矩；
　　　B_{T}——电机转轴的阻尼系数。

离心泵驱动扭矩可表达为：

$$T_{\mathrm{p}} = \frac{D_{\mathrm{p}}P_{l}}{2\pi\eta_{\mathrm{pm}}} \tag{6-83}$$

式中：D_{p}——泵排量；
　　　P_{l}——离心泵负载压力；
　　　η_{pm}——泵的机械效率。

离心泵的流量方程为：

$$Q = \frac{1}{60}D_{\mathrm{p}}n_{\mathrm{p}} - C_{\mathrm{tp}}P_{l} \tag{6-84}$$

对式(6-80)~式(6-84)做拉普拉斯变换，并消去中间变量，利用表6-4所列参数，进浆泵与排浆泵的流量传递函数可分别表示为：

$$Q_{\mathrm{in}}(s) = \frac{50.47u_{\mathrm{pc,in}}(s) - (1\times10^{-8}s + 6.11\times10^{-4})P_{l,\mathrm{in}}(s)}{s + 1.815\times10^{3}} \tag{6-85}$$

$$Q_{\mathrm{out}}(s) = \frac{53.48u_{\mathrm{pc,out}}(s) - (1\times10^{-8}s + 6.11\times10^{-4})P_{l,\mathrm{out}}(s)}{s + 1.815\times10^{3}} \tag{6-86}$$

其中，下标 in 和 out 分别表示进浆与排浆。

进浆泵与排浆泵系统主要参数　　表6-4

参数	值	参数	值
J_{T}	5kg·m²	C_{tp}	1×10^{-8} m³/(s·Pa)
B_{T}	1×10^{-7} N·m·s/rad	K_{T1}	125.13 N·m/V
K_{u}	5Hz/V	K_{T2}	950.98 N·m/r
K_{fq}	7.6V/Hz	D_{p}(进浆)	0.33 m³/r
η_{pm}	0.95	D_{p}(排浆)	0.35 m³/r

采用直接自动设计与整定法获得执行器的数字控制器，所得到的压缩空气压力控制阀、泥浆泵的最优数字控制器分别在式(6-87)和式(6-88)中给出。注意，由于参数几乎一致，进浆泵与排浆泵采用相同的数字控制器。

$$C_{\mathrm{v}}(z) = \frac{4.1\times10^{-3}z^{3} + 2.8\times10^{-3}z^{2} - 6.76\times10^{-4}z + 7.64\times10^{-4}}{(z-1)(z^{3} + 8.5\times10^{-3}z^{2} + 6.2\times10^{-3}z + 3.5\times10^{-3})} \tag{6-87}$$

$$C_{\mathrm{p}}(z) = \frac{1.36z + 1.27}{(z-1)(z-0.47)} \tag{6-88}$$

图6-30、图6-31 给出了执行器的闭环阶跃响应曲线，直接自动设计与整定法提供了兼具较好抗干扰性与快速性的控制器，执行零稳态误差。

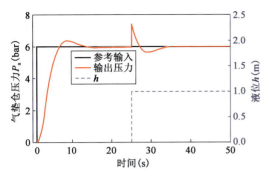

图 6-30　气垫仓压力闭环阶跃响应曲线

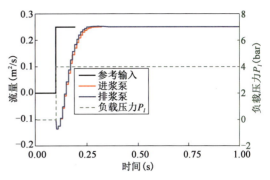

图 6-31　进浆泵与排浆泵流量闭环阶跃响应曲线

（2）事件驱动控制逻辑的设计

在实际的泥水盾构机施工过程中,遭遇开挖面大面积塌方、土体渗透性突然增大、地层水土总压力突然变化等极端工况,可能导致泥水液位达到临界值,从而危及施工安全。在实际工程中泥水液位的调整主要依靠流体工程师调节进排浆流量来完成,而土木工程师仅根据地质勘探资料每掘进几十米调整一次气垫仓压力。然而,根据奇异值分解分析结果,仅仅依靠流体工程师调节进排浆流量是不足以应对紧急工况的,必须采取辅助应急措施,帮助操作人员消除施工安全隐患。因此,在实际泥水盾构机掘进机的可编程逻辑控制器中有一套内置的控制逻辑,帮助操作人员调节泥水液位,如表 6-5 所示。该控制逻辑表明,在实际工程中泥水液位处于 $-2.1\sim+1.6\mathrm{m}$ 之间被认为是临界安全工作范围。虽然提出的泥水压力动态平衡自主控制系统的协调层可以同时主动调节进排浆流量和气垫仓压力,与手动操作有很大的不同,但仍有必要采用一套事件驱动的控制逻辑来帮助处理紧急工况,提高系统可靠性和鲁棒性。

实际泥水盾构机中内置的液位控制逻辑　　　　表 6-5

触发条件	执行动作	触发条件	执行动作
$h\geqslant+0.8\mathrm{m}$	自动打开旁路阀 自动关闭进浆阀 当 $h<+0.8\mathrm{m}$ 时,重新启动: 手动打开进浆阀 手动关闭旁路阀	$h\leqslant-1.0\mathrm{m}$	自动打开旁路阀 自动关闭排浆阀 当 $h>-1.0\mathrm{m}$ 时,重新启动: 手动打开排浆阀 手动关闭旁路阀
$h\geqslant+1.6\mathrm{m}$	自动打开旁路阀 自动关闭进浆泵 排浆泵保持工作 当 $h<+1.6\mathrm{m}$ 时,重新启动: 手动启动进浆泵 手动关闭旁路阀	$h\leqslant-2.1\mathrm{m}$	自动关闭排浆泵 进浆泵保持工作 当 $h>-2.1\mathrm{m}$ 时,重新启动: 手动启动排浆泵

根据液位 h 的值,设计 High（高）、Low（低）和 Normal（常规）三种运行模式。为此引入 P_i、P_o、V_i、V_o 和 V_b 等五个离散的二值逻辑变量来控制泥浆泵和阀门的开启或关闭。其中,P_i 和 P_o 分别控制进浆泵和排浆泵的启动/停止;V_i、V_o 和 V_b 分别控制进浆阀、排浆阀和旁通阀的开/关状态的切换。这些离散二值逻辑变量从有限集合 $\{0,1\}$ 中进行取值。此外,还引入离散变量 M,该离散变量 M 从有限集合 $\{1,2,3\}$ 中进行取值,M 的值分别与三种运行模式相对应,用以将当前的运行模式信息反馈至协调层控制器。

假设 h 的值（单位为 m）处于开区间 $(-2.1,1.6)$ 中,系统初始运行在 "Normal" 模式（$M=$

3),进浆泵、排浆泵以及进浆阀、排浆阀处于开启状态($P_i = P_o = V_i = V_o = 1$),旁通阀处于关闭状态($V_b = 0$)。如果 $h \geq 1.6\text{m}$,系统将切换到"High"模式($M = 1$),进浆泵和进浆阀将被关闭($P_i = 0$ 和 $V_i = 0$),排浆泵和排浆阀继续运行($P_o = 1$ 和 $V_o = 1$),为了避免进浆阀突然关闭造成进浆管路受到压力冲击,旁通阀开启($V_b = 1$)。随着系统在"High"模式下运行,h 将逐渐下降,当 $h < 1.6\text{m}$ 时,系统切换回"Normal"模式。相反,如果 $h \leq -2.1\text{m}$,则系统将从"Normal"模式切换到"Low"模式($M = 2$),此时排浆泵、排浆阀将被关闭($P_o = 0$ 和 $V_o = 0$),而进浆泵和进浆阀将继续运行($P_i = 1$ 和 $V_i = 1$),旁通阀被关闭($V_b = 0$)。随着系统在"Low"模式下运行,h 将逐渐增大,当 $h > -2.1\text{m}$ 时,系统切换回"Normal"模式。图 6-32 所示为该事件驱动的控制逻辑状态转移图,图中端部带有圆点的箭头指示系统的初始状态。

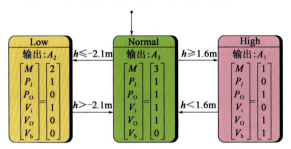

图 6-32 事件驱动的控制逻辑状态转移图

即使在极端工况下协调层没有做出适当的响应,这套控制逻辑也可以确保系统将 h 值恢复到正常范围内,从而降低施工安全风险、减少昂贵的紧急停机次数。

在数学上,该离散事件驱动的控制逻辑可以表达为具有输出的有限状态机(finite state machine)模型,也称为 Moore 机,即六元组 $A = (S, S_0, \Sigma, \Lambda, T, G)$。其中,$S$ 为状态(或称模式)的有限集合,S_0 为初始状态,Σ 为有限输入事件,Λ 为有限输出,T 为状态转移函数,G 为输出函数,分别如式(6-89)~式(6-95)所示。

$$S = \{\text{High}, \text{Low}, \text{Normal}\} \tag{6-89}$$

$$S_0 = \{\text{Normal}\} \tag{6-90}$$

$$\Sigma = \{h \geq 1.6\text{m}, h < 1.6\text{m}, h \leq -2.1\text{m}, h > -2.1\text{m}\} \tag{6-91}$$

$$\Lambda = \{\Lambda_1, \Lambda_2, \Lambda_3\} \tag{6-92}$$

$$\begin{bmatrix} \Lambda_1 & \Lambda_2 & \Lambda_3 \end{bmatrix} = \begin{bmatrix} 1 & 0 & 1 & 0 & 1 & 1 \\ 2 & 1 & 0 & 1 & 0 & 0 \\ 3 & 1 & 1 & 1 & 1 & 0 \end{bmatrix}^T \tag{6-93}$$

$$\begin{cases} T(\text{Normal}, h \geq 1.6\text{m}) = \{\text{High}\} \\ T(\text{High}, h < 1.6\text{m}) = \{\text{Normal}\} \\ T(\text{Normal}, h \leq -2.1\text{m}) = \{\text{Low}\} \\ T(\text{Low}, h > -2.1\text{m}) = \{\text{Normal}\} \end{cases} \tag{6-94}$$

$$\begin{cases} G(\text{High}) = \{\Lambda_1\} \\ G(\text{Low}) = \{\Lambda_2\} \\ G(\text{Normal}) = \{\Lambda_3\} \end{cases} \quad (6\text{-}95)$$

在所设计的控制逻辑下，Q_{in} 和 Q_{out} 可以分别表示为式(6-96)和式(6-97)。

$$Q_{in} = V_i Q_{im} \quad (6\text{-}96)$$

$$Q_{out} = V_o (Q_{om} - V_b Q_{im}) \quad (6\text{-}97)$$

式中：Q_{im}、Q_{om}——分别为进浆泵与排浆泵测量流量。

进浆泵和排浆泵闭环控制系统的参考输入可以分别表示为式(6-98)和式(6-99)。

$$Q_{i,r} = P_i Q_{is} \quad (6\text{-}98)$$

$$Q_{o,r} = P_o Q_{os} \quad (6\text{-}99)$$

式中：Q_{is}、Q_{os}——分别为协调层输出的进、排浆流量参考输入。

2）协调层的设计

给定控制目标，协调层的任务是根据过程和当前操作模式信息为执行层生成参考输入。在人工操作下，协调层的任务由操作员完成，因此采用能够模拟人员操作的智能体（Intelligent Agent）来构建协调层是很自然的。另一方面，从控制理论的观点来看，由于过程模型和参考输入（$h_{set}=0$）可以预先确定，因此也可以使用控制器来实现协调层。分别采用深度神经网络（Deep Neural Network，简称 DNN）和混合切换模型预测控制器（Hybrid Switched Model Predictive Controller，简称 SMPC）来实现协调层，并比较它们的性能。

（1）协调层的深度神经网络实现

采用多层感知器（multi-layer perceptron）结构的人工神经网络，如图 6-33 所示，输入信号包括当前运行模型 M、液位高度 h、掘进速度 $\dot{x}$、开挖地层水土总压力 P_{gw}，输出信号包括气垫仓压力设定参考输入 P_{as}、进浆流量设定参考输入 Q_{is}、排浆流量设定参考输入 Q_{os}。在实际工程中大多数情况下 h 是在零液位附近稳定或缓慢变化的，可以用泥水仓中心的实测压力来近似 P_{gw}，将之作为人工神经网络的输入信号。多层感知器有许多超参数（hyper parameters），包括隐藏层层数、每层神经元数、每层使用的激活函数类型、权值初始化逻辑等，为了减少需要整定的超参数数量，每个隐藏层都采用相同数量的神经元。

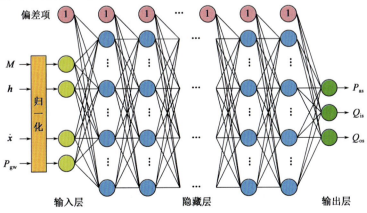

图 6-33 多层感知器深度神经网络结构

对人工神经网络进行训练、验证和测试的数据来自施工现场数据。经过数据预处理后,数据集包含550万个样本。数据集按照70%—15%—15%的比例随机分为训练集、验证集和测试集。

为了找到最优的超参数,训练和比较了从浅层到深度的不同人工神经网络,其中激活函数"Sig"和"Relu"分别代表"S型(sigmoid)"和"整流线性单元(rectified linear units)"。采用均方误差(Mean Squared Error,简称 MSE)作为代价函数(Cost Function)。同时,采用"He"权值初始化技术来防止使用"Relu"激活函数的深度神经网络出现梯度消失问题;采用 Adam 优化器加速训练;并采用 Early stopping 技术防止过拟合。人工神经网络性能比较如表6-6所示。

人工神经网络性能比较　　　　表6-6

人工神经网络	Ⅰ	Ⅱ	Ⅲ	Ⅳ	Ⅴ	Ⅵ
每个隐藏层神经元数量	10	20	30	20	100	100
隐藏层数量	2	2	2	5	5	10
激活函数	Sig	Sig	Sig	Sig	Sig	Relu
训练集 MSE (10^{-3})	1.69	1.6	1.7	1.4	1.3	85.8
验证集 MSE (10^{-3})	1.70	1.6	1.8	1.3	1.3	85.7
测试集 MSE (10^{-3})	1.71	1.56	1.79	1.3	1.28	85.6

由表6-6可见,具有5个隐藏层的深度神经网络性能最好,而具有10个隐藏层的深度神经网络性能较差。这是由两个原因造成的:首先,为训练神经网络提供了大量数据,其在一定程度上降低了对算法复杂度的要求;其次,通过泥水压力平衡过程的理论建模分析,有效地确定了人工神经网络的输入特征,明确了决策过程的输入输出。因此,超出问题本身复杂度的神经网络反而表现欠佳。

经过性能和复杂度的综合权衡,最终选择具有5个隐层、每层含有20个神经元的深度神经网络实现协调层。所选深度神经网络在随机抽取的12h施工数据集上的性能表现如图6-34所示,图中给出了相应的绝对误差值(Mean Absolute Error,简称 MAE)。

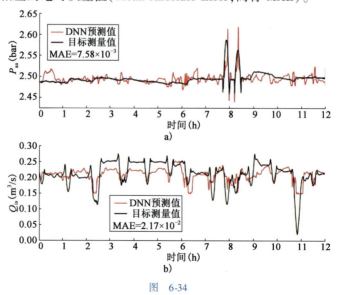

图 6-34

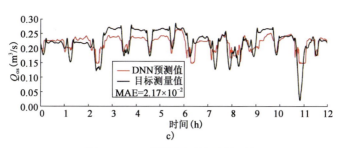

图 6-34 DNN 预测值与目标值的比较

(2) 协调层的模型预测控制器实现

模型预测控制 (Model Predictive Control, 简称 MPC) 显式地使用被控过程的模型, 通过最小化目标函数来求解最优控制信号。从纯粹的控制理论的观点来看, 这需要集成执行层和泥水压力平衡过程的数学模型, 但是在这种情况下, 模型复杂度将大大增加。目前执行层和泥水压力平衡过程的集成离散模型为 22 阶高阶模型, 按照控制理论, 其协调层控制器的阶数也应该为 22 阶, 这将给控制器的设计造成极大的困难。显然, 如果系统具有更多的层次结构或更复杂的被控过程, 这种高层控制器设计方法将导致模型复杂性爆炸式增长。因此在设计自主控制系统时, 每层控制器都的复杂性都应该保持在合理的范围内。此外, 注意到执行层的任务是确保准确执行协调层的指令, 因此协调层控制器事实上并不需要知道下层的所有状态信息。在本书中, 提供给协调层控制器的信息包括控制目标、泥水压力平衡过程信息和当前操作模式, 执行层的其他状态信息对于协调层是不可见的, 这样可以大大降低协调层控制器设计的复杂程度。

根据系统运行的三种运行模式, 建立泥水压力平衡过程的分段仿射 (Piece-wise Affine) 模型, 如式 (6-100) ~ 式 (6-102) 所示。为确保该模型适定 (well-posed) 且每个线性不等式处于封闭集合中, 引入了一个小的正数 $\varepsilon = 1 \times 10^{-3}$, 以便各线性不等式所定义的多面体没有公共的超平面。

$$\dot{x} = \begin{cases} Ax + B_h u, & \text{if } h \geq 1.6 \\ Ax + B_l u, & \text{if } h \leq -2.1 \\ Ax + Bu, & \text{if } -2.1 + \varepsilon \leq h \leq 1.6 + \varepsilon \end{cases} \tag{6-100}$$

其中:

$$B_h = \begin{bmatrix} 0.0332 & 0 & 0 & 0 & -0.0332 \\ 0 & 0 & -0.2137 & 14.1808 & 0 \end{bmatrix} \tag{6-101}$$

$$B_l = \begin{bmatrix} 0.0332 & 0 & 0 & 0 & -0.0332 \\ 0 & 0 & 0.2137 & 14.1808 & 0 \end{bmatrix} \tag{6-102}$$

经过离散化之后, 该分段仿射模型用于混合切换模型预测控制器的设计。三个模型预测控制器分别用于三种运行模式, 根据当前运行模式通过一个控制器选择器在三个模型预测控制器间进行切换, 以适应系统的离散-连续混合动力学特性, 其结构如图 6-35 所示。输入信号包括当前液位 h、液位 h 的设定点 ($h_{set}=0$)、当前操作模式 (M) 和测得的干扰 ($\dot{x}$ 和 P_{gw}); 输出信号包括气垫仓压缩空气压力、进浆流量和排浆流量的参考输入: P_{as}、Q_{is} 和 Q_{os}。

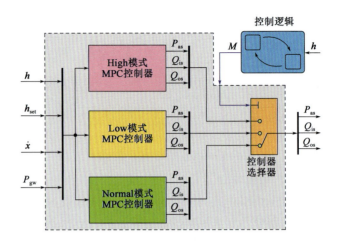

图 6-35 协调层混合切换模型预测控制器结构

混合切换模型预测控制器使用离散化的分段仿射模型和由稳态卡尔曼滤波器所获得的状态向量的无偏估计,来预测 N_p 个采用时间内未来液位输出值 $\hat{h}$。在每个采样时刻,通过求解式(6-103)所定义的二次规划问题,获得操作变量(u_1 至 u_3)的参考输入值。式(6-103)中,$i=1,2,\cdots,N_p$;$j=1$、2、3;N_c 为控制范围采用时间个数。目标函数的参数如表 6-7 所示,约束条件如下所示:

$$\min_{u_k} J \triangleq J_y + J_{\Delta u}$$

$$\text{s.t.} \begin{cases} h_{\min} \leqslant h(k+i|k) \leqslant h_{\max} \\ u_{i,\min} \leqslant u_j(k+i-1|k) \leqslant u_{i,\max} \\ \Delta u_{i,\min} \leqslant \Delta u_j(k+i-1|k) \leqslant \Delta u_{i,\max} \end{cases} \quad (6\text{-}103)$$

其中:

$$J_y = \sum_{i=1}^{N_p} \{w^y [h_{\text{set}}(k+i|k) - \hat{h}(k+i|k)]\}^2 \quad (6\text{-}104)$$

$$J_{\Delta u} = \sum_{j=1}^{3}\sum_{i=1}^{N_c} \{w_j^{\Delta u}[u_j(k+i|k) - u_j(k+i-1|k)]\}^2 \quad (6\text{-}105)$$

$$u_k^{\text{T}} = [u(k|k)^{\text{T}} \quad u(k+1|k)^{\text{T}} \quad \cdots \quad u(k+N_p-1|k)^{\text{T}}] \quad (6\text{-}106)$$

SMPC 控制器主要参数 表 6-7

参数	值	参数	值	参数	值
T_s	0.1s	$h_{\min}$	-2.5m	$u_{3,\max}$	$0.32\text{m}^3/\text{s}$
N_p	20	$h_{\max}$	2.5m	$\Delta u_{2,\min}$	$0\text{m}^3/\text{s}$
N_c	10	$u_{1,\min}$	0 Pa	$\Delta u_{2,\max}$	$0.01\text{m}^3/\text{s}$
w^y	4.57	$u_{1,\max}$	$6\times10^5\text{Pa}$	$\Delta u_{3,\min}$	$0\text{m}^3/\text{s}$
$w_1^{\Delta u}$	4.37×10^{-2}	$u_{2,\min}$	$0\text{m}^3/\text{s}$	$\Delta u_{3,\max}$	$0.01\text{m}^3/\text{s}$
$w_2^{\Delta u}$	2.19	$u_{2,\max}$	$0.31\text{m}^3/\text{s}$		
$w_3^{\Delta u}$	2.19	$u_{3,\min}$	$0\text{m}^3/\text{s}$		

6.3.3 性能分析

由于盾构机施工的特殊性,现场工业性试验不仅费用高昂,而且具有一定的安全风险,而物理模型试验往往难以完全模拟影响开挖面压力平衡的各种因素。采用施工现场数据与数值模拟相结合的方法,通过与人工操作所得结果进行比较的方式来研究泥水压力动态平衡自主控制系统的性能。测试数据采用随机抽取的 24h 施工现场数据。

自主控制系统与人工操作的性能比较如图 6-36 所示。由图 6-36a)可知,协调层采用 SMPC 的自主控制系统在液位 h 控制精度方面性能最好,而协调层采用 DNN 的自主控制系统所得到的液位 h 波动要比人工操作大一些,泥水液位控制精度比较见表 6-8。

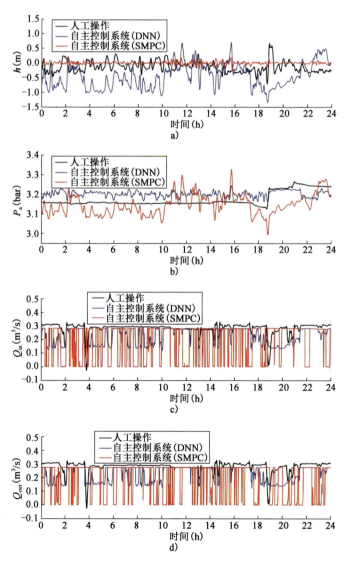

图 6-36 自主控制系统与人工操作的性能比较

泥水液位控制精度比较　　　　　　　　　　　　　　　　表 6-8

项目	自主控制系统（SMPC）	自主控制系统（DNN）	人工操作
平均值	0.65×10^{-3} m	-0.45 m	-0.14 m
标准差	0.05 m	0.41 m	0.18 m
最小值	-0.25 m	-1.33 m	-0.71 m
最大值	0.20 m	0.70 m	0.67 m

事实证明，协调层采用 SMPC 的自主控制系统泥水液位控制精度的平均值为 mm 级，根据式(6-50)，这意味着在 P_{gw} 和 P_a 之间实现了几乎完美的压力动态平衡。

泥水混合物的平均密度取为 $1280 kg/m^3$，则根据式(6-50)与表 6-8 的结果可换算出泥水压力平衡控制精度，如表 6-9 所示，调层采用 SMPC 的自主控制系统泥水压力平衡控制精度达到 $\pm 3.14 \times 10^{-2}$ bar，优于人工操作的 $\pm 8.91 \times 10^{-2}$ bar，精度提高了 64.76%。

泥水压力平衡控制精度比较　　　　　　　　　　　　　　表 6-9

项目	自主控制系统（SMPC）	自主控制系统（DNN）	人工操作
平均值	8.15×10^{-5} bar	-5.64×10^{-2} bar	-1.76×10^{-2} bar
标准差	6.27×10^{-3} bar	5.14×10^{-2} bar	2.26×10^{-2} bar
最小值	$\pm 3.14 \times 10^{-2}$ bar	-1.67×10^{-1} bar	$\pm 8.91 \times 10^{-2}$ bar
最大值	2.51×10^{-2} bar	8.78×10^{-2} bar	8.40×10^{-2} bar

图 6-36b)显示相比人工调节和协调层采用 DNN 的自主控制系统，协调层采用 SMPC 的自主控制系统更加积极地调节 P_a 值，以适应 P_{gw} 的变化。根据 6.3.1 节泥水压力平衡过程模型的奇异值分解分析，P_a 是最有效的操作输入，这是协调层采用 SMPC 的自主控制系统性能优于其他两个系统的重要原因。另外，协调层采用 SMPC 的自主控制系统起动和停止泥浆泵的频率比其他两个系统要高，如图 6-36c)和图 6-36d)所示。

6.4　本章小结

本章介绍了盾构机压力平衡的基本原理和研究现状，并对土压平衡和泥水压力平衡智能控制技术分别进行了研究。针对土压平衡盾构机，建立了土仓土体流动模型、推进控制模型和螺旋输送控制模型，通过理论分析推导出推进压力、推进速度和螺旋输送机转速与土仓压力之间的关系，采用 ANFIS 对特定土质下的土压平衡控制系统进行参数拟合，通过现场数据训练和校验结果可以看出，ANFIS 控制模型与实际的控制模型之间具有较好的匹配性。基于 ANFIS 模型强大的推理和模型匹配能力，结合多模型控制技术对变工况复杂地质环境的土压平衡控制系统进行设计，采用分层填土的试验数据对切换和加权策略的两种控制系统的性能进行仿真，结果表明，基于 ANFIS 的多模型控制系统具备良好的控制效果。

针对泥水平衡盾构机，提出了基于信息-物理系统的泥水压力动态平衡自主控制方法，能够同时对进排浆流量和气垫仓压力进行协同自主控制，无需人工干预，将泥水压力平衡控制精度提高了 64.76%。建立了泥水平衡过程状态空间模型，揭示了泥水压力平衡过程中的多系统耦合作用机理。采用奇异值分解对操作输入的可控度进行了分析,结果表明,气垫仓压力是最有效的操作输入,而进浆流量和排浆流量则为系统提供了更多的控制自由度,从理论上验证和解释了现场操作人员的经验直觉。在执行层,自动设计与整定法可提供抗干扰能力强且快速的最优数字控制器,实现零稳态误差执行。采用事件驱动的控制逻辑,有效地降低了盾构机施工安全风险,提高了系统可靠性。为了进行比较,分别采用混合切换模型预测控制器(SMPC)和深度神经网络(DNN)实现了协调层的设计,其中 DNN 采用了 550 万组现场施工大数据进行训练、验证和测试。与人工操作和协调层采用 DNN 的自主控制系统相比,协调层采用 SMPC 的自主控制系统的整体性能最佳。

本章参考文献

[1] KUWAHARA H, HARADA M. Application of fuzzy reasoning to the control of shield tunneling[J]. Journal of The Society of Instrument and Control Engineers, 1988, 27: 1030-1037.

[2] YEH I C. Application of neural networks to automatic soil pressure balance control for shield tunneling[J]. Automation in Construction, 1997, 5: 421-426.

[3] 张晓峰. 基于神经网络的盾构机土压平衡控制模型的研究[D]. 大连:大连理工大学, 2009.

[4] 李丹. 基于神经网络的盾构机多点土压平衡控制策略[D]. 大连:大连理工大学, 2011.

[5] 刘任喜. 基于 LS-SVM 的盾构机密封仓土压建模仿真研究[D]. 大连:大连理工大学, 2009.

[6] 刘宣宇. 盾构机密封仓压力场建模及土压平衡控制方法的研究[D]. 大连:大连理工大学, 2011.

[7] LIU X Y, SHAO C, MA H F, et al. Optimal earth pressure balance control for shield tunneling based on LS-SVM and PSO[J]. Automation in Construction, 2011, 20: 321-327.

[8] 刘宣宇, 邵诚, 栗觅. 盾构机密封仓土压平衡综合优化控制[J]. 大连理工大学学报, 2013, 53(3): 447-454.

[9] YANG H Y, SHI H, GONG G F, et al. Earth pressure balance control for EPB shield[J]. Science in China Series E: Technological Sciences, 2009, 52: 2840-2848.

[10] SHAO C, LAN D. Optimal control of an earth pressure balance shield with tunnel face stability[J]. Automation in Construction, 2014, 46: 22-29.

[11] 叶旭洪. 砂卵石地层泥水盾构机泥浆特性对开挖面稳定性影响研究[D]. 北京:北京交通大学, 2008.

[12] 王胤. 高水压小覆土泥水盾构机掘进开挖面稳定研究[D]. 北京:北京交通大学, 2009.

[13] 陈孟乔. 高水压砂土地层中泥水盾构机隧道开挖面失稳机理与风险评估研究[D]. 北京:北京交通大学, 2013.

[14] 刘泉维. 透水砂层泥水平衡盾构机开挖面失稳破坏机理研究[D]. 北京:北京交通大学, 2014.

[15] 韦良文. 泥水盾构机隧道施工土体稳定性分析与试验研究[D]. 上海:同济大学, 2007.

[16] 宋蕴璞,奚鹰,李万莉.泥水平衡盾构机开挖面平衡控制系统仿真设计研究[J].同济大学学报(自然科学版),2009,38(4):574-579.

[17] SONG Y P. Research on design of excavating face balance control for large slurry shield[C]// Shanghai: 2011 IEEE International Conference on Computer Science & Automation Engineering. IEEE,2011.

[18] ZHOU C,DING L Y,HE R. PSO-based Elman neural network model for predictive control of air chamber pressure in slurry shield tunneling under Yangtze River[J]. Automation in Construction,2013,36:208-217.

[19] LI X F,GONG G F. Predictive control of slurry pressure balance in shield tunneling using diagonal recurrent neural network and evolved particle swarm optimization[J]. Automation in Construction,2019,107:102928.

[20] LI X F,GONG G F. Objective-oriented genetic algorithm based dynamical sliding mode control for slurry level and air pressure in shield tunneling[J]. Automation in Construction,2020, 109:102987.

第 7 章
盾构机掘进姿态智能控制

7.1 盾构机掘进姿态智能控制技术概述

盾构机的施工隧道轴线由技术人员根据地形等工程要求先行设计,且线形复杂,盾构机运动轨迹与隧道设计轴线的位置偏差大小直接影响隧道施工质量。一般来说,隧道线形可描述为平面线形和纵断面线形,如图7-1、图7-2所示。平面线形设计需考虑道路设施及地下埋设物、地表沉降等,通常会受到障碍物、布局条件及相邻建筑物等的限制;纵断面线形设计需综合考虑地质因素、盾构机爬坡能力、相邻建筑物影响等施工因素,隧道设计线形多为复杂的组合曲线,这给盾构机的掘进施工,尤其是姿态控制提出了较高要求。近年来城市市区等地点的施工工程受到大量建筑物和河流等限制,大坡度线形的工程有增加趋势。隧道线形的复杂性要求盾构机在掘进中需要实时调整姿态,使掘进出的隧道线形趋于设计线形。

图 7-1 某越江隧道的横断面示意图

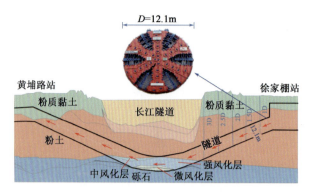

图 7-2　某越江隧道的纵断面示意图

盾构机沿隧道设计线形掘进过程中,由于刀盘正面岩土阻力不均、盾体四周岩土摩擦力不均、推进液压缸推力不均、盾构机重心偏于一侧、衬砌管片拼装质量问题、司机错误操作等多种原因,往往出现盾构机实际掘出轨迹与隧道设计线形之间产生偏差的现象。

盾构机在地层中掘进时会发生俯仰、横摆、扭转三种运动,见图 7-3,为描述盾构机当前的位置和姿态,除了需要知道盾体上某确定点(通常为刀盘中心点)在坐标系中的位置,还需要测定盾体的俯仰角、横摆角、扭转角。俯仰角描述盾构机轴线与水平面之间的夹角,盾构机抬头时俯仰角为正,反之为负。横摆角是在隧道轴线设计平面内盾构机轴线与隧道设计轴线切线之间的夹角,反映盾构机在水平面内的方位,沿盾构机掘进方向盾构机轴线向右偏转时,横摆角为正。当刀盘驱动力矩较大且长时间同一个方向旋转时会使盾构机产生绕自身轴线的转角,该转角为盾构机扭转角,沿前进方向当盾构机绕自轴线顺时针旋转时,扭转角为正。

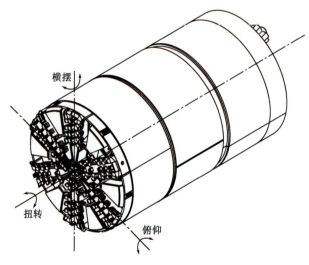

图 7-3　盾构机姿态示意图

当盾构机在曲线推进、纠偏、抬头推进或叩头推进过程中,实际开挖断面不是圆形而是椭圆,一方面造成不必要的超挖影响掘进速度,另一方面会加剧土体扰动增加地表变形,这种影响随盾构机偏离程度的增加而急剧增加。

当偏差达到一定程度时,需调节各分区推进缸的工作压力,通过各分区推进缸之间的压力差,使盾构机的掘进恢复到预定轨道上,实现轨迹纠偏。某泥水盾构机轨迹纠偏示意图见图7-4,轨迹纠偏过程本质为姿态调整过程。为保证泥水盾构机的顺利掘进,需要将盾构机调整到一个适当的姿态,如因为泥水盾构机自身机械结构具有前盾重、后盾轻的特点,通常状况下盾构机需要保持前盾略微抬起的姿态。

盾构机一般配备激光导向系统,如图7-5所示,通过安装在管片顶进装置上的激光射向盾构机上的激光靶,对盾构机在掘进中的各种姿态,以及盾构机的线路和位置关系进行精确测量和显示。操作人员可以及时根据导向系统提供的信息,快速、实时地对盾构机的掘进方向及姿态进行调整,保证盾构机掘进方向正确。

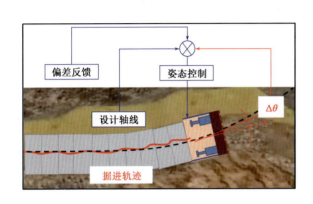
图7-4 某泥水盾构机轨迹纠偏示意图

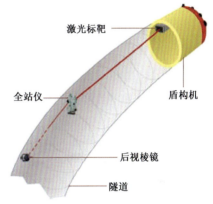
图7-5 激光导向系统

在实际隧道施工过程中,盾构机的直线推进、转弯、曲线行进,主要依靠协调控制各分区压力的大小来实现,通过对推进力的精确控制,可以严格控制地表沉降,减少因土体扰动造成的地表变形。盾构机掘进位姿控制可确保盾构机能准确沿着设计轴线方向掘进,避免因超挖或欠挖而影响隧道施工质量,减少对土体扰动,为盾构机的自动轨迹跟踪控制及无人驾驶提供理论基础。

7.2 盾构机掘进姿态智能控制技术研究现状

7.2.1 基于数学模型的姿态控制技术

清水贺之等研究了盾构机在土体中的运动特性,以盾构机的位置、转角、千斤顶产生的扭矩等参数,建立了描述盾构机运动的线性数学模型,如图7-6所示,线性模型如下。

$$\frac{\mathrm{d}\theta_i}{\mathrm{d}z} = K_{i11} M_{ji} + K_{i12} \tag{7-1}$$

$$\frac{\mathrm{d}\xi_i}{\mathrm{d}z} = K_{i21} \theta_{ji} + K_{i22} \tag{7-2}$$

式中:K_{i11}、K_{i12}、K_{i21}、K_{i22}——模型系数;

θ_i——横摆角或纵摆角；

ξ_i——盾构机形心偏离设计轴线的位置偏离量。

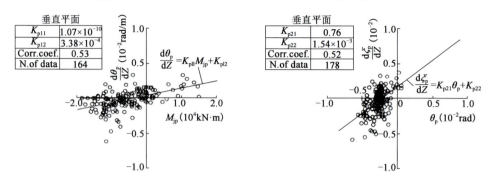

图 7-6　清水贺之的线性数学模型

此方法通过线性关系拟合各参数，与实际工况有较大差异，其试验结果并不理想；而且不同的工程、不同的地质情况，模型系数需重新确定，通用性较差。

Sramoon 等提出了考虑更多诸如刀盘旋转方向、超挖面积、土体类型、土体松动、盾体滑动等因素的动态载荷理论模型，在仿真与施工数据比较中，得到了较好结果。

酒井邦登等采用卡尔曼滤波理论进行建模，通过自回归序列处理盾构机施工数据，建立了盾构机推进与轴线位置改变的模型，提出了相应的姿态控制方法，通过该模型预测盾构机掘进轨迹和推进液压缸动作之间的关系，并进一步构建了反馈预测控制模型。

7.2.2　基于模糊理论的姿态控制技术

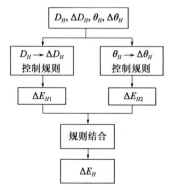

图 7-7　桑原洋学者的模糊控制流程图

日本学者最早将模糊理论应用到盾构机姿态调整技术上，并取得一定成果。桑原洋等提出的单向推进度的概念，首次探讨了模糊控制理论在盾构机掘进控制中的适用性问题。通过建立水平偏移量 D_H、水平偏移速度 ΔD_H、水平偏移角 θ_H 和水平偏移角速度 $\Delta \theta_H$ 与水平方向调节量 ΔE_H 之间的模糊规则关系，寻找合适的水平调节量，如图 7-7 所示。垂直方向也用同样的方法得出，联合水平调节量共同控制盾构机的姿态。仓冈丰将模糊控制理论应用到日本福市高速铁路施工中，取得了较理想的效果。日本学者应用模糊理论与人工智能技术于隧道施工中，并对比分析了优秀司机和智能控制系统的轨迹控制精度，后者精度更高。目前日本、德国等国家已将模糊控制理论应用在姿态调整的自动化工作中。

国内的盾构机姿态模糊控制技术起步较晚。周奇才改进了桑原洋的模糊控制策略，输入量选择了地表沉降和方向偏角。李惠平也进行了盾构机姿态模糊控制器的设计，采用"先分后和"的方式，将控制器结构简化为二维结构，如图 7-8 所示。杨宏燕以北京地铁 4 号线圆明园站—颐和园站区间为应用标段，开展了盾构机掘进方向计算机辅助控制技术研究，并提出了利用虚拟轨迹控制盾构机掘进方向的方法，将盾构机方向误差和方向误差变化作为纠偏控制器输入的方法，如图 7-9 所示。

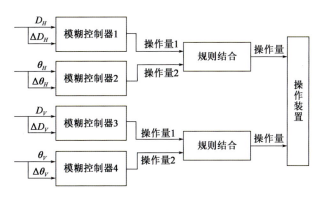

图 7-8 "先分后和"的模糊控制流程图

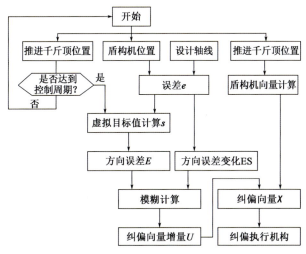

图 7-9 杨宏燕学者的模糊控制流程图

由于盾构机姿态控制与设备性能、工况、土层类型、管片拼装工艺等多种因素有关,而现有模糊纠偏控制器选取的输入量较少,考虑的影响参数较少,难以适应不同的工况条件;且输入变量越多,控制规则越复杂,设计难度大;控制规则需要由专家判定,工作量大,易出现若干规则矛盾。因此难以满足盾构机姿态调整的复杂工况。

7.2.3 基于轨迹规划和机构学分析的姿态控制技术

浙江大学的研究人员依托国家重点项目,深入研究了盾构机在偏离设计隧道时的轨迹规划问题,并取得了显著成果。段小明对纠偏路径进行最优化设计,使盾构机在保证施工质量、施工安全的前提下最快回到预定轨迹轴线上;而且通过建立双缸运动模型(图 7-10),实现对液压系统的精确控制,基本实现了盾构机的智能纠偏轨迹,但与人工规划的轨迹之间有一定误差。王林涛对盾构机推进并联机构进行了运动学解算,通过分析盾构机推进并联机构的运动自由度,建立了盾构机推进机构工作空间的约束方程,并揭示了推进机构工作空间与盾构机最小转弯半径的关系,提出了盾构机沿典型隧道设计轴线掘进过程中推进系统各分区液压缸行程的计算方法。

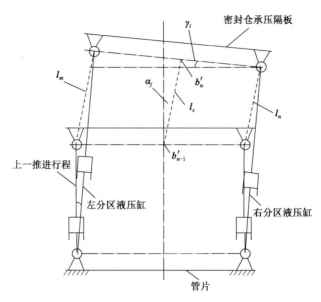

图 7-10 双缸运动模型

然而盾构机路径纠偏的规划技术,需要人为设计盾构机纠偏路径,在较复杂的地质施工环境中,路径规划可能较难实现;且路径规划的过程中,没有较多地考虑纠偏过程中岩土性质和掘进参数等外负载扰动因素的影响。

7.3 盾构机推进机构工作空间与最小转弯半径分析

7.3.1 固定坐标系与结体坐标系的建立

盾构机分为普通盾构机和铰接式盾构机。普通盾构机的壳体为一个整体,管片轴线和盾构机轴线之间允许的夹角较小,盾构机的灵敏度较小,比较适用于隧道设计轴线比较平直、转弯半径较大的隧道工程;铰接式盾构机壳体一般分为由铰接机构连接的前体和后体两部分,由于两部分可以相对转动,使得管片轴线和盾构机轴线之间允许的夹角较大,盾构机的灵敏度较大,因此在转弯半径较小隧道工程中应用广泛。对盾构机推进机构工作空间进行分析,揭示盾构机工作空间与盾构机结构参数的内在联系,不仅能够对盾构机当前位姿条件下的运动可能性进行判断,还可以针对隧道设计轴线对盾构机关键结构参数进行设计。

盾构机掘进机推进机构具有 6 个自由度,但是由于受到推进液压缸行程、推进液压缸安装和盾尾间隙等因素的约束作用,盾构机推进机构只能在有界的三维空间内运动,在机构学中,将并联机构末端执行器上某参考点的可达工作区域定义为该机构的工作空间;盾构机隧道施工过程,可以等效为盾构机截面沿着规划好的隧道轴线进行放样的过程,刀盘沿着隧道设计轴线切线方向前进,完成隧道的开挖。因此,本书将刀盘中心点 O_c 选为描述盾构机工作空间的参考点,将盾构机运动过程中该点在三维空间内包络成的有界区域定义为盾构机推进机构的工作空间。

为对盾构机推进机构工作空间进行描述,建立如图 7-11 所示的固定坐标系 $\{A\}$ 和盾构机结体坐标系 $\{A'\}$,坐标系 $\{A\}$ 的原点 O_A 位于撑靴球面副中心分布圆的中心,坐标系 $\{A\}$ 的 x_A 轴沿着当前隧道轴线切线方向,坐标系 $\{A\}$ 的 y_A 轴位于隧道管片轴线的密切面内并垂直于当前隧道轴线方向,由右手定则可得 z_A 轴的方向。盾构机结体坐标系 $\{A'\}$ 的坐标原点 $O_{A'}$ 位于推进液压缸缸筒底部球面副中心分布圆的中心,坐标系 $\{A'\}$ 的 $x_{A'}$ 轴沿着盾体轴线方向,坐标系 $\{A'\}$ 的 $y_{A'}$ 轴位于盾构机运动轨迹密切面内且垂直于当前盾体轴线方向,同样由右手定则可得 $z_{A'}$ 轴的方向。M_i 为第 i 条支链盾构机推进液压缸前球面副中心点,B_i 为第 i 条支链盾构机推进液压缸后球面副中心点。

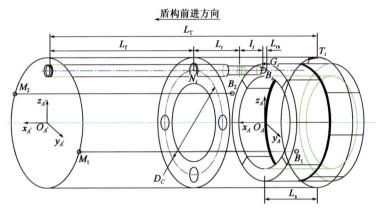

图 7-11　盾构机推进机构(不含铰接机构)结构参数和坐标系

针对铰接式盾构机,为对其铰接机构运动特性进行描述,建立如图 7-12 所示的铰接机构结体坐标系 $\{A_1'\}$,坐标系 $\{A_1'\}$ 的原点 $O_{A_1'}$ 位于铰接液压缸后球面副中心分布圆的中心,坐标系 $\{A_1'\}$ 的 $x_{A_1'}$ 轴沿着尾盾轴线方向,坐标系 $\{A_1'\}$ 的 $y_{A_1'}$ 轴位于隧道管片轴线的密切面内并垂直于尾盾轴线方向,由右手定则可得 $z_{A_1'}$ 轴的方向。M_j' 为第 j 条支链铰接液压缸前球面副中心点,B_j' 为第 j 条支链铰接液压缸后球面副中心点。

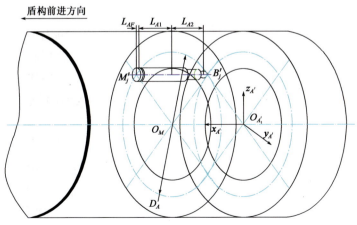

图 7-12　盾构机推进铰接机构结构参数和坐标系

为对盾构机推进机构在地层中的运动进行描述,做如下规定:定义坐标系$\{A'\}$的原点O'_A在固定坐标系中的坐标为$[x\ y\ z]^T$,推进液压缸的安装分布圆直径为D_C,推进液压缸缸筒安装法兰面与盾构机中盾背板后表面的距离为L_f,盾壳内表面直径为D_1,推进液压缸缸筒内径为d_1,缸筒外径为d_2,安装法兰安装孔内径为d_3。系统中所有推进液压缸的型号相同,假定推进并联机构中有n条支运动链,也就是说系统中有n个推进液压缸,推进液压缸活塞杆完全缩回时的初始长度为L,第i条支链液压缸的行程为l_i。假设铰接式盾构机铰接机构含支链液压缸数量为m,铰接液压缸安装分布圆直径为D_A,铰接液压缸两端球面副中心之间的初始距离(液压缸完全缩回时)的长度为L_A,第j个铰接液压缸与盾构机前体连接的球面副中心点为M'_j,第j个铰接液压缸与盾构机后体连接的球面副中心点为B'_j,第j个铰接液压缸的行程为l_{Aj}。

根据动坐标系$\{A'\}$的各坐标轴的方向余弦,可以得到方向余弦矩阵$^A_{A'}\boldsymbol{R}$,也是从动坐标系$\{A'\}$到固定坐标系$\{A\}$的旋转变换矩阵:

$$^A_{A'}\boldsymbol{R} = \begin{bmatrix} p_x & m_x & n_x \\ p_y & m_y & n_y \\ p_z & m_z & n_z \end{bmatrix} \tag{7-3}$$

盾构机结体坐标系$\{A'\}$的位置和姿态可以看作从与固定坐标系$\{A\}$重合的位置和姿态经过一系列的平移和旋转变换得到的。假设盾构机结体坐标系$\{A'\}$的姿态是从固定坐标系$\{A\}$重合的位置经过以下旋转变换获得:初始状态坐标系$\{A'\}$的坐标轴与坐标系$\{A\}$的坐标轴重合,第一次转动为绕$z_{A'}$轴转动φ_1角,第二次转动为绕动坐标系$\{A'\}$当前的$y_{A'}$轴旋转φ_2角,第三次转动为绕动坐标系$\{A'\}$当前的$x_{A'}$旋转φ_3角,这样便达到了结体标系$\{A'\}$的最终姿态,而结体标系$\{A'\}$的原点位置可以通过平移变换得到。

根据以上假设,从动坐标系$\{A'\}$到固定坐标系$\{A\}$的旋转变换矩阵为:

$$\begin{aligned}
^A_{A'}\boldsymbol{R} &= \begin{bmatrix} p_x & m_x & n_x \\ p_y & m_y & n_y \\ p_z & m_z & n_z \end{bmatrix} = \mathrm{Rot}(z_{A'},\varphi_1)\mathrm{Rot}(y_{A'},\varphi_2)\mathrm{Rot}(x_{A'},\varphi_3) \\
&= \begin{bmatrix} \cos\varphi_1 & -\sin\varphi_1 & 0 \\ \sin\varphi_1 & \cos\varphi_1 & 0 \\ 0 & 0 & 1 \end{bmatrix} \begin{bmatrix} \cos\varphi_2 & 0 & \sin\varphi_2 \\ 0 & 1 & 0 \\ -\sin\varphi_2 & 0 & \cos\varphi_2 \end{bmatrix} \begin{bmatrix} 1 & 0 & 0 \\ 0 & \cos\varphi_3 & -\sin\varphi_3 \\ 0 & \sin\varphi_3 & \cos\varphi_3 \end{bmatrix} \\
&= \begin{bmatrix} \cos\varphi_1\cos\varphi_2 & \cos\varphi_1\sin\varphi_2\sin\varphi_3 - \sin\varphi_1\cos\varphi_3 & \sin\varphi_1\sin\varphi_3 + \cos\varphi_1\sin\varphi_2\cos\varphi_3 \\ \sin\varphi_1\cos\varphi_2 & \cos\varphi_1\cos\varphi_3 + \sin\varphi_1\sin\varphi_2\sin\varphi_3 & \sin\varphi_1\sin\varphi_2\cos\varphi_3 - \cos\varphi_1\sin\varphi_3 \\ -\sin\varphi_2 & \cos\varphi_2\sin\varphi_3 & \cos\varphi_2\cos\varphi_3 \end{bmatrix}
\end{aligned} \tag{7-4}$$

并且根据盾构机姿态角的定义可得如下关系：

$$\varphi_1 = -\gamma \quad \left(|\gamma| < \frac{\pi}{2}\right) \tag{7-5}$$

$$\varphi_2 = -\beta \quad \left(|\beta| < \frac{\pi}{2}\right) \tag{7-6}$$

$$\varphi_3 = \alpha \quad \left(|\alpha| < \frac{\pi}{2}\right) \tag{7-7}$$

式中：α、β、γ——分别为盾构机的扭转角、俯仰角和横摆角。

7.3.2 盾构机推进机构工作空间约束方程

普通盾构机和被动铰接式盾构机末端执行器参考点（刀盘中心点 O_C）应满足的约束方程为：

$$W = \left\{ (x_{O_C} \quad y_{O_C} \quad z_{O_C}) \left| \begin{array}{l} g_1(x,y,z,\alpha,\beta,\gamma) = 0 \\ g_2(x,y,z,\alpha,\beta,\gamma) \in [\Delta_{\text{Fmin}}, \Delta_{\text{Fmax}}] \\ g_3(x,y,z,\alpha,\beta,\gamma) \in [\Delta_{\text{Smin}}, \Delta_{\text{Smax}}] \end{array} \right. \right\} \tag{7-8}$$

式中：g_1——由各运动支链推进液压缸长度得到的驱动约束方程组；
  g_2——由盾构机推进液压缸缸筒与液压缸安装法兰孔相对位置关系得到的约束方程组；
  g_3——根据盾尾密封刷与已拼装好的管片外圆的相对位置关系得到的约束方程组；
  Δ_F——推进液压缸缸筒表面与安装孔内表面间隙；
  Δ_S——盾构机壳体内表面和管片外圆的间隙。

求解约束方程(7-8)，便可得到推进机构参考点的工作空间。

刀盘中心点 O_C 坐标在动坐标系 $\{A'\}$ 中的坐标为：

$$^{A'}\boldsymbol{O}_{C'} = \begin{bmatrix} l_c & 0 & 0 \end{bmatrix}^{\text{T}} \tag{7-9}$$

式中：l_c——刀盘中心点 O_C 到推进液压缸前球面副中心分布圆中心的距离。

根据推进机构几何特点和坐标变换矩阵，可以得到推进液压缸前端球面副中心点 M_i（$i = 1,2,\cdots,n$）点在固定坐标系 $\{A\}$ 下的坐标为：

$$^{A}\boldsymbol{r}_{M_i} = {^{A}\boldsymbol{r}_{O_{A'}}} + {^{A}_{A'}\boldsymbol{R}}\,{^{A'}\boldsymbol{O}_{A'}M_i} \tag{7-10}$$

根据几何约束有以下关系：

$$^{A}\boldsymbol{B}_i\boldsymbol{M}_i = {^{A}\boldsymbol{O}_A\boldsymbol{O}_{A'}} + {^{A}_{A'}\boldsymbol{R}}\,{^{A'}\boldsymbol{O}_{A'}M_i} - {^{A}\boldsymbol{O}_A\boldsymbol{B}_i} \tag{7-11}$$

其中，$^{A}\boldsymbol{O}_A\boldsymbol{O}_{A'} = \begin{bmatrix} x & y & z \end{bmatrix}^{\text{T}}$；$^{A'}\boldsymbol{O}_{A'}M_i = \begin{bmatrix} 0 & \dfrac{D_c}{2}\cos\left(\dfrac{2\pi(i-1)}{n}\right) & \dfrac{D_c}{2}\sin\left(\dfrac{2\pi(i-1)}{n}\right) \end{bmatrix}^{\text{T}}$；
$^{A}\boldsymbol{O}_A\boldsymbol{B}_i = \begin{bmatrix} 0 & \dfrac{D_c}{2}\cos\left(\dfrac{2\pi(i-1)}{n}\right) & \dfrac{D_c}{2}\sin\left(\dfrac{2\pi(i-1)}{n}\right) \end{bmatrix}^{\text{T}}$。

其中,针对$^{A'}\boldsymbol{O}_{A'}\boldsymbol{M}_i$和$^A\boldsymbol{O}_A\boldsymbol{B}_i$的坐标有如下规定:给出的坐标计算公式适用于推进液压缸数量为偶数且液压缸绕x_A轴均布的推进系统,该分布方式为实际盾构机通常采用的推进液压缸安装方式。对于采用其他液压缸分布方式的推进系统,同样可以根据每个液压缸的安装位置计算出$^{A'}\boldsymbol{O}_{A'}\boldsymbol{M}_i$和$^A\boldsymbol{O}_A\boldsymbol{B}_i$的坐标;对于$i=1$的液压缸是指中心位于$y_A$轴正方向的液压缸。

根据式(7-11),盾构机处于当前位姿条件下,推进液压缸的长度为:

$$L + l_i = \sqrt{(^A\boldsymbol{O}_A\boldsymbol{O}_{A'} + {}^A_{A'}\boldsymbol{R}\,^{A'}\boldsymbol{O}_{A'}\boldsymbol{M}_i - {}^A\boldsymbol{O}_A\boldsymbol{B}_i)^{\mathrm{T}}(^A\boldsymbol{O}_A\boldsymbol{O}_{A'} + {}^A_{A'}\boldsymbol{R}\,^{A'}\boldsymbol{O}_{A'}\boldsymbol{M}_i - {}^A\boldsymbol{O}_A\boldsymbol{B}_i)} \tag{7-12}$$

根据式(7-12)可得推进液压缸长度约束条件:

$$g_{1i} = \sqrt{(^A\boldsymbol{O}_A\boldsymbol{O}_{A'} + {}^A_{A'}\boldsymbol{R}\,^{A'}\boldsymbol{O}_{A'}\boldsymbol{M}_i - {}^A\boldsymbol{O}_A\boldsymbol{B}_i)^{\mathrm{T}}(^A\boldsymbol{O}_A\boldsymbol{O}_{A'} + {}^A_{A'}\boldsymbol{R}\,^{A'}\boldsymbol{O}_{A'}\boldsymbol{M}_i - {}^A\boldsymbol{O}_A\boldsymbol{B}_i)} - L - l_i \tag{7-13}$$

所以有:

$$\boldsymbol{g}_1(x,y,z,\alpha,\beta,\gamma) = \begin{bmatrix} g_{11}(x,y,z,\alpha,\beta,\gamma) \\ g_{12}(x,y,z,\alpha,\beta,\gamma) \\ \cdots \\ g_{1n}(x,y,z,\alpha,\beta,\gamma) \end{bmatrix} \tag{7-14}$$

盾构机任何位姿条件下,每个推进液压缸的长度都需要满足$\boldsymbol{g}_1 = 0$的约束。

根据式(7-11),每个支链推进液压缸轴线的单位方向向量在固定坐标系$\{A\}$下可以表示为:

$$^A\boldsymbol{\tau}_i = \frac{^A\boldsymbol{O}_A\boldsymbol{O}_{A'} + {}^A_{A'}\boldsymbol{R}\,^{A'}\boldsymbol{O}_{A'}\boldsymbol{M}_i - {}^A\boldsymbol{O}_A\boldsymbol{B}_i}{|{}^A\boldsymbol{O}_A\boldsymbol{O}_{A'} + {}^A_{A'}\boldsymbol{R}\,^{A'}\boldsymbol{O}_{A'}\boldsymbol{M}_i - {}^A\boldsymbol{O}_A\boldsymbol{B}_i|} \tag{7-15}$$

所以,液压缸轴线与液压缸安装法兰面(安装法兰厚度远小于液压缸长度,在此将其看作为一个面)的交点N_i在固定坐标系$\{A\}$下的坐标。

$$^A\boldsymbol{r}_{N_i} = {}^A\boldsymbol{O}_A\boldsymbol{B}_i + {}^A\boldsymbol{\tau}_i(L_r + l_i) \tag{7-16}$$

式中:L_r——液压缸完全缩回时安装法兰中心到推进液压缸后球面副中心初始距离。

液压缸安装法兰上液压缸安装孔的中心点N_i'在固定坐标系$\{A\}$下的坐标为:

$$^A\boldsymbol{r}_{N_i'} = {}^A\boldsymbol{r}_{O_{A'}} + {}^A_{A'}\boldsymbol{R}\,^{A'}\boldsymbol{O}_{A'}\boldsymbol{N}_i' \tag{7-17}$$

其中,$^{A'}\boldsymbol{O}_{A'}\boldsymbol{N}_i' = \begin{bmatrix} -L_{\mathrm{f}} & \dfrac{D_{\mathrm{c}}}{2}\cos\left(\dfrac{2\pi(i-1)}{n}\right) & \dfrac{D_{\mathrm{c}}}{2}\sin\left(\dfrac{2\pi(i-1)}{n}\right) \end{bmatrix}^{\mathrm{T}}$。

所以,根据式(7-16)和式(7-17)可得:

$$^A\boldsymbol{N}_i'\boldsymbol{N}_i = {}^A\boldsymbol{O}_A\boldsymbol{B}_i + {}^A\boldsymbol{\tau}_i(L_r + l_i) - {}^A\boldsymbol{r}_{O_{A'}} - {}^A_{A'}\boldsymbol{R}\,^{A'}\boldsymbol{O}_{A'}\boldsymbol{N}_i' \tag{7-18}$$

根据式(7-18),可得推进液压缸缸筒与法兰安装孔的距离约束条件为:

$$g_{2i} = \sqrt{[^A\boldsymbol{O}_A\boldsymbol{B}_i + {}^A\boldsymbol{\tau}_i(L_r + l_i) - {}^A\boldsymbol{r}_{O_{A'}} - {}^A_{A'}\boldsymbol{R}\,^{A'}\boldsymbol{O}_{A'}\boldsymbol{N}_i'] \cdot [^A\boldsymbol{O}_A\boldsymbol{B}_i + {}^A\boldsymbol{\tau}_i(L_r + l_i) - {}^A\boldsymbol{r}_{O_{A'}} - {}^A_{A'}\boldsymbol{R}\,^{A'}\boldsymbol{O}_{A'}\boldsymbol{N}_i']}$$

$$\tag{7-19}$$

所以有：

$$g_2(x,y,z,\alpha,\beta,\gamma) = \begin{bmatrix} g_{21}(x,y,z,\alpha,\beta,\gamma) \\ g_{22}(x,y,z,\alpha,\beta,\gamma) \\ \cdots\cdots \\ g_{2n}(x,y,z,\alpha,\beta,\gamma) \end{bmatrix} \quad (7\text{-}20)$$

针对管片轴线和盾构机轴线的夹角约束，将分为普通盾构机和铰接式盾构机两类进行讨论（主动式铰接盾构机不在本书讨论范围内）。

假设盾构机向前推进一环管片的距离时衬砌在盾构机内的长度为 L_s，盾构机壳体后沿内侧点 $T_i(i=1,2,\cdots,n)$ 在固定坐标系 $\{A\}$ 中的坐标为：

$$^A\boldsymbol{r}_{T_i} = {^A\boldsymbol{r}_{O_{A'}}} + {^A_{A'}\boldsymbol{R}}\, ^{A'}\boldsymbol{O}_{A'}\boldsymbol{T}_i \quad (7\text{-}21)$$

其中，$^{A'}\boldsymbol{O}_{A'}\boldsymbol{T}_i = \left[-(L_f + L_r + L_s + l_i)\ \dfrac{D_1}{2}\cos\left(\dfrac{2\pi(i-1)}{n}\right)\ \dfrac{D_1}{2}\sin\left(\dfrac{2\pi(i-1)}{n}\right) \right]^T$。

因此，根据盾构机壳体后沿内侧点和管片之间的相对位置关系得到的约束方程为：

$$g_{31i} = \sqrt{((^A\boldsymbol{r}_{T_i})^T \cdot [0\ 1\ 0])^2 + ((^A\boldsymbol{r}_{T_i})^T \cdot [0\ 0\ 1])^2} - \dfrac{D_s}{2} \quad (7\text{-}22)$$

式中：D_s——管片外径。

根据几何关系，管片前沿外侧点 $G_i(i=1,2,\cdots,n)$ 在固定坐标系 $\{A\}$ 中的坐标为：

$$^A\boldsymbol{O}_A\boldsymbol{G}_i = {^A\boldsymbol{O}_A\boldsymbol{O}_{A'}} + {^A_{A'}\boldsymbol{R}}\, ^{A'}\boldsymbol{O}_{A'}\boldsymbol{G}_i \quad (7\text{-}23)$$

由式（7-23）可得：

$$^{A'}\boldsymbol{O}_{A'}\boldsymbol{G}_i = {^A_{A'}\boldsymbol{R}^{-1}}({^A\boldsymbol{O}_A\boldsymbol{G}_i} - {^A\boldsymbol{O}_A\boldsymbol{O}_{A'}}) \quad (7\text{-}24)$$

又已知：

$$^A\boldsymbol{O}_A\boldsymbol{G}_i = \left[-L_{rs}\ \dfrac{D_s}{2}\cos\left(\dfrac{2\pi(i-1)}{n}\right)\ \dfrac{D_s}{2}\sin\left(\dfrac{2\pi(i-1)}{n}\right) \right]^T \quad (7\text{-}25)$$

式中：L_{rs}——推进液压缸后球面副中心到管片前端面距离。

所以联立式（7-24）和式（7-25）可以求出管片前沿外侧点 $G_i(i=1,2,\cdots,n)$ 在盾构机结体坐标系 $\{A'\}$ 中的坐标值。因此，根据管片前沿外侧点和盾构机壳体内表面之间的相对位置关系得到的约束方程为：

$$g_{32i} = \dfrac{D_1}{2} - \sqrt{((^{A'}\boldsymbol{O}_{A'}\boldsymbol{G}_i)^T \cdot [0\ 1\ 0])^2 + ((^{A'}\boldsymbol{O}_{A'}\boldsymbol{G}_i)^T \cdot [0\ 0\ 1])^2} \quad (7\text{-}26)$$

铰接机构的作用是使盾构机后体跟随推进机构位姿改变产生被动的位姿变化，从而使得后体轴线与衬砌轴线基本保持重合或者是平行的状态，使盾尾与管片之间的间隙不因盾构机姿态变化而减小。最理想的状态是使得盾构机后体轴线与衬砌轴线重合，这是设计盾构机铰接机构的基本目标。

使盾构机后体轴线与衬砌轴线重合需要满足以下约束条件：

$$\begin{bmatrix} 1 \\ 0 \\ 0 \end{bmatrix} = {}_{A'}^{A}\boldsymbol{R}\, {}_{A'_1}^{A'}\boldsymbol{R}\begin{bmatrix} 1 \\ 0 \\ 0 \end{bmatrix} \tag{7-27}$$

即：

$$ {}_{A'}^{A}\boldsymbol{R}\, {}_{A'_1}^{A'}\boldsymbol{R} = \boldsymbol{E} \tag{7-28}$$

式中：$\boldsymbol{E}$——3×3 单位矩阵。

所以，保证盾构机后体轴线与衬砌轴线重合的条件为：

$$ {}_{A'_1}^{A'}\boldsymbol{R} = {}_{A'}^{A}\boldsymbol{R}^{-1} \tag{7-29}$$

根据推进机构几何特点和坐标变换矩阵，可以得到 $B'_j (j = 1, 2, \cdots, m)$ 点在坐标系 $\{A'\}$ 下的坐标为：

$$ {}^{A'}\boldsymbol{r}_{B'_j} = {}^{A'}\boldsymbol{r}_{O_{A'_1}} + {}_{A'_1}^{A'}\boldsymbol{R}\, {}^{A'_1}\boldsymbol{O}_{A'_1}\boldsymbol{B}'_j \tag{7-30}$$

将式(7-29)代入式(7-30)得：

$$ {}^{A'}\boldsymbol{r}_{B'_j} = {}^{A'}\boldsymbol{r}_{O_{A'_1}} + {}_{A'}^{A}\boldsymbol{R}^{-1}\, {}^{A'_1}\boldsymbol{O}_{A'_1}\boldsymbol{B}'_j \tag{7-31}$$

所以有：

$$ {}^{A'}\boldsymbol{M}'_j\boldsymbol{B}'_j = {}^{A'}\boldsymbol{O}_{A'}\boldsymbol{O}_{A'_1} + {}_{A'}^{A}\boldsymbol{R}^{-1}\, {}^{A'_1}\boldsymbol{O}_{A'_1}\boldsymbol{B}'_j - {}^{A'}\boldsymbol{O}_{A'}\boldsymbol{M}'_j \tag{7-32}$$

其中，${}^{A'_1}\boldsymbol{O}_{A'_1}\boldsymbol{B}'_j = \left[0 \quad \dfrac{D_A}{2}\cos\left(\dfrac{2\pi(j-1)}{m} + \Delta\theta_{AT}\right) \quad \dfrac{D_A}{2}\sin\left(\dfrac{2\pi(j-1)}{m} + \Delta\theta_{AT}\right) \right]^{\mathrm{T}}$；$\Delta\theta_{AT}$ 为第 1 个铰接液压缸安装点在 $O\text{-}yz$ 平面内与原点连线同 y 轴的夹角；${}^{A'}\boldsymbol{O}_{A'}\boldsymbol{O}_{A'_1} = \begin{bmatrix} x_1 & y_1 & z_1 \end{bmatrix}^{\mathrm{T}}$；${}^{A'}\boldsymbol{O}_{A'}\boldsymbol{M}'_j = \left[-(L_\mathrm{f} + L_{AF}) \quad \dfrac{D_A}{2}\cos\left(\dfrac{2\pi(j-1)}{m} + \Delta\theta_{AT}\right) \quad \dfrac{D_A}{2}\sin\left(\dfrac{2\pi(j-1)}{m} + \Delta\theta_{AT}\right) \right]^{\mathrm{T}}$。

针对 ${}^{A'_1}\boldsymbol{O}_{A'_1}\boldsymbol{B}'_j$ 和 ${}^{A'}\boldsymbol{O}_{A'}\boldsymbol{M}'_j$ 的坐标有如下说明：给出的坐标计算公式适用于铰接液压缸数量为偶数且液压缸绕盾构机轴线均匀分布的系统，对于其他液压缸分布方式的系统，可以根据每一个铰接液压缸的分布位置非常容易地计算出 ${}^{A'_1}\boldsymbol{O}_{A'_1}\boldsymbol{B}'_j$ 和 ${}^{A'}\boldsymbol{O}_{A'}\boldsymbol{M}'_j$ 的坐标。

根据式(7-32)，盾构机处于当前姿态条件下，第 j 条运动支链铰接液压缸的长度为：

$$L_A + l_{Aj} = \sqrt{\left({}^{A'}\boldsymbol{O}_M\boldsymbol{O}_{A'_1} + {}_{A'}^{A}\boldsymbol{R}^{-1}\,{}^{A'_1}\boldsymbol{O}_{A'_1}\boldsymbol{B}'_j - {}^{A'}\boldsymbol{O}_M\boldsymbol{M}'_j\right)^{\mathrm{T}}\left({}^{A'}\boldsymbol{O}_M\boldsymbol{O}_{A'_1} + {}_{A'}^{A}\boldsymbol{R}^{-1}\,{}^{A'_1}\boldsymbol{O}_{A'_1}\boldsymbol{B}'_j - {}^{A'}\boldsymbol{O}_M\boldsymbol{M}'_j\right)} \tag{7-33}$$

式中：L_A——铰接液压缸的初始长度；

l_{Aj}——第 j 条运动支链铰接液压缸行程。

根据式(7-33)可得铰接液压缸长度约束条件为：

$$g'_{1j} = \sqrt{\left({}^{A'}\boldsymbol{O}_M\boldsymbol{O}_{A'_1} + {}_{A'}^{A}\boldsymbol{R}^{-1}\,{}^{A'_1}\boldsymbol{O}_{A'_1}\boldsymbol{B}'_j - {}^{A'}\boldsymbol{O}_M\boldsymbol{M}'_j\right)^{\mathrm{T}}\left({}^{A'}\boldsymbol{O}_M\boldsymbol{O}_{A'_1} + {}_{A'}^{A}\boldsymbol{R}^{-1}\,{}^{A'_1}\boldsymbol{O}_{A'_1}\boldsymbol{B}'_j - {}^{A'}\boldsymbol{O}_M\boldsymbol{M}'_j\right)} - L_A - l_{Aj}$$

(7-34)

所以，

$$\boldsymbol{g}_1'(x,y,z,\alpha,\beta,\gamma) = \begin{bmatrix} g_{11}'(x,y,z,\alpha,\beta,\gamma) \\ g_{12}'(x,y,z,\alpha,\beta,\gamma) \\ \cdots\cdots \\ g_{1m}'(x,y,z,\alpha,\beta,\gamma) \end{bmatrix} \tag{7-35}$$

在盾构机的任意位姿条件下，每个铰接运动支链的液压缸长度都需要满足 $\boldsymbol{g}_1' = 0$ 的约束，因此，根据盾构机目标工作空间通过约束方程组 $\boldsymbol{g}_1' = 0$，可以得到第 j 条运动支链铰接液压缸的活塞杆伸出长度 l_{A_j} 的范围，从而可以对铰接液压缸的最小行程进行设计，防止在盾构机姿态调整过程中铰接液压缸因行程选择过短而被拉断。

综上所述，综合考虑推进液压缸行程约束、推进液压缸安装法兰约束和盾尾间隙约束，普通盾构机和铰接式(被动)盾构机的工作空间可以表示为：

普通盾构机：

$$W = \left\{ (x_{O_C} \quad y_{O_C} \quad z_{O_C}) \middle| \begin{array}{l} \boldsymbol{g}_1(x,y,z,\alpha,\beta,\gamma) = 0 \\ \boldsymbol{g}_2(x,y,z,\alpha,\beta,\gamma) \geq \Delta_F \\ \boldsymbol{g}_{31}(x,y,z,\alpha,\beta,\gamma) \geq \Delta_{S\min} \\ \boldsymbol{g}_{32}(x,y,z,\alpha,\beta,\gamma) \geq \Delta_{S\min} \end{array} \right\} \tag{7-36}$$

铰接式(被动)盾构机：

$$W = \left\{ (x_{O_C} \quad y_{O_C} \quad z_{O_C}) \middle| \begin{array}{l} \boldsymbol{g}_1(x,y,z,\alpha,\beta,\gamma) = 0 \\ \boldsymbol{g}_2(x,y,z,\alpha,\beta,\gamma) \geq \Delta_F \end{array} \right\} \tag{7-37}$$

根据式(7-36)和式(7-37)，可以对普通盾构机和铰接式(被动)盾构机的工作空间进行分析。

7.3.3 盾构机推进机构工作空间与盾构机转弯半径分析

求解并联机构工作空间的方法可以采用搜索法，通常情况下，隧道在水平面内的转弯半径远小于竖直面内的转弯半径，因此要求盾构机在水平面的工作空间更大，运动更加灵活。下面以某直径为 6.34 m 实际土压平衡盾构机为例，分析其在水平面的工作空间以及盾构机结构参数对工作空间的影响。竖直面内的工作空间求解过程与水平面相同，此处不再进行分析。

盾构机在水平面的运动可以看作刚体平面运动，即包含刚体的平动和绕定轴的转动两种运动。在水平面内盾构机有三个自由度：绕 z 轴的转动和沿 x 轴和 y 轴两个方向的平动，对盾构机在地层中的运动情况做如下规定：定义坐标系 $\{A'\}$ 的原点 $O_{A'}$ 在固定坐标系中的坐标为 $[x\ y\ z]^T$；定义 $x_{A'}$ 轴与 x_A 轴的夹角（即盾构机轴线与已拼装完成的管片的轴线夹角）为 θ_z，盾构机绕 $z_{A'}$ 逆时针转动定义为正方向。盾构机在水平面内的位置和姿态可以完全由向量 $[x\ y\ \theta_z]^T$ 进行描述。

表7-1中给出了直径6.34 m盾构机并联机构主要结构参数。为分析结构参数对盾构机工作空间的影响，表7-2中给出了5组不同的结构参数组合，并针对这5组不同的结构参数分别进行盾构机推进机构工作空间分析。

直径6.34m盾构机推进并联机构主要结构参数　　　　表 7-1

参数	参数值	单位	参数	参数值	单位
D	6460	mm	l_C	2750	mm
D_c	5630	mm	L_s	2500	mm
D_1	6360	mm	L_A	285	mm
D_A	5430	mm	L_{AF}	0	mm
D_s	6200	mm	L_T	6600	mm
d_1	260	mm	L	3390	mm
d_2	330	mm	L_f	2155	mm
d_3	400	mm	L_r	1235	mm
n	20	—	L_{rs}	105	mm
m	8	—	l_i	0～1795	mm

与不同组别工作空间分析结果对应的结构参数　　　　表 7-2

序号	参数			
	D_c (mm)	D_s (mm)	d_3 (mm)	L_f (mm)
1	5630	6200	400	2155
2	5350	6200	400	2155
3	5630	6120	400	2155
4	5630	6200	345	2155
5	5630	6200	400	1450

1) 无约束条件下盾构机推进机构水平面工作空间分析

为对由本身结构形式决定的推进并联机构工作空间进行描述,图 7-13 给出推进并联机构在 $Oxy\theta$ 坐标下的可达工作空间。从图 7-13 中可以看出,盾构机推进并联机构在水平面内的工作空间关于 x 轴对称分布,即由于推进机构结构的对称性决定了工作空间的对称性;另外,推进并联机构末端执行器的姿态角在除工作空间边界处以外均有较大的变化范围,在工作空间的边界附近由于推进液压行程的限制,使得姿态角的变化范围减小,在边界处末端执行器只能位于某一特定的姿态。图 7-14～图 7-17 中给出了推进并联机构末端执行器在 4 种不同姿态角条件下的定向工作空间在水平面分布情况,竖直面的分布情况与水平面内相同。从图 7-14 中可以看出,末端执行器参考点在水平面内可以达到推进液压行程范围内的任何位置,并且工作空间以推进机构液压缸分布轴线为中心对称分布;图 7-15、图 7-16、图 7-17 分别为姿态角为 1°、10°、－15°时的工作空间分布情况,从图中可以看出,当姿态角较小时(图 7-15 中为 1°),推进机构工作空间分布情况受姿态角影响不明显,但当姿态角较大时(图 7-16 中为 10°,图 7-17 中为－15°),姿态角已经对推进机构的工作空间产生了明显影响,并且工作空间不再关于推进液压缸分布轴线对称。由此可见,在采用特定隧道设计轴线对盾构机工作空间进行设计时,不仅要保证工作空间的大小,还要考虑盾构机姿态的影响。

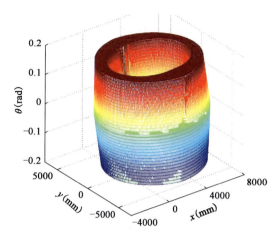

图7-13 推进并联机构在 $Oxy\theta$ 坐标下的可达工作空间

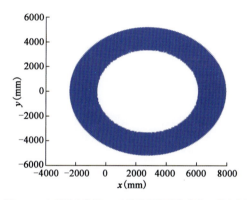

图7-14 末端姿态角为0°时推进并联机构定向工作空间

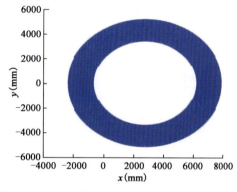

图7-15 末端姿态角为1°时推进并联机构定向工作空间

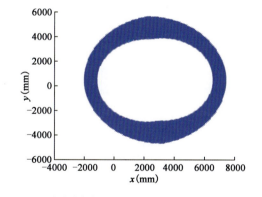

图7-16 末端姿态角为10°时推进并联机构定向工作空间

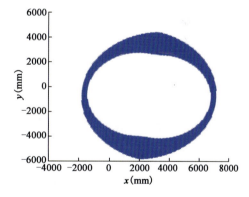

图7-17 末端姿态角为-15°时推进并联机构定向工作空间

2)普通盾构机和铰接式盾构机推进机构水平面工作空间分析

盾构机运动空间受到安装法兰间隙、盾尾间隙等因素的约束,因此在不同的工作参数条件下其工作空间也会发生一些变化。图7-18~图7-27给出了与表7-2中对应的第1~5组参数下普通盾构机和铰接式盾构机在水平面内的定向工作空间分析结果。θ 角为盾构机的横摆角,0.196°和0.393°分别对应盾构机转弯半径为350m和175m时,盾构机完成一环管片距离推进时的盾构机推进机构末端执行器的姿态角(即瞬时横摆角)。

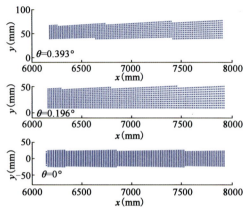

图 7-18　第 1 组参数普通盾构机定向工作空间

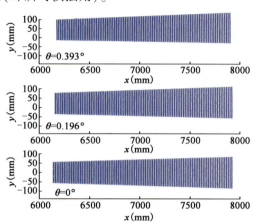

图 7-19　第 1 组参数铰接式盾构机定向工作空间

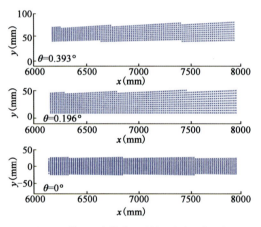

图 7-20　第 2 组参数普通盾构机定向工作空间

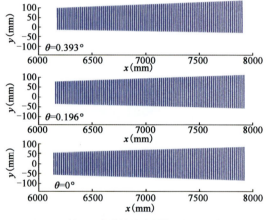

图 7-21　第 2 组参数铰接式盾构机定向工作空间

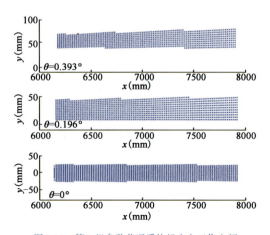

图 7-22　第 3 组参数普通盾构机定向工作空间

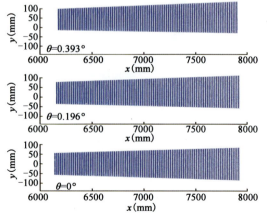

图 7-23　第 3 组参数铰接式盾构机定向工作空间

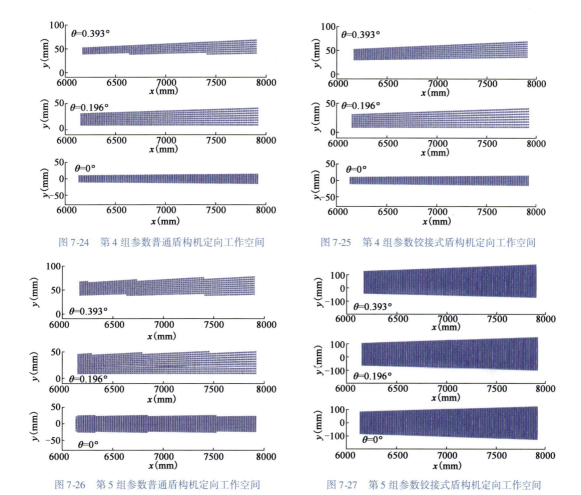

图 7-24　第 4 组参数普通盾构机定向工作空间　　图 7-25　第 4 组参数铰接式盾构机定向工作空间

图 7-26　第 5 组参数普通盾构机定向工作空间　　图 7-27　第 5 组参数铰接式盾构机定向工作空间

通过对比第 1 组工作参数、第 2 组工作参数、第 3 组工作参数和第 5 组工作参数下的普通盾构机工作空间可以发现,推进液压缸分布直径、管片外径和推进液压缸安装法兰位置对于普通盾构机工作空间的影响不明显;通过对比第 1 组工作参数、第 2 组工作参数、第 3 组工作参数、第 4 组工作参数和第 5 组工作参数下的铰接式盾构机工作空间可以发现,推进液压缸分布直径、管片外径对于铰接式盾构机工作空间的影响不明显,安装法兰孔直径和推进液压缸安装法兰位置对于盾构机工作空间有较大的影响。综合上述普通盾构机和铰接式盾构机的工作空间情况可知,推进液压分布直径大小虽然会影响盾构机在姿态调整过程中推进液压缸轴线偏离初始位置的距离,但是由于对偏离距离的影响较小,因此推进液压缸分布直径对于盾构机工作空间的影响不明显;而安装法兰的位置对铰接式盾构机的工作空间有明显的影响,是影响推进机构工作空间的重要因素,由于盾尾间隙约束条件对普通盾构机的约束作用更强,使安装法兰的位置对工作空间的影响无法体现。在工作空间的分析过程中,由于盾尾间隙的约束包含最大值和最小值两方面约束,因此第 3 组参数普通盾构机的工作空间并没有因为管片外径的减小而增加,如果只是控制最小盾尾间隙的话,盾构机工作空间会因为管片外径的减小而增大。通过分析第 4 组参数下普通盾构机和铰接式盾构机的工作空间可知,当减小推进液压缸安装法兰的液压缸安装孔径时,安装法兰的约束成为限制盾构机工作空间的主要约束,安装法兰间隙的减小使普通盾构机的工作空间和铰接式盾构机的工作空间基本相同,而且均明显减小,铰接式盾构机相对普通盾构机在工作空间的优势不存在了。此外,对比第 1~5 组工作参数下的普通盾构机和铰接式盾构机的工作空间可知,在相同盾构机结构参数条件下,铰接式盾构机由于在盾尾间隙控制的优势,它的工作空间比普通盾构机的工作空间要大得多,铰接式盾构机在姿态调整过程中更加灵活,因此更加适应小转弯半径的隧道施工工况。

通过上面的分析可知,由于普通盾构机推进机构工作空间约束条件较多,如果盾构机结构参数选择不合理,则会导致各约束条件之间不协调,盾构机的工作空间最终变为单一约束条件下的工作空间,因此其结构参数设计问题包含设计和优化两个要素;对于铰接式盾构机,其工作空间主要是由盾构机推进液压缸与其安装法兰的相对位置、安装法兰孔直径决定。

7.4 盾构机隧道设计轴线参数化方程及目标位姿求解

受到地质条件、地下与地表建筑物类型和分布的影响,通常隧道的设计轴线并不是一条直线,而是由水平曲线和竖直曲线复合而成的复杂空间曲线。水平曲线通常是由直线、圆曲线和缓和曲线三类典型曲线组成,而竖直曲线通常由直线和圆曲线两类典型曲线组成。为了对盾构机沿不同类型隧道设计轴线掘进时盾构机姿态和各分区液压缸运动规律进行分析,需要建立典型隧道设计轴线在盾构机施工固定坐标系下的参数方程,并依据隧道设计轴线参数方程可以求解盾构机推进并联机构末端执行器目标位姿。

7.4.1 直线形隧道设计轴线的参数方程

若已知点的运动规律,采用自然坐标可以有效描述参考点的运动状态。假设某段隧道设计轴线的起点为 O_a,轴线上的一点为 M,由于隧道设计轴线为轨迹已知的曲线,因此点 M 的位置完全可以由该点到起点 O_a 的弧长 s 确定。点 M 沿曲线切线方向运动时,s 随时间变化的,是时间的单值连续函数,有:

$$s = f(t) \tag{7-38}$$

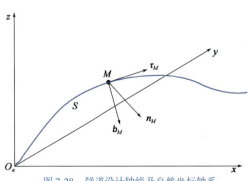

图 7-28 隧道设计轴线及自然坐标轴系

如图 7-28 所示,以 M 点为原点,建立自然轴系 $M-\tau_M n_M b_M$,其中,τ_M 为在点 M 处曲线切线方向的单位向量,方向指向 s 增大的方向;n_M 为在点 M 处曲线主法线方向的单位向量,方向指向曲线内凹侧;b_M 为在点 M 处曲线副法线方向的单位向量。

鉴于三种水平曲线类型已包含所有典型的隧道设计轴线类型,下面以盾构机在水平面内掘进时的水平曲线为例,建立隧道设计轴线的参数方程。规定 M 点为隧道设计轴线上与盾构机刀盘前端面中心点重合点,盾构机在地层内沿隧道设计轴线掘进时,盾构机的运动状态与隧道设计轴线关系为:在某一时刻,盾构机前进方向为盾构机轴线方向,盾构机前进的方向同时为隧道设计轴线上与盾构机刀盘中心点重合点处设计轴线切线的方向,所以 τ_M 的指向即为盾构机轴线的方向,同时也是盾构机瞬时掘进方向;而 $\boldsymbol{n}_M$ 的方向为隧道设计轴线曲率半径方向,也是盾构机沿设计轴线前进时盾构机转弯半径的方向,曲线在点 M 处的曲率半径 ρ_M 为盾构机当前转弯半径;盾构机沿隧道设计轴线前进的里程即为设计轴线上与刀盘中心点重合点对应的弧长。

图 7-29 所示为盾构机沿直线形隧道设计轴线掘进示意图,当盾构机沿直线形隧道设计轴线掘进时,M 点与起点的弧长 s 为盾构机沿隧道设计轴线前进的里程,因此弧长 s 可以进一步表示为盾构机推进速度与时间的函数:

$$s = f_s(v, t) \tag{7-39}$$

式中:v——盾构机推进速度,是与时间有关的变量。

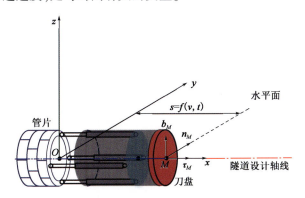

图 7-29 盾构机沿直线形隧道设计轴线掘进示意图

同时,切向量和主、副法向量在图 7-29 中直角坐标系的坐标为:

$$\begin{bmatrix} \boldsymbol{\tau}_M & \boldsymbol{n}_M & \boldsymbol{b}_M \end{bmatrix} = \begin{bmatrix} 1 & 0 & 0 \\ 0 & 1 & 0 \\ 0 & 0 & 1 \end{bmatrix} \tag{7-40}$$

点 M 的坐标可以表示为:

$$^A\boldsymbol{r}_M = \begin{bmatrix} x_M & y_M & z_M \end{bmatrix}^T = \begin{bmatrix} s+L+l_c & 0 & 0 \end{bmatrix}^T \tag{7-41}$$

盾构机的横摆角即为盾构机轴线与竖直面的夹角,在盾构机沿隧道设计轴线前进时为点 M 处切线与 x 轴的夹角:

$$\gamma = \varphi_2 = \arctan\left(\frac{\boldsymbol{\tau}_{My}}{\boldsymbol{\tau}_{Mx}}\right) = 0 \qquad \gamma, \varphi_2 \in \left(-\frac{\pi}{2}, \frac{\pi}{2}\right) \tag{7-42}$$

7.4.2 圆曲线形隧道设计轴线参数方程

假设圆曲线形隧道设计轴线的曲率半径为 ρ_c,则 $\rho_M = \rho_c$。图 7-30 为盾构机沿圆曲线形隧道设计轴线掘进示意图,切向量和主、副法向量在图中直角坐标系的坐标为:

$$\begin{bmatrix} \boldsymbol{\tau}_M & \boldsymbol{n}_M & \boldsymbol{b}_M \end{bmatrix} = \begin{bmatrix} \cos\dfrac{s}{\rho_c} & -\sin\dfrac{s}{\rho_c} & 0 \\ \sin\dfrac{s}{\rho_c} & \cos\dfrac{s}{\rho_c} & 0 \\ 0 & 0 & 1 \end{bmatrix} \tag{7-43}$$

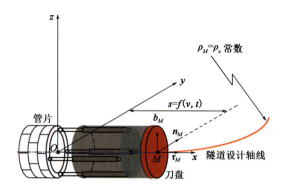

图 7-30　盾构机沿圆曲线形隧道设计轴线掘进示意图

点 M 处隧道设计轴线切线与 x 轴的夹角为盾构机在水平面内掘进时的横摆角,根据几何关系可得：

$$\gamma = \varphi_2 = \arcsin(\boldsymbol{\tau}_{My}) = \frac{s}{\rho_c} \qquad \gamma, \varphi_2 \in \left(-\frac{\pi}{2}, \frac{\pi}{2}\right) \tag{7-44}$$

M 的直角坐标可以表示为：

$$\begin{bmatrix} x_M \\ y_M \\ z_M \end{bmatrix} = \begin{bmatrix} \rho_c \sin\gamma + L + l_c \\ \rho_c(1 - \cos\gamma) \\ 0 \end{bmatrix} \tag{7-45}$$

7.4.3　缓和曲线形隧道设计轴线参数方程

图 7-31 所示为盾构机沿缓和曲线形隧道设计轴线掘进示意图,该缓和曲线为从直线段到圆曲线段的过渡曲线,假设圆曲线形隧道设计轴线的曲率半径为 ρ_c,点 M 处缓和曲线的曲率半径为：

$$\rho_M = \frac{A^2}{s} \tag{7-46}$$

式中：A——表征回旋曲线曲率变化缓急程度的回旋曲线参数,若 s_t 为缓和曲线总长度,A 的值为 $\sqrt{\rho_c s_t}$。

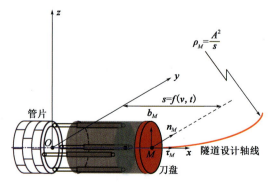

图 7-31　盾构机沿缓和曲线形隧道设计轴线掘进示意图

根据参考文献可知，点 M 处缓和曲线切线与 x 轴的夹角即为盾构机的横摆角，其值为：

$$\gamma = \varphi_2 = \frac{s^2}{2A^2} \qquad \gamma, \varphi_2 \in \left(-\frac{\pi}{2}, \frac{\pi}{2}\right) \tag{7-47}$$

切向量和主、副法向量在图 7-31 中的直角坐标系的坐标为：

$$\begin{bmatrix} \boldsymbol{\tau}_M & \boldsymbol{n}_M & \boldsymbol{b}_M \end{bmatrix} = \begin{bmatrix} \cos\dfrac{s^2}{2A^2} & -\sin\dfrac{s^2}{2A^2} & 0 \\ \sin\dfrac{s^2}{2A^2} & \cos\dfrac{s^2}{2A^2} & 0 \\ 0 & 0 & 1 \end{bmatrix} \tag{7-48}$$

M 点在直角坐标系中的坐标值可以通过积分获得，参考现有回旋线形缓和曲线的参数计算方法，M 点的直角坐标可以表示为：

$$\begin{bmatrix} x_M \\ y_M \\ z_M \end{bmatrix} = \begin{bmatrix} L + l_c + \dfrac{A^2}{\rho_M} - \dfrac{A^6}{40\rho_M^5} + \dfrac{A^{10}}{3456\rho_M^9} - \dfrac{A^{14}}{599040\rho_M^{13}} \\ \dfrac{A^4}{6\rho_M^3} - \dfrac{A^8}{336\rho_M^7} - \dfrac{A^{12}}{42240\rho_M^{11}} - \dfrac{A^{16}}{9676800\rho_M^{15}} \\ 0 \end{bmatrix} \tag{7-49}$$

需要说明的是，根据隧道轴线设计精度的要求，式(7-49)为取 M 点坐标精确计算公式的前四项，该公式适用于隧道设计轴线的初始直线沿 x 轴，位于图 7-31 中 xOy 平面内第一象限的缓和曲线相关计算，这与前述章节及本章节所建立的坐标系统是相符的。

7.4.4 盾构机目标位姿求解

当盾构机按照隧道设计轴线前进时，盾构机推进并联机构末端执行器位姿可以根据隧道设计轴线参数方程获得。根据几何关系，刀盘前端面中心点 C 在固定坐标系的坐标为：

$$^A\boldsymbol{r}_C = {}^A\boldsymbol{r}_{O_{A'}} + {}^A_{A'}\boldsymbol{R}\,^{A'}\boldsymbol{O}_{A'}\boldsymbol{C} \tag{7-50}$$

其中，刀盘中心点在结体坐标系 $\{A'\}$ 中的坐标为 $^{A'}\boldsymbol{O}_{A'}\boldsymbol{C} = \begin{bmatrix} l_c & 0 & 0 \end{bmatrix}^\mathrm{T}$。末端执行器姿态变换矩阵 $^A_{A'}\boldsymbol{R}$ 的值为：

$$^A_{A'}\boldsymbol{R} = \begin{bmatrix} \cos\gamma & -\sin\gamma & 0 \\ \sin\gamma & \cos\gamma & 0 \\ 0 & 0 & 1 \end{bmatrix} \tag{7-51}$$

因为盾构机上 C 点与设计轨迹上 M 点重合，所以根据式(7-50)可得：

$$^A\boldsymbol{r}_{O_{A'}} = {}^A\boldsymbol{r}_M - {}^A_{A'}\boldsymbol{R}\,^{A'}\boldsymbol{O}_{A'}\boldsymbol{M} \tag{7-52}$$

结体坐标系$\{A'\}$原点的速度${}^A\boldsymbol{v}_{A'}$和加速度${}^A\boldsymbol{a}_{A'}$可以通过式(7-52)两端分别对时间求一阶导数和二阶导数获得。式(7-52)两端对时间求导可得：

$${}^A\boldsymbol{v}_{A'} = {}^A\boldsymbol{v}_M - {}^A_{A'}\dot{\boldsymbol{R}}\boldsymbol{O}_{A'}\boldsymbol{M} \tag{7-53}$$

式(7-53)两端对时间求导可得：

$${}^A\boldsymbol{a}_{A'} = {}^A\boldsymbol{a}_M - \boldsymbol{\varepsilon} \times ({}^A_{A'}\boldsymbol{R}\boldsymbol{O}_{A'}\boldsymbol{M}) - \boldsymbol{\omega} \times [\boldsymbol{\omega} \times ({}^A_{A'}\boldsymbol{R}\boldsymbol{O}_{A'}\boldsymbol{M})] \tag{7-54}$$

式中：$\boldsymbol{\omega}$、$\boldsymbol{\varepsilon}$——分别为盾构机沿隧道设计轴线掘进时，盾构机转动角速度和角加速度向量。

动点 M 的加速度为：

$${}^A\boldsymbol{a}_M = \frac{\mathrm{d}(v\boldsymbol{\tau}_M)}{\mathrm{d}t} = \frac{\mathrm{d}v}{\mathrm{d}t}\boldsymbol{\tau}_M + \frac{v^2}{\rho_M}\boldsymbol{n}_M \tag{7-55}$$

根据上述分析，盾构机分别沿直线形、圆曲线形、缓和曲线形隧道设计轴线前进时，推进并联机构末端执行器位姿参数如下：

盾构机沿直线形隧道设计轴线掘进时盾构机随体坐标系中心点 $O_{A'}$ 的坐标为：

$${}^A\boldsymbol{r}_{O_{A'}} = [s+L \quad 0 \quad 0]^\mathrm{T} \tag{7-56}$$

盾构机沿直线形隧道设计轴线掘进时盾构机姿态角为：

$$[\alpha \quad \beta \quad \gamma]^\mathrm{T} = [0 \quad 0 \quad 0]^\mathrm{T} \tag{7-57}$$

盾构机沿圆曲线形隧道设计轴线掘进时盾构机随体坐标系中心点 $O_{A'}$ 的坐标为：

$${}^A\boldsymbol{r}_{O_{A'}} = \begin{bmatrix} \rho_c\sin\gamma + L + l_c(1-\cos\gamma) \\ \rho_c(1-\cos\gamma) - l_c\sin\gamma \\ 0 \end{bmatrix} \tag{7-58}$$

盾构机沿圆曲线形隧道设计轴线掘进时盾构机姿态角为：

$$[\alpha \quad \beta \quad \gamma]^\mathrm{T} = \left[0 \quad 0 \quad \frac{s}{\rho_c}\right]^\mathrm{T} \tag{7-59}$$

盾构机沿缓和曲线形隧道设计轴线掘进时盾构机随体坐标系中心点 $O_{A'}$ 的坐标为：

$${}^A\boldsymbol{r}_{O_{A'}} = \begin{bmatrix} L + l_c(1-\cos\gamma) + \dfrac{A^2}{\rho_M} - \dfrac{A^6}{40\rho_M^5} + \dfrac{A^{10}}{3456\rho_M^9} - \dfrac{A^{14}}{599040\rho_M^{13}} \\ -l_c\sin\gamma + \dfrac{A^4}{6\rho_M^3} - \dfrac{A^8}{336\rho_M^7} - \dfrac{A^{12}}{42240\rho_M^{11}} - \dfrac{A^{16}}{9676800\rho_M^{15}} \\ 0 \end{bmatrix} \tag{7-60}$$

盾构机沿缓和曲线形隧道设计轴线掘进时盾构机姿态角为：

$$[\alpha \quad \beta \quad \gamma]^\mathrm{T} = \left[0 \quad 0 \quad \frac{s^2}{2A^2}\right]^\mathrm{T} \tag{7-61}$$

7.5 盾构机各分区推进液压缸目标运动特性分析

7.5.1 盾构机推进并联机构运动学分析

根据隧道设计轴线,求解盾构机分区推进液压缸目标运动特性是实现以盾构机推进液压缸运动特性为控制对象的盾构机姿态控制的基础,这为控制各分区液压缸输出位移和速度提供目标参数。在完成隧道设计轴线与盾构机目标位姿参数化基础上,对盾构机推进系统各分区液压目标位移的求解可以根据盾构机推进并联机构位置分析获得。由盾构机推进并联机构驱动约束方程可得:

$$^A\boldsymbol{O}_A\boldsymbol{O}_{A'} + ^A_{A'}\boldsymbol{R}^{A'}\boldsymbol{O}_{A'}\boldsymbol{M}_i - ^A\boldsymbol{O}_A\boldsymbol{B}_i = ^A\boldsymbol{\tau}_i(L+l_i) \tag{7-62}$$

其中,向量 $^A\boldsymbol{O}_A\boldsymbol{O}_{A'}$ 对应式(7-15)中的结体坐标系中心点 $O_{A'}$ 在固定坐标系 $\{A\}$ 中的坐标,姿态变换矩阵 $^A_{A'}\boldsymbol{R}$ 可以通过盾构机姿态角解得,因此可以通过式(7-62)得到盾构机沿隧道设计轴线掘进时各分区推进液压缸的目标位移。

盾构机各液压缸行程为:

$$l_i = ^A\boldsymbol{B}_i\boldsymbol{M}_i \cdot ^A\boldsymbol{\tau}_i - L \tag{7-63}$$

式中:$^A\boldsymbol{B}_i\boldsymbol{M}_i$ ——第 i 个推进液压缸前后球面副中心矢量,其表达式为:

$$^A\boldsymbol{B}_i\boldsymbol{M}_i = ^A\boldsymbol{O}_A\boldsymbol{O}_{A'} + ^A_{A'}\boldsymbol{R}^{A'}\boldsymbol{O}_{A'}\boldsymbol{M}_i - ^A\boldsymbol{O}_A\boldsymbol{B}_i \tag{7-64}$$

为求解盾构机推进系统各分区液压目标速度,式(7-64)两端对时间求导可得:

$$\frac{d(^A\boldsymbol{O}_A\boldsymbol{O}_{A'} + ^A_{A'}\boldsymbol{R}^{A'}\boldsymbol{O}_{A'}\boldsymbol{M}_i - ^A\boldsymbol{O}_A\boldsymbol{B}_i)}{dt} = \frac{d^A\boldsymbol{\tau}_i}{dt}(L+l_i) + ^A\boldsymbol{\tau}_i\frac{dl_i}{dt} \tag{7-65}$$

可进一步表示为:

$$^A\boldsymbol{v}_{A'} + ^A_{A'}\dot{\boldsymbol{R}}^{A'}\boldsymbol{O}_{A'}\boldsymbol{M}_i = ^A\boldsymbol{\omega}_i \times ^A\boldsymbol{\tau}_i(L+l_i) + ^A\boldsymbol{\tau}_i\dot{l}_i \tag{7-66}$$

式中:$^A\boldsymbol{\omega}_i$ ——第 i 个推进液压缸相对于定坐标系的角速度。

假定盾构机相对于定坐标系的角速度为 $\boldsymbol{\omega} = [\omega_x \quad \omega_y \quad \omega_z]^T$,坐标系的旋转变换矩阵 $^A_{A'}\boldsymbol{R}$ 为正交矩阵,根据本章参考文献[26]可知:

$$\hat{\boldsymbol{\omega}} = ^A_{A'}\dot{\boldsymbol{R}}^A_{A'}\boldsymbol{R}^T = \begin{bmatrix} 0 & -\omega_z & \omega_y \\ \omega_z & 0 & -\omega_x \\ -\omega_y & \omega_x & 0 \end{bmatrix} \tag{7-67}$$

综合式(7-66)和式(7-67)可得:

$$^A\boldsymbol{v}_{A'} + \hat{\boldsymbol{\omega}}^A_{A'}\boldsymbol{R}^{A'}\boldsymbol{O}_{A'}\boldsymbol{M}_i = ^A\hat{\boldsymbol{\omega}}_i{}^A\boldsymbol{\tau}_i(L+l_i) + ^A\boldsymbol{\tau}_i\dot{l}_i \tag{7-68}$$

由式(7-68)得到各推进液压活塞杆的运动速度、液压缸缸筒摆动速度为:

$$\dot{l}_i = {}^A\boldsymbol{\tau}_i \cdot {}^A\boldsymbol{v}_{Mi} \quad (7\text{-}69)$$

$$^A\boldsymbol{\omega}_i = \frac{1}{L+l_i} {}^A\hat{\boldsymbol{\tau}}_i {}^A\boldsymbol{v}_{Mi} \quad (7\text{-}70)$$

式中：$^A\boldsymbol{v}_{Mi}$——第 i 个推进液压缸前球面副中心速度，其表达式为：

$$^A\boldsymbol{v}_{Mi} = {}^A\boldsymbol{v}_{A'} + \hat{\boldsymbol{\omega}}_{A'}^A \boldsymbol{R}^{A'} \boldsymbol{O}_{A'} \boldsymbol{M}_i \quad (7\text{-}71)$$

为求解盾构机推进系统各分区液压目标加速度，式(7-31)两端对时间求导可得：

$$^A\boldsymbol{a}_{A'} + \hat{\boldsymbol{\varepsilon}}_{A'}^A \boldsymbol{R}^{A'} \boldsymbol{O}_{A'} \boldsymbol{M}_i + \hat{\boldsymbol{\omega}}({}_{A'}^A\hat{\boldsymbol{\omega}}\boldsymbol{R}^{A'}\boldsymbol{O}_{A'}\boldsymbol{M}_i)$$
$$= {}^A\hat{\boldsymbol{\varepsilon}}_i^A \boldsymbol{\tau}_i(L+l_i) + {}^A\hat{\boldsymbol{\omega}}_i[{}^A\hat{\boldsymbol{\omega}}_i^A\boldsymbol{\tau}_i(L+l_i) + {}^A\boldsymbol{\tau}_i \dot{l}_i] + {}^A\hat{\boldsymbol{\omega}}_i^A\boldsymbol{\tau}_i \dot{l}_i + {}^A\boldsymbol{\tau}_i \ddot{l}_i \quad (7\text{-}72)$$

式中：$\hat{\boldsymbol{\omega}}$——盾构机相对于定坐标系的角加速度；

$^A\boldsymbol{a}_{A'}$——结体坐标系原点 $O_{A'}$ 相对于定坐标系 $\{A\}$ 的加速度(包含切向和法向加速度)；

$^A\hat{\boldsymbol{\varepsilon}}_i$——第 i 个推进液压缸相对于定坐标系 $\{A\}$ 的角加速度。

该式等号左右两侧的物理意义均为第 i 个推进液压缸前球面副中心点的绝对加速度，左侧为由末端执行器运动状态得到的加速度，右侧为由推进液压缸的实际运动状态得到的加速度，这与通过牵连运动为转动的运动合成方法获得的结果是相同的。

由式(7-72)可得，各推进液压缸活塞杆的运动加速度和液压缸转动的角加速度分别为：

$$\ddot{l}_i = {}^A\boldsymbol{\tau}_i \cdot {}^A\boldsymbol{a}_{Mi} \quad (7\text{-}73)$$

$$^A\boldsymbol{\varepsilon}_i = \frac{1}{L+l_i} {}^A\hat{\boldsymbol{\tau}}_i {}^A\boldsymbol{a}_{Mi} - \frac{2{}^A\boldsymbol{\omega}_i \dot{l}_i}{L+l_i} \quad (7\text{-}74)$$

式中：$^A\boldsymbol{a}_{Mi}$——第 i 个推进液压缸前球面副中心加速度，其表达式为：

$$^A\boldsymbol{a}_{Mi} = {}^A\boldsymbol{a}_{A'} + \hat{\boldsymbol{\varepsilon}}_{A'}^A \boldsymbol{R}^{A'} \boldsymbol{O}_{A'} \boldsymbol{M}_i + \hat{\boldsymbol{\omega}}(\hat{\boldsymbol{\omega}}_{A'}^A \boldsymbol{R}^{A'} \boldsymbol{O}_{A'} \boldsymbol{M}_i) \quad (7\text{-}75)$$

7.5.2 由盾构机位姿决定的盾构机目标运动特性分析

通过各推进液压缸长度矢量、前球面副中心速度矢量和加速度矢量，可以计算盾构机沿某一路径前进时各推进液压缸行程、速度、加速度，以及缸筒摆动的角度、角速度和角加速度。盾构机分别沿直线形、圆曲线形、缓和曲线形隧道设计轴线前进时各分区液压缸目标长度矢量、前球面副中心速度矢量和加速度矢量计算如下：

1）盾构机沿直线形隧道设计轴线前进

根据式(7-64)可得第 i 个推进液压缸长度矢量为：

$$^A\boldsymbol{B}_i\boldsymbol{M}_i = \begin{bmatrix} L+s \\ 0 \\ 0 \end{bmatrix} \quad (7\text{-}76)$$

根据式(7-71)可得第 i 个推进液压缸前球面副中心速度矢量为：

$$^A\boldsymbol{v}_{Mi} = \begin{bmatrix} v & 0 & 0 \end{bmatrix}^T \quad (7\text{-}77)$$

根据式(7-75)可得第 i 个推进液压缸前球面副中心加速度矢量为：

$$^A\boldsymbol{a}_{Mi} = \begin{bmatrix} \dfrac{\mathrm{d}v}{\mathrm{d}t} & 0 & 0 \end{bmatrix}^{\mathrm{T}} \tag{7-78}$$

根据式(7-76)、式(7-77)和式(7-78)可知，当隧道设计轴线为直线时，盾构机各推进液压缸运动规律完全相同，并与盾构机整体的运动规律相同。

2) 盾构机沿圆曲线形隧道设计轴线前进

根据式(7-64)可得第 i 个推进液压缸长度矢量为：

$$^A\boldsymbol{B}_i\boldsymbol{M}_i = \begin{bmatrix} \rho_\mathrm{c}\sin\gamma - \dfrac{D_\mathrm{c}}{2}\sin\gamma\cos\dfrac{2\pi(i-1)}{n} + L + l_\mathrm{c}(1-\cos\gamma) \\ \rho_\mathrm{c}(1-\cos\gamma) + \dfrac{D_\mathrm{c}}{2}\cos\gamma\cos\dfrac{2\pi(i-1)}{n} - \dfrac{D_\mathrm{c}}{2}\cos\dfrac{2\pi(i-1)}{n} - l_\mathrm{c}\sin\gamma \\ 0 \end{bmatrix} \tag{7-79}$$

根据式(7-71)可得第 i 个推进液压缸前球面副中心速度矢量为：

$$^A\boldsymbol{v}_{Mi} = \begin{bmatrix} \dot{\gamma}\left[\rho_\mathrm{c}\cos\gamma + l_\mathrm{c}\sin\gamma - \dfrac{D_\mathrm{c}}{2}\cos\gamma\cos\dfrac{2\pi(i-1)}{n}\right] \\ \dot{\gamma}\left[\rho_\mathrm{c}\sin\gamma - l_\mathrm{c}\cos\gamma - \dfrac{D_\mathrm{c}}{2}\sin\gamma\sin\dfrac{2\pi(i-1)}{n}\right] \\ 0 \end{bmatrix} \tag{7-80}$$

根据式(7-75)可得第 i 个推进液压缸前球面副中心加速度矢量为：

$$^A\boldsymbol{a}_{Mi} = \begin{bmatrix} \dfrac{\mathrm{d}v}{\mathrm{d}t}\cos\gamma - \dfrac{v^2}{\rho_\mathrm{c}}\sin\gamma + \ddot{\gamma}\left[l_\mathrm{c}\sin\gamma - \dfrac{D_\mathrm{c}}{2}\cos\gamma\cos\dfrac{2\pi(i-1)}{n}\right] + \dot{\gamma}^2\left[l_\mathrm{c}\cos\gamma + \dfrac{D_\mathrm{c}}{2}\sin\gamma\cos\dfrac{2\pi(i-1)}{n}\right] \\ \dfrac{\mathrm{d}v}{\mathrm{d}t}\sin\gamma + \dfrac{v^2}{\rho_\mathrm{c}}\cos\gamma + \ddot{\gamma}\left[-l_\mathrm{c}\cos\gamma - \dfrac{D_\mathrm{c}}{2}\sin\gamma\sin\dfrac{2\pi(i-1)}{n}\right] + \dot{\gamma}^2\left[l_\mathrm{c}\sin\gamma - \dfrac{D_\mathrm{c}}{2}\cos\gamma\sin\dfrac{2\pi(i-1)}{n}\right] \\ 0 \end{bmatrix}$$

$$\tag{7-81}$$

3) 盾构机沿缓和曲线形隧道设计轴线前进

根据式(7-64)可得第 i 个推进液压缸长度矢量为：

$$^A\boldsymbol{B}_i\boldsymbol{M}_i = \begin{bmatrix} L + l_\mathrm{c}(1-\cos\gamma) - \dfrac{D_\mathrm{c}}{2}\sin\gamma\cos\dfrac{2\pi(i-1)}{n} + \dfrac{A^2}{\rho_M} - \dfrac{A^6}{40\rho_M^5} + \dfrac{A^{10}}{3456\rho_M^9} - \dfrac{A^{14}}{599040\rho_M^{13}} \\ -l_\mathrm{c}\sin\gamma - \dfrac{D_\mathrm{c}}{2}(1-\cos\gamma)\cos\dfrac{2\pi(i-1)}{n} + \dfrac{A^4}{6\rho_M^3} - \dfrac{A^8}{336\rho_M^7} - \dfrac{A^{12}}{42240\rho_M^{11}} - \dfrac{A^{16}}{9676800\rho_M^{15}} \\ 0 \end{bmatrix}$$

$$\tag{7-82}$$

根据式(7-71)可得第 i 个推进液压缸前球面副中心速度矢量为：

$$^A\boldsymbol{v}_{Mi} = \begin{bmatrix} v\cos\gamma + \dot{\gamma}\left[l_c\sin\gamma - \dfrac{D_c}{2}\cos\gamma\cos\dfrac{2\pi(i-1)}{n}\right] \\ v\sin\gamma - \dot{\gamma}\left[l_c\cos\gamma + \dfrac{D_c}{2}\sin\gamma\sin\dfrac{2\pi(i-1)}{n}\right] \\ 0 \end{bmatrix} \tag{7-83}$$

根据式(7-75)可得第 i 个推进液压缸前球面副中心加速度矢量为：

$$^A\boldsymbol{a}_{Mi} = \begin{bmatrix} \dfrac{\mathrm{d}v}{\mathrm{d}t}\cos\gamma - \dfrac{v^2}{\rho_M}\sin\gamma + \ddot{\gamma}\left[l_c\sin\gamma - \dfrac{D_c}{2}\cos\gamma\cos\dfrac{2\pi(i-1)}{n}\right] + \dot{\gamma}^2\left[l_c\cos\gamma + \dfrac{D_c}{2}\sin\gamma\cos\dfrac{2\pi(i-1)}{n}\right] \\ \dfrac{\mathrm{d}v}{\mathrm{d}t}\sin\gamma + \dfrac{v^2}{\rho_M}\cos\gamma + \ddot{\gamma}\left[-l_c\cos\gamma - \dfrac{D_c}{2}\sin\gamma\sin\dfrac{2\pi(i-1)}{n}\right] + \dot{\gamma}^2\left[l_c\sin\gamma - \dfrac{D_c}{2}\cos\gamma\sin\dfrac{2\pi(i-1)}{n}\right] \\ 0 \end{bmatrix} \tag{7-84}$$

7.6 盾构机推进系统数学模型

7.6.1 推进电液控制系统数学模型

直径 3m 盾构机单一分区推进液压缸控制原理见图 7-32。该盾构机推进液压缸同时具有两种控制方式，通过换向阀 2 可以实现两种控制方式的切换。为对推进姿态和轨迹控制的有效性进行数值模拟验证，分别建立了两种盾构机电液控制系统的数学模型。

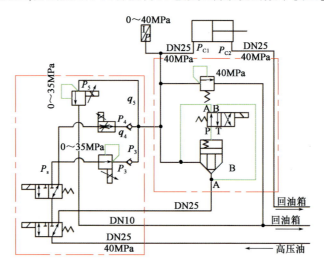

图 7-32 推进液压缸控制原理图
注：图右侧中间的 A、B 分别表示液压阀的出油口和回油口；图右下方的 A、B 分别表示液压阀的进油口和出油口。

1）比例减压阀数学模型

采用三通比例减压阀控制的盾构机推进系统，可以通过改变减压阀比例电磁铁控制电流来改变减压阀出口的最高工作压力，控制推进液压缸输出推进力的最大值；另外，当负载压力过高或出现突变载荷时,三通减压阀还可以通过泄压通道,防止异常工况引起的高压对系统的损害。图 7-33 所示为推进系统使用的先导式比例减压阀工作原理图。

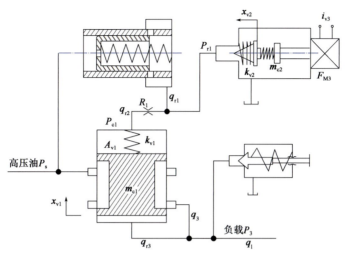

图 7-33　先导式比例减压阀工作原理图

从原理图 7-33 中可以看出,流经先导阀的控制油来自主阀进油口,先导阀流量在流量稳定器的作用下基本保持稳定,而不受主阀压力和主油路流量变化的影响。比例减压阀先导级阀芯动力学方程为:

$$F_{M3} + F_{yv2} - P_{r1}A_{v2} = m_{c2}\frac{d^2x_{v2}}{dt^2} + B_{v2}\frac{dx_{v2}}{dt} + K_{v2}(x_{v20} + x_{v2}) \quad (7-85)$$

式中:F_{M3}——比例电磁铁输出力;
F_{yv2}——稳态液动力;
K_{v2}——等效弹簧刚度;
x_{v20}——弹簧初始压缩量;
x_{v2}——阀芯位移量;
m_{c2}——阀芯质量;
A_{v2}——阀口面积;
B_{v2}——黏性摩擦系数。

阻尼孔 R_1 的流量连续性方程为:

$$q_{r2} = \alpha_{r1}A_{r1}\sqrt{\frac{2}{\rho}(P_{c1} - P_{r1})} = A_{v1}\frac{dx_{v1}}{dt} - \frac{V_{c1}}{\beta}\frac{dP_{c1}}{dt} \quad (7-86)$$

式中:V_{c1}——减压阀主阀敏感腔容积;
α_{r1}——节流孔 R_1 的流量系数;
A_{r1}——节流孔 R_1 的通流面积;
β——油液体积弹性模量;
ρ——液压油密度。

当主阀出口处负载压力还未达到设定压力时,主阀阀口全开,系统压力由负载决定。当主阀出口处负载压力达到减压阀设定压力时,比例减压阀主阀阀芯运动方程为:

$$(P_3 - P_{c1})A_{v1} + F_{yv1} = m_{c1}\frac{d^2 x_{v1}}{dt^2} + B_{v1}\frac{dx_{v1}}{dt} + K_{v1}(x_{v10} + x_{v1}) \quad (7\text{-}87)$$

式中：A_{v1}——阀芯受压面积；
F_{yv1}——稳态液动力；
x_{v10}——弹簧初始压缩量；
x_{v1}——阀芯位移量；
m_{c1}——阀芯质量；
B_{v1}——黏性摩擦系数；
K_{v1}——等效弹簧刚度。

当主阀出口处负载压力达到减压阀设定压力时，主阀流量方程为：

$$q_3 = \alpha_3 A_3(x_{v1})\sqrt{\frac{2}{\rho}(P_s - P_3)} \quad (7\text{-}88)$$

式中：α_3——减压阀主阀阀口的流量系数；
$A_3(x_{v1})$——主阀阀芯位移等于 x_{v1} 时的通流面积。

在三通减压阀的非溢流工况，进入液压缸的负载流量为：

$$q_l = q_3 - A_{v1}\frac{dx_{v1}}{dt} \quad (7\text{-}89)$$

2）比例调速阀数学模型

另外一类盾构机推进液压系统采用比例调速阀设定推进系统分区流量，图 7-34 所示为选用的比例调速阀工作原理图。

比例调速阀的减压阀阀芯运动方程为：

$$P_{s3}A_{v5} + P_{s2}(A_{v4} - A_{v5}) + F_{yv4} - P_4 A_{v4}$$
$$= m_{c4}\frac{d^2 x_{v4}}{dt^2} + B_{v4}\frac{dx_{v4}}{dt} + K_{v4}(x_{v40} + x_{v4}) \quad (7\text{-}90)$$

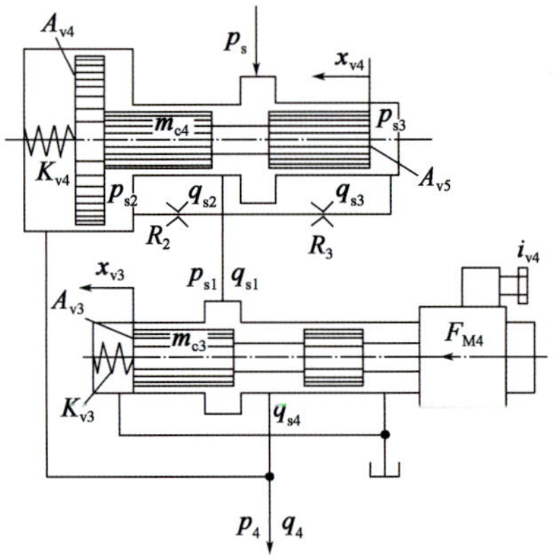

图 7-34 比例调速阀工作原理图

式中：A_{v4}、A_{v5}——阀芯受压面积；
F_{yv4}——稳态液动力；
x_{v40}——弹簧初始压缩量；
x_{v4}——阀芯位移量；
m_{c4}——节流阀阀芯质量；
B_{v4}——黏性摩擦系数；
K_{v4}——等效弹簧刚度。

液阻 R2、R3 的流量方程分别为：

$$q_{s2} = \alpha_{R2} A_{R2} \cdot \text{sign}\left(\frac{dx_{v4}}{dt}\right)\sqrt{\frac{2}{\rho}(P_{s1} - P_{s2}) \cdot \text{sign}\left(\frac{dx_{v4}}{dt}\right)} = (A_{v4} - A_{v5})\frac{dx_{v4}}{dt} \quad (7\text{-}91)$$

$$q_{s3} = \alpha_{R3} A_{R3} \cdot \text{sign}\left(\frac{dx_{v4}}{dt}\right)\sqrt{\frac{2}{\rho}(p_{s1} - p_{s3}) \cdot \text{sign}\left(\frac{dx_{v4}}{dt}\right)} = A_{v5}\frac{dx_{v4}}{dt} \quad (7\text{-}92)$$

式中:α_{R2}、α_{R3}——分别为液阻 R2、R3 的流量系数;

$\text{sign}(x)$——符号函数,作用为取变量 x 的符号;

A_{R2}、A_{R3}——分别为液阻 R2、R3 的通流面积,通过 R2、R3 的流量以进入活塞腔为正。

比例调速阀的节流阀阀芯运动方程为:

$$F_{M4} + F_{yv3} = m_{c3}\frac{d^2 x_{v3}}{dt^2} + B_{v3}\frac{dx_{v3}}{dt} + K_{v3}(x_{v30} + x_{v3}) \tag{7-93}$$

式中:F_{M4}——比例电磁铁输出力;

F_{yv3}——稳态液动力;

x_{v30}——弹簧初始压缩量;

x_{v3}——阀芯位移量;

m_{c3}——节流阀阀芯移动部件的等效质量;

B_{v3}——与黏性摩擦有关的阻尼系数;

K_{v3}——等效弹簧刚度。

比例调速阀的节流阀阀口流量方程为:

$$q_{s4} = \alpha_l A(x_{v3})\sqrt{\frac{2}{\rho}(p_{s1} - p_4)} \tag{7-94}$$

式中:α_l——节流阀的流量系数;

$A(x_{v3})$——节流阀阀芯位移等于 x_{v3} 时的通流面积。

忽略调速阀输出口压力变化引起的减压阀左腔的油液压缩量的变化,比例调速阀输出流量为:

$$q_4 = q_{s4} + A_{v4}\frac{dx_{v4}}{dt} \tag{7-95}$$

3) 比例溢流阀数学模型

推进系统采用直动式比例溢流阀,其工作原理如图 7-35 所示。

比例溢流阀阀芯运动方程为:

$$F_{M5} + F_{yv5} - P_5 A_{v5} = m_{c5}\frac{d^2 x_{v5}}{dt^2} + B_{v5}\frac{dx_{v5}}{dt} + K_{v5}(x_{v50} + x_{v5}) \tag{7-96}$$

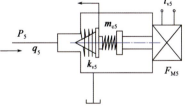

图 7-35 直动式比例溢流阀工作原理图

式中:F_{M5}——比例电磁铁推力;

F_{yv5}——稳态液动力;

x_{v50}——弹簧初始压缩量;

x_{v5}——阀芯位移量;

A_{v5}——阀口面积;

m_{c5}——节流阀阀芯质量;

B_{v5}——黏性摩擦系数;

K_{v5}——等效弹簧刚度。

比例溢流阀流量方程为：

$$q_5 = \alpha_5 A(x_{v5}) \sqrt{\frac{2}{\rho} P_5} \tag{7-97}$$

式中：α_5——溢流阀的流量系数；
$A(x_{v5})$——阀芯位移等于 x_{v5} 时通流面积。

如果将系统中与比例调速阀出口相连的单向阀的压降看作常数，比例调速阀出口压力 P_4 与比例溢流阀进油口压力 P_5 之间的关系为：

$$P_4 = P_{cv} + P_5 \tag{7-98}$$

式中：P_{cv}——单向阀压降。

比例电磁铁稳态输出力与控制电流关系为：

$$F_M = K_{fc} i_v \tag{7-99}$$

式中：K_{fc}——比例电磁铁的电流-力增益；
i_v——比例电磁铁控制电流。

针对比例减压阀控制系统，推进液压缸的流量连续性方程为：

$$q_3 - A_{v1}\frac{dx_{v1}}{dt} = A_{c1}\frac{dl_i}{dt} + C_{ip}(P_{ci1} - P_{ci2}) + C_{ep}P_{ci1} + \frac{V_{c1}}{\beta_e}\frac{dP_{ci1}}{dt} \tag{7-100}$$

式中：C_{ip}——液压缸内泄漏系数；
C_{ep}——液压缸外泄漏系数；
V_{c1}——推进液压缸无杆腔容积（包含管道、阀和无杆腔容积）；
β_e——有效体积弹性模量；
P_{ci1}——推进液压缸无杆腔工作压力；
P_{ci2}——推进液压缸有杆腔工作压力。

针对比例调速阀＋比例溢流阀控制系统，推进液压缸的流量连续性方程为：

$$q_4 - q_5 = A_{c1}\frac{dl_i}{dt} + C_{ip}(P_{ci1} - P_{ci2}) + C_{ep}P_{ci1} + \frac{V_{c1}}{\beta_e}\frac{dP_{ci1}}{dt} \tag{7-101}$$

7.6.2 推进系统驱动力与驱动力矩模型

盾构机向前推进时，第 i 个推进液压缸的动力学方程为：

$$P_{ci1}A_{c1} - P_{ci2}A_{c2} - F_i - m_c\frac{d^2 l_i}{dt^2} - B_c\frac{dl_i}{dt} = 0 \tag{7-102}$$

式中：A_{c1}——推进液压缸无杆腔作用面积；
A_{c2}——推进液压缸有杆腔作用面积；
F_i——第 i 个液压缸所受的外载荷；
m_c——液压缸活塞和活塞杆等效质量；
B_c——活塞黏性阻尼系数。

在调速阀系统和减压阀系统中推进液压缸无杆腔的工作压力分别为：

$$P_{ci1} = P_5 - P_{hl1} \tag{7-103}$$

$$P_{ci1} = P_3 - P_{cv} - P_{hl1} \tag{7-104}$$

式中：P_{hl1}——液压缸无杆腔管路的沿程损失和管接头局部损失之和。

在盾构机向前推进过程中，推进液压缸有杆腔的工作压力为：

$$P_{ci2} = P_{hl2} \tag{7-105}$$

式中：P_{hl2}——液压缸有杆腔管路的沿程损失和管接头局部损失之和。

根据所建立的坐标系及盾构机推进液压缸安装位置关系，第 i 个推进液压缸对盾构机的驱动力为：

$$^A\boldsymbol{F}_{ci} = (P_{ci1}A_{c1} - P_{ci2}A_{c2})\,^A\boldsymbol{\tau}_i \tag{7-106}$$

液压缸驱动力作用点的坐标为：

$$^A\boldsymbol{r}_{M_i} = {^A\boldsymbol{O}_A\boldsymbol{O}_{A'}} + {^A_{A'}\boldsymbol{R}}\,\boldsymbol{O}_{A'}\boldsymbol{M}_i \tag{7-107}$$

各盾构机推进液压缸推进力对盾构机结体坐标系中心产生的驱动力矩为：

$$^A\boldsymbol{T}_{ci} = (P_{ci1}A_{c1} - P_{ci2}A_{c2})\,^A\hat{\boldsymbol{\tau}}_{iA'}\,^A_{A'}\boldsymbol{R}\,\boldsymbol{O}_{A'}\boldsymbol{M}_i \tag{7-108}$$

7.6.3 地层对盾构机壳体的约束力和约束力矩

盾构机在地层中掘进的运动状态是由机械系统与施工地层环境相互作用的决定的，盾构机在运动过程中始终受到地层约束力的作用，而地层对于盾构机约束力的大小、方向和性质不仅仅由地层参数决定，而且是盾构机结构参数、操作参数和地层条件综合作用的结果。盾构机载荷分析和研究对于合理设定盾构机操作参数及进行盾构机正向设计均有重要意义，因此针对载荷的分析和计算方法，诸多学者开展了广泛研究工作。本书针对盾构机载荷分析主要限于分析盾构机位姿变化过程中的载荷变化情况，从而为盾构机位姿控制的数值模拟提供约束条件。

盾构机在掘进过程中受到的载荷主要有自身重力、盾尾力、推进液压缸推进力，以及作用在刀盘上的和盾壳上的水、土压力。本书主要分析盾构机轴向载荷和与盾构机姿态调整相关的约束力矩。盾构机掘进过程中，轴向所受阻力主要有刀盘正面阻力、盾构机壳体摩擦力、盾尾密封刷处摩擦力和后配套装置的阻力。根据是否受推进速度影响，可以这些轴向阻力分为两类：随盾构机推进速度变化而变化的力，如刀盘正面阻力；不随刀盘速度变化而变化的力，如盾构机壳体摩擦力。

刀盘面板的挤土效应是刀盘正面阻力受推进速度影响的原因，刀盘面板与原始地层间的相对位移使作用在刀盘面板上的土压力不再是静止侧向土压力，而是随相对位移变化的主/被动土压力。刀盘转动越慢，推进速度越快，挤土作用越明显，盾构机推进阻力越大；反之，挤土作用越不明显，盾构机推进阻力越小。根据相关参考文献，可以对刀盘面板各处泥土的压缩量进行分析，刀盘面板各处泥土的压缩量可以根据以下公式进行估算：

$$L = v\frac{\theta}{360n} \tag{7-109}$$

式中：L——泥土的压缩量；

v——盾构机推进速度；

n——刀盘转速；

θ——面板所对应的圆心角。

以图 7-36 所示直径 1.8m 模拟盾构机的刀盘为例，在盾构机推进过程中，随着刀盘转动泥土会从面板间的空隙进入密封仓，然后由螺旋输送机排出盾构机，位于面板处的泥土在进入密封仓之前会受到面板的挤压作用，产生随刀盘转速和推进速度变化的附加应力。图 7-37 是在给定参数条件下的刀盘面板上各位置地层位移分析结果，刀盘开口处由于不存在刀盘面板的挤压作用，地层挤压位移为 0，沿着刀盘转动方向，即将进入密封仓的泥土的相对位移最大，相对位移大小直接影响土压力的大小。

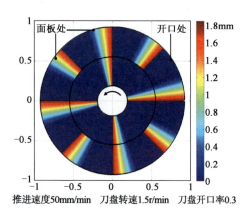

图 7-36　ϕ1.8m 模拟盾构机的刀盘正面视图　　图 7-37　刀盘面板各处地层压缩量

综合考虑轴向阻力中随推进速度变化和不变的因素，盾构机轴向阻力和推进速度的动态关系可以采用线性关系来描述，因此盾构机轴向载荷可表示为：

$$^A\boldsymbol{F}_{ra} = (av+b)\,^A_{A'}(\boldsymbol{R})\begin{bmatrix} 1 & 0 & 0 \end{bmatrix}^{\mathrm{T}} \tag{7-110}$$

式中：a、b——与地层参数、盾构机结构参数以及刀盘转速等盾构机操作参数相关的系数，其值可以通过对该型盾构机的施工数据拟合分析获得。

盾构机姿态调整过程中姿态的改变会引起与盾构机壳体接触地层的相对位移，从而改变地层的主被动土压力状态，使得盾构机壳体各处受到的土压力发生改变，产生阻碍盾构机进行姿态调整的力矩。为对盾构机姿态调整过程中地层阻力矩进行分析，需要分析盾构机姿态调整过程中与盾构机壳体接触地层的变形量。在分析地层变形量的过程中借鉴了 Mitsutaka Sugimoto 的方法，将盾构机沿轴向分为 m 个单元，沿周向分为 n 个单元，这样盾构机壳体被分成 $m \times n$ 个单元，分析过程中假定每一个单元引起的地层位移相同，所受土压力相同。

盾构机壳体轴向第 i 个单元中心距离刀盘面的距离为：

$$l_{si} = \frac{L_s}{2m}(2i-1) \qquad (i=1,2,\cdots,m) \tag{7-111}$$

式中：L_s——盾构机前盾和中盾总长度；

i——轴向单元序号，序号由刀盘向盾尾方向依次增大。

周向第 j 个单元中心与 y 轴正方向的角度为：

$$\theta_j = (j-1)\frac{2\pi}{n} \qquad (j=1,2,\cdots,n) \tag{7-112}$$

式中：j——周向单元序号，中心位于坐标系$\{A'\}$ y轴正方向的为第1个单元，沿顺时针方向（从盾尾向前看）依次增大。

如图7-38所示，盾构机壳体上第(i,j)个单元中心点在盾构机结体坐标系$\{A'\}$下的坐标为：

$$^{A'}\boldsymbol{r}_{ij} = \begin{bmatrix} l_c - \dfrac{L_s}{2m}(2i-1) \\ \dfrac{D_c}{2}\cos\dfrac{2\pi(j-1)}{n} \\ \dfrac{D_c}{2}\sin\dfrac{2\pi(j-1)}{n} \end{bmatrix} \tag{7-113}$$

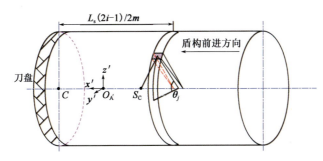

图7-38　盾构机壳体上第(i,j)个单元

在盾构机掘进过程中，设为盾构机刀盘中心点C当前的行程为s，那么盾构机轴向第i个分段中心点在掘进轨迹上的行程为$s-\dfrac{L_s}{2m}(2i-1)$。在已完成的历史掘进段上，假设过去盾构机刀盘中心点C的行程s'等于$s-\dfrac{L_s}{2m}(2i-1)$时刀盘中心的坐标为$^{A}\boldsymbol{r}'_c = [x'_c \ \ y'_c \ \ z'_c]^{\mathrm{T}}$，则盾构机壳体上第$(i,j)$个单元中心与刀盘中心点$C$行程为$s-\dfrac{L_s}{2m}(2i-1)$时的刀盘中心的矢径为：

$$^{A}\boldsymbol{r}'_q = {^{A}\boldsymbol{r}_{O_{A'}}} + {^{A}_{A'}\boldsymbol{R}}\,{^{A'}\boldsymbol{r}_{ij}} - {^{A}\boldsymbol{r}'_c} \tag{7-114}$$

在不使用超挖刀条件下，与盾构机壳体上第(i,j)个单元接触的地层位移为：

$$U_{nij} = |^{A}\boldsymbol{r}'_q| - \dfrac{D}{2} \tag{7-115}$$

图7-39给出了盾构机沿直线轨迹掘进过程中由于盾构机姿态改变产生的地层位移情况，从图中可以看出，虽然横摆角越大，与盾构机壳体相同位置接触的地层位移越大，但是地层位移的分布规律在不同横摆角条件下是相同的，这个计算结果与本章参考文献[10]中的地层位移分析结果具有相同的分布规律。

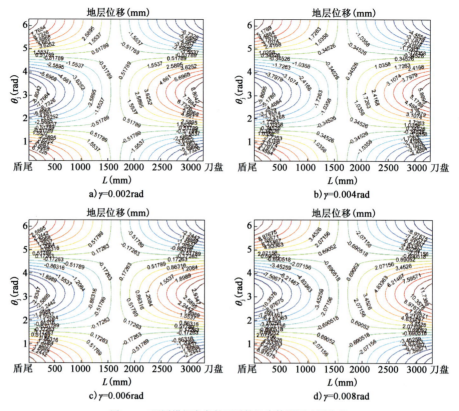

图 7-39 不同横摆角条件下盾构机壳体周围地层位移

盾构机壳体上第(i,j)个单元受到的地层土压力矢量为：

$$^{A'}\boldsymbol{F}_{nij} = K(U_{nij})\sigma_{vij}A_{ij}\begin{bmatrix}0\\\cos\dfrac{2\pi j}{n}\\\sin\dfrac{2\pi j}{n}\end{bmatrix} \quad (7\text{-}116)$$

式中：A_{ij}——第(i,j)个单元的面积；

$K(U_{nij})$——盾构机壳体上第(i,j)个单元处的土压力系数；

σ_{vij}——盾构机壳体上第(i,j)个单元中心所处地层初始竖直土压力。

因此，设盾构机在水平面内的转动中心为盾构机轴线的中点S_c，地层对盾构机壳体约束力产生的盾构机在水平面内的转动阻力矩为：

$$^{A'}\boldsymbol{T}_{eh} = \sum_{i=1}^{m}\sum_{j=1}^{n}\left[\left(^{A'}\boldsymbol{r}_{ij} - {^{A'}\boldsymbol{r}_{S_c}}\right)\times {^{A'}\boldsymbol{F}_{nij}}\cdot\boldsymbol{e}_{z'}\right] \quad (7\text{-}117)$$

式中：$\boldsymbol{e}_{z'}$——盾构机结体坐标系$\{A'\}$坐标轴z'的单位方向向量；

$^{A'}\boldsymbol{r}_{S_c}$——盾构机轴线中点在盾构机结体坐标系$\{A'\}$的矢径。

式(7-116)中的土压力系数表达式为：

$$K(U_{nij}) = K_v(U_{nij})\sin^2\theta_j + K_h(U_{nij})\cos^2\theta_j \quad (7\text{-}118)$$

式中：$K_v(U_{nij})$——竖直土压力系数，其大小为盾构机壳体上第(i,j)个单元中心处竖直土压力与初始竖直土压力比值；

$K_h(U_{nij})$——水平土压力系数，其大小为盾构机壳体上第(i,j)个单元中心处水平土压力与初始竖直土压力的比值。

盾构机壳体上第(i,j)个单元中心处竖直土压力系数和水平土压力系数的计算公式分别为：

$$K_v(U_{nij}) = \begin{cases} (K_{v0} - K_{v\min})\text{th}\left(\dfrac{a_v U_{nij}}{K_{v0} - K_{v\min}}\right) + K_{v0} & （当 U_{nij} \leq 0 时）\\ (K_{v0} - K_{v\max})\text{th}\left(\dfrac{a_v U_{nij}}{K_{v0} - K_{v\max}}\right) + K_{v0} & （当 U_{nij} > 0 时） \end{cases} \quad (7\text{-}119)$$

$$K_h(U_{nij}) = \begin{cases} (K_{h0} - K_{h\min})\text{th}\left(\dfrac{a_h U_{nij}}{K_{h0} - K_{h\min}}\right) + K_{h0} & （当 U_{nij} \leq 0 时）\\ (K_{h0} - K_{h\max})\text{th}\left(\dfrac{a_h U_{nij}}{K_{h0} - K_{h\max}}\right) + K_{h0} & （当 U_{nij} > 0 时） \end{cases} \quad (7\text{-}120)$$

式中：K_{v0}——初始竖直土压力系数，其值为1；

a_v——竖直土压力系数与地层位移关系曲线斜率；

K_{h0}——静止土压力系数；

a_h——水平土压力系数与地层位移关系曲线斜率。

理论上，如果在m和n足够大的情况下，式(7-116)~式(7-120)给出的盾构机姿态调整阻力矩计算公式可以达到很高的精度。在单一均匀地层中，所有$m \times n$个单元处的地层参数是相同的，这种计算方法具有可以应用的潜力，但是对于复杂不均匀地层，确定每一个单元处的地层参数十分困难，如果简单地采用单一参数代替又会引起较大的计算误差。表7-3中给出了不同横摆角条件下地层最大侧向位移的计算值，从表中可以看出，地层位移与横摆角之间存在很强的线性关系，另外从式(7-119)和式(7-120)可以看出，竖直和水平土压力系数分别在$(K_{v\min}, K_{v\max})$，$(K_{h\min}, K_{h\max})$两个区间内，与地层位移的关系也近乎线性关系。因此，为减少运算量，在进行单一均匀地层中盾构机姿态调整数值模拟过程中，可以将盾构机横摆角和约束力矩之间的关系在一定范围内等效为线性关系，即可以采用以下关系进行等效：

$$^{A'}T_{\text{eh}} = k_{\text{T}}(\gamma - \gamma') \quad (7\text{-}121)$$

式中：k_{T}——摆角阻力矩系数，与地层参数和盾构机结构参数有关；

γ——盾构机当前的横摆角；

γ'——盾构机完成上一环管片推进时的横摆角。

不同盾构机横摆角条件下的最大地层侧向位移　　　　表7-3

横摆角(rad)	0.002	0.004	0.006	0.008	0.01
地层最大位移(mm)	3.28	6.56	9.84	13.12	16.4

7.7 盾构机推进姿态智能控制系统及仿真研究

在盾构机掘进过程中，盾构机推进系统不仅负责提供盾构机向前推进的动力，还需要对盾构机的姿态进行调整和控制，保证盾构机沿着隧道设计轴线前进。对盾构机姿态进行控制，使盾构机沿隧道设计轴线前进是保证隧道施工质量、列车运行安全和管片高效拼装的关键。盾构机姿态调整和控制的难点在于：一方面推进机构为多缸并联机构，需要考虑各分区液压缸的协调控制；另一方面盾构机在地层中掘进时会受到来自周围地层各种无法预估干扰载荷的影响，在不加控制的情况下使得盾构机经常偏离隧道设计轴线。针对盾构机在不同地层和不同工况下掘进的特点，设计了以分区液压缸目标位移为控制目标和以跟踪隧道设计轴线为控制目标的两种盾构机推进姿态智能控制系统，以盾构机推进姿态进行智能控制。

7.7.1 以推进缸运动特性为控制目标的盾构机推进姿态智能控制系统（位移控制）

如图 7-40 所示，在进行盾构机各分区液压缸控制时，首先根据隧道的设计轴线建立设计轴线的参数化方程，由轴线参数化方程可以得到与盾构机掘进行程相关的盾构机推进机构目标位姿数据，以及各分区液压缸的目标运动特性，包括液压缸活塞杆目标行程、速度、加速度，以及缸筒摆动的角度、角速度和角加速度等数据。

图 7-40 分区液压缸目标运动特性求解

以推进缸运动特性为控制目标的盾构机推进姿态智能控制系统原理见图 7-41。由于本书给出液压缸目标运动特性解算方法不局限于直线段隧道施工的运动特性解算，因此在该系统的控制下盾构机能够完成圆曲线、缓和曲线等类型隧道施工。掘进初始阶段设定各推进液压缸控制阀初始电压，使盾构机开始推进，在推进过程中，各分区液压缸位移传感器实时测量该液压缸位移，选其中某一液压缸为参考液压缸，根据参考液压缸实时位移数据计算跟随液压缸目标位移，对跟随液压缸目标位移与当前位移进行比较，利用二者的偏差对跟随液压缸运动规律进行调整和控制，从而保证参考液压缸行程和跟随液压缸行程之间的关系始终满足由隧道设计轴线决定的目标运动规律，使盾构机完成沿隧道设计轴线掘进。

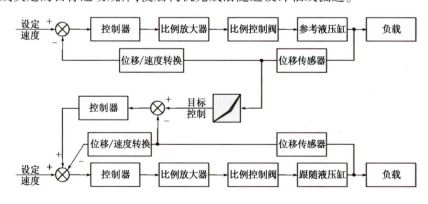

图 7-41 以推进缸运动特性为控制目标的盾构机推进姿态智能控制系统原理图

在比例减压阀系统中，盾构机推进速度及姿态调整的控制均通过调整各推进液压缸控制减压阀的信号实现；在比例溢流阀-比例调速阀控制系统中，盾构机推进速度由调速阀设定，通过给定调速阀控制信号设定盾构机的最高推进速度,通过调整比例溢流阀的控制信号,实现盾构机姿态调整控制。

7.7.2 以跟踪隧道设计轴线为控制目标的盾构机推进姿态智能控制系统（力控制）

盾构机推进姿态控制系统的目标是使盾构机能够沿着隧道设计轴线掘进,与上述方法不同的是,基于盾构机各分区推进液压缸输出力控制的盾构机推进姿态控制系统是直接以跟踪隧道设计轴线为控制目标的盾构机姿态控制系统。通过对盾构机位姿测量系统获得的盾构机当前位姿数据与隧道设计轴线确定的盾构机目标位姿数据进行比较,使用位姿偏差直接对盾构机各分区液压缸工作压力进行调整,从而不断减少位姿偏差,使盾构机沿隧道设计轴线前进。当盾构机轴线上的参考点在水平面内偏离隧道设计轴线时,系统便会根据偏差大小及方向调整左右分区液压缸的控制信号,改变左右分区液压缸系统压力差,从而产生姿态调整力矩,使参考点逐渐趋近设计轴线;同样,当盾构机轴线上的参考点在竖直面内偏离隧道设计轴线时,姿态控制系统便会根据偏差大小及方向调整上下分区液压缸工作压力,对分区液压缸系统压力差进行控制,从而产生所需姿态调整力矩,使参考点逐渐趋近隧道设计轴线。

在减压阀控制系统中,减压阀的控制信号是综合考虑盾构机推进和姿态调整两方面的叠加信号。在比例溢流阀和比例调速阀控制系统中,进入各分区推进液压缸系统流量由调速阀设定,而左右或上下分区之间的压力差通过调整各分区比例溢流阀的信号产生。

以跟踪隧道设计轴线为控制目标的盾构机推进姿态智能控制系统原理如图 7-42 所示。

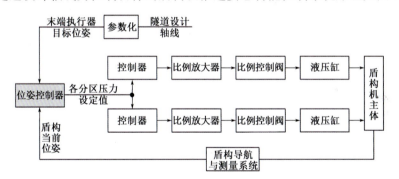

图 7-42 以跟踪隧道设计轴线为控制目标的盾构机推进姿态智能控制系统原理图

7.7.3 盾构机推进姿态和轨迹跟踪控制系统数值模拟验证

为了对两种盾构机姿态和轨迹跟踪控制系统的有效性进行验证,如图 7-43 和图 7-44 所示,在 Matlab/Simulink 中搭建了采用减压阀控制的直径 3.2m 的土压平衡盾构机推进系统模型。模型中包括比例减压阀模型、干扰载荷产生模型、推进液压缸模型以及姿态控制过程中的地层约束力/约束力矩模型。在不同推进速度、不同埋深及不同土层地质参数条件下,对两种控制方式下盾构机直线轨迹和曲线轨迹跟踪性能进行了数值模拟验证。仿真系统中采用两个推进液压缸代替上下或左右两个分区液压缸的作用效果,这也是在盾构机推进系统仿真中通常使用的简化方法。

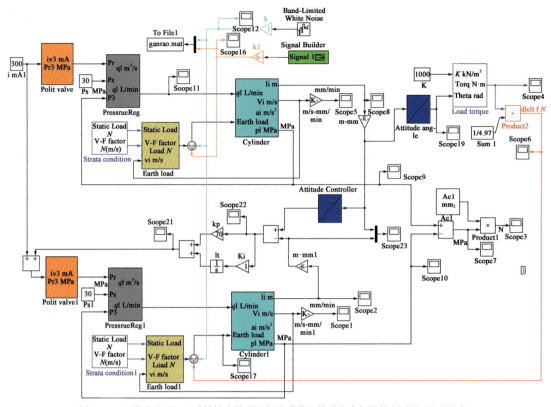

图 7-43 以推进液压缸运动特性为控制目标的盾构机推进姿态智能控制系统（位移控制）

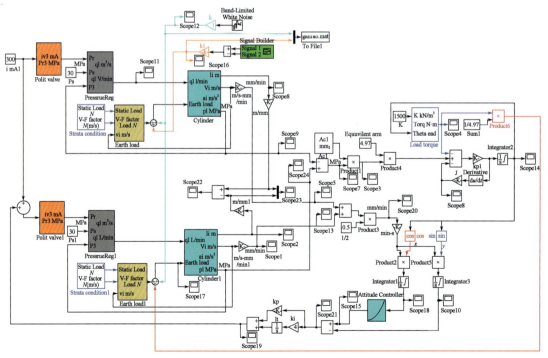

图 7-44 以跟踪隧道设计轴线为控制目标的盾构机推进姿态智能控制系统（力控制）

盾构机掘进过程中经常会穿越多种地质环境,掘进路径上地层类型的改变、开挖面上地层软硬不均以及地层中随时可能出现的孤石、空隙和断层等,都会对盾构机的姿态和掘进轨迹产生影响。仿真模型中采用白噪声信号模拟盾构机推进过程中受到的随机干扰载荷,同时加入阶跃信号模拟盾构机在推进过程中受到的由于地层改变引起的突变载荷;在仿真过程中,两个推进液压缸均受到噪声信号作用,阶跃干扰信号仅作用于单一推进液压缸,以模拟实际盾构机掘进过程中由于开挖面地层不均产生偏载现象。表7-4中给出了仿真过程中的主要地质环境参数。

主要地质环境参数 表7-4

参数		参数值	单位
基床反力系数	地层1	1×10^3	kN/m^3
	地层2	1.5×10^3	kN/m^3
	地层3	2×10^3	kN/m^3
隧道轴线半径		200	m
覆土厚度		9、12、15	m
土重度		19.8	kN/m^3
负载力-推进速度系数	地层1	1.48×10^8	$N/(m/s)$
	地层2	1.68×10^8	$N/(m/s)$
	地层3	1.88×10^8	$N/(m/s)$

1)盾构机沿直线隧道设计轴线掘进时姿态与轨迹跟踪控制仿真分析

直线段是隧道设计轴线的重要组成部分,盾构机在直线段掘进时,各分区液压缸活塞杆的行程和速度相同。以盾构机在水平面内的姿态调整过程为例,仿真模型中用1号液压缸和2号液压缸两个液压缸代表左右两个分区的液压缸。图7-45给出了仿真过程中两个液压缸所受随机干扰载荷及2号液压缸受到的阶跃偏载载荷曲线,在盾构机推进的500~800s期间,2号液压缸所在的一侧受到幅值为10kN的载荷,使本来沿直线掘进的盾构机姿态发生改变。如图7-46和图7-47所示,通过改变比例减压阀的控制电流,可以有效地控制推进系统分区最高工作压力,控制电流越大,系统工作压力越高。在图7-47中,由于推进液压缸在500~800s期间受到了持续偏载作用,为使盾构机保持直线掘进的姿态,在姿态控制系统作用下,2号液压缸工作压力得到了提高,以应对掘进面的偏载。从图7-48和图7-49中可以看出,在同一地层和相同覆土深度条件下,推进系统工作压力越高,盾构机推进速度越快,而盾构机的稳定推进速度是由推进系统驱动力和地层特性共同决定的。在图7-49中推进时间为500s时,由于受到了偏载力的作用,液压缸推进速度会受到干扰并减小,但从图中可以看出,在姿态调整控制器作用下,推进速度又恢复到受干扰作用之前的值,使盾构机继续保持干扰前姿态沿直线掘进。图7-50~图7-52分别给出了推进液压缸行程偏差、盾构机横摆角以及盾构机轴线上的参考点偏离隧道设计轴线距离(即轨迹偏差),从这三幅图中可以看出,2号液压缸在偏载力的干扰作用下左右液压缸之间产生了行程差,盾构机的横摆角也发生了变化,使盾构机前进方向发生改变,同时使得盾构机偏离了隧道设计轴线,但在盾构机位姿控制器作用下,无论盾构机推进速度快与慢,盾构机行程偏差均被控制在 0.24 mm 以内,轨迹偏差也被控制在 0.12 mm 范围以内,这个精度满足实际盾构机施工要求。由于盾构机位姿控制系统是以液压缸行程偏差为控制目标,当图 7-50 中的液压缸行程偏差变为 0 时,位姿控制器不再发挥调节作用,使得盾构机偏离设计轴线后无法最终消除轨迹偏差,这一点可以从图 7-52 中明显看出。

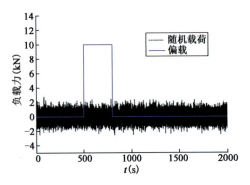

图 7-45　随机干扰载荷和阶跃偏载载荷(1)

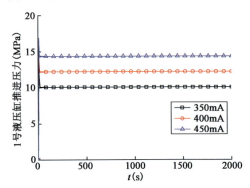

图 7-46　1 号液压缸推进压力控制曲线

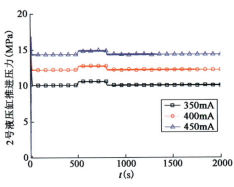

图 7-47　2 号液压缸推进压力控制曲线

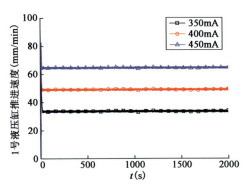

图 7-48　1 号液压缸推进速度控制曲线

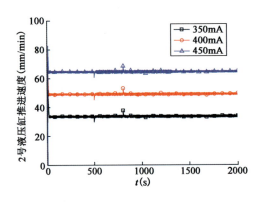

图 7-49　2 号液压缸推进速度控制曲线

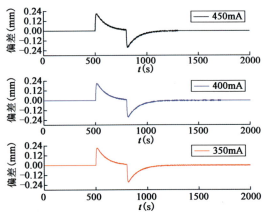

图 7-50　推进液压缸行程偏差

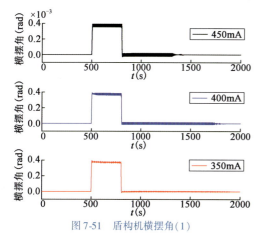

图 7-51　盾构机横摆角(1)

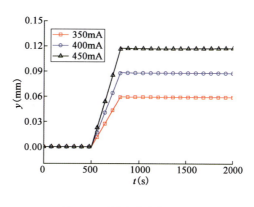

图 7-52　盾构机轨迹偏差(1)

针对盾构机在不同覆土厚度的地层中掘进过程,开展如下仿真研究。如图 7-53 所示,虽然覆土厚度不同时盾构机掘进阻力不同,但在比例减压阀的控制下,推进液压缸可以保持恒定的工作压力,而盾构机推进速度这一参数是随埋深改变而变化的,如图 7-54 和图 7-55 所示,覆土厚度越大,用于平衡地层侧向土压力的推进力的比例越高,因此在相同刀盘转速条件下能够平衡的主动土压力越小,盾构机推进速度越低。从图 7-56 ~ 图 7-58 中可以看出,不同覆土深度条件下,在盾构机位姿控制器的作用下推进液压缸行程偏差和轨迹偏差可以保持在非常小的范围内,而在稳态条件下无法最终消除稳态偏差的现象仍然存在。

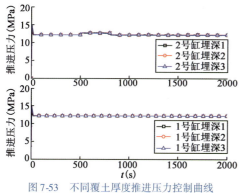

图 7-53　不同覆土厚度推进压力控制曲线

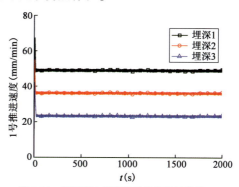

图 7-54　不同覆土厚度推进速度控制曲线(1)

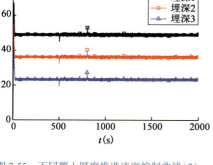
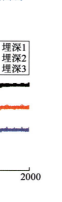

图 7-55　不同覆土厚度推进速度控制曲线(2)

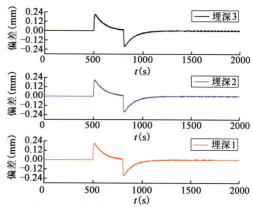

图 7-56　不同覆土厚度推进液压缸行程偏差

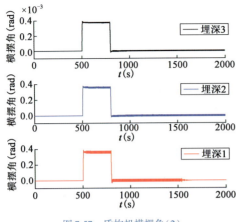

图 7-57 盾构机横摆角(2)

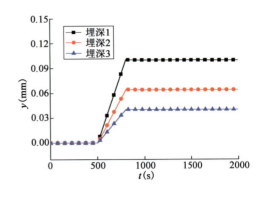

图 7-58 盾构机轨迹偏差(2)

不同地层具有不同的土力学特性,隧道施工要求在不同类型地层中掘进时具有良好的位姿控制能力。与不同覆土深度的情况类似,从图 7-59 中可以看出,虽然地层特性不同,但减压阀仍然可以稳定控制盾构机推进系统工作压力,并在盾构机实际位姿与目标位姿出现偏差时对推进液压缸工作压力进行调整。地层的负载力-推进速度系数的大小反映了地层软硬程度。如图 7-60 所示,在盾构机推进系统工作压力相同的条件下,地层负载力-推进速度系数越大,盾构机推进速度越慢,因为在相同转速相同推进速度条件下,与刀盘面板接触的地层产生的主动土压力越大。图 7-61 为受到偏载作用的 2 号液压缸活塞杆运动速度,在受到阶跃偏载作用后,推进速度发生改变,但在姿态控制系统作用下,推进速度被稳定在与目标液压缸相同的速度,保证盾构机沿直线轨迹继续前进,从图 7-62 ~ 图 7-64 中可以看出,虽然覆土深度不同,但在盾构机位姿控制器的作用下推进液压缸行程偏差可以保持在 0.24mm 范围内,盾构机轨迹偏差也被控制在 0.11mm 范围以内。

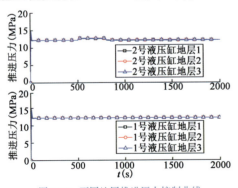

图 7-59 不同地层推进压力控制曲线

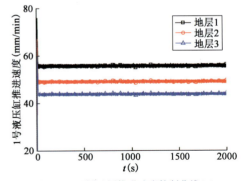

图 7-60 不同地层推进速度控制曲线(1)

根据上文分析,采用以盾构机各分区液压缸运动特性为控制目标的盾构机位姿控制系统,在短时间小幅值偏载的作用下轨迹跟踪误差均在 0.12mm 以内,满足盾构机掘进控制要求。但是由于这种系无法消除轨迹稳态误差,这使得我们不能确定该系统在盾构机受到持续较强干扰作用下是否有效。因此,针对盾构机受到多次大幅值偏载干扰的工况,进行如下仿真研究:图 7-65 中给出了仿真过程中系统受到的干扰载荷曲线,其中随机载荷作用于两个液压缸,阶跃偏载作用于 2 号液压缸。图 7-66 和图 7-67 分别给出了采用位移控制和推进力控制的两种控制系统的横摆角曲线,采用位移控制系统的盾构机姿态在每次受到阶跃偏载作用后会产生相同方向的偏转,从而导致了如图 7-68 所示盾构机轨迹误差沿同一方向累积增加,产生最大为 0.75mm 左右的轨迹偏差;而以跟踪隧道设计轴线为控制目标的力控制系统,则会不断调整盾构机姿态,使得参考点始终位于隧道设计轴线两侧,轨迹误差也被控制在 0.03mm 以内(图 7-69)。因此,以跟踪隧道设计轴线为控制目标的盾构机位姿控制系统更加适合复杂地层工况盾构机掘进控制。

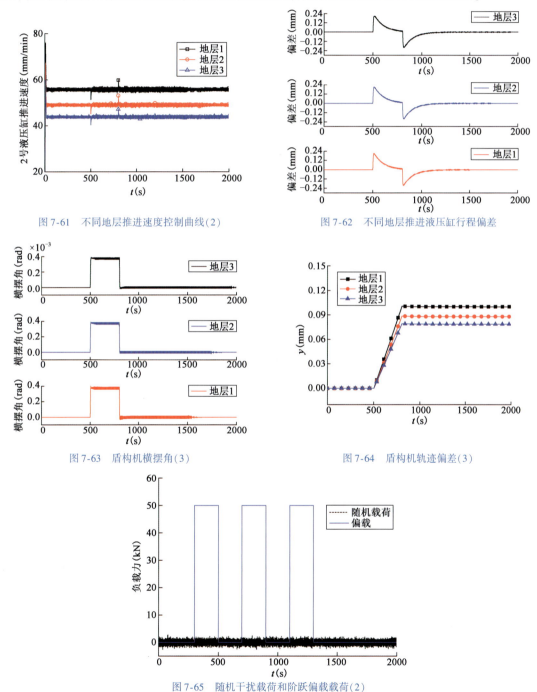

图 7-61　不同地层推进速度控制曲线(2)　　　图 7-62　不同地层推进液压缸行程偏差

图 7-63　盾构机横摆角(3)　　　图 7-64　盾构机轨迹偏差(3)

图 7-65　随机干扰载荷和阶跃偏载载荷(2)

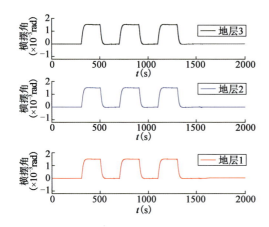

图 7-66 位移控制盾构机横摆角曲线

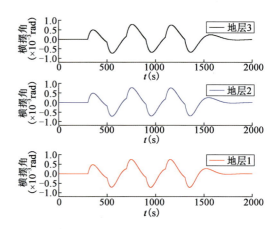

图 7-67 推进力控制盾构机横摆角曲线

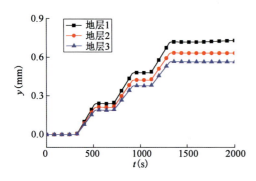

图 7-68 位移控制系统盾构机轨迹偏差(1)

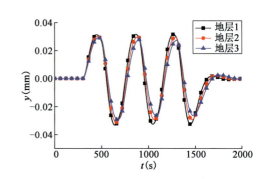

图 7-69 推进力控制系统盾构机轨迹偏差(1)

2）盾构机沿圆曲线隧道轴线掘进时姿态与轨迹跟踪控制仿真分析

由于盾构机沿圆曲线设计轴线掘进的姿态调整难度高于沿缓和曲线，因此选择盾构机沿圆曲线掘进为例进行分析，并对两种位姿控制系统的控制效果分别进行验证。在仿真过程中两个推进液压缸均受到图 7-70 中所示的随机干扰载荷作用，盾构机的目标轨迹为半径 200m 的圆弧曲线。从图 7-70 和图 7-71 中的两种系统横摆角偏差可以看出，在不存在偏载干扰的情况下，在整个推进过程两种系统都几乎不存在姿态角度偏差，这将使得两种系统的轨迹偏差值非常小。根据图 7-72 和图 7-73 中的轨迹偏差结果可以看出，在进行半径为 200 m 的隧道施工时最大轨迹偏差都可以被控制在 0.02mm 左右，相当于盾构机目标横向位移（推进距离为 1000mm 时刀盘中心点横向位移绝对值为 2.5mm）的 0.8%。此外，根据图 7-74 和图 7-75 可知，地层越密实，基床系数越高，盾构机在完成相同转弯半径隧道掘进时所需的姿态调整力越大，即左右分区液压系统工作压力偏差越大，盾构机姿态调整难度越大。

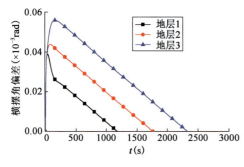

图 7-70 位移控制系统盾构机横摆角偏差

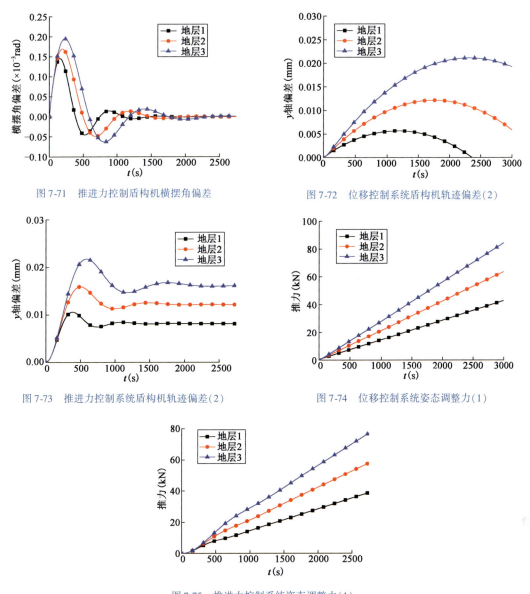

图 7-71 推进力控制盾构机横摆角偏差

图 7-72 位移控制系统盾构机轨迹偏差(2)

图 7-73 推进力控制系统盾构机轨迹偏差(2)

图 7-74 位移控制系统姿态调整力(1)

图 7-75 推进力控制系统姿态调整力(1)

    针对盾构机沿圆曲线掘进过程中存在地层偏载工况,采用两种位姿控制系统的盾构机姿态和轨迹控制特性进行如下分析:图 7-76 给出了仿真过程中添加的随机干扰载荷和偏载载荷曲线,掘进过程的 1500~2000s 期间,1 号推进液压缸受到幅值为 3kN 的干扰载荷作用。根据前文分析结论,当减压阀设定压力不变时,推进负载的增加会引起推进速度的降低,因此 1 号缸的推进速度会在偏载载荷的作用下下降。对于以分区液压缸目标运动特性为控制目标的盾构机位姿控制系统,根据图 7-77 所示的 2 号跟随液压缸输出姿态调整力曲线可知,在 1500~2000s 期间 2 号缸的输出推力会在姿态控制系统的作用下减小,以降低 2 号缸的推进速度,从而保证 1 号缸和 2 号缸之间的行程差满足目标行程差要求,由于盾构机的受力状态发生改变,因此造成了图 7-78 中盾构机姿态角偏差,产生了图 7-79 中的轨迹跟踪误差,由于姿态调整系统的调节依据为行程差偏差,当图 7-80 中行程差偏差消除后,盾构机并没有针对轨迹偏差和姿态偏差继续进行调整,因此盾构机沿偏离隧道设计轴线方向继续前进,当完成 1000mm 推进距离时,产生了 1mm 左右的轨迹偏差,约占盾构机参考点总横向位移的 40%,因此这个误差是非常大的。以跟踪隧道设计轴线为控制目标的位姿控制系统在受到干扰时则具有更好的姿态控制和轨迹跟踪性能,从图 7-81 中的姿态调整力曲线可以看出,在受到阶跃干扰后它的调节更加缓和,并使得盾构机在三种不同基床系数的地层中掘进时盾构机刀盘参考点最大轨迹偏差始终在 0.025mm 以下(图 7-82),轨迹跟踪相对误差在 1% 以下。

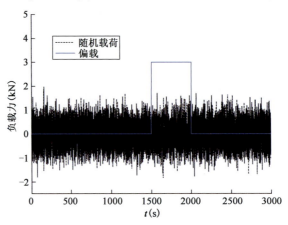

图 7-76 随机干扰载荷和阶跃偏载载荷(3)

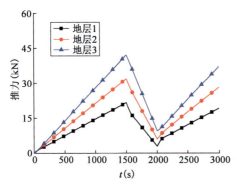

图 7-77 位移控制系统姿态调整力(2)

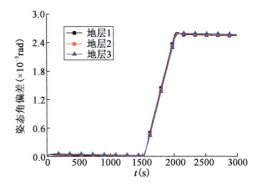

图 7-78 位移控制系统盾构机姿态角偏差

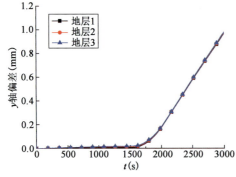

图 7-79 位移控制系统盾构机轨迹偏差(3)

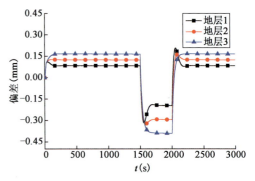

图 7-80 位移控制系统液压缸行程偏差

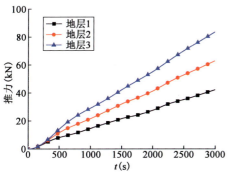
图 7-81 推进力控制系统姿态调整力(2)

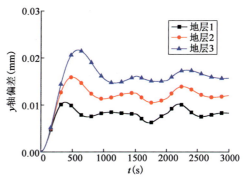
图 7-82 推进力控制系统盾构机轨迹偏差(3)

综上所述,在均匀良好地质条件下,两种盾构机姿态和轨迹跟踪控制系统均能够实现盾构机的轨迹跟踪控制,使得盾构机的位姿误差和轨迹跟踪误差控制在满足盾构机施工要求的范围内。但是,当地层环境复杂多变,盾构机在掘进过程中经常遇到各种干扰载荷作用时,两套系统在一些控制特性方面存在较大差异。位移系统的控制作用非常迅速而且调整力幅值变化剧烈,其控制作用源自对目标缸运动特性的检测。当目标推进液压缸的运动因干扰作用而变化时,跟随液压缸会迅速做出调整,盾构机实际轨迹与目标轨迹的偏差取决于调整的速度。调整得越快,则盾构机以非目标姿态运动的时间越短,因此轨迹跟踪误差越小,但轨迹跟踪误差一旦产生便很难消除;而推进力控制系统的控制作用相对缓和,由于盾构机本身的惯性较大,参考点偏离设计轴线后会在轨迹跟踪控制系统的调整作用下逐渐回到设计轴线,不存在无法消除的累计偏差。因此,用于地质条件良好、地层均匀隧道工程的盾构机可以采用基于位移控制的盾构机位姿和轨迹跟踪控制系统。该系统在搭建过程中不需要考虑盾构机电液控制系统与盾构机测量与导航系统之间的信息交换,因此系统简单有效,易于实现工程应用。用于地层复杂多变、地层约束力波动较大的隧道工程的盾构机,可以采用基于推进力控制的盾构机位姿和轨迹跟踪控制系统,该系统可以更加有效地消除累积误差,使盾构机始终以较小的偏差沿隧道设计轴线掘进,但由于涉及盾构机掘进机不同子系统的信息可靠传递,因此系统比较复杂。

7.8 盾构机推进姿态调整和轨迹跟踪控制试验研究

7.8.1 盾构机推进模拟试验台

针对盾构机推进姿态与轨迹跟踪控制系统开展试验研究,研制了图 7-83 所示盾构机推进模拟试验台。试验台主体部分主要由盾体、推进液压缸、负载液压缸、控制阀组和液压站等组成,表 7-5 给出了推进模拟电液控制系统试验台主要技术参数。试验台工作过程中,模拟盾构机在推进液压缸的作用下向前推进,通过控制上下左右四个推进液压缸的推进速度,可以实现模拟盾构机的推进速度控制以及盾构机姿态调整控制;试验台中使用四个独立的加载液压缸对模拟盾构机进行加载,通过上下左右四个加载液压缸的加载力模拟盾构机在不同地层中掘进时受到的推进负载。加载液压缸的活塞杆端部装有球头,因此在任何盾构机姿态下都可以对模拟盾构机进行加载。加载液压缸活塞杆端部的力传感器可以实时测量各区域加载力的大小。盾构机左右反力板、机座和反力杆组成框式结构,承担推进力和负载液压缸的主要作用力。盾体主要功能是用于安装推进液压缸,并不承受推进载荷。盾体与下方支撑小车通过球铰连接,因此盾体可以在空间进行三轴旋转,同时支撑小车底部装有四组球轮,使得盾构机能够自由移动。推进液压缸活塞杆端部与撑靴通过球轴承连接,因此在任何姿态下盾构机撑靴都能够将推进力从推进液压缸活塞杆传递到反力板。

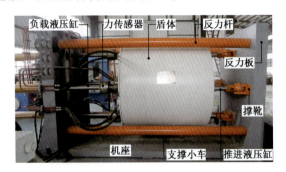

图 7-83 盾构机推进模拟试验台

推进模拟电液控制系统试验台主要技术参数 表 7-5

参数	参数值	单位
盾体直径	1.6	m
分区方式	1+1+1+1	—
推进速度	0~200	mm/min
最大推进力	1200	kN
推进液压缸数量	4	个
负载液压缸数量	4	个

7.8.2 盾构机沿直线设计轴线推进模拟试验

1) 比例调速阀 + 比例溢流阀控制系统模拟试验

盾构机沿直线掘进时,要求盾构机推进姿态不变,各分区液压缸应具有相同的运动速度和输出位移,因此分区液压缸之间行程差的大小反映盾构机掘进轨迹跟踪误差和姿态角误差的大小,行程差越大,轨迹跟踪误差和姿态角误差越大。由于盾构机开挖面地层不均,盾构机在推进过程中各分区液压缸会承受不均、多变的负载力,图 7-84 和图 7-85 为采用以分区液压缸目标位移为控制目标的盾构机位姿控制系统,分别针对软硬不均地层和复杂多变地层开展模拟试验,得到推进液压缸行程曲线。图 7-86 和图 7-87 为两次试验过程中加载液压缸无杆腔工作压力曲线。图 7-86 中的 1 号、3 号加载液压缸压力始终存在一定差值,以模拟不均匀地层对盾构机推进系统产生的偏载负载力;而图 7-87 中的 1 号、3 号加载液压缸压力则一直存在较大的波动,以模拟变化的掘进地层对盾构机推进系统产生的波动负载力。从图 7-88 和图 7-89 可以看出,在两种干扰力的作用下,推进液压缸位移虽然会产生偏差,但在位姿控制系统的作用下,两组液压缸仍保持同步推进。从图 7-88 和图 7-89 的系统调整压力和调整电压曲线可以看出,当盾构机分区推进液压缸产生行程差时,盾构机推进姿态和轨迹跟踪控制系统会及时地做出调节,通过改变比例阀的控制电压改变分区液压缸的工作压力,从而抑制行程偏差的增大,保证盾构机沿着隧道设计轴线掘进;而从图7-88、图7-89的行程偏差曲线可以更加直接地看出,盾构机工作在两种工况时的行程差均被控制在 ±20mm 范围以内,更重要的是,推进液压的行程差并没有产生随干扰作用的持续而增大的趋势,而是在稳定推进过程中行程差在0mm 附近波动,并逐渐减小为0,保证盾构机以初始姿态沿直线继续掘进。

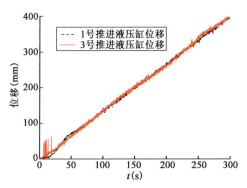

图7-84 推进液压缸行程(软硬不均地层)

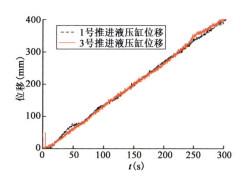

图7-85 推进液压缸行程(复杂多变地层)

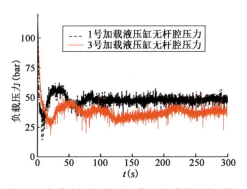

图7-86 加载液压缸无杆腔工作压力(软硬不均地层)

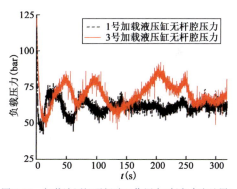

图7-87 加载液压缸无杆腔工作压力(复杂多变地层)

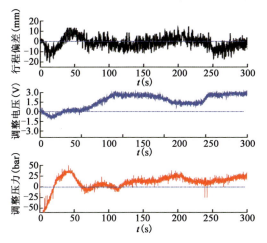

图7-88 推进液压缸行程偏差、调整电压、压力(软硬不均地层)

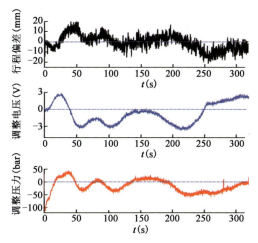

图7-89 推进液压缸行程偏差、调整电压、压力(复杂多变地层)

通过上述试验结果可以证明,在盾构机推进系统各分区负载力不同和推进力波动的两种工况下,采用位移控制的盾构机位姿控制策略可以针对干扰作用及时地做出调整,使分区液压缸之间的运动关系满足隧道设计轴线确定的目标运动规律。对液压缸位移进行调整和控制不是目的,而是盾构机姿态和轨迹控制的手段,因此,图7-90中给出了在上述试验过程中的盾构机姿态角和轨迹偏差曲线(以软硬不均地层为例,对姿态调整过程和效果进行说明)。从图7-90中可以得到以下几点结论:

(1)平稳阶段的特点为虽然存在偏载现象,但是推进载荷波动较小。在图7-90中"平稳阶段"的盾构机横摆角几乎为0rad,且盾构机轨迹偏差保持为0.4mm而不持续增大,这说明采用以盾构机分区液压缸目标运动特性为控制目标的盾构机位姿控制系统在良好的地层环境下可以有效地对盾构机姿态和掘进轨迹进行控制,这与仿真得到的结论是相符的。

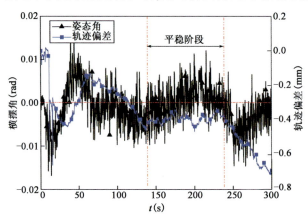

图7-90 模拟盾构机横摆角及轨迹偏差(软硬不均地层)

(2)对比图7-88中的行程偏差数据和图7-90中的轨迹偏差数据可知,在经历地层载荷波动干扰之后,采用以盾构机分区液压缸目标运动特性为控制目标的盾构机位姿控制系统虽然可以将液压缸行程偏差减小为0,但无法最终消除轨迹偏差,试验盾构机在推进了400mm左右的距离后,产生了约0.7mm的轨迹偏差,这也验证了仿真过程中发现的该系统无法消除掘进轨迹累计偏差的特点。因此,该系统不适用于地质环境复杂多变的隧道工程。

2)比例减压阀控制系统模拟试验

针对采用比例减压阀控制的盾构机推进系统,在盾构机推进模拟试验台上开展推进模拟试验。图7-91为试验推进过程中的加载系统工作压力曲线,各分区加载压力之间同样存在不对称和波动干扰。从图7-92分区液压缸位移曲线上可以看出,在采用位移控制的盾构机姿态和轨迹跟踪控制系统作用下,各分区液压缸虽然受到时变载荷的干扰作用,但仍能够保持同步推进,图7-93和图7-94中的行程误差曲线在0mm上下波动。需要注意的一点是,在控制策略及液压控制系统相同的条件下,水平面内的跟踪效果不如竖直面内的跟踪效果,这是由于水平面内的两个推进液压缸与竖直面内的两个推进液压缸的工作压力不同造成的。由于水平面内1号、3号推进液压缸的工作压力小于竖直面内2号、4号推进液压缸的工作压力,这使得水平面内的姿态调整压力小于竖直面内的调整压力。从图7-93和图7-94调整压力曲线可以看出,水平面的最大调整压力在30bar左右,而竖直面内的调整压力在90bar左右,调整压力值越高,则轨迹跟踪控制系统的调节作用越强,行程偏差越小。综上所述,在直线段隧道施工过程中,采用比例减压阀控制的盾构机推进系统可以有效减少地层不均对盾构机位姿的干扰，保证盾构机的掘进轨迹符合要求。此外，为减少水平面和竖直面姿态调整的相互干扰，通常在某一时刻只对盾构机某一个方向的姿态进行调整，以防止不同方向推进液压缸之间的耦合作用引起的某一方向姿态调整压力不足。

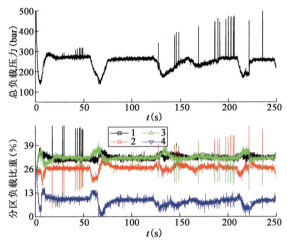

图 7-91　加载系统工作压力曲线

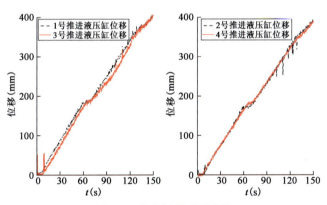

图 7-92　推进液压缸位移曲线

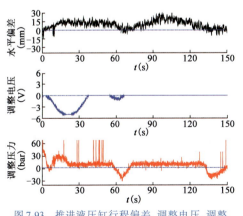

图 7-93　推进液压缸行程偏差、调整电压、调整压力（水平面）

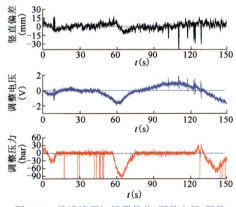

图 7-94　推进液压缸行程偏差、调整电压、调整压力（竖直面）

7.8.3 盾构机沿曲线设计轴线推进模拟试验

根据仿真结果，盾构机在复杂多变的地质条件下掘进时，采用以跟踪隧道设计轴线为控制目标的轨迹跟踪控制策略可以减少累计误差，对盾构机掘进轨迹进行有效控制。为对该轨迹跟踪控制策略进行进一步的验证，以及验证其在两种不同的盾构机电液控制系统是否均能发挥良好的控制作用，开展了下述试验研究。由于盾构机在水平面内的转弯半径小于竖直面内的转弯半径，因此试验过程中水平面内隧道设计轴线曲率半径设置为 300m，竖直面内隧道设计轴线曲率半径设置为 600m。

与直线施工段不同的是，盾构机沿圆曲线形隧道设计轴线掘进时，各分区液压缸并非进行同步运动而是具有不同的运动规律，因此无法通过分区液压缸之间的同步误差对轨迹跟踪效果进行评估。为解决这一问题，以盾构机轴线上参考点偏离隧道设计轴线距离的大小为曲线段轨迹跟踪效果评价指标。

1）比例调速阀 + 比例溢流阀控制系统模拟试验

图 7-95 为模拟推进过程中的分区推进液压缸位移曲线，在初始状态下 2 号和 4 号推进液压缸之间存在约 25mm 的行程差，用以模拟盾构机初始轨迹偏差。盾构机轨迹跟踪控制系统的调整作用与直线掘进过程的调整作用类似，当盾构机轴线上的参考点偏至隧道设计轴线左侧时，提高左侧的推进缸的工作压力，同时降低右侧推进缸工作压力，从而使盾构机产生向右转动的调整力矩，使盾构机轴线参考点回到隧道设计轴线。图 7-96 为在以隧道设计轴线为跟踪目标的盾构机轨迹跟踪控制系统作用下，左右和上下分区液压缸产生的用于进行盾构机姿态调整压力，从图 7-97 的跟踪偏差曲线可以看出，无论是否存在初始轨迹跟踪偏差，以隧道设计轴线为跟踪目标的轨迹跟踪控制系统有效抑制了地层干扰引起的盾构机掘进轨迹偏离隧道设计轴线的运动，使参考点偏离隧道设计轴线的距离被控制在 ±20mm 以内，并且没有出现图 7-90 中所出现的轨迹偏差无法消除的现象。

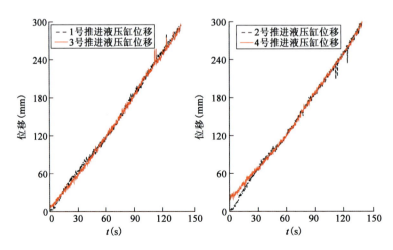

图 7-95　推进液压缸位移曲线

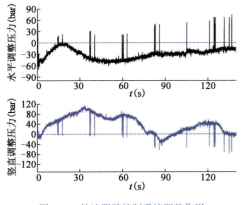

图 7-96 轨迹跟踪控制系统调整作用

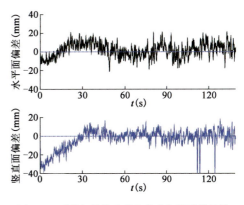

图 7-97 盾构机轴线参考点轨迹与隧道设计轴线偏差

2) 比例减压阀控制系统模拟试验

为检测盾构机姿态和轨迹跟踪控制系统在采用减压阀控制的盾构机推进系统中的有效性,将试验推进系统切换到减压阀控制模式并开展了圆曲线段推进模拟试验。图 7-98 为模拟推进过程中的分区推进液压缸位移曲线,在初始状态下 1 号、3 号推进液压缸、2 号、4 号推进液压缸之间存在约 20mm 的行程差用以模拟盾构机初始轨迹偏差。图 7-99 为在盾构机轨迹跟踪控制系统作用下,左右和上下分区液压缸产生的用于进行盾构机姿态调整压力,对照图 7-100 中的轨迹跟踪偏差曲线可以看出,每当盾构机轴线参考点在干扰力的作用下偏离隧道设计轴线时,轨迹跟踪控制系统总能产生相应的姿态调整力,使盾构机轴线参考点逐渐回到隧道设计轴线,这与通过仿真得到的结论是相符的。因此,以跟踪隧道设计轴线为控制目标的姿态控制策略同样适用于减压阀控制型盾构机推进系统。

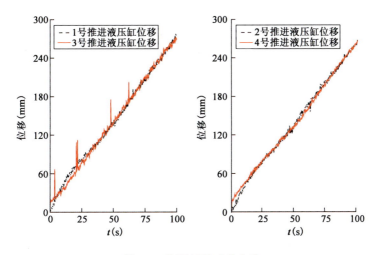

图 7-98 推进液压缸位移曲线

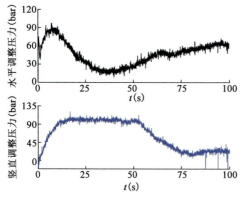

图 7-99 轨迹跟踪控制系统调整作用

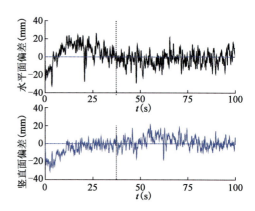

图 7-100 盾构机轴线参考点轨迹与隧道设计轴线偏差

本章参考文献

[1] (日)地盘工学会. 盾构机法的调查设计施工[M]. 朱清山,译. 北京:中国建筑工业出版社,2008.

[2] 杨书江. 富水砂卵石地层盾构机施工技术[M]. 北京:人民交通出版社,2011.

[3] 刘建航,侯学渊. 盾构机法隧道[M]. 北京:中国铁道出版社,1991.

[4] 李全社,于翔. 主动铰接系统在盾构机姿态调整中的应用[J]. 国防交通工程与技术,2011(1):72-76.

[5] 于睿坤. 盾构机掘进机掘进过程中姿态的智能控制系统研究[D]. 上海:同济大学,2008.

[6] SHI H, GONG G, YANG H, et al. Position and attitude precision analysis of segment erector of shield tunneling machine[M]. Intelligent Robotics and Applications. Springer Berlin Heidelberg, 2009:355-363.

[7] 李惠平,夏明耀. 盾构机姿态自动控制技术的应用与发展[J]. 地下空间,2003,1(1):75-78.

[8] 潘明华. 盾构机自动导向系统的研究与实现[D]. 武汉:华中科技大学 2005.

[9] 清水賀之,鈴木基光. 単円形シールド掘進機の運動特性に関する研究(模型実験および制御系の設計)[C]// 日本機械學會論文集. 1992:1841-1847.

[10] SUGIMOTO M, SRAMOON A. Theoretical model of shield behavior during excavation. I: Theory[J]. Journal of geotechnical and geoenvironmental engineering, 2002, 128(2):138-155.

[11] SRAMOON A, SUGIMOTO M, KAYUKAWA K. Theoretical model of shield behavior during excavation. II: Application[J]. Journal of geotechnical and geoenvironmental engineering, 2002,128(2):156-165.

[12] 酒井邦登,星谷勝. カルマン・フィルターを用いたシールド位置の予測と制御[C]// 土木學會論文集. 1987:69-78.

[13] SAKAI K, HOSHITANI M. Prediction and control of behaviors on driving shields using Kalman filter theory[J]. J Japan Soc Civ Eng,1987,385(7):69-78.

[14] 桑原洋.ファジィ理論のシールド掘進制御への適用[C]//土木學會論文集.1988:169-178.

[15] 仓冈丰.自动方向制御大口径泥水掘进(福市高速铁道1号线延伸部)[J].地下,1911:527-534.

[16] 清水賀之,西田昭二.シールド掘進機の土中での運動特性[C]//土木學會論文集.1996:103-113.

[17] KOYAMA Y. Present status and technology of shield tunneling method in Japan[J]. Tunnelling & Underground Space Technology,2003,18(2-3):145-159.

[18] 崔国华,王国强,何恩光,等.盾构机的研究现状及发展前景[J].矿山机械,2006(6):24-27.

[19] 尹旅超.日本隧道盾构机新技术[M].武汉:华中理工大学出版社,1999.

[20] 李惠平,夏明耀.盾构机姿态的模糊控制方法[J].同济大学学报(自然科学版),2003,31(7):824-827.

[21] 杨宏燕.盾构机掘进方向计算机辅助控制技术研究[J].隧道建设,2007,27(1):91-94.

[22] 段小明.盾构机掘进过程中的自动轨迹跟踪控制技术研究[D].杭州:浙江大学,2012.

[23] 王林涛.盾构机掘进姿态控制关键技术研究[D].杭州:浙江大学,2014.

[24] 高春香,朱国力,潘明华,等.盾构机施工中的隧道轴线纠偏判别算法[J].现代机械,2004(5):1-3.

[25] 凌研方.盾构机掘进过程中轨迹规划问题的研究[D].大连:大连理工大学,2009.

[26] 赵景山,冯之敬,褚福磊.机器人机构自由度分析理论[M].北京:科学出版社,2009.

[27] 施虎.盾构机掘进系统电液控制技术及其模拟试验研究[D].杭州:浙江大学,2012.

[28] 胡国良.盾构机模拟试验平台电液控制系统关键技术研究[D].杭州:浙江大学,2006.

[29] 王春行.液压控制系统[M].北京:机械工业出版社,1999.

[30] 邓孔书.土压平衡盾构机推进系统特性及布局优化设计研究[D].北京:清华大学,2010.

[31] SUGIMOTO M,ASANPRAKIT A. Stack Pipe Model for Pipe Jacking Method[J]. Journal of Construction Engineering and Management,2009,136(6):683-692.

[32] 侯典清.盾构机推进系统顺应特性及掘进姿态控制研究[D].杭州:浙江大学,2013.

[33] 徐前卫,朱合华,廖少明,等.砂土地层盾构机法施工的地层适应性模型试验研究[J].岩石力学与工程学报,2006,25(S1):2902-2909.

[34] 顾晓鲁,钱鸿缙,刘惠珊,等.地基与基础[M].3版.北京:中国建筑工业出版社,2003.

第 8 章 盾构机管片智能拼装系统

在盾构机施工过程中,管片拼装机是盾构机重要子系统,负责管片拼装和管片拼装衬砌,见图 8-1。当前国内大部分管片拼装,其运输、拼装均需人工操作拼装管片机,拼装管片的速度和精度取决于工人的熟练程度。在整个管片拼装过程中会发生管片破损和拼装后管片与管片之间缝隙不均等问题,进而影响隧道建设的速度与质量(图 8-2)。人工拼装效率低、风险高、劳动强度大,易发生安全事故。

图 8-1 盾构机管片拼装机

图 8-2 管片拼装施工现场

8.1 盾构机施工管片拼装概述

管片拼装速度对整个隧道建设速度有很大的影响,管片拼装施工所需人员人数和时间见表8-1。通过提高管片拼装机建环的速度,可以有效加快施工进度,降低建设成本。因此,实现管片拼装机的全自动化对提高隧道建设的效率,以及降低工人的工作强度具有重要意义。

管片拼装人员人数及时间统计　　　　　表8-1

拼装施工过程	人数	时间(min)
管片小车运输	1	—
单环管片吊取	2	10~20
中控室	1	—
单环管片拼装	3	20~30

为实现管片自动拼装,在管片输运环节,利用射频识别技术(RFID)将管片信息写入射频标签并贴于管片上,读写器识别管片信息,通过获取多个固定位置读写器识别标签的信号强度、信号角度、传输延时等进行定位;在管片抓取环节利用深度视觉(深度相机)对管片类型及姿态进行自主识别,通过控制器控制执行机构进行管片抓取;最后通过快速粗定位和利用深度视觉精定位完成管片高效、精确拼装。

通过尺寸计算获取粗定位大概位置和精定位管片螺栓,实现管片自动拼装。盾构机管片自动化拼装系统总体框架如图8-3所示。

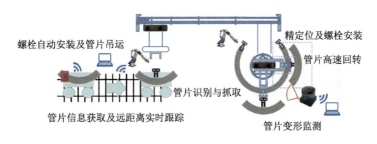

图8-3　盾构机管片自动化拼装系统总体框架

盾构机管片自动化拼装系统拼装步骤如下:

步骤一:管片信息获取及远距离实时追踪

射频识别技术(RFID)是以无线电磁波信号与标签交换信息。如图8-4所示,将管片信息写入射频标签并贴于管片上,读写器识别管片信息。通过对多个固定位置读写器识别标签的信号强度、信号角度、传输时延、编写算法进行定位。

步骤二:螺栓自动安装及管片吊运

深度相机可以捕获图像并计算图像间的差异、照明并收集深度数据、收集颜色数据及对比色差,在相机坐标系下实现对所拍摄的管片模型与场景表征、螺栓孔的识别与定位。基于计算出的坐标和距离信息,控制机械臂安装吊取螺栓及控制门式起重机吊运头抓取管片,见图 8-5。

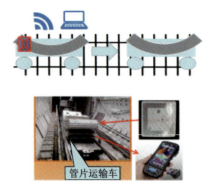
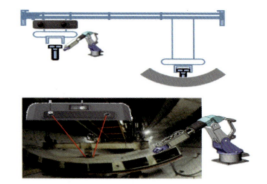

图 8-4　管片实时追踪示意图　　　　图 8-5　螺栓安装吊取及管片吊运示意图

步骤三:管片识别与抓取

通过模板匹配、颜色、形状识别等实现管片的准确识别。通过不同算法的比较获取高效、精确的识别方法,同时获取管片的抓取位姿,如图 8-6 所示。

步骤四:管片高速回转

如图 8-7 所示,光电码盘传感器基于光电转换将输出轴上机械几何位移量转换成脉冲或数字量,通过脉冲或数字量控制旋转轴的几何位移以及通过尺寸计算出的大致位置,实现管片的高速回转。

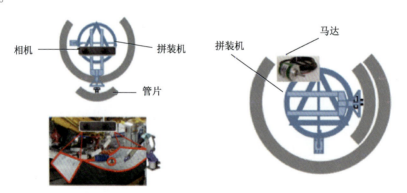

图 8-6　管片识别、抓取示意图　　　　图 8-7　管片回转示意图

步骤五:管片精定位及螺栓安装

通过管片特征表征、目标识别与定位、安装管片及螺栓,基于分析出的已拼管片及待拼管片边缘位置和距离信息,控制微调机构,实现精定位。基于已拼管片及待拼管片螺栓孔位置和距离信息,控制机械手安装连接螺栓,如图 8-8 所示。

盾构机管片拼装衬砌目前仍采用人工操作,但效率低、风险高,极易发生安全事故,已成为制约盾构机高效施工的瓶颈。后续研究重点应在自动拼装的新型管片结构设计、新型管片运输与定位系统结构及控制、大范围工作空间管片拼装机器人机构与控制、复杂环境下管片拼装的路径规划等关键技术方面,研制出盾构机管片拼装机器人系统,开展示范应用,提高国产盾构机的自动化、智能化水平、产品竞争力。

如图 8-9 所示,智能管片运输车设计内容包括:角度传感器的旋转盘进行管片位姿调整,采用榫槽紧固方式进行管片连接,5G 通信场景下进行管片变形监测。

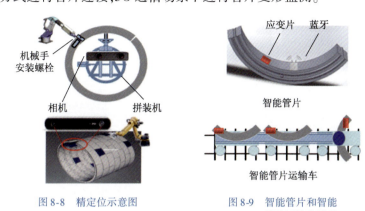

图 8-8　精定位示意图　　图 8-9　智能管片和智能管片运输车设想

8.2　管片拼装国内外现状

8.2.1　国外管片拼装现状

如今先进的管片拼装技术主要掌握在发达国家的手中,其中,以日本、德国、美国为主。德国维尔斯(WIRTH)公司开发的管片拼装机采用真空吸盘进行管片的抓取。其实现方法如下:管片依靠真空产生的吸附力牢牢贴在管片抓取平台上,随着管片抓取平台的运动而运动。管片的微调运动主要依靠管片抓取平台上的球铰。该机型主要适用于大中直径盾构机施工。德国海瑞克公司的管片拼装机安装在中盾 H 型支架上,管片拼装机整体可以在 H 型支架上行走,管片拼装机下端有一个管片抓取的平台,管片螺栓通过螺栓连接的方式和管片抓取头进行连接。该抓取管片的方式比较复杂,但是抓取比较可靠。海瑞克公司的管片安装机主要应用于大中直径盾构机施工。美国罗宾斯(Robbins)公司主要生产回转式结构拼装机,管片拼装机的径向运动和轴向运动都在回转盘上实现,该机型相对于海瑞克机型而言,虽然轴向可移动的距离减小,但是总体造价会低很多。该机型的径向移动可以不同步,因此对系统的稳定性及运动耦合性都有较高的要求,如图 8-10 所示。

8.2.2　国内管片拼装现状

我国在管片拼装机结构设计和动力学特征方面也进行了非常多的研究,如对盾构机管片拼装机的结构及其力学性能进行了计算仿真研究,并提出结构上的改进方案。同时对管片拼装机进行运动学仿真,证明其能够满足设计要求。在异型管片拼装机方面也有非常多的研究,主要对异型盾构机进行设计及运动学仿真。也有相关学者对轨迹规划进行研究,解决最优轨迹规划问题。对于管片拼装机的液压系统和电液比例控制领域的研究也非常多,包括对不同直径的管片拼装机液压系统进行设计和仿真,并通过联合仿真验证模型的合理性。还有学者对管片拼装机液压系统中主要元件进行建模,并计算运动控制系统的数学模型,提出各种先进的运动控制算法,以减少冲击和振动。管片安装质量也是非常关键的,在这方面也有非常多的研究,如利用虚拟现实(VR)技术和激光扫描等技术对管片的安装质量进行诊断。

图 8-10　美国罗宾斯(Robbins)公司真空吸盘拼装机

综上所述,国外的拼装机技术经过长时间的发展已趋向成熟,近年来的研究方向主要是传统拼装机设计方法细节上的完善,以及异型盾构机拼装机的设计。反观国内,多家盾构机公司已经能够设计制造满足基本管片拼装要求的拼装机系统,研究成果正从结构设计向性能优化及尺寸优化上过渡。在完成拼装管片任务方面,中国已经逐步掌握盾构机管片拼装机的结构设计基本方法,但是在异型盾构机拼装机研制和拼装机整体性能完善等方面,中国与发达国家仍有一些差距。日本、德国等盾构机技术先进的国家已开始研究管片的自动化拼装,尝试远程或无人干预的拼装操作,国内拼装机在自动化和智能化方面仍有很大的发展空间。

机器视觉帮助机器人系统获取外界环境信息,通过对信息的处理、根据需求控制下位机进行后续操作。视觉系统通过各类视觉传感器获得目标物体的灰度、RGB,或者二维、深度信息,经过给定图像处理算法之后,快速实现对物体的类型判断以及精确的位姿计算,以进行后续机器人的驱动环节。

华南理工大学李穗婷采用双目视觉系统(双摄像机、工业摄像机),采用基于 YOLO(You Only Look Once)的管片识别算法、改进的卷积学习网络进行管片识别。如图 8-11 所示,其识别图像最快可达 2.78s,准确率达 93.3%;基于尺度不变特征转换(SIFT)提取匹配试验,提取螺栓位置的匹配准确率达 96.4%,总体识别率为 90%;平均匹配时长 3.78s,运算时间为 6.61s。

上海交通大学王明斗采用线激光传感器检测管片抓取位姿和安装位姿,研究矩形盾构机管片拼装机器人。如图 8-12 所示,将 3 个线激光传感器以不变的相对位置固定在机械手上,利用这三个线激光传感器检测管片两个相邻边缘,计算待安装管片初始摆放位姿和管片安装目标位姿。此外,开展了管片拼装机器人运动学、路径规划、轨迹规划、控制仿真及优化、轨迹跟踪和轮廓误差补偿功能试验验证。

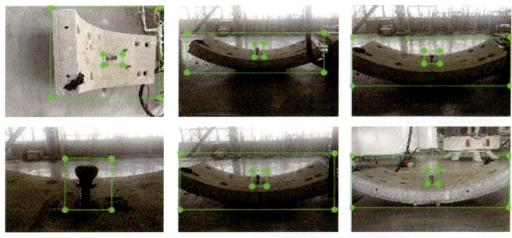

图 8-11　基于 YOLO 的管片识别算法、改进的卷积学习网络进行管片识别

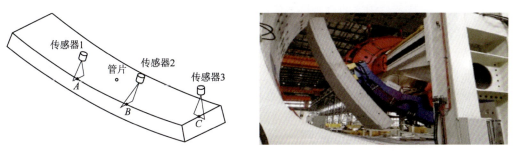

图 8-12　基于激光传感器的管片识别

杭州图溪科技有限公司申请了一项专利:盾构机管片自动拼装系统(图 8-13)。其基于位置编码、图像测量(摄像机)、激光传感技术(激光距离、位置传感器)完成管片的位姿测量,通过拼装策略实现管片的粗定位和精定位,完成管片的自动化拼装。

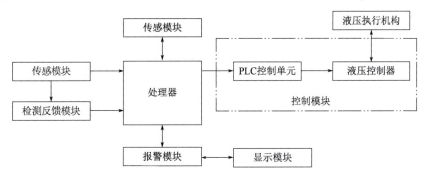

图 8-13　盾构机管片自动拼装系统

目前,对物体图像信息的采集主要有以下三种方案:单目视觉、双目立体视觉、RGB-D 相机等。单目视觉系统只利用一个 RGB 摄像头来获取目标物体的图像信息,该系统原理简单,操作方便,但只能获得物体的二维图像信息;双目立体视觉是基于视差原理并利用成像设备从不同的位置获取被测物体的两幅图像,通过计算图像对应点间的位置偏差,来获取物体三维几

何信息的方法,是机器视觉的一种重要形式。双目立体视觉系统采用两个水平或者竖直排列的 RGB 摄像机进行对目标物体信息的同时获取,通过图像之间的匹配、运算,能够获得物体的深度信息,叠加二维信息之后可以获得物体三维信息,但是该方案求解较为困难,占用计算资源多,实时性不强,适用于物体较为复杂,对实时性要求不高的场景。RGB-D 相机采用一个 RGB 相机与一个深度相机相结合的方法,同时获取目标物体的彩色以及深度信息。目前市面上已有非常多的集成深度相机,占用体积小,功能强大;该方案相较于双目立体视觉系统实时性强,操作方便,同时占用体积小。

8.3 智能视觉识别定位系统

8.3.1 视觉惯性测程法的抓取头自身位置实时估计系统

1) 基于惯性传感器(IMU)的自身姿态实时估计

盾构机的实际工作环境较为恶劣,信号和光照干扰较大,因此采用惯性制导技术进行自身姿态实时估计。惯性制导以自主方式工作,不与外界发生联系,不受无线电干扰,抗干扰能力强。现代的地对地战术导弹、战略导弹和运载火箭都采用惯性制导。

惯性制导系统通常由惯性测量装置、计算机、控制等组成。惯性测量装置包括测量角运动参数的陀螺仪和测量平移运动加速度的加速度计。计算机对所测得的数据进行运算,获得运动物体的速度和位置。

IMU 是惯性制导系统中的核心部件,其通常包含三个单轴的加速度计和三个单轴的陀螺仪,加速度计和陀螺仪安装在互相垂直的测量轴上。加速度计检测物体在载体坐标系独立三轴的加速度信号,而陀螺仪检测载体相对于导航坐标系的角速度信号。通过测量物体在三维空间中的角速度和加速度解算出物体的姿态。

考虑到实际环境和性能需求,采用博世 BMI055 6 轴惯性传感器,该传感器由三轴 12 位线加速度和三轴 16 位角速度陀螺传感器组成,使用陀螺仪测量值积分计算旋转角度变化量,通过加速度计数据差分计算旋转角度,使用互补滤波器来聚合来自陀螺仪和加速度计的数据,以此来实时获得相机移动时的姿态。

一般情况下使用陀螺仪提供的准确运动数据,在短期内不易受外力影响,较为准确。但随着时间的推移,单独的陀螺仪数据会遭受大量的聚合漂移,当系统返回其原始位置时不会归零,这可以通过加速度计的数据的不频繁更新来纠正,以检测俯仰、偏航和滚转 3 轴的旋转运动。加速度计不存在聚合漂移这个问题,但它的信号很容易受到噪声和干扰的影响变得不平滑。考虑到传感器精度、现场振动等问题,采用互补滤波器来平衡陀螺仪和加速度计的结果。通过互补滤波器计算出的新的姿态具有快速响应和不易偏移的能力。

2) 基于视觉惯性测程法的抓取头自身位置实时估计

在实现管片拼装机自身姿态实时估计的同时,还需要对其位置进行估计。在计算机科学中,机器人位置感知与导航通常被称为"同时定位和映射"或即时定位与地图构建(Simultaneous Localization and Mapping,SLAM)。对于一些 SLAM 问题,当今市场上确实存在成熟的解决方案。例如,全球定位系统(GPS)和辅助导航现在非常广泛,以至于几乎每部手机都嵌入了接收器,从根本上满足了使用地图导航的需要。但是,GPS的精度目前仅限于大约10m。此外,更新速率在10Hz左右,它们只能在能够接收来自GPS卫星、良好的电子三角测量信号,并且由于山脉和建筑物的反射而受到多径干扰。近年来,另一个真正取得惊人发展的传感器是光探测和测距系统(LiDAR),其在开发全自动汽车的竞赛中变得非常流行。LiDAR通常由旋转/扫描激光束组成,这些激光束采用短光脉冲或频率调制,以便以毫米级精度测量与周围物体的距离。比较SLAM方法之后,我们采用视觉惯性里程计(VIO),它实际上是与大多数动物感知世界的方式最接近的电子等效技术。其使用互补金属氧化物半导体(CMOS)传感器充当观察周围环境的眼睛;使用IMU作为内耳感知平衡和方向;计算机作为大脑将信息融合到瞬时定位和绘图中。与现有的激光雷达解决方案相比,VIO系统明显更小、更便宜且功耗更低,并且通过基于视觉特征在大地图上识别和重新定位物体的位置、卓越的重新定位的潜力,而不仅限于测距和绘图。在计算机视觉这部分,首先拍摄周围环境的电子照片,其通常由数百万个像素组成,使用"特征检测算法"将信息内容压缩到几百个命名点;一旦检测到特征,它们都由算法"命名",该算法为每个特征提供"描述符"或"特征向量";对接收到的每个新图像帧重复此过程,并使用特征跟踪比较和跟踪连续帧(或某些关键帧)中的特征算法。

使用单个Mono-SLAM相机的问题之一是它不能很好地解决尺度问题。这意味着如果相机向前移动1m,它无法将观察到的移动位移与1m相关联,因为它也可能是1cm。解决此问题的两种最常见方法是使用校准立体相机或IMU。另一个重大挑战是如何实现高帧率和低延迟跟踪。虽然可以以更高的帧速率操作相机传感器,但这些算法实际上在计算上非常昂贵(意味着计算和耗电),并且相机的运行速度越快,它所能获得的光线就越少。但如果在更长的时间内(如几秒)运行,则会出现严重的漂移。表8-2总结了Visual里程计和IMU里程计如何很好地相互补充。视觉和IMU里程计技术相辅相成。特别是,IMU数据的可用频率高于视觉里程计。另一方面,随着时间的推移,单独的IMU数据会遭受大量的聚合漂移,这可以通过视觉里程计的不频繁更新来纠正。此外,视觉里程计依赖于场景中特征的存在,而IMU相对独立于环境。

Visual和IMU里程计优缺点对比 表8-2

项目	Visual里程计	IMU里程计
刷新频率	低	高
时间稳定性	高	低
现场依赖性	高	低
CPU占用率	高	低

SLAM系统的一个重要的特性是它能够重新定位到已知或预先生成的地图。当机器人最初通电,或者它的视线在运动过程中长时间被遮挡,传感器可能丢失它的位置。通过前期扫描获得的空间环境地图进行特征识别可以实现系统的重新自定位,避免了长期使用下的精度降低、多次标定等问题,降低维护成本。

通过调研，采用英特尔 T265 实感跟踪摄像头，如图 8-14 所示，将所有信息实时融合在一起。其具有极低的延迟时间。该摄像头包括两个鱼眼镜头传感器、一个 IMU 和一个英特尔视频处理单元（VPU）。它可以将来自多个鱼眼成像仪的信息与来自 IMU 的传感器读数结合起来，同时所有 V-SLAM 算法都直接在 VPU 上运行，在提供低于 1% 的闭环漂移的同时，实现低于 6ms 的延迟和极低的功耗。

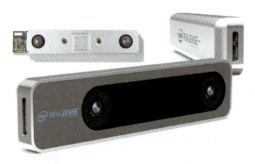

图 8-14　英特尔 T265 实感跟踪摄像头

由于 T265 SLAM 算法在设备本身（即在嵌入式视觉处理器上）运行，因此它很少使用主机 CPU 和内存，从而为主机上的应用程序留下空间和计算能力，使得其即使在弱平台上也可以很好运行。

3）基于多传感器融合的抓取头手眼标定

为了让管片拼装机实现自动拼装，它不仅需要对环境进行空间理解，还需要对其自身在空间中的位置和方向进行空间解析。这可以通过摄像头 T265 与摄像头 D435 紧密结合在一起并在空间上对齐来实现。摄像头 T265 估计其相对于静态重力参考系的位置和姿态，摄像头 D435 进行立体匹配，得到密集的三维场景点云。融合两个宽视野鱼眼摄像头和一个惯性测量单元数据来获得一个与静态重力参考系相匹配的点云。

为了将点从深度坐标系正确转换到世界参考坐标系，深度传感器和身体坐标系（即姿势坐标系）之间的相对转换以及身体的相对姿势/运动必须已知（写到）一个静态参考框架。硬件设置和坐标系见图 8-15。深度帧与姿势帧的相对变换表示为 H_pose_depth，姿势帧与世界的相对变换表示为 H_world_pose。

通过来自摄像头 D435 的点云和来自摄像头 T265 的姿态通过 USB 流式传输到主机。通过将姿势估计与两个相机之间的外部变换数据加以整合，实现点云变换并显示在屏幕上。

8.3.2　双目红外结构光信息的管片位姿识别系统

1）基于模板匹配的管片识别

深度相机可以捕获图像并计算图像间的差异、照明并收集深度数据、收集颜色数据及对比色差。传统的特征识别流程包括图像预处理、特征提取和标识、特征聚类和分类。图像预处理包含高斯模糊、图像灰度化、图像二值化等算法。图像的外形轮廓特征可以通过像素点的梯度差实现 Carny、Douglas-Peucker 等轮廓提取算法，通过计算轮廓面积来实现管片自动分类。图 8-16 所示为通过深度相机提取的管片轮廓特征，可实现管片实时位置可视化显示。

图 8-17 显示识别出的管片和螺栓的轮廓特征。

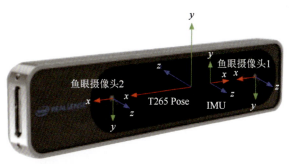
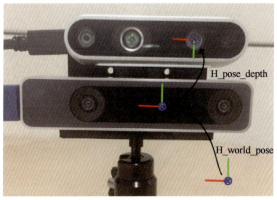

图 8-15 硬件设置和坐标系

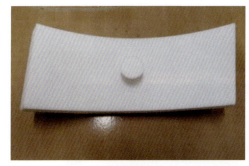

a) 原始图片　　　　　　　　　　　　b) 提取轮廓

图 8-16 深度相机识别出的管片轮廓特征

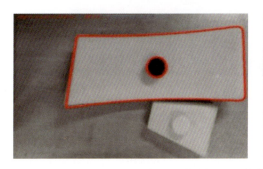
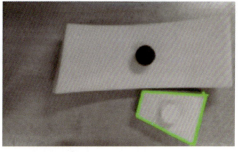

图 8-17 深度相机识别出的管片和螺栓的轮廓特征

2)基于三维点云的管片位姿估计

由于地下环境复杂,在工程中无法使用 RGB 信息,因此获得相机视野之内每一像素点的深度信息之后,只需要将像素坐标和深度信息相结合,即可获取管片的点云信息。

而使用深度相机(RealSense)获取深度信息的方法有很多种:

(1)在 Visual Studio 软件中,调用相机的两只红外相机获得的图像,经过相机内参、外参矩阵消除畸变之后,得到图 8-18 所示的图像。图 8-18 右图是将红外相机获得的图像进行伪彩色处理之后得到的图像。

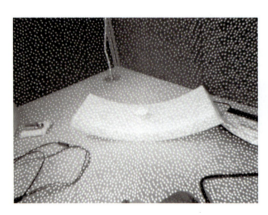 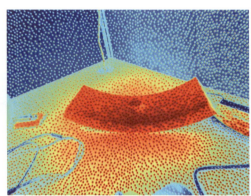

图 8-18 红外相机成像

(2)在英特尔官方提供的 RealSense Viewer IDE 中获取结构光图像,如图 8-19 所示。在 Rea Lsense Viewer IDE 中,可以直接将获得的一帧图像保存为.ply 文件格式,供后续使用。

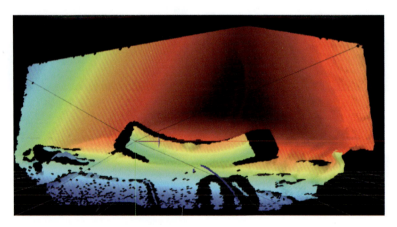

图 8-19 Rea Lsense Viewer IDE 获得的图像

此处采用第二种方式进行管片三维点云信息的获取。随机选取的管片与管片 RGB 图像以及获得的点云图如图 8-20 所示。

获取点云数据过程中,由于受到环境因素、电磁波衍射特性的影响,点云数据必然出现噪声,因此在点云数据处理中,滤波处理常常是关键的第一步,其对后续的特征提取、图像配准、曲面重建等步骤影响很大。点云库(PCL)中提供了较多的滤波算法,包括双边滤波、直通滤波、高斯滤波等。滤波结果如图 8-21 所示。滤波的效果比较显著,离群点绝大多数都被去除。

 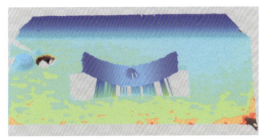

图 8-20　管片及其 RGB 图像与结合深度信息的点云图

 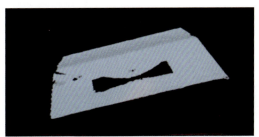

a)滤波前点云图　　　　　　　　　　　　b)滤波后点云图

图 8-21　滤波结果

进行滤波处理后,需要对管片和桌面的点云信息进行分割,提取出单独的管片点云,之后才能更好地进行特征描述提取、曲面重建等。目前在 PCL 中已有完整的点云分割架构,包括鲁棒性较好的聚类分割算法和基于随机采样一致性算法(RANSAC)的分隔。本书采用的分隔算法是欧式聚类提取,属于聚类分割的一种。

利用基于移动最小二乘法(MLS)的点云平滑以及法线估计,对模板管片和待抓取管片的点云进行配准,以完成待抓取管片的位姿估计。

对待抓取管片位姿估计的具体方案是:

(1)首先建立模板管片的点云模型,进行平滑之后对其进行法线估计。该法线是相对于相机坐标系而言的。将模板管片水平放置在桌面上,将其作为标准位姿,易得到此时其在世界坐标系中坐标。管片上表面的法向量为(0,0,1)。

(2)其次,对待抓取管片的点云同样进行法线估计,得到相对于相机坐标系的法线向量。

(3)求两个法向量之间的旋转矩阵。该旋转矩阵在世界坐标系同样适用。得到点云数据之后,非常容易地获得两片管片的中心位置,两者相减即是平移矩阵,即可得到世界坐标系下待抓取管片的位姿。

根据以上方法,首先确定选用的模板管片点云与桌面的相对位置;随后,对相机获得的视频流中任意一帧点云数据进行上述步骤,此处截取的待抓取管片与桌面的相对位置如图 8-22 所示。

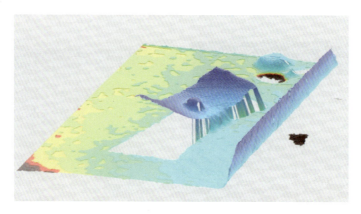

图 8-22 桌面以及模板管片点云图

对图 8-22 所示的桌面以及管片的点云图进行分割,分割的结果如图 8-23 和图 8-24 所示。可见,分割效果较好,保留了绝大部分管片点云信息,同时筛除了所有桌面和干扰点的点云信息。

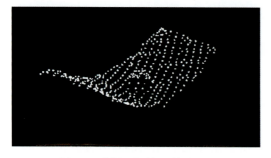

图 8-23 分割后的待抓取管片点云

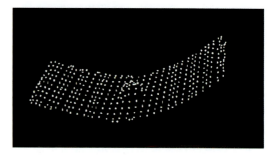

图 8-24 分割出的管片点云

8.3.3 基于视觉与三维空间坐标的拼装精定位

由于管片的形状是固定的,而且管片的拼装顺序是固定的,因此可以通过管片尺寸和拼装机的位置计算出待拼装管片的大体位置,通过拼装机回转马达的高速回转,快速到达待拼装管片的粗定位位置。当完成管片的抓取环节之后,抓取装置应将管片拼装在所在环的指定位置。在自动化拼装过程中,识别装置应首先对管片安装位置进行粗定位,管片到达之后进行精定位工作,实时判断管片是否已精确安装在指定位置,并根据判断结果通过控制器控制抓取装置,进行细小位移调整。以下介绍管片的精定位。

实际管片如图 8-25 所示,在管片内表面加工了 8~10 个螺栓孔,用于与四周的管片进行螺栓固定。根据以上特征,在桌面级的管片内表面两侧画上 5 个小圆,以模拟实际螺栓孔,如图 8-26 所示。虽然实际的螺栓孔形状各异,但是对各类形状识别、判断的原理相通,因此主要研究如何利用以圆代替圆形螺栓孔对安装过程中的管片进行精定位。

图 8-25 实际管片及表面螺栓孔

图 8-26 以圆代替螺栓孔的桌面级管片

首先,在安装任意一块管片之前,前一环管片都已安装完毕,此处假设该管片已有一块相邻的管片也安装完毕,即在这里研究的是每一环第 2~6 块管片安装时的精定位。如图 8-27 所示,右下方的管片为待安装管片,另外 3 片管片均已安装完成,则待安装管片的精确安装位置可由管片上的螺栓孔相对位置计算得出。此处使用霍夫圆算子识别出每块管片上的螺栓孔,得到螺栓孔中心位置。检测圆和实际圆半径基本一致,圆心位置误差也比较小。

选取靠内的四个圆心,互相连线,计算出两个具有特征的角度,如图 8-28 所示。如果角 1 大于 90°,则管片仍需有 x 方向微位移;如果角 2 大于 90°,则管片仍需有 y 方向微位移。此处计算角度的代码只输出锐角,即角 1 和角 2 的补角角度,不影响最终结果。

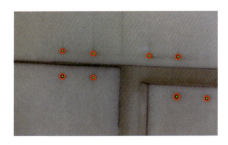

图 8-27 待安装与已安装管片相对位置示意图　　　图 8-28 选取的两个特征角

通过角度得到管片微位移方向,同时控制抓取装置移动管片,直至两个角度均达到 90°,完成管片安装。利用上述方法对桌面级管片进行试验,根据管片不同位置实时输出两个角度。图 8-29 所示为管片安装完成的情况,两个角度的输出结果均在 89°~90°之间,误差小于 1.1%(1/90),可见结果较为精确。

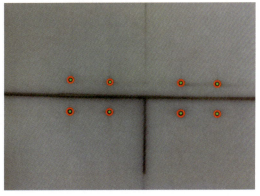

图 8-29 管片安装完成(∠1、∠2 在 89°~90°)

图 8-30 所示为管片需要在 x 方向微位移的情况，角 1 的输出结果大部分在 88°～90°之间，结果较为准确。

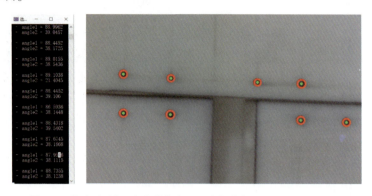

图 8-30　管片需要在 x 方向微位移（∠1 大部分在 88°～90°，∠2 <90°）

通过对管片安装时的精定位问题进行研究，实现了利用霍夫圆检测螺栓孔，并测量两个特征角，实时判断管片是否精确安装在指定位置。

8.4　盾构机管片拼装机构设计及路径规划

8.4.1　液压驱动管片拼装机系统设计

盾构机法作为暗挖法施工中的一种全断面、机械化作业的隧道施工方法，由于其施工效率高、安全性好、对地面交通和其他设施扰动轻等优点被大量应用在城市地铁建设。管片拼装机是盾构机施工中重要的子系统，作为盾构机的核心部件之一，其工作性能直接影响盾构机施工的质量和效率。为了实现掘进过程中隧道一次成型，需要通过管片拼装机将预制的管片拼装成环，形成隧道的永久支护。

中国几乎在引进全断面掘进设备的同时，就开始了对管片拼装机的研究工作，研究内容涉及管片拼装机的结构、驱动系统等多个方面，陆续开发出了针对不同工程需求的管片拼装机。从最早的武汉大学设计的 TBM 后配套管片拼装机，到上海隧道工程股份有限公司先后开发了四自由度、六自由度的管片拼装机。本节结合国内自主开发的六自由度管片拼装机阐述其总体结构。

管片拼装机一般位于盾构机的中后部，以便在刀盘系统完成隧道开挖后，及时对开挖好的隧洞进行支护，防止隧洞坍塌。隧洞是由管片逐环连接起来的，每环管片由若干块管片构成，相邻管片之间通过特殊的螺栓连接，实现管片相对位置的永久固定。管片拼装时盾构机主机必须停止掘进，并将待拼装区域的推进液压缸缩回，留出拼装空间。吊机将管片从小车上吊起并运送到喂片机上，喂片机沿着隧道的轴向运动并将管片运送到管片拼装机的抓取区域，抓取装置抓取管片后通过拼装机各液压缸的组合运动将管片移动至目标位置进行拼装。

管片环上每块管片的位置及姿态不尽相同，尤其是在采用了楔形管片的转弯环段，管片更是姿态各异。如要使管片精确安装,需要在安装过程中对管片进行实时调整,这就要求管片拼装机至少要实现管片的六自由度运动。六自由度管片拼装机的整体结构如图 8-31 所示。

管片拼装机安装在盾构机的盾尾。通过平移液压缸、提升液压缸和回转液压马达驱动分别实现管片沿隧道轴向、径向和周向的运动,即拼装头的初调粗定位。图 8-31 中的拼装头为扣头螺栓式拼装头,用于抓取管片和拼装精定位时姿态调整,其上安装有俯仰液压缸和偏转液压缸,结合两侧提升液压缸的不同步动作可以分别实现管片的俯仰、偏转及横摇,即管片的微调定位。管片拼装机的平移、回转、升降、俯仰、偏转和横摇动作分别对应拼装头的 6 个自由度动作。

为了准确描述管片的自由度,在隧道空间内建立如图 8-32 所示坐标系。管片拼装要实现的六自由度为:z 轴方向的移动自由度,对应的动作称平移动作;x 轴方向移动自由度,对应的动作称升降动作;y 方向的移动自由度,对应的动作称回转;绕 y 轴的转动自由度,对应的动作称俯仰微调;绕 x 轴的转动自由度,对应的动作称偏转微调;绕 z 轴的转动自由度,对应称横摇微调。前 3 个自由度称为位置粗调自由度,后 3 个自由度称为管片精定位姿态调整自由度。

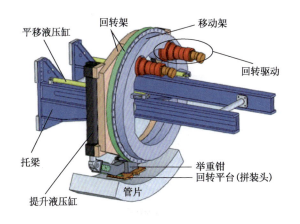

图 8-31　六自由度管片拼装机的整体结构　　　图 8-32　管片六自由度动作示意图

通常,管片拼装的动作除了实现上述六自由度外,还包括拼装机抓取、锁紧、管片安放等动作。按照驱动方式的不同,拼装机可以分为电气驱动、液压驱动及两者的混合驱动 3 种方式。按照转动机构的特点,拼装机可以分为环式、齿轮齿条式、中空轴式 3 种。一般需要根据盾构机相关结构尺寸,确定管片拼装机的结构和驱动方式。

ZET6250 型管片拼装机主要由梁托、移动架、转动架、举重钳、人员平台等组成。其中,举重钳包括举升液压缸、轭架、微调机构等。此类型管片拼装机除了能实现上述的六自由度动作外,还能方便完成管片抓取、安放等动作。管片拼装机具体结构如图 8-33 所示。

ZET6250 型管片拼装机是与刀盘直径 6.28m 盾构机相配套的管片拼装机系统,该型号盾构机主要应用于城市地铁建设。因此,对于管片拼装质量的要求更高。为使设计的管片拼装机能够具有很好的通用性,管片拼装机的转动范围为 ±220°,平移行程在 2m 以上,升降行程 1m 以上,适用范围为管片外径 6m,内径 5.4m,管片质量 4t,具体机构设计如下:

①平移移动系统。由于地铁隧道常用管片的宽度一般为 1.5m 和 1.2m 两种,适宜采用托梁-移动架的结构,左右托梁一端固定在中盾 H 型横梁上,两托梁末端通过连接梁连接。移动架、滚轮架通过左右各两个特殊滚轮支撑在左右托梁上,平移液压缸两端分别连在托梁与移动架上,在平移液压缸驱动下,驱动移动架沿着隧道轴线移动。平移机构中托梁的设计最为关键。

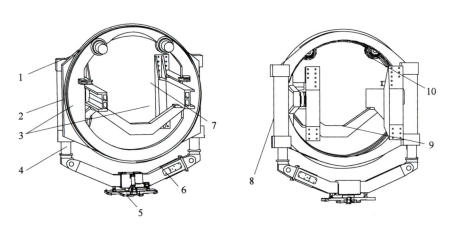

图 8-33 管片拼装机结构图

1-右马达和减速器;2-右后滚轮;3-托梁;4-转动架;5-偏转液压缸;6-轭架内筒;7-平移液压缸;8-左举升液压缸;9-引梁;10-移动架

②回转、提升系统设计。管片拼装机安装在盾构机中后部,排渣系统、控制液压系统等的管路需要在管片拼装机布置处穿过。因此,拼装机设计时,需要留出截面面积约为 $2.25m^2$ 的柱形空间,这就使得地铁盾构机管片拼装机更适合于采用环式结构。

转动架通过内齿式单排四点接触回转支承支撑在移动架上,回转支承的内圈与转动架、外圈与移动架分别通过螺栓连接,从而实现转动架相对移动架的转动。安装在移动架上的马达-减速器驱动与大齿轮啮合的小齿轮,为转动架转动提供动力。在马达上安装回转编码器,实现对转动角度的精确控制。考虑到高速拼装时的动态平衡性能,举升机构宜采用对称布置的机构形式。左、右举升液压缸包含两种工作模式——横摇微调与径向升降运动,在举升液压缸横摇微调运动时,为了避免因不平行而造成机构卡死,轭架的伸缩内筒采用滑动副连接。

③微调机构结构方案。微调机构采用目前工程上广泛使用的并联两自由度微调机构,即在轭架的下端通过球铰连接工作平台。俯仰与偏转液压缸实现管片的俯仰与偏转运动。举升液压缸、轭架系统可以同步运动,实现管片的举升动作;如两液压缸异步运动,通过轭架与伸缩内筒的相对滑动,实现管片一个方向的微调动作。中间球铰串联有抓取液压缸,抓取液压缸与扣头相连接。扣头扣住预先安装在混凝土管片中的扣头螺栓,当抓取液压缸提升扣头时管片被提起,持重座平台下端的橡胶条被压缩,产生巨大摩擦力而牢牢锁紧管片,防止在拼装过程中管片发生摆动。另一方面橡胶条提供的摩擦力在管片被拼装过程中可以克服重力,使扣头螺栓避免受到弯矩的作用。

在管片拼装机结构设计时重点对托梁结构、轭架结构和微调机构等关键部件多加考虑。

托梁结构如图 8-34 所示,托梁一端固定,另一端自由,是一种典型的悬臂梁。托梁为移动架的移动提供导轨支承,承受整个管片拼装机的全部载荷。

托梁的具体机构如下:整个托梁系统包括左右托梁、连接梁 3 部分,采用对称式结构布局。移动架在托梁上的行程达到 2m。在保证托梁的刚度与强度的同时,为了达到减轻设备自重的目的,托梁采用中空的结构形式。图 8-34 所示设计的托梁左端是与盾体相连接的连接面,由螺栓连接。为了让两托梁受力平衡,中间设置了连接梁。

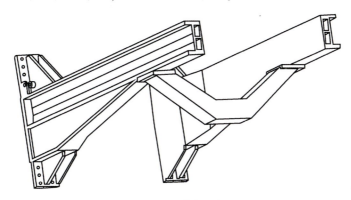

图 8-34　托梁结构示意图

轭架结构。轭架属于举重钳的一部分,是管片拼装机的关键部件之一。其上端连接举升液压缸,下端连接持重座平台,受力情况非常复杂,其结构设计显得至关重要。轭架结构如图 8-35 所示。

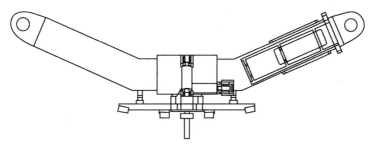

图 8-35　轭架结构示意图

轭架的左右端通过销轴与举升液压缸相连,举升液压缸的运动带动轭架运动。举升液压缸的同步运动实现轭架沿隧道断面的升降,举升液压缸非同步运动实现轭架横摇转角。为了保证两举升液压缸在不同步运动时不会发生卡死的现象,轭架不是一个整体,而是由伸缩内筒与轭架基本架两部分构成。伸缩内筒相对于轭架结构可以相对滑动。

微调机构。管片拼装机的微调机构是一个并联机构,具体结构如图 8-36 所示,轭架与持重座平台之间除了用球铰连接外,还有两条带驱动液压缸的支路。在轭架球铰的左右两侧,轭架与持重座平台之间为线接触,其可以看作一条特殊的支链。倾斜上支撑块与轭架通过螺栓连接,倾斜上支撑块的弧形面与持重座平台上的支承钢条为线接触。该微调结构可以实现持重座平台的俯仰、偏转微调动作,具有两个转动自由度。

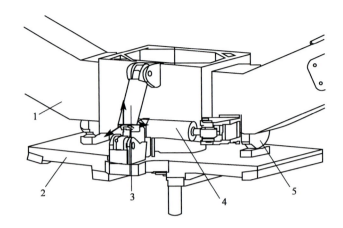

图 8-36　微调机构结构示意图
1-轭架;2-持重座平台;3-俯仰液压缸;4-横摇液压缸;5-倾斜上支撑块

8.4.2　机构运动学建模及正逆解计算

管片拼装机是一种混联结构,整个机构为串联形式,中间并联一个二自由度五杆机构,五杆机构包括升降液压缸、轭架和回转台等。建立基于机构运动的数学模型,来准确描述机构末端执行器的位姿和机构驱动单元的变化关系,对自动化拼装极其关键。

机构运动学常用的有齐次变换法、矢量法、旋量法、D-H 系法和四元数等数学描述方法。下面介绍应用坐标齐次变换法和空间矢量法来描述混联机构的运动学建模过程用到的理论。

1) 坐标齐次变换法

(1) 空间点的位置描述

对于选定的直角坐标系 $\{A\}$,空间任一点的位置可用 3×1 的列矢量 $^A\boldsymbol{P}$ 表示,即位置矢量:

$$^A\boldsymbol{P} = \begin{bmatrix} p_x \\ p_y \\ p_z \end{bmatrix} \tag{8-1}$$

式中: p_x、p_y、p_z——点 P 在坐标系 $\{A\}$ 中的三个坐标分量;

A——参考系 $\{A\}$。

(2) 方位的描述

方位也叫作位姿,将直角坐标系 $\{B\}$ 与刚体固连,用 $\{B\}$ 的三个单位主矢量 $\boldsymbol{x}_B$、$\boldsymbol{y}_B$、$\boldsymbol{z}_B$ 相对于 $\{A\}$ 的方向余弦组成的 3×3 矩阵

$$^A_B\boldsymbol{R} = \begin{bmatrix} ^A\boldsymbol{x}_B & ^A\boldsymbol{y}_B & ^A\boldsymbol{z}_B \end{bmatrix} \tag{8-2}$$

表示刚体 B 相对于坐标系 $\{A\}$ 的方位。$^A_B\boldsymbol{R}$ 称为旋转矩阵,上标 A 代表参考系 $\{A\}$,下标 B 表示被描述的坐标系 $\{B\}$。因为 $^A_B\boldsymbol{R}$ 的三个列矢量 $^A\boldsymbol{x}_B$、$^A\boldsymbol{y}_B$、$^A\boldsymbol{z}_B$ 都是单位主矢量,且两两垂直,所以 $^A_B\boldsymbol{R}$ 是正交矩阵,且有:

$$^A_B\boldsymbol{R}^{-1} = ^A_B\boldsymbol{R}^{\mathrm{T}}$$
$$|^A_B\boldsymbol{R}| = 1 \tag{8-3}$$

(3) 位姿的描述

刚体的位姿即位置和姿态。取一坐标系 $\{B\}$ 与物体相固连,坐标原点一般取物体的特征点(重心或对称中心)。物体 B 相对参考系 $\{A\}$ 的位姿用坐标系 $\{B\}$ 的原点在坐标系 $\{A\}$ 中的位置矢量 $^A\boldsymbol{P}_{BO}$ 和旋转矩阵 $^A_B\boldsymbol{R}$ 组成的矩阵 $\boldsymbol{P}$ 描述如下:

$$\boldsymbol{P} = \begin{bmatrix} ^A_B\boldsymbol{R} & ^A\boldsymbol{P}_{BO} \end{bmatrix} \tag{8-4}$$

其中,表示位置时,$^A_B\boldsymbol{R} = \boldsymbol{I}$;表示方位时,$^A\boldsymbol{P}_{BO} = \boldsymbol{0}$。

(4) 齐次坐标

用四维向量表示三维空间一点 P 的位置,即

$$P = \begin{bmatrix} \omega p_x \\ \omega p_y \\ \omega p_z \\ \omega p \end{bmatrix} \tag{8-5}$$

称为点的齐次坐标,w 为非零常数。

当 n 维位置向量用 $n+1$ 维位置向量表示时,统称齐次坐标表示式。该 $n+1$ 维空间可视为用一种特殊的立体投影改造了的 n 维空间。位于原点的零向量的齐次坐标为 $\begin{bmatrix} 0 & 0 & 0 & \omega \end{bmatrix}^T$,而 $\begin{bmatrix} 0 & 0 & 0 & 0 \end{bmatrix}^T$ 无意义,$\begin{bmatrix} a & b & c & 0 \end{bmatrix}^T$ 表示幅值为无穷大的向量,方向由 $\begin{bmatrix} a & b & c \end{bmatrix}^T$ 决定。

用齐次坐标表示位置向量后,坐标转换关系的描述需用齐次变换阵 $\boldsymbol{T}$ 来表示,齐次变换阵 $\boldsymbol{T}$ 是 4×4 维矩阵:

$$\boldsymbol{T} = \begin{bmatrix} \boldsymbol{R} & \boldsymbol{P} \\ \boldsymbol{f} & \omega \end{bmatrix} \tag{8-6}$$

式中:$\boldsymbol{R}$——3×3 维旋转矩阵;

$\boldsymbol{P}$——3×1 维位置向量,表示活动系原点相对参考系的位置;

$\boldsymbol{f}$——1×3 维透视变换向量,用于计算机图解学及立体投影,在机器人学中,恒取零透视变换,即 $\boldsymbol{f} = \begin{bmatrix} 0 & 0 & 0 \end{bmatrix}$;

ω——齐次坐标表示式的比例系数,机器人学中,$\omega \equiv 1$。

(5) 齐次变换

一个点在两个不同坐标系中的一般变换为:$^A\boldsymbol{P} = ^A_B\boldsymbol{R}^B\boldsymbol{P} + ^A\boldsymbol{P}_{BO}$,此式可看作坐标旋转和坐标平移的复合变换。用齐次变换矩阵表示如下:

$$^A\boldsymbol{P} = ^A_B\boldsymbol{T}^B\boldsymbol{P} = \begin{bmatrix} ^A_B\boldsymbol{R} & ^A\boldsymbol{P}_{BO} \\ 0 \ \ 0 \ \ 0 & 1 \end{bmatrix} \begin{bmatrix} ^B\boldsymbol{P} \\ 1 \end{bmatrix} \tag{8-7}$$

齐次变换矩阵既含有旋转变换,又含有平移变换,可分解如下:

$$^A_B\boldsymbol{T} = \boldsymbol{T}\mathrm{rans}(^A\boldsymbol{P}_{BO}) \cdot \mathrm{Rot}(k,\theta) \tag{8-8}$$

$$\boldsymbol{T}\mathrm{rans}(^A\boldsymbol{P}_{BO}) = \begin{bmatrix} \boldsymbol{I}_{3 \times 3} & ^A\boldsymbol{P}_{BO} \\ 0 \ \ 0 \ \ 0 & 1 \end{bmatrix} \tag{8-9}$$

$$\mathbf{Rot}(k,\theta) = \begin{bmatrix} {}_B^A\mathbf{R}(k,\theta) & 0 \\ 0 \quad 0 \quad 0 & 1 \end{bmatrix} \tag{8-10}$$

式中：$\mathbf{Trans}^A(\mathbf{P}_{BO})$——平移变换矩阵；

$\mathbf{Rot}(k,\theta)$——绕过原点的 K 轴转动 θ 角度的旋转变换矩阵。

2）空间矢量法

已知空间中 A、B 两点在固定坐标系中的三维坐标信息，通过两坐标相减得到两点之间的向量，对其进行取模运算即可得到向量的长度，假设固定坐标系为 $\{S\}$，向量为 L，则两点之间的方向矢量为：

$$^S\mathbf{L} = {}^S\mathbf{A} - {}^S\mathbf{B} \tag{8-11}$$

对该方向矢量求模，可得向量的长度 l 为：

$$l = |{}^S\mathbf{L}| \tag{8-12}$$

利用空间矢量法，可对微调机构二自由度并联平台进行运动学建模，并求正逆解。

(1) 绘制机构简图

图 8-37 所示为六自由度管片拼装机构简图，此处形象地表示了粗调机构的平移、横摇、升降和旋转自由度驱动链简图，微调二自由度平台简化成绕一个球铰的俯仰和摆动。在绘制时，转动平台与提升横梁之间通过中心球关节轴承连接，通过限制绕隧道轴线方向的转动，其他两个方向的转动可转化为绕两个相交轴线的转动副的串联形式。

整个机构是一个混联机构，其中微调机构通过空间矢量法可以进行单独求解，两升降液压缸和提升横梁之间形成一个闭环的五杆机构（图 8-38）；也可通过空间矢量法进行单独求解，再通过上述齐次坐标变换法对整个机构进行数学建模。

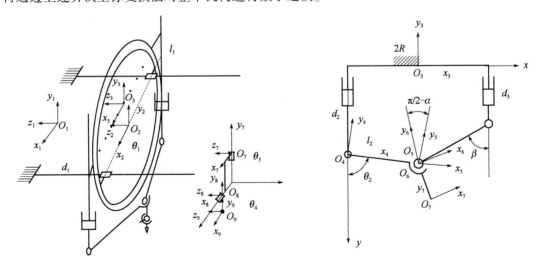

图 8-37 六自由度管片拼装机构简图　　图 8-38 二自由度五杆机构简图

(2) 建立坐标系

研究此混联机构时，可参考机械臂串联关节 D-H 系建立方法和并联机构求解过程中固定坐标系和动坐标系的建立方法，选取坐标系，此处不做详细介绍。

(3) 姿态描述

在工程实况中,为了实现管片拼装机的自动化,重点关心此六自由度混联机构的末端执行器即微调机构的持重座平台的位姿,通过实时得到机构的末端位姿与待拼装管片和目标管片拼装点之间的位姿变换关系,以及运动学模型,计算得到各驱动单元的变化量,进而驱动机构抵达目标,抓取和安装管片位姿。

在描述刚体姿态变换时,常采用欧拉角法和方位(PRY)角法,两类方法广泛应用于机械臂末端执行器等领域进行位姿描述,此处不做具体介绍。

为了直观形象描述管片拼装机微调机构的二自由度平台偏转角度和俯仰角度,此处选用方位(PRY)角法对二自由度并联机构进行坐标系的建立和求解。

(4) 模型解算

运动学反解问题:已知机构末端的位置和姿态参数,求解各驱动分支的状态或长度和角度的变化量。

运动学正解问题:已知各驱动分支的状态或长度和角度的变化量,求解机构末端的位姿参数。

在实际计算正逆解时,均围绕空间矢量法,列写方程组来求解。

由于管片拼装机微调机构数学模型的复杂性,并且涉及高阶非线性方程组的求解问题,在进行正逆解计算时采用数值解,在商用软件 MATLAB 中解算。

8.4.3 管片安装路径规划

经施工现场调研和实际工程试验,对管片的抓取、输送和安装到指定拼装点位的路径规划要进行多方面因素的考虑:在移动过程中不能损坏管片的防水密封胶条,在抓取过程中不能出现持重台与管片中心对不齐的情况,在拼装过程中不能出现碰撞等使得管片出现不可逆的损伤。因此,自动化管片拼装中安全合理地规划拼装路径,对确保整个工程隧道的施工效率至关重要。

盾构机管片自动化拼装流程如图 8-39 所示。

图 8-39 盾构机管片自动化拼装流程示意图

8.4.2 节中对整个机构进行了运动学建模,为规划问题提供了基础。通过识别定位系统得到待拼装管片的螺栓中心位姿后,需要调整机构,使其末端夹紧装置成功抵达螺栓中心,同时持重台要与管片相重合,以避免管片损坏。抓取完成后,机构需要将管片移动至隧道待拼装位置,期间不能发生碰撞和防水密封胶条的损坏,并尽可能在液压系统驱动下快速抵达目标位姿。螺栓固定完毕，拼装机夹紧系统松开，然后在规定移动空间内无碰撞移动至下一块待拼装管片，重复多次，直至一环管片拼接完成，拼装机复位，掘进系统工作。

管片安装时路径规划策略：空间中两点之间直线距离最短，但管片的拼装不仅是位置的移动，还包含位姿的变换，即管片需要移动和旋转，在管片从抓取位姿变换到目标安装位姿时，需要考虑到执行机构的运动情况。

8.5 管片拼装机电液系统智能控制

8.5.1 拼装机电液控制系统概述

盾构机掘进机具有大功率、变负载和动力远距离传递与控制等特点，它依靠液压系统来实现动力的传递、分配与控制。因此，液压系统的先进性将成为反映未来盾构机技术水平的一个重要标志。

近年来，电液比例技术和先导控制技术应用得越来越广泛和深入，很多工程机械都采用电液比例阀作为控制元件，提高了自动化程度，降低了操作人员的工作强度，而且可以把先进的电子技术应用到其中，这对整个工程机械行业产生重大影响。

盾构机管片拼装机中采用电液比例阀作为控制元件。电液比例阀是一种能按输入电信号的强弱连续地和按比例地控制液压系统的流量、压力和液流方向的阀。在控制方式和使用性能上，它是介于普通液压阀和电液伺服阀之间的一种液压元件。与普通液压阀相比，它能更简单地实现远距离控制，能连续、按比例地控制液压系统的压力和流量，从而实现对执行部件的位置、速度和力的连续控制。与电液伺服阀相比，比例阀的结构、使用条件及保养与一般液压元件相似，使用维修比较方便，对污染的敏感性不高，工作可靠且价格低廉。虽然它的控制精度低于电液伺服控制系统，但已能满足盾构机工作的要求。采用电液比例技术与微机相结合的控制技术，来实现盾构机管片机工作过程的自动化，不但简化了液压控制系统，而且提高了管片拼装的速度和效率，有助于加快盾构机掘进机的掘进速度，缩短工期，提高经济效益。

近年来，随着大规模集成电路的发展，使得以微处理器为核心组成的可编程序逻辑控制器（PLC）得到了迅速发展，并广泛应用于各种领域中，以满足现代化生产中的高效、大量的自动化需求，如电动机的起停、电磁阀的开闭、产品的计数、温度、压力、流量的设定与控制等。PLC就是在继电器控制系统基础上开发出来的，将传统的硬继电器用软继电器来代替，具有很高的灵活性。如今，将 PLC 用于顺序控制已经是一项比较成熟的技术。PLC 的优点是硬件的可靠性高、编程和使用方便、接线简单、通用性好、网络通信功能强、易于安装和维护。

盾构机施工过程中，工作环境非常复杂，管片拼装机在工作过程中会遇到很多的未知的恶劣环境，如潮湿、振动、电磁干扰、噪声。为了使管片拼装机安全、稳定运行，选用 PLC 作为管片拼装机控制系统的核心。

PLC 的信息处理通常使用计算机技术，对输出量的控制应放大到工业控制的水平，能够对被控对象实现控制，也可以适应不同的模拟信号和开关量的输入输出。其硬件结构全部采用模块化结构，可以适用于不同的现场和不同的控制要求，根据实际需要选择不同的机型。

用 PLC 来实现盾构机的管片拼装系统的自动控制是未来的发展趋势,它有助于提高盾构机的"机电液"一体化及智能化水平。利用 PLC 可以很方便地将变频技术、现场总线技术、远程测控等现代控制技术应用在盾构机管片拼装系统中,实现管片的自动拼装。日本日立公司开发的管片自动定位安装系统充分利用激光技术、光学图像处理技术、伺服控制技术及传感检测技术等。管片安装的全自动化将较大幅度地提高施工的安全性及安装精度,并且能极大地改善工作环境和降低工人的工作强度,如图 8-40 所示。

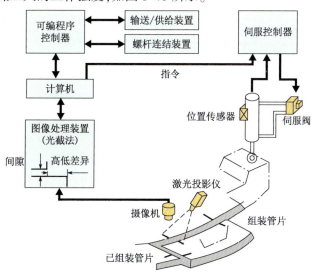

图 8-40　管片拼装系统示意图

8.5.2　电液智能控制方法

1)模糊 PID 控制

自动控制系统被控对象的复杂化,表现为控制系统具有多输入、多输出的强耦合特性、参数时变性和非线性特性;更突出的问题是从系统对象获得的信息量相对减少,相反对控制性能的要求日益高度化。很多时候被控对象精确的数学模型很难或无法建立。若将人们的手动控制经验用语言加以描述,构成一系列条件语句,即控制规则,再利用模糊理论、模糊语言变量和模糊逻辑推理,将模糊的控制规则上升为数值运算,让计算机运用程序来实现这些控制规则,这样就可利用计算机模拟人自动控制被控对象。这正是模糊控制的基本思想。

模糊控制是通过计算机完成人们用自然语言所描述的控制活动。模糊控制有许多良好的特性,它不需要事先知道对象的数学模型,具有系统响应快、超调小、过渡过程时间短等优点。

模糊控制系统由模糊数据、规则库、模糊器、模糊推理机和解模糊器组成。模糊控制系统用作控制器时称为模糊控制器。模糊控制系统与传统的闭环控制系统不同之处在于,其用模糊控制器代替了模拟控制器。模糊控制器结构如图 8-41 所示。

模糊推理一般采用最大最小原则。对于模糊控制规则 R_i,其条件部分是由 and 算子连接的两个子条件组成,总条件的满足度由子条件隶属函数的最小值算出。

在模糊逻辑中,if-then 关系可用条件和结论的叉积表示,叉积的隶属函数是条件和结论隶属函数的最小值,所有规则由 or 算子连接起来即可得到总的模糊关系 R。

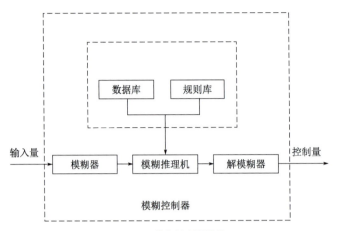

图 8-41　模糊控制器结构

由于模糊推理的输出是模糊值,还必须去模糊化,将模糊输出转化为非模糊值。常用面积重心法去模糊化,对于离散式模糊控制器,可采用数字积分求和。

通过模糊化、模糊推理和解模糊的过程,最终可以得到系统的模糊控制输出表。

2) 专家 PID 控制

对于典型的控制过程,运用比例(P)、积分(I)和微分(D)的 PID 控制是比较理想的,它具有控制简单、易实现、适用面广、控制参数相互独立、参数的选定比较容易等优点,尤其在研究中,希望该控制方法既可以满足性能期望,又可以降低系统的复杂程度,以提高系统可靠性并且降低成本,所以控制多采用 PID 控制。PID 控制器控制调整的实现方法有多种,例如模糊 PID、单神经元 PID 等。这些方法的优点是结构简单,但需要实时进行权值优化,算法整体复杂度较高。若根据控制经验,设计出几条专家规则,用来调整 PID 控制,从而给出一种专家 PID 控制器,可能会是实现速度控制的一种有效办法。专家 PID 控制的实质是基于受控对象和控制规律的各种知识,无须知道被控对象的精确模型,利用专家经验来设计 PID 参数。专家 PID 控制是一种直接型专家控制器。

专家 PID 控制主要利用受控对象和控制规律的知识进行控制,对被控制的对象不需要精确的模型,使用专家经验来对系统模型进行设计控制。对于系统模型的控制,专家 PID 具有灵活性、适应性和鲁棒性;可根据系统的工作状态及误差情况去灵活选择相应的控制规律去控制,并根据专家知识和经验,能动性地调整控制器的参数,适应对象特性及环境的变化;利用专家规则,控制系统模型可以在非线性、大偏差下可靠工作。

专家 PID 主要由五个控制律组成,通过工作状态及误差选择相应的控制律,来稳定数据,并对参数进行调节,达到控制系统稳定的作用。专家 PID 控制系统结构如图 8-42 所示。

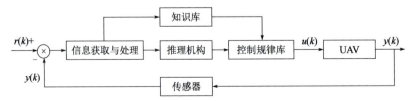

图 8-42　专家 PID 控制系统结构

专家 PID 控制算法如下:对期望值和实际值进行误差分析,令 $e(k)$ 表示当前的误差值,$e(k-1)$、$e(k-2)$ 分别表示前一个和前两个采样时刻误差,其表达式分别为:

$$\Delta e(k) = e(k) - e(k-1) \tag{8-13}$$

$$\Delta e(k-1) = e(k-1) - e(k-2) \tag{8-14}$$

设计专家控制规律,根据误差及其变化进行定性分析,其控制规律如下。

(1)当 $|e(k)| > M_1$ 时

误差绝对值很大,应按控制器的输出最大(或最小)形式输出,来达到调整误差的作用,使误差的绝对值最大速度减小,这样可以达到快速使系统控制稳定的作用。其控制器输出为:

$$u(k) = c \tag{8-15}$$

式中:c——常数。

(2)当 $e(k)\Delta e(k) > 0$ 时

①若 $|e(k)| > M_2$,则应考虑控制器较大的输出进行控制,以使绝对值的误差往减小的方向变化,以达到控制的目的。其控制输出为:

$$u(k) = u(k-1) + k_1\{k_p[e(k) - e(k-1)] + k_i e(k) + k_d[e(k) - 2e(k-1) + e(k-2)]\}$$

②若 $|e(k)| < M_2$,则表示误差往大的方向变化,但误差绝对值变化不明显,可使用一般控制。其控制器输出为:

$$u(k) = u(k-1) + k_p[e(k) - e(k-1)] + k_i e(k) + k_d[e(k) - 2e(k-1) + e(k-2)]$$

(3)当 $e(k)\Delta e(k) < 0$、$\Delta e(k)\Delta e(k-1) > 0$、$e(k) = 0$ 时

表示误差值不是很大,或平衡状态。其控制器输出可保持不变。输出为:

$$u(k) = u(k) \tag{8-16}$$

这里的 $u(k)$ 表示的是在上一次输出过程中输出值很小,就可利用上次的输出值作为这一次的输出。

(4)当 $e(k)\Delta e(k) < 0$、$\Delta e(k)\Delta e(k-1) < 0$ 时

若 $|e(k)| > M_2$,则表示误差较大,且处于极限状态,应使控制器输出较大,以达到控制的目的。其控制器输出为:

$$u(k) = u(k-1) + k_p k_1 e_m(k) \tag{8-17}$$

若 $|e(k)| > M_2$,则表示误差比较小,可使控制器输出较小,其控制器输出为:

$$u(k) = u(k-1) + k_p k_2 e_m(k) \tag{8-18}$$

(5)当 $|e(k)| < \varepsilon$ 时

表示误差的绝对值很小,应加入积分作为控制输出,来减小稳态误差。其控制器输出为:

$$u(k) = ae(k) + be(k-1) \tag{8-19}$$

以上式中，$e_m(k)$ 为误差 e 的第 k 个绝对值；$u(k)$ 为第 k 次控制器的输出；$u(k-1)$ 为第 $k-1$ 次控制器的输出；K_1 为增益放大系数，$K_1 > 1$；K_2 为抑制系数，$0 < K_2 < 1$；M_1、M_2 为误差界限，$M_1 > M_2 > 0$；k 为周期序数；e 为任意小的正实数；a、b 为系数。专家 PID 能够很好地进行稳定性控制，具有很好的鲁棒性。

3）神经元 PID 控制

神经元数学模型结构如图 8-43 所示。

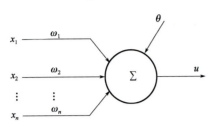

图 8-43　神经元数学模型结构

神经元数学模型如下：

$$u = K\sum_{i=1}^{n}\omega_i(t)x_i(t) - \theta \tag{8-20}$$

式中：u——神经元外部状态输出值；

$x_i(t)$——t 时刻单神经元的外部状态输入信号，即 t 时刻智能车的行驶方向和道路中心线间的距离偏差；

$\omega_i(t)$——t 时刻神经元外部输入信号 $x_i(t)$ 的权值系数；

θ——神经元状态阈值。

单神经元 PID 控制器结构如图 8-44 所示。

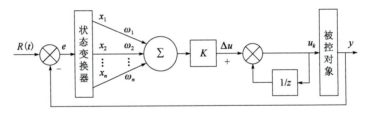

图 8-44　单神经元 PID 控制器结构

取 $n = 3$、$\theta = 0$，则单神经元 PID 的外部状态输入即 t、$t-1$、$t-2$ 时刻智能车的行驶方向和道路中心线间的距离偏差分别为：

$$x_1(t) = R(t) - y = e(t) \tag{8-21}$$

$$x_2(t) = e(t) - e(t-1) \tag{8-22}$$

$$x_3(t) = e(t) - 2e(t-1) + e(t-2) \tag{8-23}$$

单神经元 PID 的状态输出为：

$$\Delta u(t) = u(t) - u(t-1) = K\sum_{i=1}^{3}\omega_i(t)x_i(t) - \theta \tag{8-24}$$

$\omega_i(t)$ 可以看作增量式 PID 的比例、积分和微分系数：

$$\omega_1(t) = \omega_1(t-1) + \eta_i z(t)u(t)x_1(t) \tag{8-25}$$

$$\omega_2(t) = \omega_2(t-1) + \eta_p z(t)u(t)x_2(t) \tag{8-26}$$

$$\omega_3(t) = \omega_3(t-1) + \eta_d z(t) u(t) x_3(t) \tag{8-27}$$

其中,K 为神经元比例系数,K 的大小决定系统的快速性,但过大会使系统的超调量加大而引起系统不稳定,过小会使快速性变差,因此 K 值的选取要适中;η_i、η_p、η_d 分别为比例、积分和微分的学习速率;$z(t)$ 为性能指标或神经元递推信号,$z(t) = e(t)$。

8.5.3 高效拼装电液智能控制

1) 矩形盾构机同步 PID 控制

矩形盾构机管片拼装机(图 8-45)同步动作控制的目标是两台机械手的输出位移相等。两台机械手具有相同的液压控制系统,但是由于液压系统的泄漏、执行元件的非线性摩擦阻力、控制元件和系统的制造误差等因素,系统的同步性能和运动性能较低。

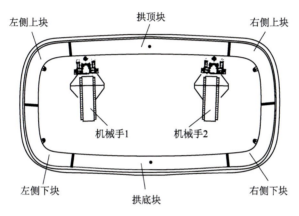

图 8-45 矩形盾构机管片拼装机示意图

现采用同步 PID 算法来实现拼装机械手的同步控制。两台机械手控制器给相应动作比例阀同样的脉冲宽度调制(PWM)控制信号,两个比例阀对应的执行元件根据比例阀输入信号动态调整输出的位移(液压缸)或转角(液压马达),实现对给定信号的跟踪,从而改变对应机械手的位移。传感器实时采集机械手 1 和 2 的输出位移,机械手 1 控制器通过 CAN 总线将自身的位移信息发送到机械手 2 上的同步 PID 控制器,同步 PID 控制器将机械手 1 和 2 的输出位移转化为对应执行元件的位移(液压缸)或转角(液压马达)。当两个执行元件的位移(液压缸)或转角(液压马达)出现偏差时,PID 控制器根据检测到的位移差或转角差来调整机械手 2 比例阀的控制信号,进而减小两台机械手的输出位移差,实现同步控制。其同步控制原理图如图 8-46 所示。现对管片拼装机械手的比例阀控液压系统进行建模,并结合同步 PID 控制算法,对管片拼装机同步控制系统进行建模仿真。

在液压比例控制系统中,控制器最常用的控制是 PID 控制,其具有稳定性好、控制精度高等特点。PID 控制器由 3 个校正环节构成:比例环节,一旦发生偏差即产生控制作用,以减少偏差;积分环节,用于消除静差,提高系统无差度;微分环节,加快系统动作速度,减少调节时间。矩形盾构机管片拼装机同步动作控制是通过增量式 PID 控制器的设计来实现的。增量式 PID 控制器具有计算量小,易于 PLC 实现的特点,所有参数的调整仅与最近 3 次采样有关,因此输出波动小,更加适用于液压系统控制。

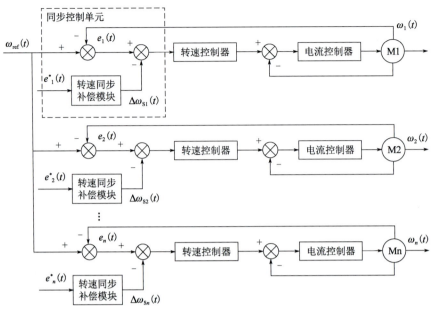

图 8-46　同步控制原理图

PID 控制器的输入为两台机械手液压执行元件的位移差或转角差 $e(k)$，PID 控制器的输出为比例阀 PWM 控制信号的调整量 $u(k)$。PID 控制器的输出表示为：

$$u(k) = u(k-1) + \Delta u(k) \tag{8-28}$$

$$\Delta u(k) = K_p(e(k) - e(k-1)) + K_i e(k) + K_d(e(k) - 2e(k-1) + e(k-2)) \tag{8-29}$$

式中：$u(k)$、$u(k-1)$——分别为第 k 次和 $k-1$ 次采样时同步控制器的输出；

K_p、K_i、K_d——分别为比例因子、积分因子和微分因子；

$e(k)$、$e(k-1)$、$e(k-2)$——分别为第 k 次，$k-1$ 次和 $k-2$ 次采样时 2 个液压执行元件的位移差或转角差，即 PID 控制器的输入；

$\Delta u(k)$——PID 同步控制器第 k 次输出量增量。

2）回转机构模糊控制

管片拼装机周向回转控制系统采用二维模糊控制器，以周向回转系统回转架转速差 e 及其变化率 ec 为模糊控制器推理机输入，以周向回转液压系统电液比例减压阀控制电流 i 为输出。周向回转控制系统模糊控制器结构原理如图 8-47 所示。

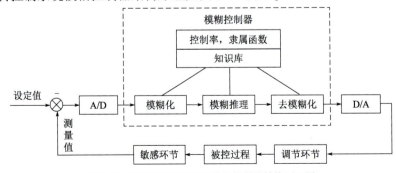

图 8-47　周向回转控制系统模糊控制器结构原理图

PID 模糊控制重要的任务是找出 PID 的三个参数与误差 e 和误差变化率 ec 之间的模糊关系,在运行中不断检测 e 和 ec,根据确定的模糊控制规则来对三个参数进行在线调整,满足不同 e 和 ec 时对三个参数的不同要求。

比例环节:根据偏差量成比例的调节系统控制量,以此产生控制作用,减少偏差。

积分环节:用于消除静差,提高系统的无差度。积分作用的强弱取决于积分时间常数 TI 的大小,TI 越小,积分作用越强。需要注意的是,积分作用过强,可能引起系统的不稳定。

微分环节:根据偏差量的变化趋势调节系统控制量,在偏差信号发生较大变化以前,提前引入一个早期的校正信号,取得加快系统动作速度,减少调节时间。需要注意的是,微分作用过强可能引起系统的振荡。

如图 8-48 所示,在开环无控制补偿时回转架转速变化剧烈,系统起步时刚性冲击最大;在 PID 控制补偿时,回转架转速变化明显减小;采用模糊控制补偿时,回转架转速几乎无跳跃变化,刚性冲击最小。相较 PID 控制,模糊控制响应速度快、调整时间短,几乎无超调,控制效果好。

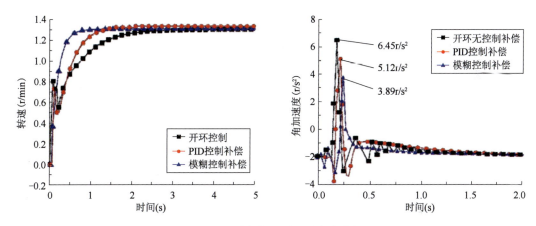

图 8-48　回转架转速和加速度仿真曲线

综上所述,智能控制算法相对传统控制方法在速度和位置等多任务控制场合,速度更快、调整时间更短、位置更准确、精度更高,而且刚性冲击最小,很好地满足了高速、高精度、大负载场合的控制需求。

8.6　混凝土管片抓取试验

混凝土管片抓取试验的整体流程为:通过视觉识别和定位,实现管片的识别和定位,以及拼装机的定位,最后通过轨迹规划、运动控制,实现管片的抓取。郑州某盾构施工现场如图 8-49 所示,管片现场识别结果和定位结果见图 8-50,识别成功率在 90% 以上,识别时间平均 0.3s 左右,最后通过路径规划和智能控制,实现管片的抓取。管片现场抓取试验见图 8-51。

图 8-49　郑州某盾构施工现场

图 8-50　管片现场识别结果和定位结果

a) 贴近管片表面

b) 拼装机前移

c) 接近管片抓取螺栓

d) 抓到螺栓

图 8-51　管片现场抓取试验

本章参考文献

[1] 李穗婷. 盾构机管片拼装机器人与视觉系统研究[D]. 广州:华南理工大学,2018.

[2] 王明斗. 矩形盾构机管片拼装机器人自动拼装关键技术研究[D]. 上海:上海交通大学,2018.

[3] 刘飞香. 管片拼装机抓取和拼装智能化研究[J]. 铁道建筑,2020,60(8):58-63.

[4] 康彦君. 一种六自由度盾构机管片拼装机结构研究[J]. 企业技术开发,2013,32(31):13-15.

[5] 朱世强,王宣银. 智能机器人技术与产业系列规划丛书 AR 新形态立方书教材:机器人技术及其应用[M]. 2 版. 杭州:浙江大学出版社,2019.

[6] 钱晓刚.盾构机掘进设备中的管片拼装机构设计方法[D].上海:上海交通大学,2008.
[7] 任东亮.盾构机管片拼装试验平台控制系统研究[D].杭州:浙江大学,2007.
[8] 卞永明,方晓骏,杨濛,等.矩形盾构机管片拼装机同步控制系统的设计[J].同济大学学报(自然科学版),2016,44(4):637-644.
[9] 王凯.管片拼装机周向回转系统起步冲击抑制方法研究[D].湘潭:湘潭大学,2016.

第 9 章 盾构机智能通风系统

通风系统主要是给隧道内施工区域提供新鲜空气,带走隧道内设备产生的有害气体和热量。盾构机施工项目通常采用两级压入式通风系统,主要由一次通风系统、二次通风系统及隧道环境检测设备组成,见图 9-1,通风系统一般使用软风管。

图 9-1 两级压入式通风系统

一次通风系统主要由洞外风机、隧道软风管、软风管延伸装置及一次通风控制系统组成。一次通风系统主要将洞外新鲜风输送至盾构机尾部二次通风系统入口,降低隧道环境温度,保证隧道施工人员呼吸及设备消耗空气,以满足隧道通风要求。同时,隧道内环境检测设备与气体检测仪不断检测隧道特定区域空气质量与回风气体成分,并进行危险气体检测报警,以保证施工中隧道环境安全及隧道内各处施工人员施工安全。

二次通风系统则主要由二次风机,盾构机的硬风管、软风管、气体检测设备及二次通风控制系统组成。二次通风系统主要作用是将一次通风输送至设备尾部的新鲜风接力输送至盾体、拼装机及整个盾构机设备区域,保证该区域人员呼吸及设备耗氧所需新鲜风。盾构机主要人员工作区及螺旋输送机出渣口位置会布置不同类型的气体检测(O_2、CO、CO_2、NO_x、CH_4 等)与报警装置,检测作业区工作环境气体质量,以及有毒有害气体含量是否超标,与盾构机控制室 PLC 联锁，及时报警与停机，保证作业安全。

通风系统设计主要考虑气温、湿度、风速对工作人员人体热平衡的影响。

(1) 气温：对人体热调节起主要作用。气温较低时人体辐射和对流传导是人体散热的主要方式。当气温在 32℃ 以上时，人体出汗开始显著增加；当气温在 33℃ 以上时，出汗几乎成为人体唯一的散热方式。

(2) 湿度：当气温高、湿度大时，人体汗液呈滴状汗珠淌下。在这种情况下，汗液带走的热量甚少。这时，人体虽然大量流汗，体温却不能有效下降。

(3) 风速：在高温高湿的情况下，较大的风速能使人体的汗珠蒸发，带走大量的热量，但此时气温不能大于体温，否则越吹越热。

在盾构机法施工的地铁项目中，隧道通风的主要作用是散热。由于盾构机装机功率的近 1/3 变为热量，通风散热就成为施工必不可少的安全保障，通风供氧则成为附带满足的功能。

盾构机水冷却系统带出热量，渣土运出隧道时也带出大量的切削热。实际上通风风流所带出的热量仅占盾构机产生总热量的一部分，但就散热来说并不是通风的作用无足轻重。实际上，通风是散热的最终手段，通风带出机件和人员向空气中散发的热量。没有通风，隧道中的气温会升高到人员不能忍受的程度。

在整个施工过程中各种因素都会随时发生变化，计算与测量的数据会有较大误差，而且计算的原始数据也可能取值不准，所以这些误差最后都由风机的风量调节来弥补，在实际施工过程中根据结果来最终确定风量。

智能通风系统由数字化节能风机、通风管道、可调节的风口末端、分体式能量回收设备、新风处理设备、智能变风量末端、空气品质感应子系统及中央控制子系统等组成，智能通风系统综合性能优于传统通风系统。

智能通风系统可以根据隧道功能和设计需要，集成相关设备及部件系统，实现本地和远程智能控制管理，既满足隧道通风功能需求，保障通风安全，又节能降耗。该系统可自动感应并调节隧道空气品质(或温度、压力等参数)，自动控制主风机和支路风机转速，调节风量；可将分体式能量回收系统、新风系统与排风系统连成环路，以特定溶液作为能量回收介质，实现回风能量的回收利用。该系统特别适用于隧道通风制冷系统、各空间功能及空气品质要求不同、污染程度不一的隧道。

9.1 智能通风系统组成

隧道智能通风控制的意义在于，通过最小的能耗来确保隧道中空气污染的程度以及施工环境处于国家隧道行业标准范围之内，以不断改善施工作业环境与施工质量。盾构机掘进过程中随着隧道通风距离的不断增大，需要不断延长隧道风管，隧道主风机一般采用单级或多级轴流风机，并采用变频控制。对于同一隧道而言通风量一定，由于通风距离不断增大，风阻不断增大，所需风压不断提高；风机频率过大导致耗能增大，造成电能浪费；过小可能导致风压不足、风量减小、风机效率降低等。利用 CFD(Computational Fluid Dynamics)仿真模拟进行计算，优化通风系统设计，提高隧道风机和通风距离等的匹配性，通过智能控制提高风机运行效率，让风机始终运行在最佳工况附近，提高电能利用效率，达到节能的效果，并保证隧道施工工作环境。

二次风机可采用变频调速,在原供电条件不变的情况下提高风机使用效率,克服传统启动方式要求电网供电容量应为正常工作量的 2 倍以上的因素,满足了偏远施工现场对电网及输电线路大容量的需求。其特点如下:

(1) 利用频率的变化,控制风机的转速。在隧道掘进中因不同的距离,任意控制风机转速,得到有效的风量与风压,以满足隧道施工安全,达到节能效果。实现软起动,可使电机启动运行平稳、电机加速运转过程中冲击电流小,启动电流只是额定电流的 1.2 倍,节省电能,避免对电网的冲击,保证变电设备及其他电气设备的安全。

(2) 调节风量方便可靠,可分段预置,连续平滑调节。提高了电机的功率因数,减少变压器的无功损耗,增加其有功功率而使变压器寿命延长;安全可靠,操作简单,可根据面板显示的全部参数,可以直观查看风机使用状态。如需要输入或修改运行参数,均可操作面板上的数字键完成,简便快捷。

(3) 完善的保护功能:超电流、过载、欠压、过压、过载、缺相、短路,使电机永远处于安全状态下工作。具有声光报警,可实现故障自行停机;实现就地与远程监控,可通过异步串行接口与工控上位机连接,实现调度室集中控制,提高自动化水平。

隧道掘进过程中地层地质持续变动,送风距离逐渐增大,要实现智能通风,可在设备前部设置加强通风风机。智能局部通风机,见图 9-2。智能局部通风系统需要一套先进、可靠的通风监控系统;可实现风机的远程控制,在线监测风机的各项参数,并能超限报警。通过隧道各部位传感器、隧道通风参数来确定供风量,解决隧道掘进过程中污染物气体聚集问题。局部通风机按需供风,实现安全、高效、自动、快速排放瓦斯污染物气体,并节能省电。当主通风回路发生故障时自动将备用回路风机投入运行,保持了工作面的持续供风。

图 9-2　智能局部通风机

配套使用的压入式对旋局部通风机具有四大显著特点:①高效率:叶片采用机翼扭曲式多元流等设计,高效区域范围广。②低噪声:机壳采用外包复式等消音装置,加装专门设计的进风口侧进风等消音装置,使噪声具有超低噪声特性。③性能稳定:风压较平稳,喘振现象微小,在风压高、小流量区域同样运行平稳。④送风距离远,对复杂巷道适应性强。

隧道是一个闭塞空间,隧道掘进过程中排放的烟(尘)不易扩散,其浓度较开放空间在短时间内会快速积累,当污染物、烟(尘)量达到一定程度后,能见度就会下降,直接威胁隧道掘进安全。这种烟(尘)浓度累积与隧道长度、交通流量、气象、地形及地质条件等紧密相关。

近年来发展较快的先进风机控制技术是前馈(FF)控制。前馈控制通过预测未来的交通流,计算出以后一段时间内烟雾(VI)和一氧化碳的浓度信息(前馈信号),结合传感器测得的当前烟雾、CO 浓度信息(反馈信号),共同完成对风机的控制。前馈控制法具有克服时滞效应和节能等优点,可分为前馈式模糊控制系统、神经网络结构在线控制系统和前馈式智能控制系统。

智能通风系统主要包括交通流预测模型、污染物扩散模型、模糊控制器(CFLC)、检测元件、执行元件及控制对象。智能通风系统缺点是模型的前馈信号不是精确信息,模型本身精度不够。它是由交通流预测模型、空气动力学模型和污染物扩散模型确定的,而这些模型计算较复杂,不便于使用。

通过采用前馈-反馈复合控制方法,构建神经网络在线控制系统。该系统包括神经网络在线控制器、CO 浓度传感器、耗氧量检测器及控制风机开启的执行器等。利用神经网络自学习、自适应的特性,通过在线学习,及时反映外界条件的变化及控制效果,优化网络结构,保证控制模型处于符合当前控制条件的最佳状态。

9.2 智能通风控制系统原理

9.2.1 智能化中央控制系统

为保证隧道掘进环境及人工作业环境安全,保障设备安全、高效施工,盾构机设备应配置智能环境检测控制系统(图 9-3),以实现对环境温湿度、气体检测浓度、可入肺颗粒物(PM2.5)、风速等参数的监控,并联动智能通风系统,改善隧道掘进施工环境。可联锁制冷机组控制环境温度,环境温度过高时能够自动启动制冷机组;风速不足时自动调整二次风机变频器输出频率,保证通风风速;PM2.5 过高时联锁除尘设备进行变频控制,增大除尘风量,降低粉尘浓度。

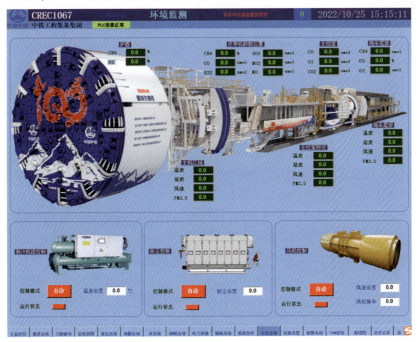

图 9-3　TBM 智能环境检测控制系统

智能化中央检测与控制系统可实现风机的远程控制,在线监测风机的各项参数,并能超限报警。在主机人员集中工作区域、主控室附近及其他人员作业区等处设计环境状态检测站(检测温湿度、风速、PM2.5),每个检测站均采用集成传感器百叶箱,输出 RS485 信号,后转换

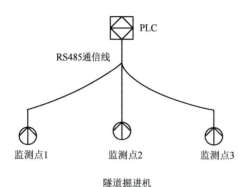

图 9-4 智能化中央检测与控制系统图

为 Profinet 信号接入 PLC 系统,见图 9-4。

高原隧道施工方式既有钻爆法也有 TBM 法。高原隧道海拔高、气候干燥、昼夜温差大、含氧量低(不到平原地区的 56%)、局部地温高(37~50℃)、有有害气体,施工时的空气要求氧气含量 >19%;二氧化碳含量 <2%;一氧化碳含量 <0.02%;硫化氢含量 <0.002%;TBM 后配套尾部回风速度不小于 0.5m/s,并且满足 TBM 二次通风风量、风压要求。为保证施工人员的健康和安全,必须采取有效的通风措施,以满足高原隧道持续高强度施工需要。

除隧道出口段采用独头压入式通风方式外,横洞和曲斜井还采用隔板式通风。隔板式通风解决了辅助坑道过长和高海拔通风的难题,在辅助坑道较长部位采用隔板,水平隔板将辅助坑道横断面分隔为上、下两部分。

9.2.2 通风系统云平台数据决策

近年来,随着盾构机等隧道掘进设备的不断发展,隧道施工中监控系统对隧道安全运行的作用越来越凸显。监控系统主要包括计算机控制系统、通风系统、照明系统、火灾报警及紧急电话系统、交通控制系统、可变信息标志系统等部分,而隧道通风控制系统是隧道监控系统的重点和难点,它直接决定隧道掘进安全性和舒适性,起到稀释有害气体和污染物浓度的作用。目前的隧道通风系统,在 CO 浓度比较高和可能存在氮氧化物的通风口和隧道口附近,设置 CO、氮氧化物检测器来测定数据,但需要操作人员人工控制。为了改善环境,隧道通风控制设备通常需要全功率工作,不仅造成能源消耗过大,而且缩短了大型通风设备的使用寿命。所以,如何实现对隧道中的通风系统自适应控制,是相关单位在当前需要重点思考的问题,积极探讨并合理提出基于大数据的隧道通风智能控制系统,具有颇为重要的现实意义。

环境数据采集模块是隧道通风系统中的基础组成部分,该模块主要对隧道内的有害气体、能见度、风速风向等因素进行采集及监测,可以使系统及时掌控隧道内的综合环境状况,当发现隧道内有害气体过量时自动启动风机系统。

环境数据处理控制模块包括:①隧道 CO 传感器,其作用为检测隧道内 CO 浓度;②NO_x 传感器,其作用为检测隧道内 NO_x 浓度;③风量传感器,其作用为检测隧道通风量的采集;④风速传感器,其作用为检测隧道风速、回风速度采集;⑤耗氧量传感器,其作用为检测隧道掘进设备、机车、人员运行所需通风耗氧流量。数据处理模块见图 9-5。将动态收集数据反馈给传感器,隧道环境采集传感器将数据发送给控制程序,这样便可以根据检测结果的变化调整隧道内的通风。

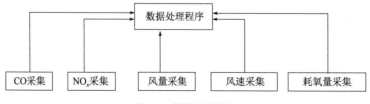

图 9-5 数据处理模块

基于智能通风系统的特点及需求,隧道通风智能控制系统的数据分析、处理平台搭建在大数据云平台之上。隧道通风智能控制系统服务平台如图 9-6 所示,其总体框架包括数据处理层、逻辑分析层、服务层。

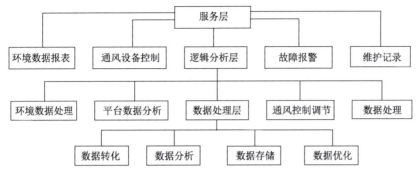

图 9-6 隧道通风智能控制系统服务平台

数据处理层:其作为数据进入云端服务系统的入口,针对不同类型的数据开发相应的数据接入接口,进行数据的转换、分析、优化、储存等;数据来源为环境数据处理控制模块的数据输出。逻辑分析层:主要包括基于大数据平台提供的环境数据处理、平台数据分析、数据处理、通风控制调节。服务层:依据不同的应用类型,提供相应的服务。

本系统主要包括环境数据报表、通风设备控制、逻辑分析、故障报警、维护记录等服务。

云端服务系统会通过数据处理模块推送来的 CO、NO_x、风速、风量、耗氧量数据,利用智能通风服务平台进行数据处理并实现状态分析,计算获得隧道内射流风机启停和轴流风机开启频率、开启方式控制等,并进行对比分析。

隧道通风智能控制系统控制平台主要由云端数据系统、数据处理程序、可编程逻辑控制器、操作控制元件等组成。如图 9-7 所示,可编程逻辑控制器是操作控制元件的控制核心,它本身存储可使操作控制元件执行一系列动作的程序,当云端服务系统发送给可编程逻辑控制器一个使能信号后,可编程逻辑控制器激活其本身自有的程序来控制操作控制元件工作(如通过改变射流风机频率、风机启停等控制向隧道输送新鲜空气量),使操作控制元件执行相应的动作,来改善隧道空气状态。

操作控制元件作为云端服务系统的输出端,主要包括射流风机频率调节、抽风机启停、送风机启停和风阀开关。操作控制元件接收可编程逻辑控制器的命令执行以下操作:射流风机用于增加隧道通风量和风速控制;抽风轴流风机用于排除隧道污浊空气;送风机用于向隧道输送新鲜空气。

通风控制系统是综合监控系统中的重要组成部分,其输入端设有 CO、风速、风量、耗氧量传感器,用于检测隧道内的一氧化碳浓度、NO_x 浓度等信息。隧道智能通风控制系统的数据处理程序根据检测到的一氧化碳浓度、NO_x 浓度、风速、风量、设备耗氧量等数据,进行分析处理并推送给云端服务系统;云端服务器将数据处理程序传送来的数据进行多源融合后得到隧道空气控制决策,并根据控制决策的内容给可编程逻辑控制器发送相应的控制指令;可编程逻辑控制器接收云端服务系统发送过来的指令,根据指令设定风机控制参数,并触发风机控制程序,从而控制隧道内的风机以特定转速开启或者关闭。

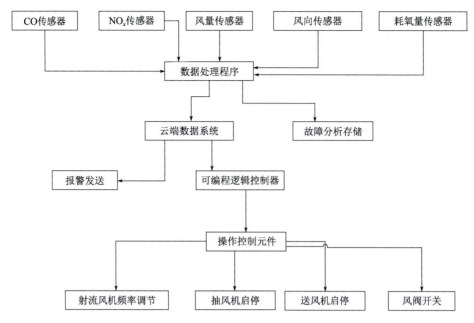

图 9-7 隧道通风智能控制系统控制平台

在此过程中,云端服务系统接收环境和设备掘进数据,采用机器学习算法分析计算生成指令,对隧道通风风机进行监控和发送指令。多类检测空气质量的传感器数值直接通过数据传输上传到云端服务平台。

9.2.3 有害气体智能检测与控制

隧道通风的作用是从洞外向洞内输送足够的新鲜空气,并排出洞内的有害气体,以保证隧道的正常运行。隧道掘进过程中,设备会产生烟尘以及隧道地层涌出的有害气体,隧道通风系统的好坏会直接影响隧道掘进以及人员安全。因此,需要隧道通风系统具备监控功能,通风系统及有害气体检测与控制不能完全由人工去检查,需及时自动锁定有害气体排放位置及险情位置,并及时进行处理。

隧道有害气体智能检测与控制系统,主要包括隧道内气体监控系统、环境检测系统、通风控制系统(通风控制箱、风机控制柜),以及控制有害气体浓度的智能局部加强通风系统,见图 9-8。通过该系统的气体监控系统和环境检测系统,可实时监控隧道通风系统的工作是否正常,并根据环境检测系统监测的数据,采用不同的通风设备进行处理,做到控制简单,使用方便。

在正常情况下,根据隧道环境检测系统采集到的 CO、NO_x、粉尘等环境参数,由 PLC 自动开启和关闭一台或几台射流风机;根据隧道风向,控制隧道局部射流风机启动和风机频率,向隧道内送入新鲜空气,同时根据射流风机的工作时间,自动控制射流风机轮流启停,循环使用射流风机,避免一台或几台射流风机过度频繁启停,而缩短射流风机的使用寿命;当隧道掘进或有人员在隧道内进行维保作业时,通风系统自动开启,当人员全部离开隧道后,通风系统自动关闭,以节约电能。

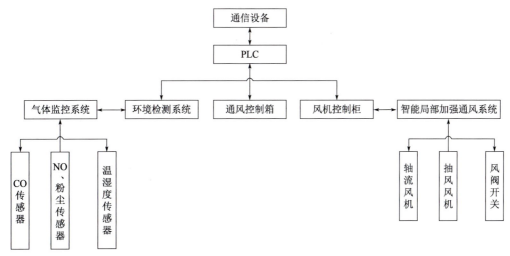

图 9-8　隧道有害气体智能检测与控制系统

当发生火灾或有害气体浓度超标报警时,PLC 控制全部的抽风风机进行排烟工作,排烟方向朝向隧道出口方向;对于特长隧道,根据预定的灾情预案进行控制;在灭火阶段开启全部射流风机和抽风排烟风机,增大风量,以利于灭火、降温和排烟。在灭火结束后,抽风风机由 PLC 或现场控制逐渐关闭,正常掘进前,恢复原来轴流风机运行状态。当通风系统的某台设备出现故障不能继续运转时,PLC 将自动切换到备用设备,同时发出报警信号,通知检修人员检测,以避免引起更大范围的设备故障。

9.3　本章小结

9.3.1　总结

本章所介绍的隧道通风智能控制系统,为隧道安全掘进与改善工作环境提供了思路。基于现在应用最为广泛的压入式通风进行了调研和数值模拟研究,通过写入云端服务器,隧道空气质量达到触发控制条件,该系统自动开启或者关闭隧道特定位置的通风风机,避免因隧道内空气污浊而影响隧道施工安全;减少隧道通风控制设备由于全功率工作造成的能源浪费;加强隧道通风控制设备的维护及时性,延长大型通风设备使用寿命。与传统隧道通风系统相比,本系统具有以下优点:①实现隧道环境因素自动检测和通风设备自动运行;②减少隧道通风控制设备由于全功率工作造成的能源浪费,有利于发展绿色、节能隧道施工技术;③基于多源大数据分析技术,突出了隧道掘进通风系统智能控制系统的预警监测,实现隧道空气质量的实时精准控制与调节;④加强隧道通风控制设备的维护及时性,延长大型通风设备使用寿命,保障施工安全。

9.3.2　展望

隧道施工中安全、有效的通风系统是保证隧道施工安全、高效的重要因素,是保证隧道施工人员工作环境与身体健康的基本保障。隧道通风智能控制是整个通风系统监控与安全预防系统中的关键一环,智能通风方案的优劣及通风运营效果的好坏,将直接影响隧道的施工进度、施工环境、施工效益、防灾与救灾功能。长久以来,隧道内的通风问题一直是一个难题,因为隧道长距离掘进时内部的气体不易排出,局部有毒、易燃易爆气体积聚程度更高。隧道释放污染物超过隧道施工安全标准,需要更加复杂、智能化的隧道智能通风与智能控制系统,以减少施工过程中对隧道环境及施工人员的伤害。因此,在现阶段努力完善隧道通风系统,进而促进隧道的安全运行,是有利于维护人民出行安全和货物运输安全的重要举措。

新型隧道施工专用变频节能通风机配套变频控制器可在原供电条件不变的情况下,成倍提高通风效率,克服了传统启动方式要求电网供电容量应为正常工作量的2倍以上的因素,尤其解决了偏远的施工现场对电网及输电线路大容量的需求实现起来十分困难等问题,未来将朝向更加智能、绿色、节能方向发展。

智能化检测与控制系统可实现通风系统的远程控制,在线监测风机的各项参数,并且能够进行超限报警。通过隧道各部位传感器、隧道通风参数来确定供风量,解决隧道掘进过程中气体污染物聚集问题。作为智能通风系统的核心,智能化控制系统未来将朝着多功能、个性化、系列化方向发展。

通风控制系统是综合监控系统中的重要组成部分。通风控制系统输入端设有CO、风速、风量等传感器,用于检测隧道内的一氧化碳浓度、NO_x浓度等信息;隧道智能通风控制系统的数据处理程序根据检测到的一氧化碳浓度、NO_x浓度、风速、风量等数据,进行分析处理并推送给云端服务系统;云端服务器将数据处理程序传送来的数据进行多源融合后得到隧道通风控制决策,并根据控制决策的内容给可编程逻辑控制器发送相应的控制指令;编程控制器接收云端服务系统发送过来的指令,根据指令设定风机控制参数,并触发风机控制程序,从而控制隧道内的风机以特定转速开启或者关闭。

在此过程中,云端服务系统通过接收环境和施工通风量数据,采用机器学习算法分析计算生成指令,对隧道通风风机进行监控和发送指令。多类型传感器将检测得到的隧道空气质量数值直接上传到云端服务平台,在系统故障或者设备故障时,能够自动生成故障信息发送给相关维护维修人员,并且储存相关故障信息。

隧道有害气体智能检测与控制系统,主要包括隧道内检测监控系统、环境检测系统、通风控制系统,以及控制有害气体浓度的智能局部加强通风系统。

本章参考文献

[1] S S LEVY, J R SANDZIMIER. Smoke control for the Ted Williams Tunnel: A comparative of extraction rate[C]//10th International Symposium on the Aerodynamics&Ventilation of Vehicle Tunnels. 2000.

[2] 章立新,杨茉,陶方伟,等.关于改善盾构机工作区湿热环境的研究[C]//中国工程热物理学会传热传质学术会议. 2002.

[3] C RUDIN. Fires in long railway tunnels-the ventilation concepts adopted in the Alptransit projects[C]//10th International Symposium on the Aerodynamics & Ventilation of Vehicle Tun-

nels. 2000.
[4] 章立新,杨茉,余敏,等.盾构机作业区域湿热环境的研究[J].工程热物理学报,2003,24(2):313-315.
[5] HU Y A, KOROLEVA O I, KRSTIC M. Control design for mine ventilation network systems[J]. Proceedings of the 41st IEEE Conference on Decision and Control, 2002, IEEE:543-548.
[6] 刘殿勇,张宁川.盾构机掘进热平衡问题的分析与计算[J].隧道建设,2006,26(2):82-86.
[7] 冯赟杰,李明扬,何博,等.地铁隧道盾构机施工通风系统优化及应用[J].工业技术创新,2021,8(1):144-148.
[8] 夏毅敏,张玉敏,吴遁,等.小直径泥水盾构机隧道施工通风散热数值模拟[J].安全与环境学报,2021,21(4):1474-1482.
[9] 王坚,刘晓娜,孟引鹏.基于大数据的隧道通风智能控制系统[J].科技风,2018(25):30-31.

第 10 章
盾构机智能排水控制系统

排水系统是盾构机的重要组成部分,在盾构机施工过程中,负责抽排隧道内废水和突发涌水,防止隧道内设备被淹没而影响盾构机正常掘进和隧道开挖工作。排水系统由正常排水系统和应急排水系统两部分组成。正常排水系统主要抽排正常掘进过程中机器自身排放的废水以及隧道内正常渗水;应急排水系统主要应对突发涌水情况。排水系统方案如图 10-1 所示。

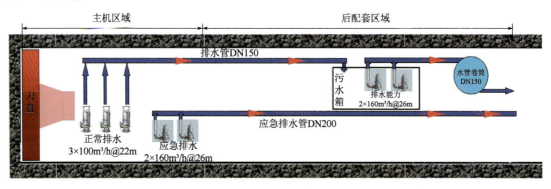

图 10-1　排水系统方案示意图

盾构机排水系统一般是根据前期地质探测时所估算的最大涌水量进行设计的,而排水实际效果取决于前期勘探结果的准确性。盾构机掘进过程中,主要靠有经验的工人对隧道内的积水情况和涌水量进行判断,从而确定所需投入运行水泵的数量、类型和工作时间,整个排水过程都需要现场人员配合跟进。盾构机施工隧道内的积水情况如图 10-2 所示。

盾构机施工隧道中,大断面、大埋深、超长隧道逐渐成为未来隧道发展的主流方向。此类隧道地质条件复杂、地质情况预测难度大,在隧道施工建设过程极易遇到各种突发地质灾害,其中施工渗水、涌水是隧道施工过程中最常见地质灾害。隧道建设过程中地下涌水如果得不到及时处理,轻者导致盾构机被淹,影响正常施工,严重时会造成地表沉降、塌陷,甚至机器被埋,威胁施工人员的生命安全。

目前需要人工配合完成对隧道内积水情况和涌水情况判断,依靠工人经验进行排水,排水设备操作频繁,效率低。同时,排水所需要投入水泵的数量、种类等也需要人工判断,对人的依赖程度大,可靠性差,有排水能力与实际涌水量不匹配等风险。图10-3所示为隧道施工过程中突发涌水。

图 10-2　盾构机施工隧道内的积水情况　　　　图 10-3　隧道施工过程中突发涌水

类似于隧道排水工况的,如矿山等已实现智能监控和智能排水。在盾构机隧道施工中,基本实现水位控制的自动化排水,但由于成本、控制和检测系统的复杂性,还未实现智能排水。要实现盾构机智能化,排水系统的智能化是不可或缺的,同时开发盾构机智能排水系统,这不仅能够提高盾构机在复杂状况下的适应能力和工作可靠性,同时有助于提高整个系统的运行效率,延长盾构机的使用寿命,降低企业的施工和运行成本。

10.1 智能排水系统硬件组成

智能排水系统的硬件主要包括数字化节能水泵、管路辅助元件及供电系统、智能控制系统硬件等。

10.1.1 数字化节能水泵

水泵作为盾构机排水系统最重要的设备之一,其工作效率直接影响整个盾构机的排水效率,因此水泵的选择在盾构机排水系统中显得尤为重要。由于盾体内安装空间限制,排水泵的数量要尽可能少,同时考虑到涌水中会含有一部分泥砂,因此盾构机排水系统的水泵多选用潜水泵、气动隔膜泵和渣浆泵组合布置的方式来应对不同工况。

传统的排水泵控制中,排水泵的启停都通过管控人员的人工经验,不能及时适应实际涌水情况的变化,不能保证排水泵的高效率、高稳定性运行。水泵的数字化技术:通过水泵扬程曲线参数,水泵功率曲线参数以及损失系数等建立水泵的孪生数字模型,根据排水流量及压力,智能优化泵组群控策略,在保障排水泵流量与压力输出的同时,使所选择的水泵都尽可能运行在其特性曲线的高效区间上。

1）数字化潜水泵

数字化潜水泵的结构主要由叶轮、泵体、泵轴、泵盖等运动部件,以及流量传感器、压力传感器和温度传感器等检测元件组成。其传感器布置如图10-4所示。其中,叶轮是离心泵的核心,通过其高速旋转产生的离心力将水抽出。潜水泵具有结构紧凑、占地面积小、安装维修方便、连续运转时间长、振动噪声小、电机温升低、对环境无污染、不存在汽蚀破坏等优点,在污水处理中得到广泛应用。

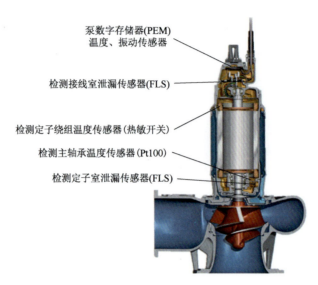

图 10-4　数字化潜水泵传感器布置示意图

数字化潜水泵具有多种叶轮形式,针对不同工况,可以选用合适的叶轮,维持水泵的高效运行,提高污物通过能力,防止流道堵塞。潜水泵采用闭式冷夹套,满足苛刻环境的使用要求。

数字化潜水泵能够实现对水泵运行状态的实时监控和记录,为中央控制系统的控制、决策提供参考,是智能排水系统的核心组件。同时,数字化潜水泵具备电机过热保护和低液位自动停机等功能,能够实现泵站的故障报警,从而保证潜水泵高效、稳定运行。潜水泵的数字化技术助力实现水泵智能控制和智能运行。

2）气动隔膜泵

气动隔膜泵主要由气缸、隔膜组件、球阀组件、进出液管等部件构成,其结构如图10-5所示。气动隔膜泵是靠空压机将压缩空气输入隔膜泵的配气阀来驱动隔膜泵中间体内连接轴,带动隔膜泵泵体介质室内的隔膜泵膜片做横向拉伸运动,来实现自吸流体的容积式往复泵。在泵的两个对称工作腔中,各装有一块有弹性的隔膜,连杆将两块隔膜连成一体,在两侧高、低压气体交替作用下,连杆轴带动两侧膜片左右运动,使两边容积腔内气压发生交替变化,从而实现液体的连续吸入与排出。

气动隔膜泵结构简单,安装、维修方便,扬程、流量可实现无级调节,在易燃、易爆场所使用安全可靠,同时气动隔膜泵流动宽敞,通过性能好,能够适应恶劣环境(如带颗粒的液体、黏稠液体等),并能在极低水位下工作。气动隔膜泵通过全气动自动控制,避免隔膜泵空打,降低耗气量,节能降耗。图10-6所示为气动隔膜泵控制示意图。

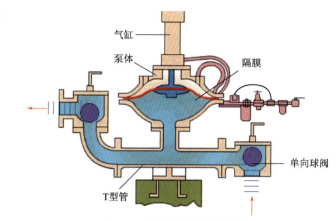

图 10-5　气动隔膜泵结构示意图

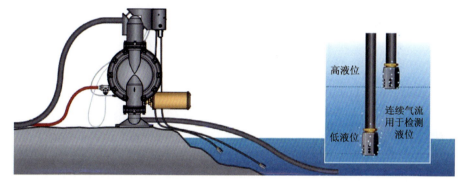

图 10-6　气动隔膜泵控制示意图

3）变频渣浆泵

变频渣浆泵是一种用于输送固液两相流的泵，其工作原理和一般的离心泵一样都是依靠叶轮高速旋转所产生的离心力带动叶轮内固、液混合介质，使其能量增加。其构成主要包括叶轮、泵体、电机等。从具体的水力设计上看，渣浆泵和一般输送清水的离心泵有很大的差别，它的流道较宽，过流能力强，过流件壁厚较厚，使用寿命长。叶轮通常为圆柱形叶片；叶轮设计有前后背叶片，以减少泄漏，平衡轴向力。在叶轮出口以及蜗壳出口段通常设计为内凹圆弧出口，来应对固体颗粒的磨蚀。渣浆泵及其叶轮结构如图 10-7 所示。

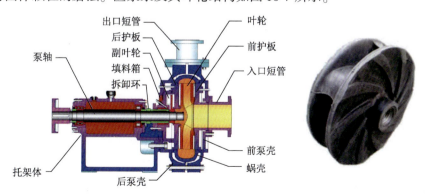

图 10-7　渣浆泵及其叶轮结构

由于变频渣浆泵在水力设计上的特殊性,使得变频渣浆泵十分适合输送磨蚀比较强、含坚硬固体颗粒的固液混合物,从而实现对隧道内颗粒物含量较大的污水抽排。同时,变频渣浆泵所使用的电机为变频电机,通过变频技术不仅能够提高现有水泵的运行效率,延长水泵的寿命,提高水泵安全性,而且具有良好的调速性和节能效果。变频渣浆泵能够更好地适应隧道内涌水的快速变化,对于隧道排水的智能运行具有积极的促进作用。

4)排水泵选型依据

渣浆泵、潜水泵的流量大、扬程高,适合应对快速涌水情况。气动隔膜泵能够在极低水位下工作,环境适应性好。变频渣浆泵排污能力强、耐磨性好且机械强度高,适用于颗粒浓度高的污水抽排。根据排水泵的特点,制定最佳的控制策略,在涌水量小、杂质浓度高且不连续的涌水工况下,优先使用隔膜泵,达到既能满足排水,又能适应空打的使用要求;当隧道水位高、涌水量大且杂质浓度较低时,快速切换到潜水泵,利用潜水泵排量大、效率高的特点,达到既能快速排水,又达到节能降耗目的。潜水泵、气动隔膜泵和变频渣浆泵在不同水层下的组合使用,能够达到最佳的排污效果,可以更好地应对不同的涌水涌砂情况。

(1)排水泵选型要依据排水工况而定,如流量不稳定、水位低的可使用隔膜泵,流量不稳定、水位高的可使用潜水泵,流量稳定、颗粒多的可使用渣浆泵。

(2)排水泵选型要综合考虑当地地质条件,隧道的长度、坡度,以及污水中的杂质情况。水泵的流量和扬程既要满足排水需求,又要适应盾体内的复杂环境,确保排水安全可靠。

(3)排水泵的使用寿命要长。水泵作为能量转换工作设备,本身易损坏。水泵的质量直接关系排水系统的使用寿命,直接影响使用成本。

(4)排水泵的维修维护要简单。不方便维修或维修技术要求高的水泵会增加使用成本,特别是零部件互换性差的水泵更会增加日常的维护成本。

10.1.2 管路辅助元件及供电系统

智能排水系统由排水泵、阀门、污水箱、检测元器件、供电系统、管路、电机等组成。

(1)逆止阀

逆止阀是盾构机系统排水单元中重要的阀门之一,一般安装于出水阀门和水泵之间靠近水泵的位置,且安装具有方向性,可保证水流从下往上流。其作用是在发生人力不能干预的突发情况时阻止水流逆流,以避免发生安全事故。因为故障发生时排水扬程还处于较高的状态,这时排水管路里的水流失去水泵动力,逆流势能大,水流速度急,会对设备及管路造成极大损害,甚至引发溢水事故。

(2)出水阀门

出水阀门也是系统排水单元中重要的阀门之一,通过其开关幅度可调节排水流量和水泵扬程。其一般安装于出水阀门上方不远处,在水泵电机开启前出水阀要严格处于关闭状态,若开阀后启动电机,会造成开机电流过大而耗损电机。排水任务结束后,要严格按照先关出水闸阀再关电机的步骤进行关停操作,这样可防止排水倒流而烧毁电机。

(3)污水箱

污水箱用来存储、过滤从盾体内抽排出来的污水,是排水系统的重要组成部分。在盾构机开挖过程中,盾体会积累大量的泥砂和矿物杂质等,这些杂质大量进入排水系统会对水泵及管道造成严重危害,因此需要通过污水箱对从盾体内输送的泥砂等杂质进行过滤后,再通过污水箱内的中继水泵将污水排出洞外。污水箱设计有高、低液位检测装置,可用于控制排水泵的启停信号。

(4)检测元器件

检测元器件包括流量传感器、压力传感器、压力开关等。通过检测元器件反馈信号,判断排水泵的运行状态;再通过智能控制系统,实现排水泵的启停、调速。

(5)供电系统

供电系统包括继电器、接触器、软启动器、变频器等电气元件。盾构机设计有应急发电机,突发停电时应急发电机可为排水泵供电,使排水系统不间断运行,保证盾构机施工排水安全。

10.2 智能排水控制系统结构及硬件组成

10.2.1 智能排水控制系统结构

盾构机排水的智能控制采用PLC控制系统实现。该系统包括监控层、运算层和执行层三个部分。控制系统的拓扑结构如图10-8所示。

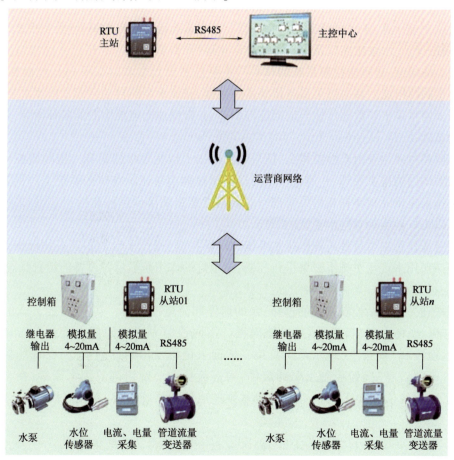

图10-8 控制系统的拓扑结构

监控层主要由以太网和上位机组成,利用数据和以太网,实现对盾构机排水智能控制系统的远程监测及控制。运算层主要包括水泵控制单元和水泵调度单元;水泵控制单元负责水泵启停控制和状态检测;水泵调度单元主要负责盾构机排水智能控制系统的软硬件控制,涉及泵组的最优控制序列的求解、系统保护、水泵自动轮换、排水系统的自动运行及多种运行模式切换等。同时,运算层可以通过以太网实现与上位机的通信。执行层负责将采集到的信号(包括检测单元、执行单元和视频监控单元等的信号)反馈至上层。其中,检测单元负责信号的采集,视频监控负责现场视频画面采集,执行单元负责完成相关阀门、软起动器、电机等设备的控制操作。

10.2.2 智能控制系统硬件组成

智能控制系统硬件组成主要包括数据采集单元、水泵组调度单元、水泵控制单元、视频监控单元及主控室操作台。

数据采集单元主要包括液位传感器、流量传感器、温度传感器、压力传感器、电压和电流传感器等。其负责采集盾体内水位高度及水泵等排水设备参数,从而实现对排水状态的实时监控,为水泵组的调度和自动化控制提供信息,是智能控制系统运行的基础。水泵组调度单元通过水仓水位变化计算、各水泵状态、所处时间段、各水泵运行历史等数据处理,实现水泵组的最优调度、系统保护、水泵轮换以及排水系统自动化运行等功能,同时利用以太网接口实现与地面监控中心的通信,是智能控制系统的核心。水泵控制单元主要由水泵PLC控制柜、操作台和电控排水阀门组成。其通过采集各传感器的数据,完成水泵的自动启停及检测水泵的状态,并利用以太网将采集到数据传输至地面监控中心,并接受地面监控中心的各种命令,是智能控制系统的基础。

视频监控单元主要由监控摄像头、信号收发器以上位机显示器组成。视频监控单元主要负责拍摄盾体内的排水视频,并通过以太网将监控视频实时显示在监控系统上。视频监控单元作为数据采集单元重要补充可以实现对非数据类型突发事件远程监控,与数据采集单元共同使用可以更好地实现对排水系统的掌控。

主控室操作台主要负责盾构机排水系统的现场控制,操作平台上布置有物理按钮和指示灯。物理按钮用来现场对排水设备进行控制;指示灯的作用是显示各设备的运行状态,通过指示灯的亮、灭、闪三种灯光显示设备的运行状况。

物理按钮主要包括控制方式的选择、泵的启停和流量控制等。其中,控制方式的选择包括远程控制、现场控制、自动运行、检修四种。不同控制方式之间依靠旋钮进行切换。其中,在"远程控制"模式下,排水系统只接受地面上位机发出的控制指令;在现场控制模式下,通过"一键启停"按钮控制水泵的启停,通过流量调节旋钮调节排水流量;在自动运行操作模式下,系统依靠自身程序,自主控制水泵的启停和系统运行;在检修模式下,不允许运行排水系统。

10.3 智能排水控制系统功能与结构设计

10.3.1 智能排水控制系统功能

智能排水控制系统功能包括系统报警与保护、多模式运行、自动化运行、自动轮换、数据采集与显示、视频监控等,如图 10-9 所示。

(1)系统报警与保护

在智能排水控制系统运行过程中,通过流量传感器、压力传感器、温度传感器等元器件对系统运行过程中参数进行监测,当检测信号出现异常并影响系统正常运行时,系统会自动发出声光报警,并通过水泵轮换强制切出等形式对系统加以保护,防止发生因智能排水控制系统设备故障引发的安全事故。

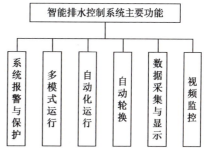

图 10-9　智能排水控制系统主要功能

(2)多模式运行

系统共有四种运行模式,分别是自动运行模式、远程控制模式、现场控制模式和检修模式。其中,自动运行模式下排水系统的运行由智能控制策略控制,水泵的运行控制指令由水泵调度单元发出;在远程控制模式和现场控制模式下,水泵的运行由人工手动操作进行控制。四种运行模式相互独立、可互相切换。同时,为防止控制方式和操作模式的混乱,系统对不同模式运行的优先级进行了排序,检修模式优先级最高,手动操作优先级高于自动操作,现场控制的优先级高于远程控制。

(3)自动化运行

在自动运行模式下,泵站调度单元根据智能调度策略,对排水系统进行自动控制。智能控制策略根据盾体内的积水量进行判断:在正常涌水情况下,排水系统基于节能为目标进行运行;在突发涌水情况下,系统以排水量最大为目标运行。通过对泵站调度优化,既能够满足排水要求,又能够实现节能、安全运行。

(4)自动轮换

泵站长时间闲置或运行,均会影响其使用性能和使用寿命。为了维持系统的稳定性、延长系统使用寿命,系统设计了多台泵站智能轮换,通过控制程序将水泵启停次数及运行时间、管路使用次数及流量等参数进行自动记录并累计;在排水系统运行时,控制程序将根据这些运行参数自动控制相应水泵和管路的启停,使各水泵及其管路的使用频率尽可能保持一致。

(5)数据采集与显示

在排水系统的管道和关键设备上配备大量传感器,从而实现对排水系统运行参数和盾体内水情信息的采集。采集到的数据由工业以太网传送至地面监控中心,并通过组态软件在上位机显示屏上显示,同时系统会对采集到的各种数据进行自动保存,从而便于分析排水系统的可靠性和排水效果。

(6)视频监控

通过传感器采集数据虽然可以获取排水系统的运行状态,但不够直观。同时,一旦传感器故障便会影响操作人员对系统运行状态的判断,因此视频监控单元作为数据检测方式的重要补充,能够实现工作人员对排水系统运行状况的掌控。

10.3.2 智能排水控制系统结构设计

智能排水控制系统采用容错设计,各单元功能相对独立,支持多种模式运行,维修方便,提高了系统的可靠性。智能排水控制系统结构设计主要包括系统控制网络单元设计、地面上位机监控单元设计、地下水泵调度单元设计、水泵控制单元设计及现场操控台设计、视频监控单元设计。智能排水控制系统的整体设计框架如图 10-10 所示。

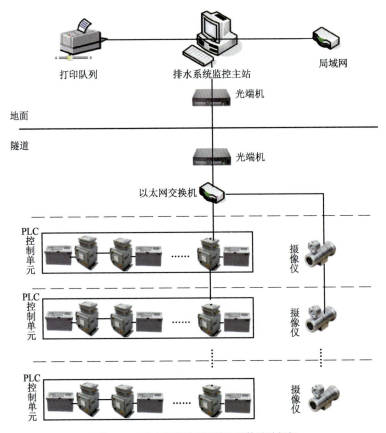

图 10-10 排水智能控制系统的整体设计框架

控制网络单元负责完成对盾体泵站的监控;水泵调度单元负责实现水泵组的最优调度、系统的自动化运行及系统保护等;水泵控制单元可以直接接收来自上位机、水泵调度单元以及主控室操控台的命令,从而实现水泵系统的多种模式运转。每个单元相对独立,耦合小,维修方便,系统支持水泵调度单元控制下的自动化运行、地面监控中心控制下的远程控制运行以及主控室操作台的就近控制运行。此外,多种运行模式可以根据系统的运行情况自动切换,当隧道内与监控中心通信受阻时,系统可以直接从远程控制模式切换到自动运行模式。因此,这种架构的排水系统具有较强的可靠性和稳定性。

1) 控制系统网络

控制系统网络采用"3+2"结构,即三层设备两层网络。上层设备主要指地面监控主机、服务器等,中层设备指水泵调度单元和水泵控制单元。最底层的设备主要包括一些传感器和电机等。上层网络采用工业以太网进行上层设备和中层设备之间的通信。中层网络采用 PROFIBUS 通信协议进行水泵调度单元和水泵控制单元之间的数据交换。

2) 上位机监控单元

上位机监控单元主要由监控显示系统和光端机等部件组成。依靠以太网通信,泵站控制单元可以将隧道内泵站运行情况传递并呈现在上位机上,方便工作人员对隧道排水情况做出判断,并进行远程控制。

3) 水泵调度单元

水泵调度单元作为控制单元的核心,主要由 PLC 控制柜和各种传感器组合而成。PLC 是控制器的核心,负责对采集数据进行分析计算并结合智能控制策略对泵组进行调度。采集到的数据可以通过交换机上传至地面监控中心。水泵调度单元具有水泵组的最优调度、排水系统的自动化运行、水泵自动轮转及系统保护等功能。

4) 水泵控制单元

水泵控制单元主要包括变频电机、数字化潜水泵、变频污水泵、电动阀门及传感器等。水泵控制单元接收到控制命令后,会根据采集到的电机信息、阀门开度、泵出水口压力等信息,来调节排水系统运行状态,完成系统指令。控制命令可以来自地面监控单元、水泵调度单元及主控室操作台。同时采集到的信息会通过以太网传送至地面监控单元。排水泵启动过程如图 10-11 所示。

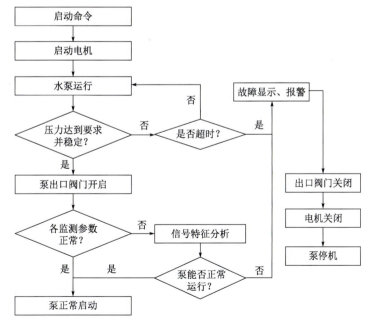

图 10-11　排水泵启动过程

5)主控室操作台设计

在盾构机主控室设置 PLC 控制柜的操作台。该操作台由物理按钮、指示灯及显示屏组成。物理按钮主要用于盾构机司机对排水系统的现场控制,指示灯用于显示排水设备的运行状态,通过显示器可以获取水泵运行参数。

10.4 智能排水控制系统控制策略及流程

盾构机排水的目的是防止涌水淹没设备而影响设备的正常施工和运行效率,因此盾构机智能排水系统设计的首要目标是快速抽排,防止设备被淹;其次,要满足节能运行要求,实现智能化运行目标。

因此,泵站智能排水控制策略的确定要充分考虑盾体内水位情况及水位变化情况,整体控制原则为:高水位快速排水、中低水位节能运行。避免水位上涨过快而导致设备淹没,以及泵站频繁启停导致的寿命减损。基于以上原则,通过安装在盾体和各级泵站的液位传感器获取液位信息,并且根据最近某一时段所收集到的水位信息建立涌水量预测模型。智能排水控制系统以快速排水和能耗最低为目标,建立水位高度、涌水量与泵的数量、流量和转速之间的函数,计算出满足排水需求条件下系统最佳泵管组合,并以此控制投入的泵台数、流量和转速,从而确保整个系统在最佳工况下运行,提升系统运行效率,降低排水能耗。

具体控制流程:

(1)根据水位高度确定开启水泵种类。

当盾体内水位低于设定的最低液位时水泵全关;当盾体内的水位高于低液位时使用气动隔膜泵;当盾体内的水位在高于中液位时使用潜水泵。

(2)根据预测涌水量确定开启数量。

为了使排水系统和涌水状况相匹配,避免因水位快速上涨或者下降造成泵站启停频繁等问题,需要对隧道内的涌水量进行估算。考虑到隧道内涌水量的变化是非线性的,不方便测量和计算,因此,以一段时间内涌水总量均值来预测涌水量变化情况。根据一段时间段内的液位高度变化,通过积分可以求出这段时间的涌水总量,然后除以这段时间时长 t,即可得到该时段的涌水速度 ΔQ。计算时间 t 的时长选取 30s 左右,防止间隔时间过短造成的预测涌水量波动较大的问题。

当盾体内水位低于最低水位时,泵站处于全部关闭状态。当隧道内水位高于最低水位时,系统开始监测盾体内的涌水速度。当涌水速度 ΔQ 大于 0 且小于或等于气动隔膜泵排量时,单独启动气动隔膜泵进行排水;如果涌水速度 ΔQ 大于气动隔膜泵流量时,小流量潜水泵同时启动,并且根据涌水速度变化情况对潜水泵开启数量进行选择,从而使排水系统处于高效、节能状态下运行。当水位增加到过高液位时开启大流量潜水泵,系统以排水量最大为目标运行,防止盾体水位过高造成盾体淹没;盾体内水位下降到中液位时大流量潜水泵退出运行,当液位低于液位时小流量潜水泵和气动隔膜泵依次延时退出运行。排水系统整体控制策略如图 10-12 所示。

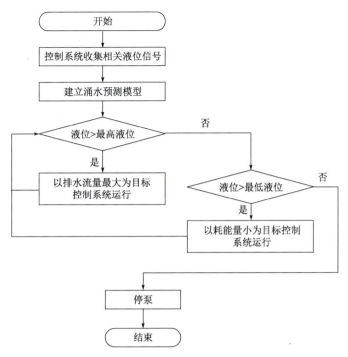

图 10-12　智能排水控制系统总体控制策略

10.5　智能排水控制系统预警及故障诊断

智能排水控制系统将传感器收集到的各种电信号转换为数字信号传递给中央控制系统,并建立数字化潜水泵异常信号和故障信息的对比数据库,对各种故障类型和异常信号进行收集。中央控制系统通过对所收集到的信号与数据库内的信号进行对比,实现对水泵故障类型的在线分析。对于异常工况预测预警,将水泵的运行状况和潜在的故障风险通过可视化表格呈现,高效定位故障的潜在根源,保证水泵高效稳定运行,防止水泵的损坏。

智能排水控制系统还具有智能保护和智能报警功能。智能保护主要包括压力保护、自动超温保护、电机故障保护、流量保护、电动阀门故障保护、泵站故障保护等。压力保护是指排水管路各监测点处的压力在运行过程中超过限定压力时进行声光报警提示;自动超温保护是指系统可以对水泵轴承等设备温度超过限定温度时进行声光报警提示;电机故障保护是指水泵出现电机电流过大、漏电、低电压等电气故障时,系统可以及时发现,尽快排出安全隐患;流量保护是指水泵排水量因为故障无法达不到规定标准时,通过流量保护装置启动正常水泵代替不达标水泵进行工作;电动阀门故障保护是指实时监测电动阀门是否关闭到位,避免水锤事故的发生;泵站故障保护是指当某台泵站发生故障时,系统自动将故障泵或管路自动退出工作,其余各泵和管路继续按既有顺序自动轮换工作,同时所属泵站发出声光报警,并在触摸屏上动态闪烁显示,记录事故,以达到有故障早发现、早处理的目的。

10.6 本章小结

本章研究了盾构机掘进中的废水和涌水的排放方式,研究智能排水控制系统的软硬件设计,综合设计了一套集远程监控、智能控制、设备检测等功能于一体的现代化智能排水控制系统。

目前盾构机智能排水系统处于方案及研究阶段,盾构机排水系统的控制主要以人工控制为主,排水系统的自动化和智能化水平较低,还面临一些问题:

(1)智能排水系统需增加检测和控制元件,成本过高。同时检测和控制元件面临恶劣工况,如对粉尘、震动的适应性,影响智能排水系统的稳定性。

(2)涌水量的不可预测性。排水系统设计主要依据前期地质勘察结果,预测施工中的涌水量,让智能排水系统与掘进中实际涌水量相匹配,实现智能排水系统最优控制,达到安全、高效、节能的效果。

(3)排水管路自动延伸功能还未完全实现。相比于矿山的排水系统,盾构机排水系统最大的不同就是盾构机在掘进中不断移动,排水管路需不断延伸,排水管路的自动安装还未实现。

(4)主机排水泵无法自适应移动。盾构机掘进中上坡或下坡掘进时积水区域不同,排水泵位置需适应调整,还有不良地质情况下落石、积渣等也影响排水泵的抽排位置。

对盾构机智能排水控制系统的软硬件及实现方法进行研究,真正实现排水系统"安全、智能、高效"的设计目标。

本章参考文献

[1] 赵宝龙.浅谈长距离大直径盾构机水平运输、排水、通风等问题[J].居舍,2018(23):255.

[2] 李向东.引汉济渭秦岭隧洞工程投资控制的关键问题研究[J].隧道建设,2017,37(9):1090-1096.

[3] 吴世勇,王鸽.锦屏二级水电站深埋长隧洞群的建设和工程中的挑战性问题[J].岩石力学与工程学报,2010,29(11):2161-2171.

[4] 康斌,雷龙.引汉济渭秦岭输水隧洞硬岩TBM掘进施工技术[J].人民黄河,2020,42(2):103-108.

[5] 刘旭.引汉济渭工程秦岭输水隧洞越岭段岭北工区抽排水方案研究与设计[J].陕西水利,2021(5):198-201.

[6] 李喆,江媛,姜礼杰,等.我国隧道和地下工程施工技术与装备发展战略研究[J].隧道建设(中英文),2021,41(10):1717-1732.

[7] 蔡现阳.长大深埋隧道工程开挖施工方法比选研究[D].北京:清华大学,2016.

[8] 席光勇.深埋特长隧道(洞)施工涌水处理技术研究[D].成都:西南交通大学,2005.

[9] 张国钊,张恩勇,张恩贵.气动隔膜泵的选用[J].化工设计,2015,25(4):23-25,1.

[10] 潘从锦,木合塔尔,张兴明.气动隔膜泵及使用[J].设备管理与维修,2012(10):16-17.

[11] 陈江,但佳洪,蔡兵.浅谈变频器在洗选厂渣浆泵上的应用[J].中国设备工程,2020(8):179-180.
[12] 常亮,杨永光,兰天,等.浆料输送中渣浆泵的选型分析及实践[J].矿山机械,2021,49(9):70-73.
[13] 周鸿雁.采用变频技术推动节约能源[J].纯碱工业,2010(4):31-32.
[14] 张远放.煤矿井下排水智能控制系统的研究[D].徐州:中国矿业大学(徐州),2019.
[15] 张兆军.煤矿井下排水智能控制系统研究[J].电子技术与软件工程,2022(9):98-101.
[16] 巩卫国.煤矿井下智能排水控制系统的优化研究[J].山东煤炭科技,2021,39(5):140-142.
[17] 孙国龙.煤矿井下智能排水控制系统的应用[J].机械管理开发,2021,36(7):205-206.
[18] 庞佳.矿井智能化排水控制系统软硬件设计[J].能源与环保,2019,41(10):119-122.
[19] 常立华,孙昊,刘学恒,等.远程集中智能控制排水系统的研究与应用[J].神华科技,2019,17(11):68-70.
[20] 陈敏.城市公路隧道智能排水监控系统方法的分析研究[D].武汉:武汉理工大学,2011.
[21] 李哲.矿井多水平协同排水智能控制系统研究与设计[D].徐州:中国矿业大学(徐州),2020.
[22] 李延浩.富水围岩引水隧洞斜井施工排水智能控制技术[J].国防交通工程与技术,2019,17(1):47-50,69.

第 11 章 盾构机智能注浆系统

由于盾构机刀盘的开挖直径大于管片外径，管片拼装完毕并脱出盾尾后，会与土体间形成一环状空隙。在盾构机注浆环节，要针对不同地层配制适宜的浆液，并注入该环状空隙中，待浆液凝结后，使隧道管片与围岩或土体形成抗渗性好、强度高的复合整体，以达到堵水、加固围岩或土体，防止地表沉降的目的。

盾构机注浆按照注浆材料可分为单液注浆和双液注浆两种方式。单液注浆即水、水泥、砂、膨润土、粉煤灰、外掺剂等按照一定比例配制出的普通水泥浆液，其具有造价低廉、配制简单、注入工艺简单等优点。单液浆凝固时间长、易沉淀析水、强度增长慢且稳定性较差。因此，在富含水地层盾构机注浆通常采用双液浆进行注浆施工，双液浆为 A 液与 B 液按照比例配制出的浆液，A 液是含有少量缓凝剂的普通水泥浆液，B 液是水玻璃浆液，水玻璃浆液是一种速凝剂，可使注浆浆液在短时间内凝固。双浆液克服了单浆液凝结时间长且不能控制的缺点，提高了注浆效率，但其工艺复杂、易堵管，注浆的均匀性难以保证。

盾构机注浆按照注浆用途又可分为同步注浆和二次注浆两种方式。同步注浆的作用主要是防渗堵水，同步注浆可以及时填充盾尾建筑空隙，支撑管片周围岩体，有效控制地表沉降，凝结的浆液可作为盾构机施工隧道的第一道防水屏障，增强隧道的防水能力，还可以为管片提供早期的稳定并使管片与周围岩体一体化，有利于盾构机掘进方向的控制，确保盾构机隧道的最终稳定。

若同步注浆存在局部浆液不够均匀或因浆液固结收缩产生空隙，为提高背衬注浆层的防水性及密实度，必要时补充以二次注浆，以进一步填充空隙并形成密实的防水层，起到加固修补的作用，达到加强隧道衬砌的目的。一般在管片与岩壁间的空隙充填密实性差，致使地表沉降得不到有效控制或管片衬砌出现较严重渗漏的情况下才实施二次注浆。施工中，一般采用地表沉降监测反馈信息，结合洞内超声波探测管片衬砌背后有无空洞的方法，综合判断是否需要进行二次注浆。

由于盾构机法隧道施工起步较晚,目前的盾构机注浆施工中普遍存在"盲注"现象,隧道施工领域长期缺少专业的注浆设备,以及标准化的评价体系,注浆过程中大多依靠人力目测和以往的施工经验来指导注浆,使得注浆过程监测不到位、注浆压力不够、注浆量不能准确把控等情况时有发生,从而造成掌子面坍塌、围岩自稳能力差等,轻者影响施工工期,重者可能引起地面塌陷(图11-1),造成施工事故。研究发展智能注浆设备,建立标准化的注浆评价体系已成为盾构机技术发展重点。因此,智能化注浆也是盾构机智能化进程中一个重要的发展方向。

图 11-1　地面塌陷

11.1　盾构机注浆系统组成

11.1.1　盾构机同步注浆系统

同步注浆系统通过注浆泵、注浆管路及控制系统来实现浆液的同步注入。同步注浆是指盾构机向前推进时,在施工间隙形成的瞬间立即注浆,如图11-2所示。同步注浆使浆液同步填充施工间隙,从而使周围土体获得及时补偿,有效防止土体的塌陷,控制地表的沉降。此外,由于浆液的及时填充,加强了对刚拼装好管片的支撑和承托作用,降低了管片错位的可能性,进而降低管片在推力作用下错台和开裂的可能性。

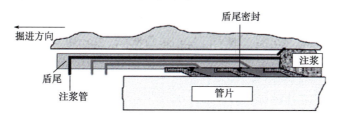

图 11-2　同步注浆示意图

一般情况下,同步注浆系统的注入点位为4~8路,位于盾尾注浆管处,通过注浆孔注入的浆液可以均匀分布在环状空隙内。每路注浆管道均设置压力表、压力传感器、脉动计数器及气动球阀。整套注浆系统由智能注浆系统自动控制运行,可以实时监测浆液的压力和流量,以防止发生地面沉隆超限、注浆浆液流失、注浆系统管路堵塞、管片注浆孔渗漏、管片上浮等。

同步注浆有手动操作和自动操作两种控制模式。手动操作模式是将调速阀设定一定速度后,使用手动换向阀注入,期间需要一直观察注入压力,达到注入压力后手动停止,此模式通常应急使用。在自动操作模式中,所有的注浆点位都设置有压力连续监测装置,如果注浆压力超过预设最小静压力的则开始注浆;如果超过预设最大静压力则停止注浆,直至注浆压力回到设定压力区间内才开始重新注浆。

同步注浆的过程中要求注浆孔的入口压力要大于在该点处的静止的水压及土压力之和,尽量做到填充盾尾的间隙,而不对其产生劈裂效果。如果注浆的压力过大,则会损坏管片,造成地面隆起;若注浆压力过小,浆液填充速度缓慢,填充的效果不足,会产生注浆缝隙,导致地表变形过大。结合盾构机施工经验,同步注浆的压力选择在 0.2~0.5MPa,具体数值需要根据实际的施工情况来确定。同步注浆压力随时间变化情况如图 11-3 所示。

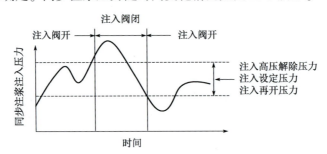

图 11-3 同步注浆压力随时间变化情况

注浆量是同步注浆中的另一个重要参数。保证注浆量与出土量的恒定对控制地面沉降和稳定隧道的结构至关重要。在盾构机掘进过程中,出土量主要是推进过程中排除隧道断面上的土体,除此之外还包括尾盾管片安装造成的空隙、特殊地段掘进引起的多余土体损失、纠正偏差产生的出土量等。在制定注浆量参数时,要综合考虑这一部分的额外土体损失量。注浆量过多,会造成地面隆起和管片变形;注浆量过少,会导致地面下陷、隧道下沉等严重后果。

注浆量的计算公式为:

$$Q = V\lambda \quad (11\text{-}1)$$

式中:λ——注浆率,一般为 200%~230%;

V——盾构机法施工所引起的间隙,m^3。

则有:

$$\lambda = \lambda_1 + \lambda_2 + \lambda_3 + \lambda_4 \quad (11\text{-}2)$$

$$V = \pi(D^2 - d^2)L/4 \quad (11\text{-}3)$$

式中:λ_1——压密系数;

λ_2——土质系数;

λ_3——损耗系数;

λ_4——超挖系数;

D——盾构机刀盘直径,m;

d——管片直径,m;

L——每一环管片长度,m。

同步注浆的注浆时间与盾构机掘进是同步进行的,一般在推进一环的时间内完成。在不同地层中根据不同凝结时间的浆液及掘进速度来控制注浆时间长短,做到"**不注浆,不掘进**"。

通过控制同步注浆压力和注浆量来确定注浆时间。注浆量和注浆压力达到设定值后才停止注浆,否则仍需补浆。在实际施工中注浆量是靠注浆速度来控制的,而注浆速度根据每环注入量和每环行程盾构机所需的推进时间来确定。注浆速度的计算式如下所示:

$$v = \frac{Q}{T} \tag{11-4}$$

式中:Q——每环注入量,m^3;
　　　T——每环行程推进时间,s。

同步注浆完成后需要对注浆管路进行清洗。注浆泵通过异型连接管和砂浆罐相连接,连接段中包含注浆清洗口,每次注浆结束后需立即注入膨润土或水来清洗注浆管,防止注浆管路发生堵塞。注浆泵直接安装在砂浆罐的下方,以提高泵送效率;注浆泵的活塞部分浸在水箱内,以便于活塞杆的清洗。

11.1.2　二次注浆系统

二次注浆是指在同步注浆或及时注浆效果不理想时,对前期注浆进行补充注浆。一般在隧道发生偏移、地表沉降异常、渗漏水严重、盾尾漏浆严重或喷涌时使用二次注浆。在一些特殊地段,如盾构机进出站地段和联络通道附近,也需要进行二次注浆。二次注浆可以反复进行,即多次注浆。

目前盾构机一般配置人工操作的制浆站进行二次注浆,如图 11-4 所示,浆液的注入完全依靠工人的现场经验。

何齐海在对于常出现的隧道病害研究中,根据施工经验及观察情况,将空隙情况进行简化,按空隙在顶部出现的情形进行模拟分析,进行病害治理,并取得了良好的效果。如图 11-5 所示,依据开角的不同反映空隙的大小。壁后同步注浆的效果具有防止周边围岩松弛的作用。如果注浆不足、管片漏水明显,会导致上部土层的地下水位下降,地基内有效应力增大,土体进行重新固结,从而产生沉降;另一方面,由于存在地下水流动,地基土颗粒会受到水流冲刷,土体颗粒间的空隙减小,导致地基沉降。因此,必须通过二次注浆来保证充分填充空隙。

图 11-4　人工操作的制浆站

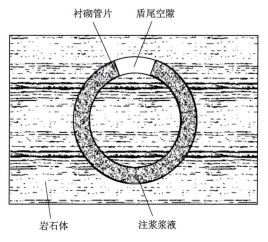

图 11-5　空隙在顶部分布示意图

在 2003 年，黄宏伟使用雷达对空隙分布情况进行监测，提供了良好的技术措施。其勘探原理示意如图 11-6 所示，证实了上述猜测。即盾构机注浆中，盾构机管片的顶部难以注满，更易出现空隙。

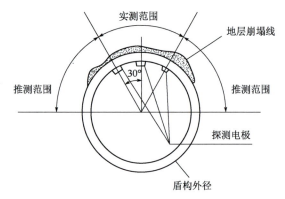

图 11-6　空隙勘探原理示意图

二次注浆中，使用双浆液的注浆效果要优于单浆液，双浆液能够显著减小地面沉降，及时控制沉降值的变化。此外，每隔五环管片进行一次二次补注浆在理论上可以起到更好控制地表沉降的效果，有效降低浆液消耗。

二次注浆的应用不仅局限于控制地表沉降和防漏堵水等方面，而且在盾构机前进方向纠偏、控制管片上浮、改善施工后期长期沉降等方面也有良好的应用效果。

由于注浆的原则是在不粘住盾尾和尾刷的情况下，尽量靠前注浆，因此推荐在尾刷后第 3～4 环进行二次注浆。

11.1.3　智能一体化注浆泵站

当盾构机进行长距离掘进时，为解决输送损失大、输送成本高、运输时间长等问题，可以根据施工需求和盾构机设备空间的设计，配置隧道内跟随智能制浆站；而二次注浆因需求较少，其制浆设备尺寸不大，因此其制浆设备可以直接布置在盾构机拖车上。智能化制浆系统可以有效提高作业效率及注浆质量。

隧道智能化跟随制浆站，即地面智能化制浆站的可移动版，其设备组成及工作方式与地面智能化制浆站完全一致，但是受限于隧道内空间不足，其卸料区和物料存储区需要根据盾构机型和现场空间进行布置，不再按照地面那样规整排布。

隧道智能化跟随制浆站物料存储如图 11-7 所示。隧道智能化跟随制浆站通过触摸屏一键启停，来控制制浆设备，代替了传统人工操作，实现了制浆设备的常态化远程数字操控模式。只需人工在管理界面输入注浆参数，后续的注浆工作（制浆、搅拌、灌浆等）由系统自动完成，极大地提高了工作效率，节省成本开支。隧道智能化跟随制浆站适用于长距离的水利水电工程、桥梁隧道工程、采空区治理等。

隧道智能化跟随制浆站由各种配套传感器模组、显示仪表、控制单元、工业计算机及配套控制软件等构成，通过设定结果参数，自动控制制浆系统的供水、上料和设备启停，实现整个过程的自动化控制。其施工全程由计算机控制，可以实现变频控制及自动连续制浆。

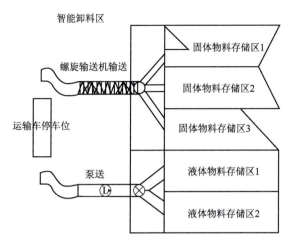

图 11-7　隧道智能化跟随制浆站物料存储

隧道智能化跟随制浆站通过设定原料的配合比、重量、排放时间及先后次序等,向制浆桶内添加水、水泥、砂、膨润土、粉煤灰、外掺剂等物料,在制浆桶上装有电磁阀、传感器及流量计等设备,可通过 PLC 实时测量浆液比重、显示浆液浓度、更改参数配合比,实现自动配浆,使各混合物的配合比达到施工质量要求,配浆效率高、配合比准确、人工劳动强度小。其采用浓浆液稀释的方式,以实现全程无人值守的全自动配浆。同时,在输出管路处接有高压阀门和报警装置,为工作人员安全提供保障。

隧道智能化跟随制浆站通过增设变频器,使注浆泵驱动电机电源的频率、电压可以按需要设定,即注浆泵输出功率可按需控制调节,降低电力成本;其管路压力通过 PLC 系统自动调节,实时高效,降低人工成本;其设置光耦隔离电路,使操作人员远离强电系统,保证了人身安全。采用全自动控制注浆,输入注浆参数和注浆结束条件之后,注浆系统会自动控制配浆系统进行配浆,控制注浆压力自控系统进行注浆,直到达到设定的结束注浆条件或人为中止。注浆过程全自动化,无需人工干预,省时省工,提高了注浆效率。

11.2 智能注浆系统控制

11.2.1 智能注浆控制系统介绍

可编程逻辑控制器(PLC)在工业领域中占有主要地位。PLC 具有通用性强、使用方便、适应面广、可靠性高、抗干扰能力强、编程简单等特点,它是一种数字运算操作的电子系统,专为在工业环境下应用而设计。它采用可编程的储存器,用来在其内部存储执行逻辑运算、顺序控制、定时计数和算术运算等操作的指令,并通过数字的、模拟的输入和输出,控制各类机械或生产过程。

注浆系统作为盾构机的主要组成部分,由地面总控制室对其工作过程监测与控制,以及协调注浆与盾构机其他系统。即由地面总控制室进行监测并统一指挥协调、控制,同时结合注浆系统就地控制柜的控制操作来实现对注浆系统的自动控制。注浆系统作为盾构机的重要组成部分,与盾构机其他系统相互依赖、相互制约,任何部分出现问题,都会影响盾构机的正常工作,所以必须考虑注浆系统与其他系统的连锁关系。由于常闭触点动作响应比常开触点要快,而且动作可靠性也比常开触点要高,如果发生触点熔接时,常闭触点可人为干预断开,而常开触点若发生接触不良,就会直接影响动作。因此,从安全角度出发,总急停控制使用常闭开关,在遇到紧急情况时,就能可靠、快速地强制断开。

如图 11-8 所示,智能注浆控制系统主要包括 PLC、称重模块、输入接口、输出接口以及控制水平传送电机的外设变频器。其总体设计方案包括浆液配合比的设定、物料的输送、搅拌、注浆等关键环节。在该系统中,人机交互通过一块高清触摸屏实现。现场操作人员可根据实际情况,实时设定制浆量、水灰比、制浆输浆时间及储浆液位的上下限。参数设置主要包括工艺参数设置和系统参数设置。其中,工艺参数主要包括一体化设备单次注浆的运行时间、浆液配合比参数以及制浆次数等参数。系统参数主要包括各设备量程、称重模块的校正等参数。除了设定运行参数外,人机交互界面还具有运行监控功能,设备运转过程中接收监测设备的实时信号并显示在主界面中,如制浆量、干粉量阈值、加水量、制浆输浆时间、浆液密度及实际注浆量。

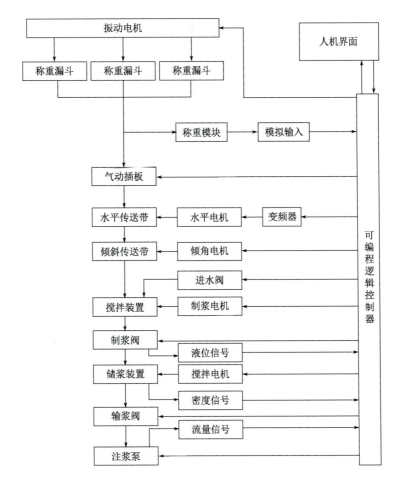

图 11-8 智能注浆控制系统示意图

11.2.2 智能注浆控制流程

盾构机智能注浆控制流程见图11-9。智能注浆系统由注浆系统和质量检测系统组成。注浆系统主要控制流程包括制浆控制流程、储浆控制流程及清洗控制流程。

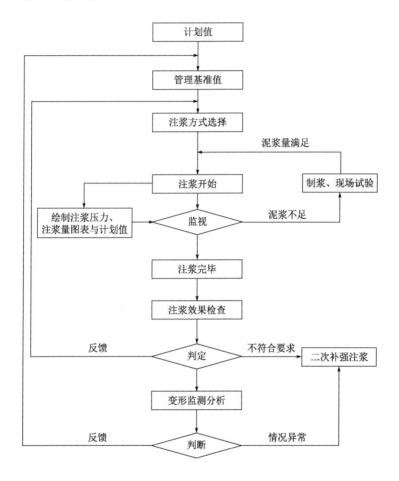

图 11-9　盾构机智能注浆控制流程图

图 11-9 中,计划值即为本次注浆的目标值,包括土层类型及性质、盾构机掘进速度、允许沉降量、注浆位置、浆液类型、浆液配合比、浆液扩散度、注浆设备精度等。管理基准值即注浆压力与注浆量。注浆方式包括单液注浆与双液注浆,单路注浆与双路注浆等。因此,盾构机注浆的流程一般为:根据注浆施工中得到的经验与数据,结合当前计划值,得出注浆管理基准值。根据注浆管理基准值选择合理的注浆方式,并根据注浆效果来修正注浆方式。注浆方式确定后,检查现场浆液情况,满足条件后开始注浆,同时进行浆液现场试验并记录数据。注浆的同时绘制注浆压力与注浆量图表,并结合计划值分析,从而积累注浆经验数据。对注浆过程进行监视并结合注浆经验数据调整制浆数据,完善注浆效果。注浆结束后进行注浆效果检查和土层变形监测分析,同时在二次补注浆中进行完善。

智能制浆控制流程见图11-10。该流程控制中包括浆液配合比的设定、物料的输送、搅拌、注浆等关键环节。首先在启动一体化智能注浆设备后,需先对浆液的配合比进行设定,之后打开进水阀,当水量达到预定值的一半时打开进料阀门,同时开启水平物料输送机和倾斜物料输送机并实时判断物料是否达到预先设定值;当物料达到设定值后先关闭水平螺旋输送机,再延时关闭倾斜螺旋输送机;将电磁流量计测得的实际加水量与预加水量比较,达到预设值时关闭,进水阀打开搅拌开关,待达到搅拌时间后停止搅拌,打开输浆阀,将预制好的浆液全部输送至储浆罐;最后根据需求,启动注浆设备进行注浆。

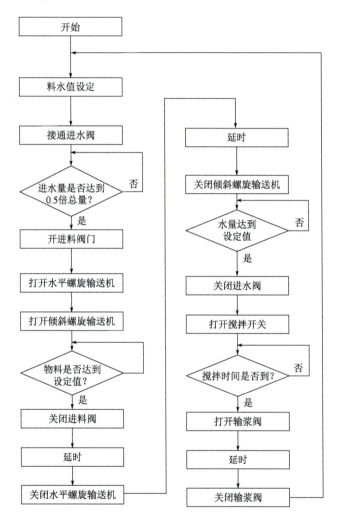

图 11-10　智能制浆控制流程图

如图11-11所示,制备好的浆液需注入注浆罐进行动态储存,即保持浆液处于流动状态。在对浆液进行储存时主要包括两个环节,即储浆罐液位的检测和搅拌机的开关。注浆管中安装液位变送器,当液位变送器检测到的液位信号低于设定值时,打开大直径活塞,向储浆罐输浆;液位信号高于设定值后关闭活塞泵,停止输浆。最后还需根据液位判定是否需要开启储浆罐内的搅拌电机。

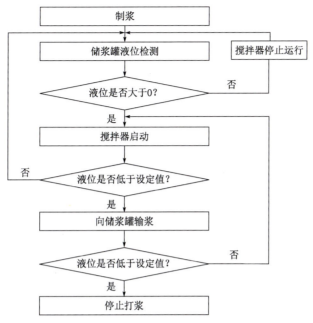

图 11-11 智能储浆控制流程图

每次完成注浆作业后,搅拌桶、储浆罐及注浆管路内会留残留有一定的浆液,若不及时清理,浆液将会凝结固化,轻者影响注浆效率,重者导致管路堵塞、设备损坏。图 11-12 所示为智能清洗控制流程图。智能清洗开始后需先设定清洗所需水量并向搅拌仓注水,待水量达到设定值后打开搅拌开关。搅拌完成后将清洗水输送至储浆罐,并打开储浆罐搅拌电机,待一定时间后,打开注浆泵使水流经注浆泵完成一次清洗流程。

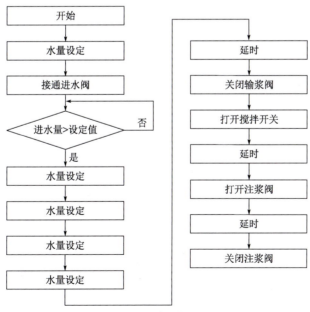

图 11-12 智能清洗控制流程图

11.2.3 注浆质量检测与评估

注浆能否有效确保盾构机隧道建筑空隙的填充,是关系到能否有效控制地层和隧道结构本身稳定性及其沉降的关键,但由于目前注浆施工效果评定技术并不规范,尚无完善的标准可以借鉴,继而导致一些注浆工作完成后无法正确评价,从而影响注浆工程取得良好的效果。查阅文献可知,目前注浆质量的评价方法可分为五大类:分析法、检查孔法、开挖取样法、变位推测法及物探法。表 11-1 所示为注浆效果检查评定标准表。

注浆效果检查评定标准　　　　　　　　　　　　　　　　表 11-1

评定方法		评定标准
分析法	P-Q-t 曲线法	注浆施工中 P-t 曲线呈上升趋势,Q-t 呈下降趋势,注浆结束时,注浆压力达到设计终压(常取 $1\sim 4$MPa),注浆速度达到设计速度(通常取 $5\sim 10$L/min)
	注浆量分布特征法	①注浆量分布时间效应直方图应呈下降趋势,结束时,后续注浆孔基本应达到吸不进浆的状态,即 $Q\to 0$; ②注浆量空间效应图表现为周边注浆孔注浆量大于中部注浆孔注浆量,后序孔注浆量小于前序孔注浆量
	涌水量对比法	①随着注浆进行,钻孔涌水量不断减少; ②注浆后开挖过程中涌水量 $\leqslant 10$m^3/h,注浆堵水率应达到 80% 以上
	浆液填充率反算法	当地层中含水率不大时,浆液填充率应达到 70% 以上;当地层富含水时,浆液填充率应达到 80% 以上
检查孔法	检查孔观察法	经过注浆后,检查孔应成孔完整,不得有涌砂、涌泥现象,流水量 $<0.1\sim 0.2$L/(m·min)。检查孔放置 1h 后,也不得发生上述现象,否则,应进行补孔注浆或重新设计
	检查孔取心法	检查孔取心率应达到 70% 以上,岩芯强度应达到 0.2MPa 以上
	检查孔 P-Q-t 曲线法	检查孔 P-Q-t 曲线应较正常注浆时曲线形态要陡。注浆 $5\sim 10$min 后,P、Q 值均应达到设计值;否则,应进行补孔注浆或重新设计
	渗透系数测试法	对于截水帷幕,地层的渗透系数应 $<1.0\times 10^{-5}$cm/s;否则,应进行补孔注浆或重新设计
开挖取样法	加固效果观察法	开挖面浆液填充饱满,能自稳,掌子面无水
	注浆机理分析法	开挖观察注浆加固效果,其达到预期的设计目标
	力学指标测试法	注浆固体抗压强度应达到 0.2MPa 以上,注浆后地层含水率应低于 30%
变位推测法	水位推测法	在注浆结束后工程开挖过程中,帷幕注浆圈外水位应保持不变
	变形推测法	注浆过程中,被保护体应保持为限量隆起变形;注浆后施工过程中,被保护体应处于缓慢下沉变形阶段,总体变形量应满足设计沉降允许要求,否则应进行跟踪补浆
物探法		应进一步研究,确认技术指标

可以发现,在一定程度上,注浆质量的各种评价标准都能对注浆质量进行合理的评判,但是,每种标准都存在一定程度的操作复杂度,要么需要耗费大量的时间和人力,要么需要进行开挖取样。而通过智能化的注浆质量评估系统,可以及时掌握管片壁后浆液纵向、横向的分布及厚薄等,在把握浆液状态的基础上,再通过智能注浆系统进行针对性的注浆,进而对沉降进

行有效控制。

盾构机同步注浆时,常出现浆液结石不均匀现象,注浆层会出现不密实的情况,地层压力也会不均匀地作用在管片上。如果压力达到一定程度,就会出现安全隐患,所以,智能注浆检测对智能化掘进起着举足轻重的作用。

目前,冲击回波法原理在盾构机注浆质量检测中的具体应用形式:在明确管片本身特征频率后,通过其与实测冲击回波峰值频率进行比较,来判别管片缝隙的注浆质量。

除了使用地质雷达法等方法检测豆砾石回填灌浆及管片壁后注浆效果外,在智能注浆系统中,还有以超声横波反射为基础,结合信号保幅处理和叠前偏移成像技术,对管片壁后回填灌浆质量进行检测;或者以采用弹性波的横波在管片与岩层之间的介质(凝结浆体)产生反射为基础,当浆体质量比较好时,发射的横波会继续传播,而当中间介质存在空腔时,发射的横波会全部反射回来。这样,就可以根据反射信号来分析管片背后的浆液填充率。

结合超前地质预测情况及盾构机出土、出渣智能分析系统,验证浆液注入量与地层损失概率是否匹配。其可以作为同步注浆分析系统进行分析的方法。

智能同步注浆分析系统检验同步注浆量与管片和地层之间的缝隙是否填充完全。如果由于同步注浆在凝结过程中出现因浆液收缩、浆液流失、注浆不充分、周围地层松弛范围扩大等因素导致注浆体积缩小、壁厚空腔的缺陷,就需要通过制浆管理系统进行二次注浆系统来弥补。

根据盾构机工作过程中监控到的各数据变量,建立数据库进行计算和分析。对于智能注浆系统来说,主要在于各模块数据库、逻辑分析系统的建立,将注浆过程中各变量整合到算法系统中,如图11-13所示,寻找变量信息与注浆设备之间的关系,生成需要的数据,并根据数据来分析在盾构机施工过程中是否需要进行二次注浆。

图11-13 同步注浆多变量动态分析系统

智能同步注浆分析系统集数据收集和分析于一体,是实现数据同步采集的多元化分析平台,涉及盾构机施工过程的掘进速率、掘进时间、出渣量、浆液注入量等多个变量。其通过数据处理中心,实现多个变量的数据交互,实现对同步注浆过程的实时跟踪、过程控制、动态监测、及时调整,保证同步注浆的质量。

11.3 本章小结

中国现已成为世界上隧道及地下工程规模最大、数量最多、地质条件和结构形式最复杂、修建技术发展速度最快的国家,但在部分施工工艺、技术装备、施工质量等方面,尤其在盾构机注浆技术方面与发达国家相比仍存在差距。现阶段,盾构机注浆技术已基本满足盾构机法现场施工要求,且大多数注浆设备可以实现自动化、半智能化注浆,但是要完成智能化、信息化、无人化的注浆目标,仍有很长的一段路要走。

11.3.1 注浆材料智能化选配

在科技高速发展的当下,通过将注浆材料选择系统集成在项目云管理平台中,利用大数据技术和机器学习,对注浆材料的种类和配合比进行决策,无疑是完美的方案之一。

浆液材料的选择和配合比取决于地质参数,而盾构机在地下掘进施工时,地层土质复杂多变,加之繁杂的材料种类和配合比原则,经验丰富的注浆工程师也会花费一定时间来确定浆液材料及配合比,倘若遇到不同地层就停机进行材料选择和试验测试,势必会浪费时间,从而影响施工工期。

如图 11-14 所示,在大数据技术的基础上,对注浆材料选择系统进行注浆材料、配合比和选择原则的基础设置,接着导入不同种类盾构机的各类工作数据,通过机器学习技术完成该系统的初期训练,最后就可以将该系统搭载在项目云管理平台上线使用。该系统在接收到盾构机上传的地质信息后就会进行决策选择,提供针对相应地质的注浆材料种类和配合比信息,为注浆工程师提供一定程度的参考。

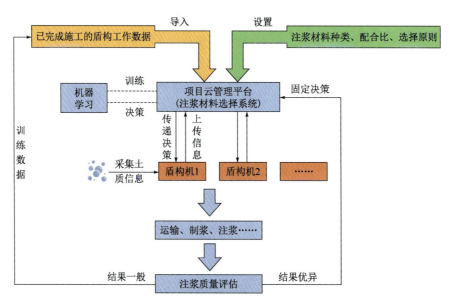

图 11-14 注浆材料选择系统流程框架

在初期工作数据尚不充足、存在信息缺口的情况下,注浆材料选择系统在接收到一台盾构机上传的土质信息后,它会给出一些偏向保守性的决策,以供注浆工程师选择参考,在一定程度上可以减轻工程师的负担。此时,针对材料的选择和配合比仍需要进行室内试验和现场试验,在确定材料种类和配合比后接着进行注浆的全流程工作,最后通过注浆质量智能评估系统对注浆质量进行评估:若注浆质量优异,则直接反馈系统固定该条决策,在遇到相同地质环境时,可直接匹配至该决策,无需消耗多余计算资源;若注浆质量一般,则将工作数据反馈至训练数据库,作为训练数据对该系统重新训练。

随着各类盾构机不断上传和反馈数据,注浆材料选择系统的训练数据库和固定决策会日益增多,训练数据库和固定决策增多到某一程度时,该系统就完成"进化"。此时,该系统就可以做出一些接近真实的决策来直接指导生产;如果在地质信息、掘进环境完全匹配的情况下,还可免去室内试验和现场试验,进而提高盾构机掘进效率。

倘若训练数据足够多、地质信息极其丰富,经过大数据的训练和深度学习后,注浆材料选择系统则可以完全解放注浆工程师的生产力,针对不同地质给出合理有效的决策,从而实现真正的智能化材料选择配合比。但是目前该假设的实现仍存在一定的技术障碍,希望在不久的将来可以实现。

11.3.2 管道输运智能化

目前,智慧管网及智能管道系统已经逐步实现工业应用。特定浓度和流速下管道阻力损失与料浆浓度呈正相关,即料浆浓度越高,管道阻力损失越大。因此,考虑到成本等问题,管路输运一般仅在隧洞内输送液体类材料使用,隧洞外的材料主要通过车辆输运的方式进行运输。

通过智能化的管道输运系统,可以实时监测管道的运行状态,及时进行自动运营维护;实时监控物料输送是否正常、泵阀运转状态是否正常,如果管路发生泄漏,可以第一时间报警并进行自动停泵、关阀等操作。如图 11-15 所示,在物联网智能化控制技术的基础上,智能化管道输运系统可适用于多种介质的输送。将该系统应用到液体类材料输送中,可以提高施工设备的智能化水平,解决浆液管理中浆液运输靠现场工人遥控指挥,人工识别浆液输送状态、统计工作烦琐、耗时、易出错等诸多问题,对于传统基建类混凝土浇筑管理具有重要意义。

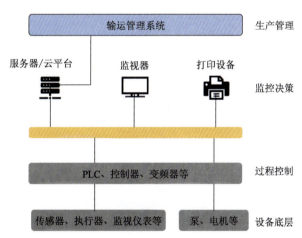

图 11-15 浆液输送智能化示例

在智能管理系统运行的初始阶段,通过智能管理系统的故障检测、故障识别和人机系统故障分析,可以建立完善的数据模型,并同故障决策系统结合起来,根据长期形成的故障信息衍生出智能诊断系统。管路输送故障智能诊断系统基本结构如图 11-16 所示。

管路输运过程中,传感器会将收到的异常信息反馈到管路输送故障智能诊断系统中,系统会根据上传的故障进行分析处理,并输出对应的指令进行反馈。在后期遇到新的故障问题,采用系统自学习的理念,优化解决方案和数据库。

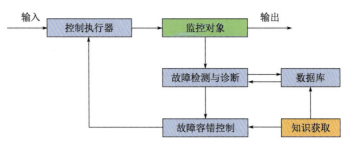

图 11-16　管路输送故障智能诊断系统基本结构

11.3.3　车辆输运智能化

相较于管路输运,车辆输运完全没有堵管的风险,因此,其也是一种常用的输运方式,但是,车辆输运也存在装车、搬运、卸车、摆放的缺点。现如今,智能化定位、自动控制泵送已在工业中实现批量应用。因此,在运输过程中,可以采用智能叉车进行定位、堆放,在提高输运效率的同时,减少了粉尘环境对人体的伤害。

1)隧洞外车辆输运智能化

通常情况下,液体类材料通过罐体车辆进行输运。而固体类材料的装载,可以采用称重装置、体积测量、人工智能(AI)视觉等智能传感技术,对输运材料进行定性定量检测。图 11-17 所示为输运管理系统总体框架。

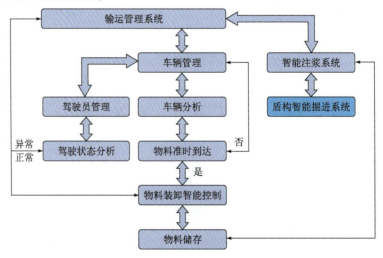

图 11-17　输运管理系统总体框架

在盾构机智能掘进系统不断上传当前地质信息后,注浆材料选择系统开始对地质环境进行实时解算,然后提供一个材料选择最优解以供参考,待注浆工程师确认选择后,注浆材料选择系统向项目云管理平台发送所需求的材料种类、配合比及需求量。接着,项目云管理平台将需求量通过运输管理平台指派给对应的材料供应商。

供应商将运送材料的车辆和驾驶员信息录入系统,智能化运输管理平台则通过对车辆和驾驶员数据分析,判断所需物料能否准时到达施工现场。采用数字图像处理、模式识别、计算机视觉、人工智能(AI)视觉技术自动识别车辆车牌和驾驶人员状态,与企业资源计划(ERP)

系统管理进行数据对接,在大屏幕上显示工作车辆的实时行驶路线、工作时长、车辆状况等信息,甚至可实时监测驾驶员的行驶姿态、疲劳状况等信息,以保证施工材料的准时送达。

材料的智能装卸:采用 AI 视觉技术进行自动识别,通过 AI 视觉并配合智能算法计算出泵车的实时坐标,经过与存料处图像的实时对比,进行车辆倒车智能指引,精准定位卸料口。AI 视觉技术也可以用于对运送皮带的外观形状进行检测识别,从而识别其使用状况、破损程度,进行提前预测、报警及维护;通过智能分析物料在卸车口的状态,判断物料是否达到需求量,还可以判别物料是否装卸完毕;识别的数据可以对接现场控制中心,根据现场状态实时控制卸料的进度,达到高效卸料。

2)隧洞内车辆输运智能化

在盾构机智能化施工中,智能行车调度系统的重要性愈发凸显。通过水平运输的智能调度,可以实现行车数据挖掘、设备状态诊断、行车安全预警、运输路况变化感知、辅助决策支撑等功能,以提升隧道内水平运输的智能决策水平。

行车调度智能化示例如图 11-18 所示。智能调度系统将隧道内所有输送车辆的运行情况与列车智能调度系统结合,提高运输车辆运行状态的调整决策效率,最终实现调度的自动化,是盾构机施工智能化发展的必然趋势。随着 5G 技术的逐步应用,基于盾构机施工和配套设备的多源数据的监测方法越来越多,以数据科学、人工智能为主要手段的智能调度系统,也将成为隧道施工生产组织和技术革新的有效途径。

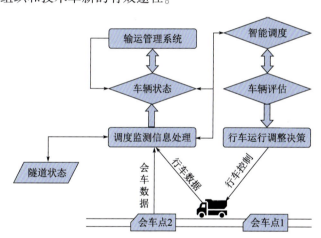

图 11-18　行车调度智能化示例

在隧道施工现场,各类运输车辆类型众多,各种烦琐的人员/车辆进出登记检查、车辆准确的入库接料、站内人员安全管理,都严重影响了企业的生产效率。采用车辆智能化管理,可以自动识别车辆信息,对车辆的安全、物料到场的进度进行智能管理,对可能影响施工进度的车辆进行预警,降低因物料运送耽误施工进度的可能性。

本章参考文献

[1] 张民庆,张亮,何志军,等.太行山隧道富水宽张裂隙注浆堵水技术研究[J].铁道标准设计,2015,59(6):108-113.

[2] 范利丹,孙亮,余永强,等.偏高岭土提高水泥基注浆材料在高地温隧道工程中的适应性[J].材料导报,2022,36(6):105-112.

[3] 胡思维.炭质泥岩隧道洞顶地表裂隙披露及注浆加固[J].广东公路交通,2021,47(6):44-48.

[4] 侯永茂.基于同步注浆浮力试验的盾构机法隧道施工期管片上浮预测方法和控制措施研究[J].隧道与轨道交通,2021(4):29-33,55-56.

[5] 何齐海.盾构机法隧道二次注浆施工工艺研究[J].山西建筑,2012,38(8):204-205.

[6] 黄宏伟,杜军,谢雄耀.盾构机隧道壁后注浆效果的探地雷达探测模拟试验[J].岩土工程学报,2007,29(2):243-248.

第 12 章 盾构机智能安全系统

根据盾构机施工特点及常见安全隐患点、风险点,智能安全系统由设备安全监控系统、人员安全监测系统、数据安全管控系统三个子系统组成。

(1)设备安全监控系统:盾构机研制涉及地质、土木、机械、力学、液压、电气、控制、测量等多门学科技术,可靠性要求极高,盾构机上的关键部件较多,针对关键部件采用智能传感、物联网等先进技术进行健康状态监测及运行安全监测,实时掌控设备状态,以确保运行安全。

(2)人员安全监测系统:盾构机施工对作业人员安全意识、安全作业、规范操作要求高,通过虚拟现实(VR)、人工智能(AI)识别、脑机接口、生命体征监测等先进技术,来提高作业人员安全意识、识别人的不安全行为、监测人的不安全状态等。

(3)数据安全管控系统:盾构机施工中会产生大量参数信息,这些参数信息为数据资产,工程数据作为企业发展的重要资产,可用于大数据分析及智能化改造,远期可用于盾构机智能驾驶,数据安全的重要性越来越高,需通过先进网络安全技术手段来保障网络安全、数据安全。

12.1 设备安全监控

12.1.1 设备安全监控范围

盾构机设备在轨道交通地下挖掘及隧道施工中的应用非常广泛。目前国内现有的盾构机型号多、数量大、地理位置分布广,此外每一台盾构机的状态不尽相同,这对盾构机设备的统筹化管理带来巨大挑战(包括部分工作难以细化、运维流程追溯困难、大规模数据难以统计、统计汇总工作量大、无法对管理决策提供实时且高效的辅助支撑)。

盾构机掘进过程中会有刀盘驱动故障、土体改良失效、铰接系统密封失效和盾尾刷失效等风险。因此需要一个信息化系统对这些风险进行识别判断和管理，进而实现以下目标：对每台盾构机异常报警、保养维修的提醒；对每台盾构机备品备件的管理；对设备维保的记录；通过工作计算机、智能手机随时随地监视。最终实现盾构机设备全生命周期的管理，最大程度减少盾构机施工中存在的风险隐患。

12.1.2　安全监控措施

盾构机远程在线监测云平台是一套以多样化、可扩展的可靠信息为渠道，解决隧道建设中盾构机设备信息数据管理、异常报警、运行维护等多功能的监测控制管理系统，帮助实现对盾构机设备和盾构机施工现场的科学化管理。

通过实现风险源统计提醒，包括组段划分、风险预警/报警与消警、纵断面风险提醒、沉降控制、停机原因申报等，及时规避风险，使盾构机施工过程更加安全高效。

通过对盾构机数据实时监控、现场视频监控、材料消耗统计、维保信息统计等，全方位提升设备管理效率，减少因操作及维护不当导致的设备故障。

通过对统计的盾构机报警故障统计分析可以知道，某台盾构机或某个厂家的盾构机哪些零部件容易出现问题；通过对经常出现问题的零部件进行优化、改造或替换，可以实现盾构机的优化升级，提升盾构机整体性能，降低因设备性能落后造成的系统性风险。

此外，通过对盾构机施工数据的深度挖掘，可以得到不同地质条件下的盾构机最佳施工参数组合模型，形成盾构机施工智能化掘进参数包，利用物联网技术及人工智能技术实现盾构机无人驾驶。通过与盾构机调度指挥系统相结合，实现盾构机的科学调度。根据不同地层所需的盾构机类型进行科学实时调度，降低安全风险及管理成本，进一步提升盾构机施工的智能化水平。

12.1.3　周界入侵防护

在设备工作周边及施工现场附近重要的区域，为了防止各种入侵或破坏活动，传统的防范措施是在这些区域的外围周界处设置一些屏障或阻挡物，安排人员进行监控巡逻。在目前施工技术机械化程度更高、施工环境愈加复杂的情况下，传统的防范手段已难以适应重点设备及施工现场安全保卫工作的需要，人力防范往往受时间、地域、人员素质和精力等因素的影响，亦难免出现漏洞和失误。因此，安装应用先进的周界入侵报警系统成为一种必要措施，一旦发现入侵者可立即发出报警，好像在重要区域的周界处增加了一道看不见的"电子围墙"，其忠诚地守卫着要害目标。以下列出了几种施工过程中常用的新型周界入侵防护技术。

红外入侵报警技术：主动红外入侵报警技术较多地被应用在设备外部或特定区域外侧的防护，而具方向识别技术的入侵报警技术一般常与被动红外技术结合在一起，在设定时间内的往返不会报警，一过设定的时限便自动恢复到警戒状态，从而使得周界防范更凸显人性化。

微波传感入侵探测报警：微波传感探测既是周界防范系统也是其他有线和无线防护系统中不可缺少的一种探测技术。它所筑起的微波非实体防护网可及时发出外来者闯入警报。但是"微波墙"并不能长期保持信号的稳定，容易受到环境因素干扰而导致信号不稳定。再者，微波信号在受到干扰时，易导致误报。

振动传感光缆入侵探测:是通过安装在围栏上的光纤传感电缆来探测围栏的振动,从而探测因有人侵入而引起围栏的振动,光纤传感电缆能将围栏上的微小振动转化成电信号传给数字信号处理器,将振动信号转换成电信号,处理器通过对信号进行分析传递,从而产生报警。

12.1.4　智能巡检

隧道巡检机器人依赖于导轨行走,集成双光云台相机、超声、红外热成像、温湿度、气体、噪声、粉尘、烟雾等多种传感器,融合先进的 AI 识别算法和运动控制算法,具备对图像和数据智能分析的能力,可实现对隧道内设备、环境、人员等的自动识别与检测。隧道巡检机器人拥有自动巡检和手动巡检双重工作模式,可实时监测环境和作业状态,进行人员身份识别、人员穿戴及行为识别,如遇烟雾、火情、有毒有害气体或温湿度超标等情况实时告警,对设备的运行情况及异常情况进行实时监控及分析。通过隧道巡检机器人,在不影响隧道内正常施工的前提下,有效减少施工管理人员的工作量,提高隧道内巡检效率,确保隧道施工以及设备人员的安全稳定。

12.1.5　动力分散式新能源电机车

电机车是盾构机隧道施工中用于运输渣土、砂浆、管片等物料的重要工具,其安全运行是项目安全管理的重要内容。除日常安全管理外,采用技术手段提升电机车的安全性、稳定性至关重要。

传统电机车采用 2~4 台驱动电机牵引整列编组,动力集中布置在电机车车头位置,电机车的黏重较大,一般在 45~85t,安全隐患较大。

(1) 爬坡能力不足:传统电机车爬坡能力一般为 35‰,特别是 85t 电机车爬坡能力更小。

(2) 防溜车能力不足:电机车及后配套车辆经常会出现由于车辆溜车导致事故发生的情况。

(3) 电机车轴重、配重大:由于电机车发挥自身的驱动能力需要较大的黏重,导致电机车配重大、轴重大。

使用动力分散式新能源电机车(图 12-1)较传统电机车的安全性大大提高,尤其是在大坡度隧道的运用。借鉴高铁、动车的动力分散布置的特点,在不改变后配套渣土车原设计的基础上,采用动力分散式驱动、多电机同步控制等技术,不增加机车轴重的前提下,相较于传统电机车可提升牵引力 50% 以上,节约动力能耗超过 20%,爬坡能力可达 70‰。

图 12-1　动力分散式新能源电机车

将牵引动力按一定的要求分散到后配套渣土车转向架上,从而减少电机车牵引力,降低电机车的黏重和轴重。经过动力分散,相比传统集中动力牵引的后配套系统动力单元多,平均每个动力单元承担的驱动力或推进功率要比传统机车低很多。动力分散式电机车的自重降低,使得整列编组的重量降低,相比动力集中式电机车的牵引能力更强。在车辆运行时进行再生制动,动力分散式电机数量多,且同时产生再生制动力,相比动力集中式电机车的制动稳定性更好,见图 12-2。动力分散式电机车可降低电机车车头自重,减少冗余配重,降低电机车车头轴重,使车轮对钢轨的局部负荷减小,减小了对钢轨的冲击,提高车辆的驾驶操控性。

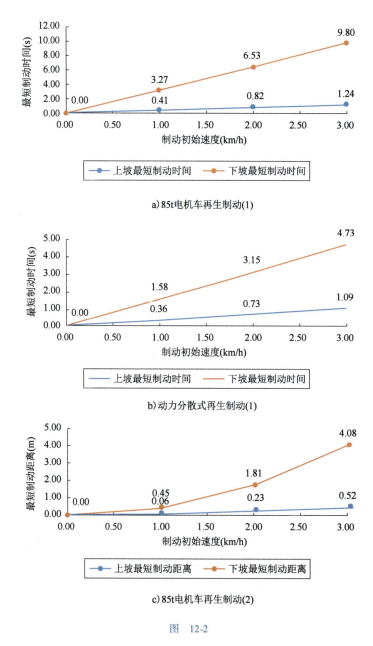

图 12-2

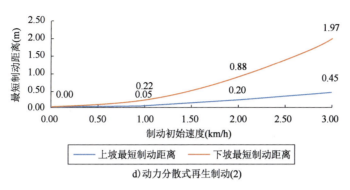

d) 动力分散式再生制动(2)

图 12-2 再生制动对比(坡度 30‰,速度 5km/h)

可在动力分散式新能源电机车增加一些安全性配置,以提高电机车整体运行安全性。

(1)锂电池安全性配置:采用阵列式系统结构,充分考虑故障冗余,预留电池自身"呼吸"(电池充放电过程中,电芯会产生微小膨胀/收缩形变,俗称"呼吸")间隙,从而使整体安全性能大幅提升。锂电池配备电池包抑火系统,在尚未发生火灾初期,利用光敏管+烟雾监测检测到微火花信号,启动报警和抑火装置,见图 12-3。

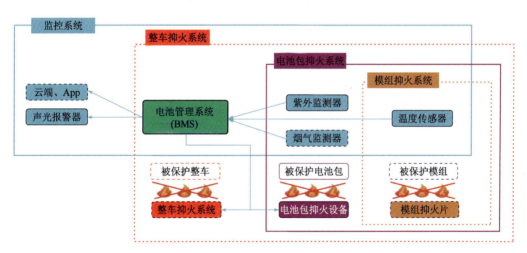

图 12-3 锂电池安全系统

注:实线部分为标配;虚线部分为选配。

(2)撒砂装置:依靠砂的自身重力,较小的风压将砂吹入撒砂管,喷砂至轮轨之间。这种直吹式的撒砂装置对于风源配置要求较低,只需保证一定的风压就可满足要求。撒砂阀采用重力式撒砂阀,车辆在启动时,动力车轮的编码器和非动力车轮编码器检测到一定速度差时,车辆会自动进行撒砂,以一定的流速喷洒至轮轨之间,保证撒砂效率。

(3)防撞装置:采用无线脉冲技术,通过在车辆尾部固定微基站,实时监控几十米范围内的微标签的相对距离,精度可达 10cm,测距范围在 0.5~100m。微标签可贴在安全帽、腕带手表、工牌标签等,当车辆尾部靠近微标签时进行声光报警,提醒周围人员和车辆驾驶人员,避免安全事故发生。

(4)自动接车装置:后配套车辆在进入盾构机台车时,渣土车和砂浆车/管片车会经常脱开,在渣土车装满渣后会再次重连。传统渣土车与砂浆车、管片车之间的连接为牵引板连接,在车辆重连时,既不方便工人操作,也容易发生安全事故。通过在后配套车辆的渣土车和砂浆车/管片车之间增加自动接车装置(图12-4),无需人员操作,避免烦琐的人工操作,同时可提升设备的安全性。

图12-4　自动接车装置

(5)坡道限速:可在机车上配备电流型倾角传感器,该传感器连接至车辆控制系统,当传感器检测到大坡度时,车辆控制系统逐级限速。坡道限速功能的配备既保证车辆不超速行驶,也避免在大坡度下因失速导致车辆打滑,进而提升整车的安全性。

12.2 人员安全监测

人员安全监测是智能安全系统中的重要组成部分,充分利用VR、AI识别、生命体征监测等技术,提升人员安全管理信息化水平及管理实效。

12.2.1 施工人员生理体征监测系统

施工人员安全管理技术,通常采用基于环境监测和设备监测的被动式安全管理系统。研究脑电监测生命体征技术、脑电实时采集传输技术,实现事故预警报警和人员状态实时监测,形成主动智能管理系统,有利于提升人员安全管理效能。传统技术与创新技术对比见表12-1。

传统技术与创新技术对比　　　　　表12-1

	传统技术		创新技术
事故无法预防	·事故无法预判:没有实时变化趋势监控 ·关键岗位人员操作不当:盾构机司机、门式起重机司机、司索工、拼装工、登高作业、调度人员等 ·隐患无法预知:缺少人员数据支撑	事故精准预防	·事故可以预判:实时监控变化趋势,阈值预警 ·岗位状态监控:生命体征状态、疲劳状态、注意状态、姿态、活动、跌落等 ·风险隐患排查:基于工作任务的人员风险大数据分析

续上表

	传统技术		创新技术
事故发现和处置不及时	・没有手段:大量单人作业场景 ・环境不允许:监控盲区 ・群体事故:气体中毒 ・没有处置手段:只能等待后续救援	事故自动发现和处置	・自动报警,每秒刷新状态,联动监控中心和监控手机实时报警 ・声音自动提醒 ・音视频辅助处置
人员管理不到位	・管理层和作业层脱节 ・重点岗位失控 ・个人绩效模糊	人员精细化管理	・管理层实时掌握一线作业人员状态信息 ・重点岗位岗前评估、岗中监测、岗后分析 ・个人绩效数据标准化评分

对施工人员生命体征进行实时监测,见图12-5,在施工人员出现瞌睡、昏迷、窒息等异常状态时及时提醒管理人员采取措施。实时对人员的工作状态进行监测,当工作人员持续处于疲劳时进行预警,提醒本人恢复工作状态,提醒管理人员进行干预。当生命体征出现异常时自动进行报警;当生产现场出现突发事故时,人员可以通过终端紧急、呼救信号(SOS)功能主动向后台报警。

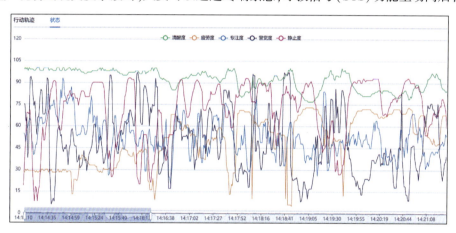

图12-5 生命体征波形截图

12.2.2 人员定位系统

人员定位系统对隧道内人员位置跟踪、实时定位、人员考勤统计、灾害救援起着至关重要的作用,是隧道安全管理必不可少的利器。人员定位系统主要由定位基站、天线、定位卡、计算机服务器构成,通过在隧道内关键位置安装基站,可实现对全隧道的覆盖。人员定位系统可带来人员实名制、门禁考勤与劳务统计方面的应用价值。使用芯片技术对施工人员数字化后,还可实现安全培训记录、教育考试记录等,达到一物多用的使用效果,所以,盾构机施工使用人员定位系统有着良好的应用前景和推广价值,具体应用如下。

人员定位系统运用无线识别技术实现对人员实时位置监控。基于实时位置信息,实现人员实时管理。人员定位系统可提供人员实时位置信息,方便观察其在岗情况,或者方便寻找所需对象;另外可对区域进行分类管理,限制未经授权的人进入危险区域,防止意外事故的发生。管理人员可查看人员实时位置分布情况、人员数量、区域内具体有哪些人员及动态,也可以查询人员历史分布情况，便于管理人员及时掌握相关信息，如有意外可以根据实际情况作出决策。

人员定位系统具有数据实时统计功能，可实时统计出人员总数、各区域内人员数量及各班组的人员数量。该功能通过对人员分布的统计分析，为管理者合理调配人员提供基础数据。

人员定位系统存储采集的数据，形成人员历史轨迹数据。利用该数据可以动画形式显示人员历史行进路线，见图 12-6。其主要作用在于，为已发生的事故提供基础数据；为人员管理提供基础数据，如是否有脱岗现象、巡查人员是否按时巡查等。

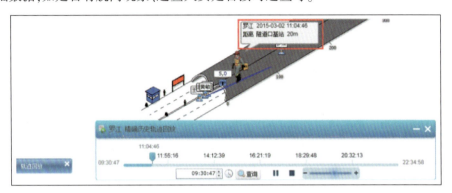

图 12-6　人员轨迹回放

当隧道内人员遇险时，可触发"求救"按钮；当工人发现隧道塌方、涌水涌泥时，也可通过定位卡按键向监控中心发出对应报警信号，监控中心将及时报警，并可查询显示是谁、在什么时间、什么地点发出的报警。该功能主要用于标签主动发送告警急救信息，为业务管理系统提供人员急救及主动报警所需的数据支持。SOS 信息会直接以报警形式发送到云平台，并要求施工单位针对 SOS 信息做出说明，以加强总控部门对突发事件的监督与处理。

在隧道内某区域有危险、需要撤离人员时，监控中心的调度人员或系统管理人员可向隧道内危险区域人员群发紧急撤离通知，隧道内人员即可通过定位卡震动或声音、指示灯及时收到"撤离"信号。

12.2.3　AI 图像识别系统安全管理

基于 AI 的图像识别技术可以对作业现场布置的摄像头获取的视频信号进行处理和分析，实现对人员安全的监控。人员穿戴 AI 识别，是对项目作业区域人员的穿戴进行 AI 识别，识别其是否正确佩戴安全帽、是否穿反光背心等，以提升人员安全着装意识，见图 12-7 和图 12-8。

图 12-7　AI 识别

图 12-8　穿戴识别

盾构机项目中存在一些危险区域,如皮带输送机区域、吊装区域、电机车运行轨道区域等,人员进入会存在安全隐患甚至发生安全事故。为有效预防安全事故发生,可划定危险区域并通过 AI 识别算法进行危险区域入侵监测,当人员进入即会发出安全报警并且语音同步播报,同时与安全管理系统联动,作为安全管理考核的重要依据。

通过深度学习和机器学习,利用有监督的机器学习方式实现检测分类,输入各类作业人员以及特征标签数据,构造筛选器进行机器学习训练,输出可判断作业人员动作特征的检测与分类的动作模型;另一种是将人类按骨骼结构拆分至多个模块,结合人类生理结构,模拟各模块间物理关系,以此设计算法模型,实现目标检测。

12.2.4　VR(虚拟现实)沉浸式安全教育

2016 年被称为"VR 技术元年",这标志着虚拟化技术进入了一个崭新的发展时代。虚拟化技术又叫作虚拟现实技术,它包含桌面虚拟现实与增强虚拟现实技术等,通过显示器或者头戴设备为用户观察仿真世界提供了一个全新的视窗体系。目前,虚拟现实技术作为最新的技术手段已经广泛应用于娱乐、建筑、新闻等多个方面,而虚拟仿真技术在教育培训领域也逐步得到重视。将 VR 技术应用到安全教育,利用虚拟仿真进行安全教育,基于先进的 VR 技术模拟盾构机施工现场可能出现的事故场景,提供逼真的遇险场景、视频观看及安全考核等功能模块,使作业人员以事故当事人的身份及视角在虚拟环境中亲身体验安全事故的悲惨教训,同时掌握相应的安全防范知识及应急措施,从而提升安全意识,减少事故。

VR 系统(图 12-9)把盾构机施工工地的实景转换到虚拟场景中,如同观看大型 3D 电影一样,使用者戴上 VR 头盔或者 VR 眼镜后,仿佛整个工程形象真实地展示在眼前,在 VR 场景中体验到盾构机在掘进过程中突然出现闭塞喷涌、开挖面失稳、地面过大沉降、渗漏水、坍塌等安全事故,见图 12-10 和表 12-2,完美拉近未来与现在、死亡与生存的距离,巨大的刺激迫使施工现场无论是管理人员还是作业人员正视安全隐患,提升安全意识,预防安全事故。

图 12-9　盾构机模拟器及 VR 系统

TBM施工过程

隧道坍塌

隧道危险源

隧道危险气体逃生

高处坠落

违规操作配电箱

管片拼装

TBM施工现场培训

图 12-10　VR 安全教育场景

VR 沉浸式安全教育内容　　　　表 12-2

序号	名称	内容	图片
1	高处坠落	内支撑梁上安装防护栏杆时,不慎跌落	
2	物体打击	门式起重机上物体滑落	

续上表

序号	名称	内容	图片
3	库房着火	易燃物保存不当起火	
4	机械事故	大轴承密封受损、大齿圈损坏	
5	机械事故	刀盘、刀具磨损,造成盾构机无法掘进	
6	机械事故	盾尾刷被击穿,造成同步注浆漏浆、盾尾严重漏水	
7	机械事故	同步注浆管路堵塞	

续上表

序号	名称	内容	图片
8	盾构机被困系列事故	刀盘结泥饼	
9	盾构机被困系列事故	喷涌	
10	盾构机被困系列事故	盾构机盾壳被卡住	
11	地表常见事故	地表下沉	
12	地表常见事故	地表隆起	

续上表

序号	名称	内容	图片
13	地表常见事故	建筑物下沉	
14	其他常见事故	管片错台、破损、渗漏	

根据盾构机施工常见的安全事故,可进行如下情景的安全教育体验及安全培训:

(1)地面安全事故:高处坠落、物体打击、库房着火等。

(2)盾构机械事故:大轴承密封受损、大齿圈损坏,刀盘、刀具磨损(造成盾构机无法掘进),盾尾刷被击穿(造成同步注浆漏浆、盾尾漏水严重),同步注浆管路堵塞等。

(3)盾构机被困系列事故:盾构机选型失误,或者刀具配备不合适、刀盘结泥饼、喷涌、盾壳卡住等。

(4)地表常见事故:地表下沉、地表隆起、建筑物下沉、冒浆等。

(5)其他常见事故:盾构机掘进方向失控、盾构机翻转、管片错台、破损、渗漏、盾构机始发、盾构机到达等。

12.3 本章小结

随着科学技术的不断进步,盾构机工程智能安全系统将迈向新的发展阶段。

(1)大数据应用水平更高:随着大数据应用水平的提高,逐步实现脱离现场远程实时监控、实时操作、无人值守等高端应用,重点用于安全管理,对盾构机现场实施安全巡检、火情烟雾报警及危险物辨识自动化监测,启动标准化评价、项目监督、清单式管理信息化建设,实现项目监督管理、检查(随机抽查)记录、整改通知及回复、标准化评定等全过程记录,实现监管数据即时上传。

(2)智能化程度更高:目前用于决策的数据分析仍然以描述性分析为主,即发现问题并加以应对(如同传统的TBM决策过程),随着5G网络、机器学习、新型传感、大数据等技术在盾构机的深入应用,智能掘进、远程驾驶成为可能,操作人员无需进入设备,也不用忙于观察与操作,可以更多关注管片拼装、沉降等;系统具有更短响应时间、更客观的决策能力,同时避免作业人员由于疲劳或数据过多造成的操作失误与认知负荷,自主控制带来了更高的推进效率与精度,大幅度提高盾构机掘进的安全性。

第 13 章
盾构机智能物料运输系统

盾构机施工中通过物料运输系统对渣土、浆料、管片、人员等进行运输,物料运输系统可分为水平运输系统和垂直运输系统。本章所述运输系统均为水平运输系统,其主要是指由变频牵引机车(以下简称机车)牵引的多种设备组成编组,通过机车向盾构机掘进方向不断延伸的窄轨道驶入盾构机内部,按照调度指令,运入管片、浆料等,然后将盾构机挖掘出的渣土运送至竖井处,如此在始发井和盾构机的管片吊机之间往复作业(图 13-1)。

图 13-1 物料运输系统作业

物料运输系统一般包括机车、渣土车、砂浆车、管片车、人员车、平板车、混凝土罐车等设备,整套运输系统长度可达 50m 以上,牵引能力可达 250t 以上,牵引坡度可达 40‰ 以上。机车是整套系统的动力和控制中心。

物料运输系统载重大、作业环境复杂,且需频繁进出盾构机管片吊机等人员密集区域,其安全性尤为重要,普遍配备防溜器、撒砂系统、监视系统等安全防护装置,并具备防瞌睡、自动驻车、坡道缓降等基础安全防护功能,保障系统运行的安全性。当物料运输系统投入现场使用,除了自身的安全防护功能,安全性方面主要依靠人工调度和盾构司机的经验。传统的物料运输系统在信息化方面较欠缺,无法实时获取运行数据,只能依靠对讲机进行人工调度,系统运行情况和相关数据也只能事后获取,缺乏智能化基础。

近年来,随着大断面隧道增多,物料运输系统载重进一步增大,安全风险也相应增大,同时随着施工效率和综合管控的要求越来越高,对运输系统的智能化需求愈发迫切。综合利用物联网、机器学习、无线定位、云计算等技术,实现多种制式网络的互联和可靠传输,障碍物的识别和主动安全防护,隧道内外的精确定位,以及系统的远程云端管控,显著提升物料运输系统的自动化程度和安全性,具有明显的社会效益和现实意义。

物料运输系统所处的隧道施工环境复杂、工况恶劣,人工管控难度较大,要实现智能化则面临更大的挑战。目前国内外物料运输系统智能化程度普遍较低,部分企业和研究机构已开始进行信息化和智能控制相关技术研究,如远程数据传输、无线定位、远程遥控、主动避障、自动调度、云平台等,并在部分项目进行试验,但尚无产业化应用。

13.1 智能物料运输系统

13.1.1 多模传输与定位网络

可靠的网络覆盖是智能运输系统的重要基础,随着通信技术的发展,多模异构互联、传输与定位一体化成为网络技术发展的趋势,通过一套网络即可实现运输系统对外的可靠数据传输,以及在隧道内外区域的准确定位,为实现其他智能化功能奠定基础。

隧道内利用基站进行无线网络(Wi-Fi)覆盖,基于宽带和窄带传输、多链路融合通信等数据传输技术,通过有线、WiFi 和 4G/5G 蜂窝网络等方式,实现运输系统的物联接入,如图 13-2 所示。

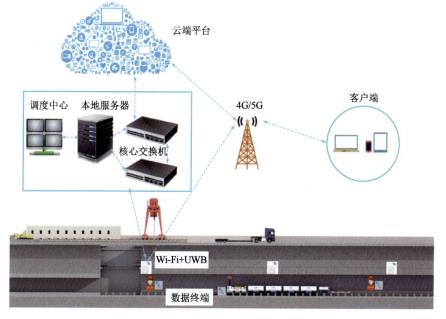

图 13-2 多模传输网络

基站按布置方式可分为移动基站和固定基站两种。移动基站随盾构机不断移动,实现盾构机施工区域的网络覆盖;固定基站从隧道口向隧道内延伸布置,基站可通过光纤或无线组网的方式相互连通,实现竖井及隧道内的网络覆盖。采用无线组网的方式时,相邻两个基站之间应保证一定信号重叠区域(图13-3),以满足通信质量的要求。

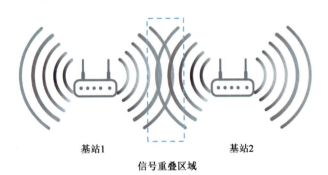

图 13-3　无线基站信号重叠

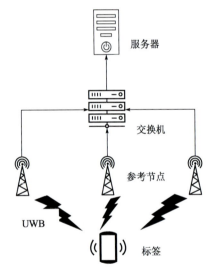

图 13-4　UWB 定位系统

利用北斗/全球定位系统(GPS)等成熟的全球卫星导航定位技术(Global Navigation Satellite System,GNSS),可以获取物料运输系统在隧道外区域的准确位置、速度等定位信息。物料运输系统工作期间主要在隧道内,环境复杂、干扰较大,GNSS 无法实现定位,可综合利用 Wi-Fi、超带宽(Ultra Wide Band,UWB)(图 13-4)、射频(Radio Frequency Identification,RFID)、惯性导航等定位技术,实现隧道内区域的准确定位。定位信息通过覆盖隧道内外的网络快速、可靠地传输,供调度中心、主动安全系统、云平台等使用。

运输系统上安装数据采集终端(以下简称数据终端),用于数据传输和定位导航。数据终端具备抗振、抗电磁干扰、防腐蚀等防护功能,并充分考虑冗余设计和鲁棒性,保证在恶劣工况下能可靠工作。

数据终端可支持 RS-485、RJ45、CANBUS、以太网、北斗等常用接口,以及 MODBUS、TCP/IP、CANopen 等常用通信协议,可与物料运输系统的控制系统进行交互,实时采集运行数据、视频信号、环境感知数据等数据,通过 WiFi 或 4G/5G 网络上传至本地和云平台的数据库,见图 13-5。同时数据终端可以接收来自调度中心和云平台的控制指令,实现智能调度、远程控制等功能。

数据终端配备足够的存储容量,并具备"断点续传"功能,一旦网络出现异常,可在数据终端内部存储一段时间内采集到的数据,待网络恢复正常后继续传输;同时数据终端也具备一定边缘计算能力,可以对实时性要求较高的数据(如环境感知和障碍物识别)进行本地处理分析,提高与云端协同的效率。

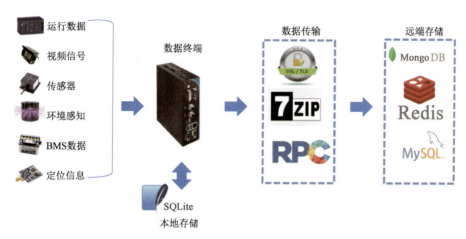

图 13-5 数据终端采集

13.1.2 主动安全系统

物料运输系统活动范围广、作业区域人员活动情况复杂,操作人员长时间、高强度工作,容易出现注意力不集中的情况,引发安全事故。为尽量降低安全风险,可以在已有物料运输系统上搭载一套主动安全系统,实现障碍物识别和主动避障等主动安全功能。

在物料运输系统的前后端布置激光雷达、摄像头及超声波雷达等传感器,采集三维激光点云、视频图像、超声波信号等环境数据,通过有线或无线网络传输至数据终端,数据终端利用图像识别、点云处理、数据融合等算法;对采集到的物料运输系统运行数据和各类环境数据进行处理、识别、融合、分析,实现对轨道、障碍物等环境信息感知(图 13-6),并快速构建现场安全模型;对物料运输系统作业路线上的障碍物进行识别,根据危险程度做出报警、减速、停车等主动避障动作,实现运输系统的安全运行。

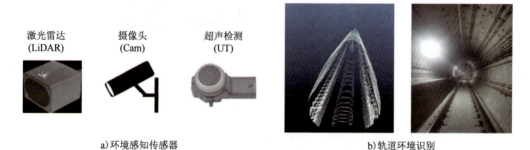

a) 环境感知传感器　　　　　　b) 轨道环境识别

图 13-6 环境信息感知

传输定位网络和主动安全系统,可以满足运输系统的数据获取和安全运行的需求,要进一步提升使用和管控的效率和效果,需要对运输系统进行全生命周期(制造、使用、维保、管理等)管理,可以通过引入云端平台来实现。基于运输系统的信息化,以及网络服务、云计算等基础资源,构建一套智能管理云平台,实时获取、处理、分析系统的运行情况,以管理云平台为核心,把各环节有效打通,形成完整的应用生态,实现全生命周期管理(图 13-7)。

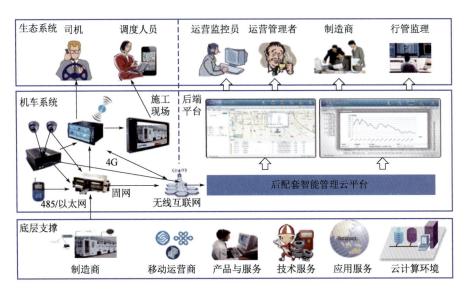

图 13-7　云平台应用生态

智能物料运输系统管理云平台可分为现场端数据采集系统、网络传输系统、项目部本地服务平台、云端服务平台四个层级（图 13-8），每一个层级为其上一个层级提供软硬件或数据基础。

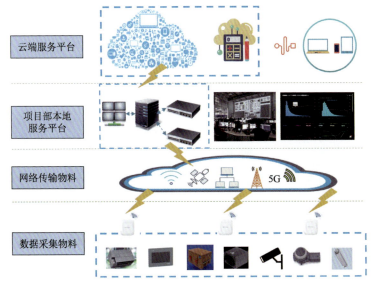

图 13-8　平台系统层级

通过开发标准化数据交互网络应用程序接口（Web Application Programming Interface，Web API）和协议格式，可以实现运输系统中不同设备的数据标准化采集和接入，同时可以兼顾不同开发平台和开发语言，通过标准化的数据采集接口（图 13-9），可以灵活、快速扩展接入新设备。

图 13-9　标准化数据采集接口

现场作业过程中,智能化物料运输系统通过数据终端实时采集运行、监控、环境感知等相关数据,通过有线网络、Wi-Fi、4G/5G 等途径上传至项目部本地服务平台;本地服务平台进行数据处理分析和展示,通过隧道内的通信及定位网络,实时采集并监控隧道内设备、人员及物资动态,并根据隧道施工动态,下发调度指令,实现运输系统的智能调度;云端平台对本地平台上传的数据利用大数据技术进行处理、分析、展示,同时实现各类客户端的数据互通。

除了现场作业过程中的数据采集、展示和调度,依托物料运输系统的标准化和 GNSS,智能物料运输系统管理云平台还可以实现在线点检、电子围栏、维保管理、远程诊断、远程控制、远程锁机等设备管控功能,使运输系统的调试、使用、维保等工作更加高效。

智能物料运输系统管理云平台,可以实现本地端、Web 端、移动端的互联互通、协同工作、智能融合,通过建立一张高效、健壮的管理网,有效降低管控的难度和成本,将物料运输系统的管理提升到更高层次。

13.2　智能泥浆输送系统

泥水盾构机依靠开挖仓泥浆的压力维持掌子面的水土压力,防止掌子面出现坍塌及拱顶岩土脱落。泥水盾构机通过泥浆泵往仓内输送泥浆,开挖渣土与输送的泥浆充分混合后,经排浆泵输送至分离站进行处理。

泥浆循环输送系统主要包括泥浆泵(包括进浆泵、排浆泵及冲刷泵)、电机、流量计(包括主进浆管流量计、主排浆管流量计及冲刷管流量计)、密度计(包括进浆泥浆密度计、排浆泥浆密度计)、压力传感器、温度传感器、泥浆球阀(包括气动泥浆球阀、液动泥浆球阀及手动泥浆球阀)、泥浆闸阀(包括气动泥浆闸阀、液动泥浆闸阀及手动泥浆闸阀)等部件。泥浆循环输送系统主要功能见图 13-10。泥浆泵及电机为泥浆输送提供动力,流量计监测泥浆管道的流量,密度计监测泥浆管道泥浆的密度,压力传感器监测泥浆管道泥浆的压力,温度传感器监测泥浆管道泥浆的温度,气动及液动泥浆球阀闸阀开闭控制管路的通断。

泥水盾构机泥浆输送分为掘进模式、逆冲洗模式、旁通模式、长时间停机保压模式、维修保压模式和管路延伸收浆模式等多种模式,见图 13-11 和图 13-12。泥浆输送时,仓内液位高低、压力大小与泥浆泵的转速、泥浆管路压力、管路的流量、进排泥浆的密度、泥浆球阀的开闭等可实现智能互联。

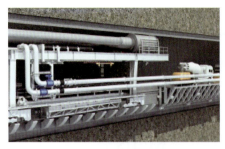

a) 零排放收浆系统　　　　　b) 刀盘冲刷　　　　　c) 刀盘背部冲刷

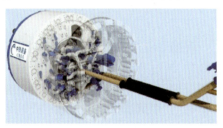

d) 底部直排排渣　　　　　e) 中盾泥浆输送　　　　　f) 连接处管道输送

图 13-10　泥浆循环输送系统主要功能

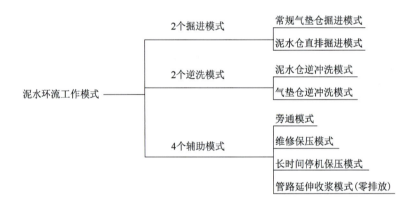

图 13-11　泥浆输送模式

仓内压力异常或者波动较大,智能控制中心会根据决策自动切断仓内进排浆。无论盾构机处于什么模式,智能控制中心将模式转换为旁通模式,确保仓内压力及波动情况不受进排浆的干扰,保障仓内压力趋于掌子面水土压力。

流量计主要监测管道内泥浆的流量,流量计与泥浆阀门的开闭息息相关。智能控制中心会根据管道与流量的匹配关系,决策动力阀门是否可以关闭,避免大流量泥浆关闭阀门引发水锤冲击,影响系统安全性。

液位高低不但关系到仓内压力的稳定,而且与施工段地表的沉降和隆起息息相关。智能控制中心对液位高低进行阶梯式监控。液位高低经智能控制中心判断,发出指令,控制泵的转速、泥浆阀门开闭及泥浆运行模式。

仓内液位触发高液位报警时,智能控制中心发出指令,降低进浆泵转速,减小主进管流量,同时增大排浆泵转速,增大主排管流量,在限定的时间内降低仓内液位。

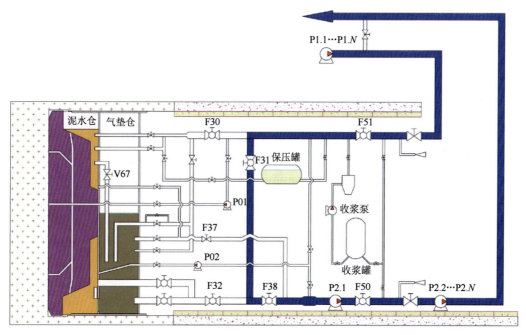

a) 旁通模式

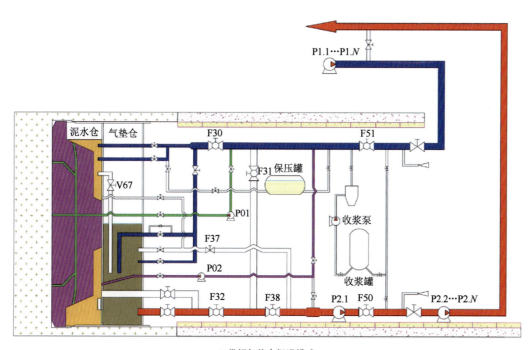

b) 常规气垫仓掘进模式

图 13-12

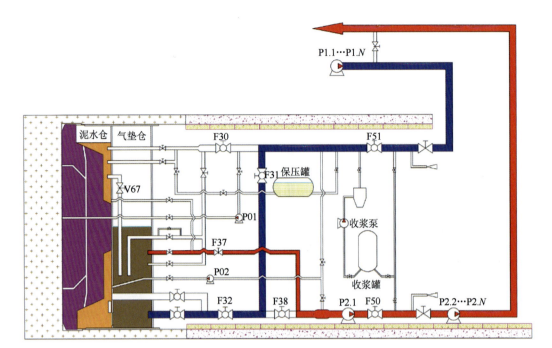

c) 气垫仓逆冲洗模式

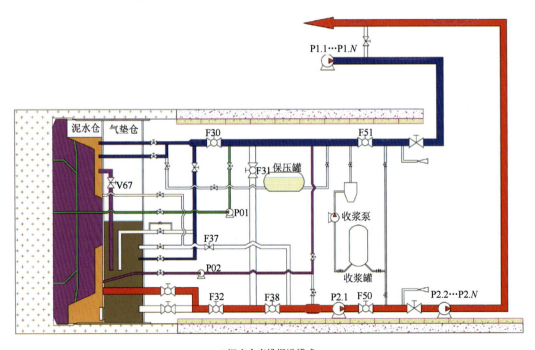

d) 泥水仓直排掘进模式

图 13-12

第 13 章
盾构机智能物料运输系统

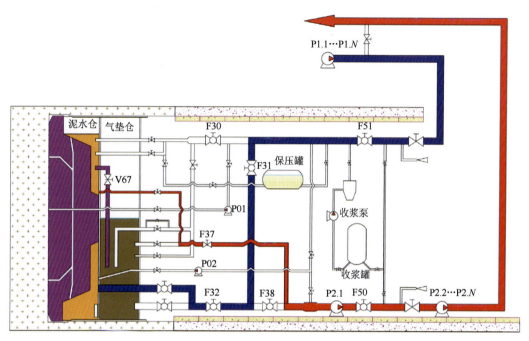

e) 泥水仓逆冲洗模式

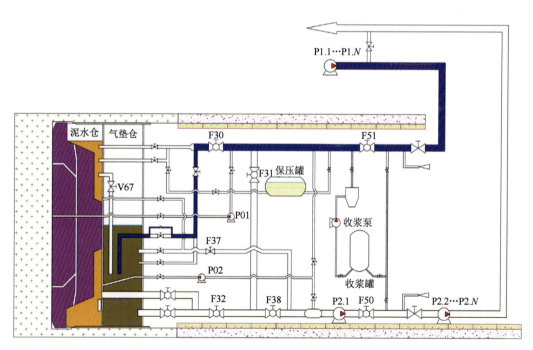

f) 长时间停机保压模式

图 13-12

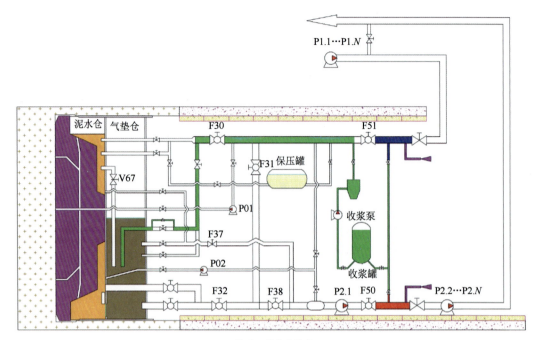

g) 管路延伸收浆模式

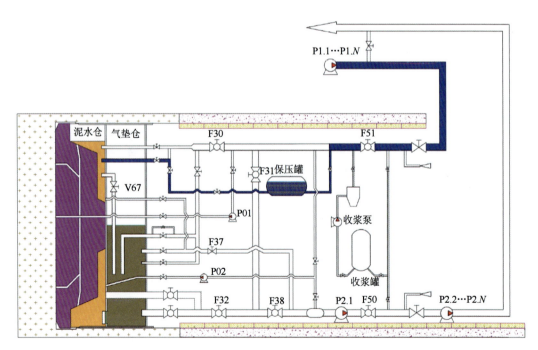

h) 维修保压模式

图 13-12 泥水输送模式图

仓内液位触发高液位极限时,智能控制中心发出指令逐渐降低进浆泵转速并停止进浆泵工作,减小主进管流量,同时提高排浆泵转速,增大主排管流量,在限定的时间内降低仓内液位。

仓内液位触发低液位报警时,智能控制中心发出指令提高进浆泵转速,增大主进管流量,同时降低排浆泵转速,减小主排管流量,在限定的时间内提升仓内液位。

仓内液位触发低液位极限时,智能控制中心发出指令提高进浆泵转速,增大主进管流量,同时逐渐降低排浆泵转速并停止排浆泵工作,减小主排管流量,在限定的时间内提升仓内液位。

13.3 带式输送机渣土运输系统

带式输送机是土压平衡盾构机渣土运输的重要组成部分,放置于连接桥内部以及拖车的上部。它将螺旋输送机排出的渣土运输到编组渣车里或隧道连续带式输送机上,进而将主机开挖出的渣土运输到隧道外部。

带式输送机主要部件包括尾部总成段、倾斜段、水平段、头部总成段、附件、皮带等,是以输送带作牵引和承载构件,通过承载物料的输送带的运动进行物料输送的连续输送设备。带式输送机主要组成部分如图 13-13 所示,输送带绕经传动滚筒和尾部改向滚筒形成无极环形带,上下输送带由托辊支撑以限制输送带的挠曲垂度,拉紧装置为输送带正常运行提供所需的张力。其工作时驱动装置驱动传动滚筒,通过传动滚筒和输送带之间的摩擦力驱动输送带运行,物料在输送带上和皮带一起运动。

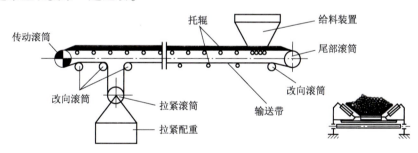

图 13-13　带式输送机主要组成部分

因盾构机出渣量大,带式输送机载重较大,作业频繁,一旦出现故障将直接导致盾构机停止掘进,直接影响施工效率;且带式输送机布置在人员作业区域,其安全性尤为重要,一旦发生安全事故,后果十分严重。因此带式输送机普遍配备拉伸开关等基本安全防护装置,保障作业安全。

随着大断面、长距离隧道增多,带式输送机传输速率及负载率逐步提高,其可靠性需求逐步提高,同时安全风险也相应增大,基本的安全防护功能已不能满足施工要求。由于近年来盾构机掘进向信息化、智能化发展,对带式输送机的故障诊断及出渣检测统计提出迫切需求,进一步提高盾构机出渣带式输送机的诊断及监测智能化和安全性,具有显著的社会效益和现实意义。

13.3.1 渣土监测控制系统

带式输送机出土量是施工过程中的重要控制指标。当实际出土量与理论计算出土量有偏差时,会导致地面沉降。仅依靠人工统计计算出土量,不但精度无法保证,而且缺乏实时性,不能及时控制盾构机掘进。为随时了解带式输送机出渣量,进而判断前方掘进是否超挖或欠挖,对带式输送机渣土进行高精度实时监测,并与掘进参数进行对比,经过自动智能分析,根据评估结果控制带式输送机运转参数或者掘进参数,保证盾构机精细化施工。

渣土监测控制系统主要由下列部分组成。

(1)称重监测系统

带式输送机称重监测系统(图 13-14)由重量传感器、速度传感器和积算器组成。重量传感器将检测到的称重皮带段上的有效重量转换为电信号;速度传感器以电子脉冲信号的形式输出检测到的皮带速度;积算器将单位重量和速度进行积分运算,输出流量和累计出渣量。

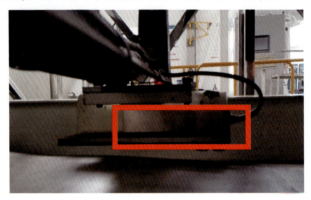

图 13-14 称重监测系统

(2)体积测量系统

其激光扫描原理如图 13-15 所示,利用激光飞行差计算激光发射点到物料表面测量点的距离,经过坐标转换和点云拟合后得到物料的轮廓,再结合输送带速度,从而计算出单位时间内物料的体积。

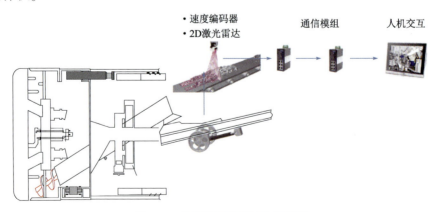

图 13-15 体积测量系统激光扫描原理

根据盾构机出渣工艺以及现场实际环境,选择正确合适的激光扫描仪是准确测量排土量的必要条件。考虑盾构机工作现场环境较为复杂,电磁干扰强烈,湿度较大、多灰尘,且点云数据采集装置安装高度有限,所选激光扫描仪如图13-16所示。

图13-16　激光扫描仪

盾构机施工中,渣土开挖后由之前的压实状态变为松散状态,渣土之间的间隙会变大,使得激光扫描仪测量的排土量会偏大,而电子皮带秤称重系统也会因器件本身原因和外界影响使得测量结果不稳定,基于多传感器融合技术设计的数据融合卡尔曼滤波器,将激光扫描仪与电子皮带秤测得排土量信息进行融合,提高了排土量测量精度。开发多传感器渣土体积测量系统,如图13-17所示。

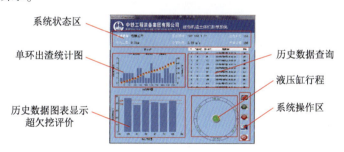

图13-17　渣土体积测量系统界面

(3) 金属检测系统

为及时有效感知地层中是否存在钢筋等铁器或及时发现盾构机刀盘上刀具、螺栓是否有掉落情况,可配置渣土金属检测和捡出系统。其能够及时发现和判断掌子面和刀盘磨损状况,也可及时避免铁器对皮带的损伤。金属探测及捡出系统原理如图13-18所示,在带式输送机前部合适位置安装金属探测仪,当检测到有金属物质时,系统控制启动电磁除铁器将铁器吸附取出。

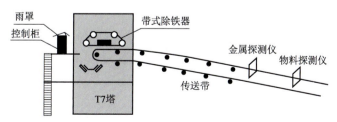

图13-18　金属探测及捡出系统原理
注:物料探测仪预计安装位置,距金属探测仪5~10m。

13.3.2 基于云计算的带式输送机控制系统

基于云计算的带式输送机的状态检测数据处理系统主要由带式输送机数据采集端、中心服务器、云数据中心及监测调度中心构成。

(1)带式输送机可能出现的异常有带式输送机胶带跑偏、带式输送机撒料、异常噪声、减速机断轴等,在带式输送机加装相关传感器对其实时数据采集。

(2)在中心服务器安装云数据中心提供给客户端软件,井下带式输送机数据采集端将实时数据发给中心服务器,中心服务器负责接收并实时地发送数据给云数据中心。

(3)云数据中心将实时监测到的数据存入云端数据库,运用其强大的运算能力,通过数据挖掘,在历史监测的数据中找寻到与当前实时监测数据相匹配的数据模型。

(4)监测专家调度中心是集实时参数监测、线下数据状态诊断、状态评估给出风险评估及检修的策略与设备维护建议的调度中心。

智能带式输送机监测及控制系统界面如图 13-19 所示。

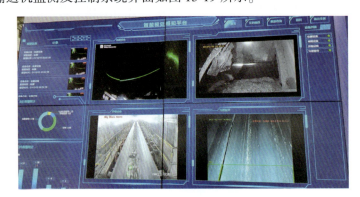

图 13-19　智能带式输送机监测及控制系统界面

13.3.3 故障诊断系统

带式输送机运输系统规模不断扩大,故障诊断系统之间的耦合程度也不断提高,且各故障之间相关性也进一步提高,故此时通过单传感器采集到的单方面信息判断得到的故障原因往往是不可靠的。信息融合技术,通过多传感器实时采集同一时间、空间上的不同层次类型的信息,并通过一定规则进行融合,从而使得诊断结果充分考虑到任何一个可能引起故障的信息,有效规避了由于采集信息的不完备造成的诊断结果不准确,从而提高了故障诊断系统的可靠性。

通过安装在各带式输送机上的传感器对带式输送机各检测点运行参数进行采集,并将采集到的信息数据经过一系列的信号分析处理后发送给各监控分站,各监控分站对采集到的信息进行提取分析,以改进后融合算法得到诊断结果,并通过嵌入式组态软件系统(MCGS)触摸屏将带式输送机的各种参数直接在触摸屏上显示出来,最后通过工业以太网发送给地面监控主机,从而达到在线监测和远程监控的目的。

基于 D-S 证据理论的带式输送机故障智能诊断系统架构如图 13-20 所示。其主要由三部分组成,分别是传感器数据预处理系统、局部故障决策系统和证据理论融合系统。该系统开始进行诊断工作时,首先通过监控系统向 PLC 发送数据采集的指令,PLC 开始存储传感器采集到的信号,并对信号的数据进行滤波、去噪、模数转换等一系列预处理,得到征兆明显的特征信号,之后利用局部决策系统对提取到的特征信号进行局部故障决策,最后将各局部故障决策结果输入到证据理论融合系统加以并行数据融合,从而得到最终故障诊断结果。

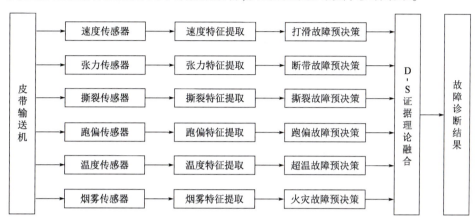

图 13-20 带式输送机故障智能诊断系统架构

带式输送机安全保护系统包含带式输送机跑偏、温度、烟雾、打滑、撕裂、堆渣、警灯提示传感器和超温洒水等多种保护装置,其故障检测界面如图 13-21 所示。

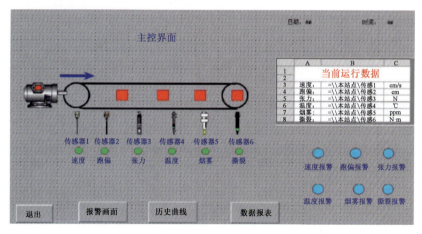

图 13-21 带式输送机故障检测界面

(1)输送机驱动滚筒防滑检测

直接测量输送机滚筒转速和胶带速度,利用滚筒线速度与胶带速度差作为打滑判断条件。滑差率≥8%报警,持续时间≥20s 紧急停车;滑差率≥12%并持续时间≥5s,紧急停车;带速≥105%额定带速,报警并紧急停车。

(2)跑偏检测

通过带式输送机架上每间隔一段距离安装的一对跑偏传感器,对带式输送机运行过程中的胶带跑偏故障进行检测与保护,当跑偏角度达到设定的角度时,应立即停车。

(3) 堆渣检测

对于搭接胶带,一般将堆渣传感器吊挂在胶带卸载点上方,监测卸载点是否有堵渣现象。当堵渣时,随着堵渣量的增多,使堆渣传感器倾斜而产生动作,使带式输送机紧急停车。

(4) 料流检测

料流传感器采用激光发生器反射原理进行料流检测。激光发生器发出的光经过柱面透镜后汇聚成宽度很窄的光带,称为结构光。该光平面以一定角度入射在胶带上,在胶带上产生反射和散射,利用感光耦合组件(CCD)与激光照明系统之间的相互关系,建立数字凸显与投影截面之间的数学模型,然后求出该投影截面面积,结合胶带运动速度和时间的积分,进而求得胶带上渣土的分布情况和整体堆料体积。

(5) 胶带撕裂检测

胶带撕裂故障是带式输送机的严重故障。胶带撕裂故障严重影响生产,带式输送机的胶带撕裂一般发生在出渣点。检测方法是在胶带内每隔 50m 埋设一个纵撕线圈传感器,在输送机支架两侧安装发射器(TX)和接收器(RX)对输送机纵撕情况进行检测。在输送机运行过程中纵撕线圈将接收发射器(TX)的信号,并向接收器(RX)发出信号。当出现纵向撕裂时,埋设的纵撕线圈传感器被损坏,接收器(RX)收到的信号中断,由纵撕检测设备向输送机控制系统发出保护的动作请求,系统控制器报警,严重时急停动作,保证系统的安全可靠运行。

(6) 钢丝绳芯输送带接头抽动、位移、断芯检测

弱磁检测装置由释磁元件和磁衡元件组成。检测装置使用水平+垂直响应的传感器模块化组合成阵列,水平传感器可以实时感应金属分布的程度,因此通过水平传感器的输出幅值实现对钢丝绳芯断绳(包括接头)、锈蚀、疲劳等信号很高的量化检测精度;垂直传感器则对金属分布的运动特征(诱导分量)更加灵敏,如接头、断绳等波形斜率陡峭,使定位检测更加可靠。通过两种传感器的有机结合,充分保证了检测的定位和定量检测性能。

(7) 带式输送机温度检测

引发带式输送机火灾的主要原因通常有 3 种:主从滚筒打滑,托辊卡死温度过高,外界火源。

主从滚筒打滑一般在主驱动滚筒边安装红外温度传感器,通过温度传感器对带式输送机的滚筒因摩擦引起的温度进行检测,并提供温度超限报警。

(8) 烟雾传感器烟雾监测

烟雾传感器安装于驱动滚筒上方,对带式输送机因摩擦发热或其他原因而产生的烟雾进行监测,并提供信号控制带式输送机紧急停车。

(9) 预警保护

带式输送机系统启动时,首先发出预警信号并维持 15s 后,通知长距离多段式的带式输送机系统的各条胶带。为避免带式输送机系统所有胶带发生堵渣故障,启动时要求以逆渣土流方向按一定时间间隔依次启动,停机时以顺渣土流方向按一定时间间隔依次停止。

(10) 急停闭锁

带式输送机沿线每间隔 100m 安装一台急停闭锁开关,在紧急时,可利用急停闭锁开关实现紧急停机并闭锁,停车后由工作人员解除闭锁才能再次启动。

(11) 托辊检测

托辊故障检测装置如图 13-22 所示,采用噪声传感器对带式输送机托辊激发的异常波进

行检测。在对异常波进行接收时先通过信号放大器对接收到的信号进行增益,然后将数据传输至数据采集仪,依据经验模态分解(EMD)、快速傅里叶变换(FFT)等技术方法对接收到的噪声波异常情况进行分离分析,综合判断托辊特征,以便进一步对检测的托辊运转状态及故障进行诊断;通过采用巡检装置非接触式声发射装置来解决传统接触式检测方式中存在检测信号异常,造成检测结果不精准问题。

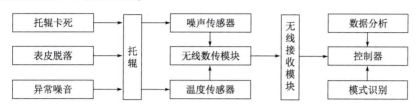

图 13-22　托辊故障检测装置工作原理

本章参考文献

[1] 张小艳.城市轨道交通智能化运维探析[J].智能城市,2022,8(1):17-19.
[2] 田光兴,蔡志伟,孙昊雯,等.铁路机车自动驾驶技术发展及展望[J].铁道机车与动车,2021(6):26-28,43.
[3] 林科,韩啸宇,黄廷磊.煤矿机车智能调度系统研究[J].煤炭技术,2014,33(5):189-191.
[4] 谢利,洪晟,谢经广,等.机车远程监测与故障诊断应用研究[J].信息技术与网络安全,2022,41(4):39-44,51.
[5] 王海涛,宋丽华,陈晖,等.异构网络融合及实现技术方案探讨[J].数据通信,2014(2):4-7,10.
[6] 张莎,李腾飞.无线自组网技术研究综述[J].数字通信世界,2020(7):1-4.
[7] 皇甫磊磊,王海英,赵晓晓.基于UWB技术的隧道人员定位系统及精度研究[J].信息与电脑(理论版),2019(3):111-113.
[8] 陈沛宇,袁勤政,戴鹏飞,等.多技术融合的室内无线定位方法发展综述[J].导航定位学报,2022,10(3):9-13.
[9] 王慧强,高凯旋,吕宏武.高精度室内定位研究评述及未来演进展望[J].通信学报,2021,42(7):198-210.
[10] 于骞翔,张元生.井下电机车轨道障碍物图像处理方法的智能识别技术[J].金属矿山,2021(8):150-157.
[11] 周家乐,刘奕灿,朱京凯,等.基于工业物联网的智能工程机械管控平台的设计[J].电子测试,2021(7):34-38.

第 14 章
盾构机智能检测系统

盾构机施工过程中各个子系统协同工作,盾构机零部件数量庞大,各部件间具有较强的关联性,使得任何一个零件出现故障都将会影响盾构机的正常施工。因此,对设备各系统的智能检测进行研究尤为必要。设备的运行参数、关键部件服役状态参数、设备耗材耗能统计等各项参数的变化反映了设备现状与服役趋势。掘进机的智能检测系统采用"传感检测 + 状态感知"的研究方法,将理论分析、数值仿真、现场实测与工程应用相结合,实现复杂工况下盾构机关键部件状态感知等难点的突破,为掘进机提供全方位的状态感知、安全预警、辅助决策,提高隧道掘进机的施工智能化水平。

14.1 刀盘刀具智能检测技术

在盾构施工过程中,由于刀盘运行工况复杂,刀具消耗严重,需多次人工带压进仓检修刀具,人工开仓作业因开挖面未支护存在一定的安全隐患。为降低人员带压进仓检修过程中的安全风险,及时避免刀具更换不及时造成的经济损失,同时科学准确地指导司机在复杂地质下的掘进操作,亟须自主创新研制稳定、可靠、准确的刀具智能诊断系统。由于受切削条件多样性和切削过程环境复杂性的影响,多种刀具检测方法很难应用于实际生产,刀具智能诊断系统研制过程中存在"检测难、传输难、诊断难"三大难题。为突破上述难题,课题组通过传感器的机理研究、模拟工况的检测和通信试验、数据挖掘及融合算法开发等工作,在刀具工作状态参数的检测、开挖仓内数据无线通信、多参数融合刀具状态智能诊断等关键技术领域取得了重大突破,解决了三大难题,实现了刀具智能诊断系统的产业化生产。

14.1.1 刀具关键参数在线检测技术

1)滚刀关键参数检测机理研究

鉴于滚刀处于强冲击振动、高压富水、渣土淤泥的工作环境中,接触式的检测方法无法满足工作要求,通过建立非接触式磨损传感器(电涡流、超声波)的模拟试验,设计采用电涡流传感器直接测量滚刀刀刃磨损量,数据更加准确可靠(图14-1);针对滚刀出现异常磨损或卡死的状况,创新性地提出采用磁传感器测量转速,深入开展滚刀刀圈中预埋的钕铁硼磁场强度、传感器嵌入深度、测量距离研究(图14-2);设计微控制器处理复杂磁场环境下,开关磁场元件利用周期法测量计算滚刀转速,实现对刀具转速的准确测量。

空气中

水中

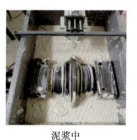
泥浆中

渣土中

a)复杂实际工况下传感器试验

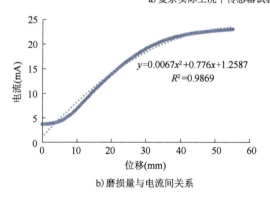

b)磨损量与电流间关系

c)温漂校正

图14-1 滚刀磨损传感器的机理、试验研究

a)磁传感器设计方案

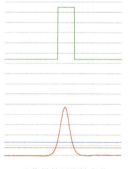

b)信号的周期性变化

图 14-2

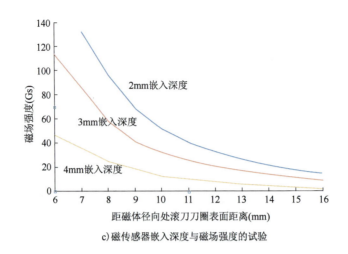

c）磁传感器嵌入深度与磁场强度的试验

图14-2 滚刀转速传感器的机理、试验研究

2）提出嵌入式刮刀磨损传感器的设计

刮刀作为刀盘刀具主要组成部分，直接承受掘进工作面的载荷，在切削地层过程中属于异常磨损部件，为了避免刮刀严重磨损影响掘进效率，提出采用嵌入式电阻磨损传感器（图14-3），通过芯片外部封胶防护，实现传感器和被测刮刀一起磨损，传感器的磨损值即为被测刮刀的磨损量，传感器输出信号经采集模块的数据处理将磨损量传输至上位机，直观指导盾构机司机及时更换异常磨损刀具。

图14-3 嵌入式电阻磨损部件

3）设计一种高承压、强冲击工况下的传感防护检测装置

针对高压冲击、磨损、潮湿、腐蚀和高温等不利因素的工况特点，创造性地提出一种无需对刀盘进行改动的一体式滚刀状态检测方案，同时对检测装置内的传感器、电缆、连接器等部件均进行了特殊设计，达到了安装简单可靠、拆卸方便的目的（图14-4）；满足传感器防护的基础上，对多种非金属防护材料进行了试验选型（图14-5、表14-1），保证了传感器信号的良好传输，实现了适用于土压/泥水平衡盾构机、常压刀盘泥水盾构机的刀具检测。

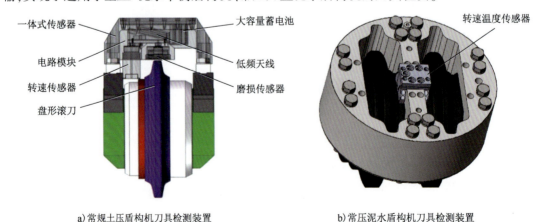

a）常规土压盾构机刀具检测装置　　b）常压泥水盾构机刀具检测装置

图14-4 一体式滚刀状态检测装置设计

a)耐磨防护材料的试验　　　　　　　　b)非金属防护材料的选型

图 14-5　复杂工况下防护材料的试验选型

不同防护材料的试验结果　　　　　　　　表 14-1

材料	滚刀转速(r/min)	持续时长(h)	磨损程度(mm)
抽砂管	28.8	3	1.08
润滑棒	28.8	3	1.8
聚醚醚酮(PEEK)	28.8	3	0.3
聚甲醛(POM)	28.8	3	1.2
聚醚醚酮(PEEK)	28.8	12	1.2
聚甲醛(POM)	28.8	12	1.84

14.1.2　刀具参数实时传输技术

无线通信传输背景:基于复杂工况下无线通信方式的选择,需满足传输信号不被隧道掘进机刀头位置大量的钢铁所屏蔽,同时需要解决在渣土或泥浆介质下的传输问题;另一方面针对信号传输过程中背景噪声进行过滤处理。

基于基本的无线通信理论,为克服电磁波信号在土仓、泥水仓中的极大衰减问题,采用 LF 频段(30k~300kHz)通信,解决传统高频无线通信失效的问题。已知电磁波在导电介质中传播时的衰减常数为:

$$\beta = \omega\sqrt{\frac{\mu\varepsilon}{2}\left[\sqrt{1+\left(\frac{\sigma}{\omega\varepsilon}\right)^2}-1\right]^{\frac{1}{2}}} \tag{14-1}$$

式中:ω——电磁波的圆频率;

μ——介质磁导率;

ε——介质介电常数;

σ——介质电导率。

在距离 $1/\beta$ 处,电磁波的振幅衰减为之前的 $1/e$。距离 $1/\beta$ 常被用来度量电磁波透入导体的深度,该深度称为穿透深度或趋肤深度,用 δ 表示:

$$\delta = \frac{1}{\beta} = \frac{1}{\omega \sqrt{\dfrac{\mu\varepsilon}{2}\left[\sqrt{1+\left(\dfrac{\sigma}{\omega\varepsilon}\right)^2}-1\right]^{\frac{1}{2}}}} \tag{14-2}$$

分别取电导率为 10S/m 和 0.01S/m,相对磁导率和介电常数为 1,计算趋肤深度如图 14-6 所示。

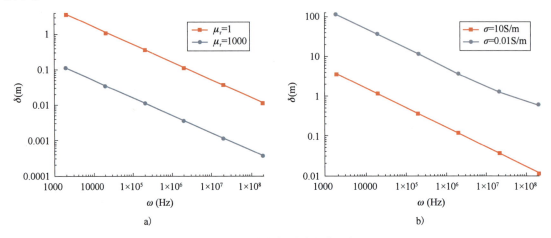

图 14-6 电磁波趋肤深度与频率的关系

可以看出:

(1)趋肤深度与频率成反比,20kHz 电磁波的趋肤深度大约是 200MHz 电磁波的 100 倍,频率越低穿透能力越强。

(2)趋肤深度与电导率成反比,即电导率越高,电磁波在介质中的穿透能力越小。

当电磁波传输介质不变时,电导率与磁导率均不变,此时影响趋肤深度的因素为电磁波发射频率,同时趋肤深度决定了电磁波的穿透特性(传播距离)。同时,频率越低,也会带来功耗的增大、天线体积的增大等,所以在土仓和泥水环境下,应该选择低频(LF)或者甚低频(VLF)频段电磁波通信。

针对无线传输信号在复杂工况下易屏蔽(大量钢铁)、衰减幅度大(渣土或泥浆介质下)、振动噪声影响大等难点,深入分析无线传输频率、发射功率、传输速率等关键因素,通过强衰减下无线通信传输理论研究,为验证在关键通信参数下无线传输的实时性和可靠性,做了多种模拟真实工况无线通信的测试试验(图 14-7)。

a) 0°测试高低频通信

b) 土壤介质通信测试

c) 泥水介质通信测试

图 14-7 模拟真实工况的通信测试试验

基于上述强衰减环境下及通信关键参数的研究验证,形成无线通信传输方案(图14-8):系统配置 N 个检测节点(N 视要求检测滚刀数量而定),节点内置无线发射功能,配置一台路由接收机,每个节点的频率和地址码都不相同,与节点的通信采用分时复用的方式。路由接收机安装在土仓隔板上,用于接收节点传递过来的各个传感器信号,并将这些数据通过 RS485 总线传递给监控显示中心进行处理。

通过无线通信传输方案的设计和工业性验证,实现相应通信技术及设计。①双频通信技术:实现不同掘进机施工环境下的无线通信,针对常压刀盘和 TBM 采用高频模式通信,低频模式适用于土压/泥水平衡盾构机。②中继网络和可配置路由设计:采用中继网络,可以方便地实现任意数量(目前最大支持 255 个终端节点)终端节点接入网络,组网方便;采用可配置路由,实现通信路径的自动配置,

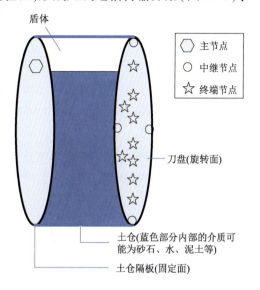

图14-8 多节点的无线组网通信技术

适应通信环境变化。通过上述设计,突破了不同介质传输难、通信路径配置难、振动噪声处理难等一系列难题,实现不同掘进机刀盘环境下的数据无线通信传输。

14.1.3 刀具智能诊断算法

在复杂地层中刀具参数检测数据呈现波动明显、多参数冗余的特点,存在刀具状态判断困难、判断准确率较低的问题,如何通过刀具的多维度、多参数信息综合判断刀具磨损程度及损坏类型是数据分析的难点。针对上述难题,通过刀具多参数的综合分析、大数据的深度学习及模型策略的研究,构建刀具状态综合分析诊断模型,实现多特征参量协同判断刀具状态的功能,辅助盾构机司机准确判断刀具当前状态。

通过采集刀具传动过程中的信号,提出经验模态分解法(EMD)和卷积神经网络模型(CNN)故障诊断模型判断刀具磨损程度。首先利用小波包工具去除高频噪声信号;其次利用 EMD 分解得到若干个固有模态函数和一个残差,计算各个固有模态函数和 EMD 分解前信号的相关系数,合并相关系数大的固有模态函数得到新信号;将计算出新信号的绝对均值作为时域特征参数;选取若干组试验数据作为卷积神经网络训练集,建立判断刀具磨损程度大小的故障诊断模型,为判断刀具实时加工工件的磨损程度提供新的途径。

刀具的有效磨损信息主要集中在低频信号上,但是由于传感器采集信号时经常受到噪声干扰,其有用部分经常被噪声淹没,严重影响对信号的特征提取。因此,为了削弱噪声对信号的影响,从大量数据中提取出特征信息,必须对采集到的原始信号 S1 进行去噪和分解处理。

1)小波去噪

监控系统对信号噪声的处理采用的是小波阈值去噪法,主要流程如图14-9所示。首先选择母小波函数将信号进行多尺度小波分解;然后在各尺度下提取信号的小波系数而去除噪声

的小波系数;最后用逆小波变换重构信号,从而达到去噪目的。

图 14-9 小波去噪的流程

在阈值处理过程中,对于高于小波系数的阈值进行软阈值处理,处理后的信号尽可能平滑。同时对于小波阈值的量化采用了固定阈值法,固定阈值计算公式为:

$$\lambda = \sigma\sqrt{2\ln N} \tag{14-3}$$

其中,噪声信号的方差选用小波分解后最后一级小波系数绝对值的中位数。

将原始信号 S1 经小波包工具去噪后,得到新的信号 S2。

2)信号分解

刀具信息采集过程中,可能会遇到诸如瞬变、幅度调制或频率调制等非平稳信号,提取和分析这些时变信息对刀具故障预测与健康管理意义重大。对于非线性、非平稳信号而言,提取其时域特征往往无法得到满意的结果,故需要进一步提取频域特征。为了能得到信号的频率随时间变化的规律,自动监控系统采用经验模态分解法(EMD)对非线性、非平稳信号进行分析处理。EMD 作为一种新型自适应信号时频局部化分析处理方法,具有自适应强、瞬时频率描述直观,描述精确等优点,能够将性能不好的一系列信号分解为一组性能较好的本征模函数,以便于后续进行信号的特征处理,图 14-10 所示为 EMD 算法流程图。

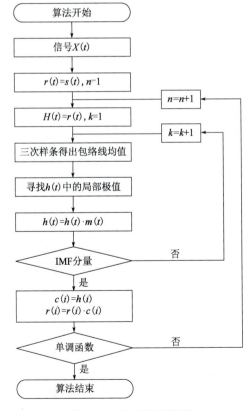

图 14-10 EMD 算法流程图

对采集的刀具信号进行处理技术提取特征后,为了能够对信息数据分析并自动学习其中规律,对以后工况下的刀具状态进行自动监控预测及分类,识别系统采用了深度学习方法对已有的历史数据进行学习训练。基于时频图像分类特殊性,识别系统采用的是卷积神经网络模型(CNN),由于其网络架构的特殊性,可以更少的参数从图像中提取特征,大大降低了模型的复杂度。系统的框架为谷歌公司开发的 TensorFlow 深度学习框架,在编程语言方面使用了较为灵活的 Python 语言,通过卷积神经网络一系列运算后在输出层构建分类器,输出刀具状态信息,图 14-11 所示为 CNN 框架结构。

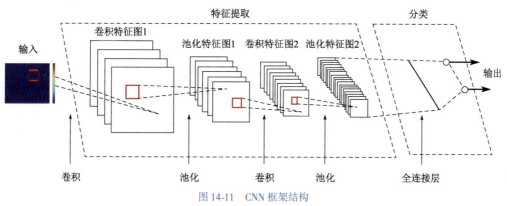

图 14-11　CNN 框架结构

CNN 的训练过程包括两个阶段:正向传播与反向传播。其中,正向传播是将样本图片输入至 CNN 中得到网络的输出,即图像的类别概率分布。反向传播过程中首先计算 CNN 输出与理想输出之间的误差,然后将得到的误差反向传播从而得到各层的误差,最后采用梯度下降法调整网络参数。

计算信号 S3 时域上的绝对均值作为刀具磨损的故障特征,对不同的故障特征,标记标签,其作为卷积神经网络(CNN)的输入端的特征向量,利用 CNN 模型进行预测识别。智能监控诊断流程如图 14-12 所示。

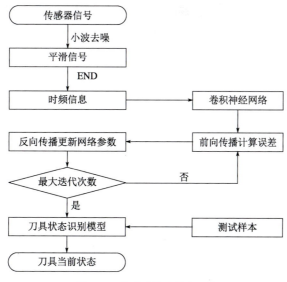

图 14-12　智能监控诊断流程图

刀具智能诊断算法根据采集到的刀具关键数据,采用小波去噪和经验模态分解法(EMD)对参数信号进行预处理,通过建立卷积神经网络模型(CNN)判断识别刀具状态,实现多特征参量协同判断刀具状态的功能,解决复杂工况下实时监控的数据波动幅度大、数据冗余和刀具分析判断难的问题,实现刀具状态的智能诊断(图14-13)。

a)刀具诊断结果(偏磨)　　　　　　b)拆刀结果(偏磨)

图14-13　盾构机刀具诊断结果

14.2　沉降预警技术

盾构机施工地质条件较为复杂时,为保障盾构机顺利掘进及地表建(构)筑物的安全,施工过程需精细化管理:一方面,通过控制土仓内的泥土压力与开挖面水土压力间平衡,控制盾构机掘进土量与出渣量,稳定开挖面;另一方面,盾构机拼装管片在脱离盾尾后,管片与围岩之间形成一个环形间隙,为固定管片,需进行管片背后注浆,管片背后注浆存在空洞等异常时,需及时检测空洞位置,施工人员根据检测预警进行二次补浆操作,避免地表沉降,降低施工风险。

通过控制盾构机掘进土量与出渣量,实时调控土仓压力测量值,使土仓压力的测量值等于设定压力值,保持压力平衡,进而实现开挖面的稳定。因土仓内压力值与仓内土体状态相关,通过仓内可视化装置,观察是否结泥饼,通过预防结泥饼,防止仓内压力过高,稳定土仓压力。

盾构机隧道开挖后,在土体变形的初期阶段采用盾构机壳体或管片及管片背后的注浆体来支承围岩,通过及时检测管片与围岩间的空洞位置,施工人员根据检测预警进行二次补浆操作,可大大减少地层土体的变形,降低沉降超标风险。

14.2.1　仓内可视化装置

土仓压力是指盾构推进时,前端刀盘旋转切削下来的土体进入土仓,形成的被动土压力与掘削面上的土压、水压保持基本平衡建立的压力。影响土仓压力平衡的因素有两个方面:一是开挖的渣土量与排出的渣土量不平衡,引发超挖或欠挖;二是土仓内结泥饼引起的土仓压力不稳定。

盾构机在富水地层掘进,土仓内存在结泥饼情况时,容易诱发喷涌现象,导致土仓压力波动,引起地表沉降。土仓可视化装置可视频监控土仓内的工作状况(包括刀盘刀具状态、开挖地层的图像信息和渣土的流动特性),在土仓内泥饼尚未压固前给出预警,施工人员提前干预处理,稳定平衡土仓内压力。

1)可视化系统硬件组成及连接

仓内可视化系统主要由上位机、前端设备、PLC、水气阀及管路等组成,其中前端设备主要由控制单元、摄像机、补光灯、冷却装置和壳体等组成。可视化原理如图14-14所示。

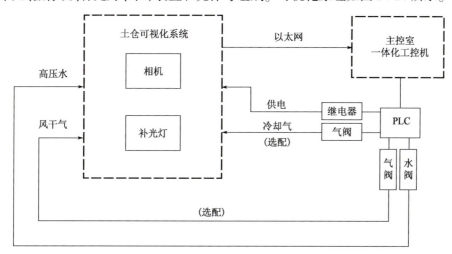

图14-14　可视化原理图

系统配置有自动冲洗功能,定时清洗摄像头视窗,以保证监控的清晰度。视频监控设置在主控室内,盾构机司机可实时对仓内情况进行观测。

2)常规土压盾构机土仓可视化

常规土压盾构机土仓可视化装置一般安装于顶部锥板(图14-15),可对土仓内渣土流动特性、刀盘背面结泥饼情况进行实时监控。

a)实际安装位置

b)土仓内可视化

图14-15　常规土压盾构机土仓内可视化

3)常规泥水盾构机土仓可视化

常规泥水盾构机土仓可视化装置一般安装于气垫仓前隔板上,并在背部设置安装箱(图14-16),便于可视化系统的维保。

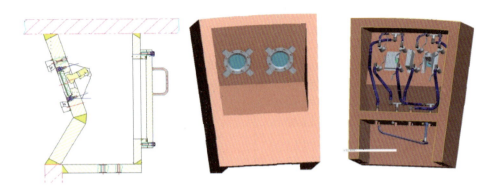

图 14-16　常规泥水盾构机土仓可视化装置

4) 视角摆动式土仓可视化

视角摆动式土仓可视化装置可安装于盾构机隔板上(图 14-17),其视角可上下摆动,实现大范围内刀具状态的观测。

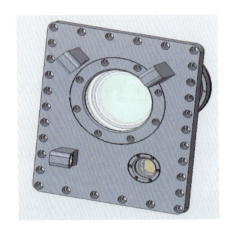
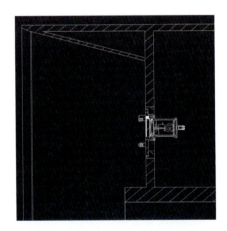

图 14-17　视角摆动式土仓可视化装置

5) 伸缩可视化

该系统通过伸缩机构和 360°摄像头,可实现对土仓/泥水仓、刀盘后面板、刀盘前面板、刀具、掌子面的全方位观测(图 14-18)。

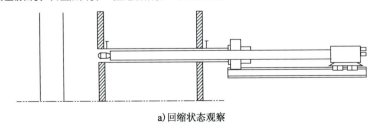

a) 回缩状态观察

图　14-18

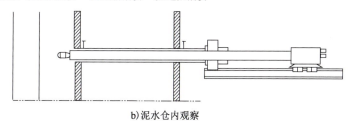

b) 泥水仓内观察

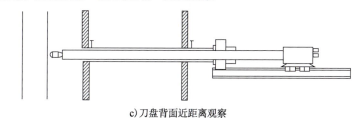

c) 刀盘背面近距离观察

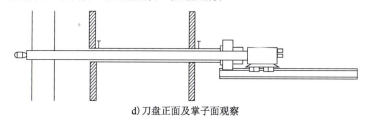

d) 刀盘正面及掌子面观察

图 14-18　伸缩可视化装置应用示意图

14.2.2　出渣实时测量系统

盾构机施工过程中,控制土仓内的泥土压力与开挖面水土压力之间的平衡是盾构机平稳推进的决定因素。为控制地层变形,避免超挖造成地层沉降,更需要掌握盾构机掘进挖土量与出渣量之间的平衡,发出险情预警,及时排查处理,把风险损失降到最低,因此,准确、及时的出渣控制是盾构机精细化施工的重要依据。

盾构机通过螺旋输送机排出的渣土量大于盾构机开挖进土仓的渣土量时,即发生盾构机超排。盾构机超排易造成地层扰动,严重时甚至引发地表塌陷等工程事故。因此,基于出渣量的实时监测,计算渣土超排量,通过调控螺旋输送机排渣速度控制超排,平衡土仓压力与开挖面水土压力。

调节过程:在土仓平衡盾构机土仓隔板上安装土压力传感器,土仓压力值由土压传感器测得并输送给可编程逻辑控制器(PLC),PLC将测得的土压力值与设定的土仓压力值相比较后,输出电信号调控液压控制系统中的比例流量阀,以此改变螺旋输送机转速或液压缸的伸出速度,使土仓压力的测定值与设定土仓压力相等。

1) 系统硬件结构

出渣实时测量系统具有灵活性、实用性与可靠性等优点,由软、硬件两大部分组成。硬件包括激光雷达、编码器、计算机,软件实现渣土截面实时显示及出渣量计算。系统总体结构设计如图 14-19 所示。

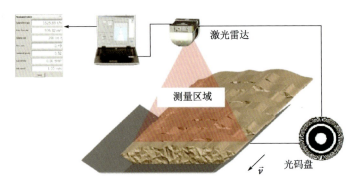

图 14-19　总体结构设计

(1) 编码器

编码器(图 14-20、表 14-2):出渣实时测量系统使用的是 Sick 公司生产的增量式编码器,信号的输出格式为 HTL。为了测量出渣量,将编码器与激光雷达相连接,获取传送带的速度信号;在安装编码器的同时,确保传送带运行时编码器不打滑。

图 14-20　编码器

编码器参数　　　　　　　　　　　　　　　　　　　表 14-2

每转的脉冲	1000
测量步距	≤90°电/每圈脉冲数
测量步距偏差	±18°/每转的脉冲
误差限值	测量脉冲宽度偏差 ×3
占空比	≤0.5 ±5%

(2) 激光雷达

出渣实时测量系统使用的扫描仪为德国 SICK 公司生产的室外型激光扫描仪,相比于很多三维激光雷达而言,其体积更小,便于安装到很多试验场中。其测量范围大于 180°,扫描速度快、精度高,能够满足室内外测量需求。

激光雷达的测距原理是飞行时间法:通过激光二极管发射一定测量范围的激光束;激光束经物体表面反射之后,沿相同路径反射回来;反射光由光电二极管接收;通过时间差,计算物体的距离。

经过查阅资料并对比,得到两种不同型号的雷达可以满足测量需求,分别为 LMS4000 与 LMS511,如图 14-21 所示。

a)LMS4000激光雷达

b)LMS511激光雷达

图 14-21　雷达选型设计

通过测量硬件的选型设计和采集软件的搭建,在试验平台上采集数据,基于原始点云数据进行预处理、坐标转换与体积计算,同时根据试验实际采集数据进行算法优化设计,使测量精度达到施工要求。

2)出渣算法优化设计

(1)点云数据接收

在软件上设置好激光雷达的起始角度、终止角度与测量频率之后,本次试验设置的激光雷达频率为 50Hz,每隔 20ms 就会传输一次数据。为保证采集数据的准确性,数据处理过程中需保证解析每一帧数据不超过 20ms。在获取点云数据之后,首先对点云数据进行预处理,点云预处理主要包含两部分,一是异常点的处理,二是点云数据的滤波。

(2)异常点的判断与处理

①异常点的判断:异常点是指测量数据与真实数据相差较大,在点云数据中表现为离群点,判断异常点的算法为:设定阈值与二阶微分值比较,如果二阶微分值超出阈值,则判断其为异常点。假设三个相邻点云数据测量值为 l_{n-1}, l_n, l_{n-1}。设 Δ 为判断结果,则其计算公式为:

$$\Delta = |2l_n - l_{n-1} - l_{n+1}| \tag{14-4}$$

在这里使用二阶微分是为了防止误判点云,当渣土的形状变换较大时,相邻的点云数据会发生突变,故采用二阶微分方法可准确判断点云是否属于异常点。

②异常点的处理:现阶段异常点的处理较为简单,使用左右两个点云距离的均值作为中间点云距离值[式(14-5)]。通过上述处理,可以很好地去除点云中的异常点。

$$l_n = (l_{n-1} + l_{n+1})/2 \tag{14-5}$$

3)点云数据的滤波

在渣土体积测量中,需要实时测量出渣体积,对系统的实时性要求较高,故将激光雷达的点云数据看作有序点云进行滤波处理。

在有序点云的滤波方面,可以借助数字图像去噪的方法,将数据点看作灰度图。在数字图像滤波中,每一个像素都是一个网格,根据相邻的网格构成模板进行卷积滤波。但是在激光雷达中,由于雷达每帧数据点之间间隔距离较大,故每一帧数据之间须进行滤波。将激光雷达的角度信息作为网格,上面的距离信息作为灰度值进行滤波。常用的滤波方法有中值滤波、均值滤波与高斯滤波。

对比三种滤波方法可以看出：高斯滤波方法在指定域内可滤除高频信息，因其在指定域内的权重是高斯分布，平均效果较小，故在滤波的同时能较好地保持原数据的特征。点云数据采用高斯滤波，通过构造 1×3 的模板对点云数据进行卷积处理，过程中使用的加权值通过测量的标准差得到。

4）坐标系的转换

点云数据输出的是极坐标系数据。为了实时显示渣土截面，在渣土体积计算过程中，需要将从极坐标系转换为直角坐标系进行绘图计算。

激光雷达使用极坐标系进行渣土数据采集。以激光雷达为原点，其扫描线在水平方向上的投影为极轴构建极坐标系，在之前的数据处理与后续的渣土体积测量步骤中，使用的都是极坐标系。但是在渣土体积测量中，还需要实时绘制渣土截面二维信息，需要将点云数据由极坐标系转化为扫描平面的直角坐标系。以扫描截面的中线为 z 轴，传送带运行方向为 y 轴，并逆时针旋转 $90°$ 得到 x 轴，建立料堆坐标系。将每一个扫描点的极坐标距离信息转换到相应的自然坐标系中。

5）出渣量体积模型建立

在实时显示渣土截面基础上，通过构建渣土体积模型，计算盾构机实时出渣量。首先构建渣土的网格模型，本书基于三角形建立体积模型。

类三角面片建模：根据实际工况和雷达测量原理，本书设计一种简单准确的建模方法。激光雷达采用的是飞行时间法，每隔 $0.33°$ 测量一组数据，得到的是每一个测量点到雷达的实际距离，测量线之间的间隔角度为 $0.33°$，根据雷达测量的数据格式构建网格。

该方法就是简化不规则三角网络，每次取相邻两帧数据的四个测量点进行建模。在建模的同时也需要满足三角剖分算法（Delaunay）准则，即最小角最大化原则与外接圆准则。以上两个准则经过实验证明是等价的，故只需要满足其中的一个准则即可。

不规则三角网格模型计算中：首先取上述模型中的一个三棱柱微元进行分析，如图 14-22 所示。

图 14-22 中，每个截面上的细线与三角形两边的交点代表渣土测量点，取两帧数据中相同位置的四个坐标点进行建模。为了实现三角化，首先将上述点投影到底面上，如图 14-23 所示。

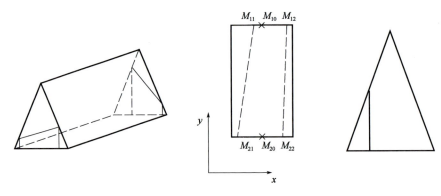

图 14-22 体积微元　　　　图 14-23 体积微元的投影

图 14-23 中，M_{11}、M_{12}、M_{21}、M_{22} 四个点就是渣土测量点的投影点，M_{10}、M_{20} 为两矩形短边的中点。为了满足最小角最大原则，根据三角形的正弦定理，最小的角对应最小的边，所以当最小的边对应最小对边可保证最小角最大；当相对的两点之间 x 的投影差值最短时，即满足 $|M_{12}x - M_{21}x > M_{11}x - M_{22}x|$ 关系时，就判断出最短对角线，此时再根据等比三角形的性质，判断出当对应的两条边距离值相加最短时，以这两个点为对角线进行三角分割得到满足要求的三角形。

使用上述建模方式得到的模型同样将渣土表面划分为三角网格，而且所构建的三角形满足 Delaunay 三角剖分的两个准则，所示称该方法为类三角面片法。

6) 出渣体积计算

出渣体积算法原理是：基于不规则三角网格得到三棱柱体积，基于规则矩形网格得到四棱柱体积，二者累计得到总体积。其基本思想均是以基底面积（矩形或三角形）乘以格网点曲面的平均高度，然后进行累积，则可求得基于规则格网、或基于三角形网络的体积。本书采用类三角面片的建模方法，在渣土体积测量方面，类三角面片体积测量精度比四棱柱法精度更高。

三棱柱算法是在规则格网模型的基础上运算得到，但是格网模型需要先标定再进行网格划分，且每次测量需对每个节点进行插值计算，运算过程较为复杂，满足不了实时计算的实际需求，故在此基础上采用自主设计的类三角面片，使用三棱柱模型分割之后进行体积累加求解。类三角面片法建模，如图 14-24 所示，取一块体积微元。

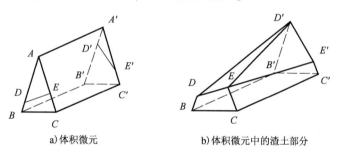

a) 体积微元 b) 体积微元中的渣土部分

图 14-24 类三角面片法

在图 14-24a) 中，体积微元中 AB、AC 是第一帧数据中传送带测量点与激光雷达的距离，$A'B'$ 与 $A'C'$ 是第二帧数据中相同位置的传送带测量点与激光雷达的距离，所以有：

$$AB = A'B' \qquad AC = A'C' \qquad (14-6)$$

AD、AE 与 $A'D'$、$A'E'$ 是第一二帧数据中相同位置的渣土测量点与激光雷达的距离。图 14-24b) 所示的形状是一个体积微元中渣土所占的部分。体积计算中间过程如图 14-25 所示。

如图 14-25 所示，将体积微元拆分为三个部分，分别是大三棱锥 $ADEF$、小三棱锥 $D'E'E''E$ 与渣土体积。假设 AD 的长度为 L_1，AE 的长度为 L_2，$A'D'$ 长度为 L_1'，$A'A$ 的长度为 d，三角形 ADE 的面积为 S_f，三角形 $A'D'E'$ 的面积为 S_s，三角形 ABC 的面积为 S，计算出来的体积公式为：

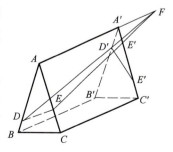

图 14-25 体积计算中间过程示意图

$$\Delta V = SL - \frac{S_f d \left[1 + \left(\frac{L_1'}{L_1}\right)^2\right]}{3}\left(1 + \frac{L_1'}{L_1}\right) - \frac{S_s L}{3} \tag{14-7}$$

通过上述步骤即可得到单个体积微元下的渣土体积,每帧数据中都有 n 个这样的体积微元,假设一次测量的渣土共包含 m 组数据,则累加 $m \times n$ 个这样的三棱柱就可以计算出渣量。

$$V = \sum \sum \Delta V \tag{14-8}$$

与上述算法相比,自主设计的渣土体积测量算法,一方面具有更好的扩展性,可以按照现场实际需要更改参数与显示功能,另一方面类三角面片的建模与四棱柱法相比,精度更高。

7)出渣测量试验

(1)激光雷达的安装

为了确保前期的皮带轮廓标定线和传送带上的渣土轮廓线上下一致,需要确保雷达安装位置与传送带垂直,且测量位置在滚轴上,如图 14-26 所示。

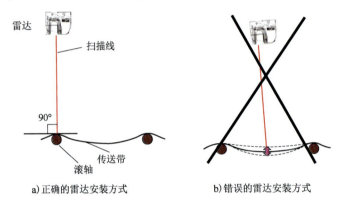

图 14-26 雷达安装示意图

图 14-26a)所示就是正确的雷达安装方式。在图 14-26b)中可以看到,当传送带上有渣土运输时,会造成传送带整体下移,这时无法测量出实际出渣量。为了规避这种情况,设计激光雷达安装在传送带滚轴位置上方,该位置即使有渣土也不会发生位移,实现渣土准确测量。

(2)渣土体积测量系统配置及安装

渣土体积测算系统是通过传感器采集渣土的截面轮廓信息,并在速度上进行积分得到体积。2D 线激光传感器实时采集渣土表面轮廓信息,渣土体积测量系统 2D 线激光传感器采用 LMS4000,速度编码器实时采集皮带输送机的瞬时速度。渣土体积测量系统总体框架如图 14-27 所示。

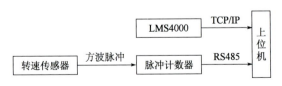

图 14-27 渣土体积测量系统总体框架图

上位机通过 TCP/IP 协议采集 2D 激光传感器的数据,同时通过 RS485 协议采集转速传感器的脉冲信息。上位机负责获取传感器数据及计算实时渣土方量。为了保证 2D 线激光传感器的正常使用,线激光传感器的安装高度必须不小于910mm。

2D 线激光传感器和速度编码器安装分别如图 14-28、图 14-29 所示,上位机显示界面如图 14-30 所示。

图 14-28　2D 线激光传感器

图 14-29　速度编码器安装

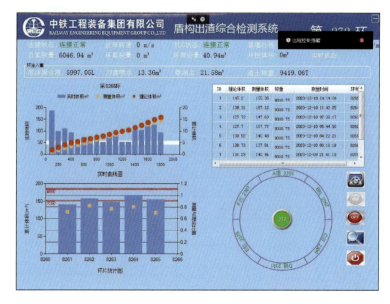

图 14-30　上位机显示界面

（3）应用结果

渣土体积测量系统工业试验共测量了 5 环,测量结果如表 14-3 所示。

5 环渣土体积测量结果（单位：m^3）　　　　　表 14-3

环号	系统计算出渣方量	理论方量	实际出渣方量
343	57.12	34	56
344	64.27	39	65
345	66.98	42	66
346	62.33	39	62
347	61.28	37	60

图 14-31 左侧折线图是当前 347 环的实时出渣方量和理论方量对比图。其中,黄色线代表理论方量,蓝色线代表实际出渣方量,放大倍数为表中渣土理论方量的放大倍数。图 14-31 左侧折线图中的理论方量是实际计算出的方量值乘以放大倍数的结果。放大倍数是根据工程经验设定的,影响放大倍数的主要因素是渣土改良剂注入、地下水及土壤膨化。一般情况下,放大倍数设置为 1.4~1.7。试验结果表明,渣土体积的测量精度满足工况要求。

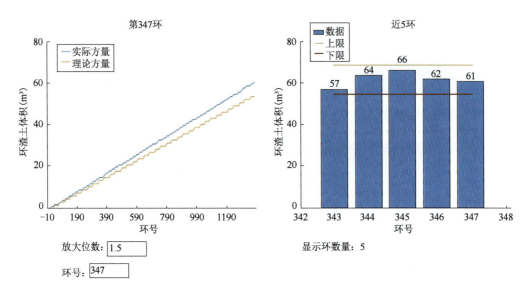

图 14-31 环渣土体积测量结果

14.2.3 管片外侧注浆检测装置

盾构机隧道施工中,对于刚脱离盾尾的管片,管片与土体之间形成一个环形间隙,在盾构机推进过程中,进行壁后注浆操作,主要目的是填充环形间隙,防止地层变形,降低隧道沉降风险;稳定管片,避免管片上浮。若管片外侧注浆环向分布不均,充填不实、有空隙,进而软土在不能形成有效承载情况下就自行填充盾尾间隙,土层应力释放,盾顶地层下沉。故需对管片后注浆空洞、不密实位置进行检测和预警,及时进行二次补浆操作,对抑制地层变形或管片上浮具有重要作用。

1)探地雷达测量原理

管片是由混凝土浇筑而成,内部布置多层钢筋网,用于强度的支撑。地质雷达通过发射天线向管片外侧发射宽频带短脉冲的高频电磁波信号,电磁波信号在传播过程中,会伴随着管片、注浆介电常数、电磁导率的变化而发生反射、绕射、透射等现象;通过接收天线拾取响应信号,依据电磁波的波形、相位、振幅、频谱等特征信息,记录反射回的电磁波运动特征,获得管片外侧注浆扫描图像;通过对扫描图像进行处理和图像解译,达到识别管片外侧背后空洞、裂缝、富水区域等病害目标体的目的。探地雷达测量原理如图 14-32 所示。

2）工地测试

在杭州某在建隧道采用400M数字化雷达,对厚600mm管片背后注浆进行空洞、富水等异常情况的探测试验。将刚拼装完的记录为第1环,后方依次为第2环、第3环等。

测线布置如下:①拼装机上方管片测线布置:从拼装机处第2~4环的顶部、左拱腰部、右拱腰部分别布置测线。②1号台车顶部管片测线布置:从拼装机处第6~14环,顶部偏右布置1条测线。③第417~421环测线布置:左拱偏上1m,布置1条测线。④第370~368环测线布置:右拱中布置1条测线。

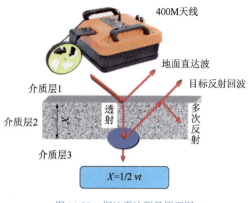

图14-32　探地雷达测量原理图

测线说明:拼装机第4环为未注浆处,第6~14环注浆时间15h内,第417~421环注浆时间30d及以上。

雷达天线采用水平极化,探测采用时间模式。数据采集完成后经距离归一化、调节零点、校正零偏、数字滤波、调节增益等步骤处理,完成对厚600mm管片外侧注浆异常情况的检测。

检测结果:拼装机顶部第2~4环,左拱腰第4环75cm深度处可见明显异常反应,同相轴不连续,推断为不密实或内部已有充填物但未注满(图14-33)。1号台车顶部第6~14环,第7环60cm深度可见异常反应,同相轴连续,相位为正负正,推断为含水或其他(图14-34)。第417~421环,左拱偏上1m,分别在第418环、第420环、第421环出现3处异常。第421环处异常同相轴连续,相位负正负,推断为空腔;第420环与第418环异常同相轴连续,相位正负正,推断为含水或其他(图14-35)。

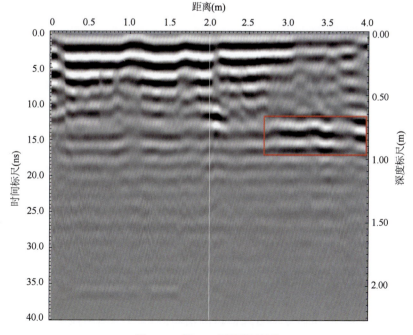

图14-33　第2~4环的测试结果

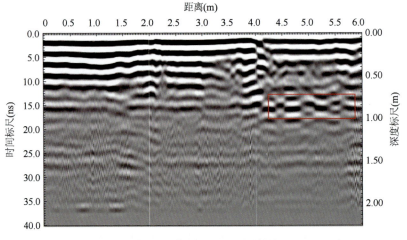

图 14-34　第 6~14 环的测试结果

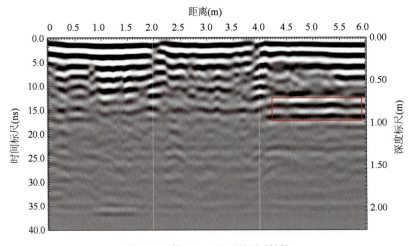

图 14-35　第 417~421 环的测试结果

结论：对比分析注浆检测搭载盾构机位置（注浆后 8~10h）、未注浆管片位置、完全凝固的注浆位置（注浆后 80h）的注浆检测数据，验证了 400M 频率的雷达传感器，可适用于 600mm 厚度的管片外侧注浆中空洞、富水等异常检测；同时分析了在浆液未完全凝固期间，雷达传感器可实现对管片外侧注浆异常情况的探测。

将探地雷达测量原理应用于工地实际测试，从注浆时间、天线的极化方向、数据解译等方面进行对比分析，发现注浆时间的长短（浆液含水率）对探地雷达的检测结果影响较小；天线采用水平极化，钢筋网的多次反射信号与注浆反射信号的重叠率较低，便于数据解译；从刚拼装完好的管片外侧未注浆位置到管片外侧已注浆位置，探地雷达可直观检测出管片未注浆位置。

14.3　盾尾密封监测系统

在盾构机掘进过程中，尾盾支护与隧道衬砌结构（管片）之间会形成一定尺寸的间隙，该间隙连通着具有一定压力的隧道土层与盾体内的安全空间，故需要使用相应的密封装置来隔断。现阶段,大部分的盾构机采用钢丝刷涂抹盾尾密封油脂来实现尾盾密封。由于复杂的地下环境(富水中粗砂地层)和密封结构形式的固有缺陷,盾构机在掘进过程中将不可避免地产生盾尾的漏水、漏泥、漏浆等危险,甚至事故。例如,2016 年某地铁跨江隧道发生大规模盾尾密封泄漏事件。

由于尾刷腔内充满油脂,时刻处于动态高压的状态,且空间狭小,传统的传感器一般将高精度处理电路模块放于感测膜片底部,并将所测数据用线缆从底部引出,造成其外形轴向尺寸较大,不能完全嵌入尾刷腔体内,故需设计一种扁平状的传感器,使其能够固定于尾刷腔内壁,便于进行前端数据采集。

由于尾盾圆周方向上布满油脂管路和注浆管路,为了不影响尾盾强度,尾盾内壁尾刷腔内传感器引线所用走线槽应尽可能少,传统的单个传感器一般都需要一根引出线缆,加之尾刷腔尾圆环形密闭油脂腔,其周长一般都在 20m 以上,故需设计一种串联式尾刷腔前端感知传感器,以满足准分布式测量的要求。尾刷腔状态监测系统包括腔体监测单元、信号采集单元、上位机。腔体监测单元主要包括布设在尾刷腔内部的串联式尾刷腔前端感知传感器。尾刷腔状态监测系统安装方案如图 14-36 所示。

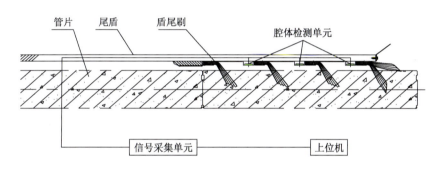

图 14-36 尾刷腔状态监测系统安装方案

14.3.1 尾刷腔串接式传感器研制

盾尾密封油脂的压力是检测盾尾密封的重要参数。盾尾密封失效时,盾尾密封油脂的压力发生急剧变化。检测盾尾密封油脂的压力值,可以有效判断盾尾密封效果。在盾尾密封油脂腔压力监测时需采用压力传感器进行监测,但是传统工业上常用的压力变送器体积较大,难以安装,且压力变送器信号多为 4~20mA 信号,每个传感器都需要接一根线,在安装数量较多时盾尾结构改动大,不方便安装,也不利于后期维护。

针对目前盾尾密封油参数采集困难、传感器体积巨大、安装困难、传感器接线多,对盾构机盾尾结构改动大的技术问题,项目组提出一种应用于盾构机盾尾密封系统的串联式压力传感器,如图 14-37 所示。

串联式压力传感器将各传感器集成在底座上(图 14-38),通过内置的陶瓷压力传感器、温度传感器、湿度传感器来检测盾尾密封油脂的压力、温度、湿度,通过单片机将数据处理、整合以后,经过供电通信芯片(powerbus)总线发送至上位机。

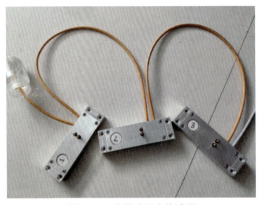

图 14-37　串联式压力传感器

图 14-38　串联式压力传感器基本构造

14.3.2　数据采集与传输

盾尾中各陶瓷压力探头在尾刷腔体内串接,并且腔体内所有模块均采用二总线,来实现传感器的供电和信号传输。电法传感监测系统信号传输过程如图 14-39 所示。

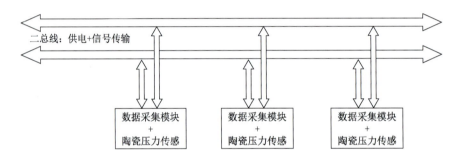

图 14-39　电法传感监测系统信号传输过程

压力监测单元的陶瓷压力传感器将外部压力值转化为模拟量信号传输给信号采集单元,信号采集单元将 485 信号通过二总线的方式传输给通信模块;上位机通过 TCP/IP 协议读取通信模块的采集量,对初始值进行标定处理,同时将 485 信号转化成压力值,在上位机界面上实时显示。上位机可实时在线监测,查看监测结果,并统计分析盾尾密封压力数据。

14.3.3　监测预警方法

盾构机尾盾密封系统综合预警装置及其工作方法:通过对尾刷腔内压力、盾壳土压、尾盾间隙以及盾构机姿态多方位数据采集,实现了多参量耦合共同判断尾盾密封状态,提高预警准确性,并且通过上位机实现尾盾圆周方向上多道油脂腔任意位置的密封安全等级可视化,便于工作人员直观观察,如图 14-40 所示。

盾构机尾盾密封系统综合预警装置的工作方法,包括以下步骤:

(1)首先上位机接收到各个尾盾间隙数据,并计算管片中心坐标以及任意点尾盾间隙大小;

(2)根据任意点尾盾间隙数据,结合从盾构机导向系统中调取的盾构机姿态数据,查表计算对应的任意点尾刷密封承压安全阈值;

(3)上位机接收到盾壳外部不同位置的土压数据和各尾刷腔内不同位置的油脂压力数据;

(4)对比各个点位尾刷腔内油脂压力和盾壳外部土压数据,结合步骤(2)中的尾刷密封承压安全阈值,判断密封风险等级;

(5)根据各个点位的密封风险等级,在上位机上形成可视化的显示界面,实时显示尾盾一周各点风险等级、各点位置的尾刷腔内压力、盾壳外部土压和尾盾间隙数据。

根据以上多系统、多手段相融合的综合预警方法,绘制以下逻辑判断框图,如图14-41所示。

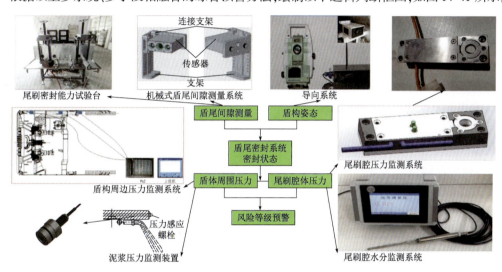

图 14-40　安全综合预警判断模型

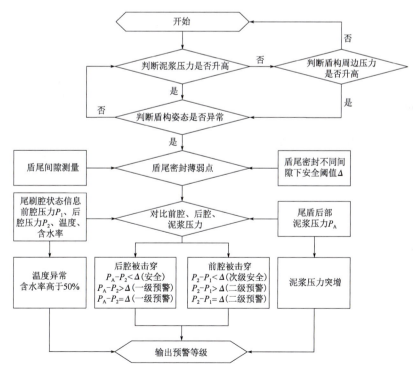

图 14-41　安全综合预警逻辑判断框图

14.3.4 数据显示

盾尾密封监测软件系统界面设计美观,操作简单,界面友好。该软件界面分为四个部分:主页、历史数据、曲线图、参数设置,通过标签的点击切换分别进入不同的界面,如图14-42所示。

上位机软件主要功能有:

(1)实时显示油脂腔压力、温度、盾尾间隙、泥浆压力、盾壳压力、掘进环号等参数;

(2)设置油脂腔压力、温度、盾尾间隙、泥浆压力、盾壳压力、掘进环号等参数报警阈值,当其中任意一个或多个参数超出报警阈值时,实时报警,并显示异常状态信息;

(3)显示盾尾密封系统状态、泥浆压力、盾尾间隙、盾构机推进模式、管片拼装环号,实时获取盾构机掘进状态、盾尾密封参数等;

(4)按时间或者环号查询油脂腔压力、温度、盾尾间隙、泥浆压力、盾壳压力、掘进环号的历史数据;

(5)按照时间或环号显示油脂腔压力、温度、盾尾间隙、泥浆压力、盾壳压力、掘进环号历史数据曲线;

(6)按照环号或时间导出数据到本地。

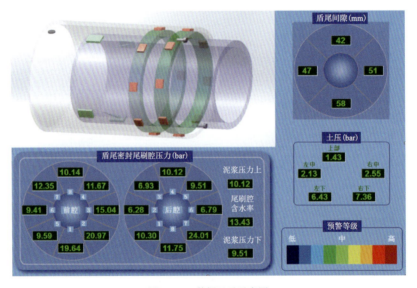

图14-42 数据显示示意图

本章参考文献

[1] 马强,孟祥波,魏晓龙,等.盾构机刀具磨损监测系统设计与开发[J].电子技术与软件工程,2020(2):52-54.

[2] 魏晓龙,林福龙,孟祥波,等.滚刀状态实时诊断技术在超大直径泥水盾构机中的应用——以汕头苏埃通道为例[J].隧道建设(中英文),2021,41(5):865-870.

[3] 孙志洪,王宁.基于光纤光栅传感的盾尾密封泄漏监测试验研究及分析[J].隧道建设(中英文),2020,40(3):346-351.
[4] 李东利,孙志洪,任德志,等.电涡流传感器在盾构机滚刀磨损监测系统中的应用研究[J].隧道建设,2016,36(6):766-770.
[5] 卓兴建,路亚缇.刮刀及撕裂刀磨损实时监测系统[J].隧道建设(中英文),2018,38(6):1060-1065.

第 15 章
盾构机智能通信系统

地面之上,人类建成了立体化通信系统和定位系统。光纤是通信主干道,类似于人的主神经,4G/5G、WiFi、卫星通信等无线接入和定位是末梢神经,实现了高带宽、低时延的信息传输和高精度实时定位。基于高速、稳定的通信系统,涌现出了共享单车、智能家居、智能驾驶等一系列产品,"东数西算"工程也是基于高速通信系统开展的。在基建领域逐渐形成了更加高效智能的作业方式,无人摊铺机编队已在多个工程项目上得到应用,其依靠4G/5G通信技术和北斗定位导航系统,实现了多工序无人化施工。

地面之下,受到空间、弯道、围岩电参数等因素限制,难以建成类似于地上通信系统。隧道建设期间,通常仅在掌子面小范围区域设置简易WiFi网络,洞内极少有定位网络。制约隧道通信的主要问题在于:在掘进过程中隧道掌子面不断前移,按照传统定点式基站部署方式,通信服务商必须随着隧道掘进过程持续提供建设和维护服务,成本极高;隧道环境复杂,通信制式较多,无法将隧道建设和通信很好融合起来。

本章分析了不同形状隧道内电磁波传播特性、天线特性、无线接入技术和无线定位技术,并介绍了盾构机车载网技术,以解决隧道建设期网络动态前移和隧道通信质量欠佳等问题。通过结合隧道传播特性,灵活应用无线通信技术(WLAN)和无线定位技术(UWB),实现了2000m隧道区间内掘进全过程免拆卸、即插即用全洞无线网络和定位覆盖。其中,一维洞内无线定位精度达到30cm左右,掘进全过程全洞无线网络平均达到速率30Mbit/s以上(单流),搭载了洞内外无距离限制无线对讲、智能安全帽、物联环境监测、远程技术支持等应用。

智能盾构机所涉及人员、部件、配套设备表现为分布式状态特点,位置上分布在整个隧道,时间上分布在整个掘进周期。隧道通信网络是盾构机数字化施工的神经系统,能够连接人、机、岩、环境等多个要素,实现隧道施工各要素间协同和联动。基于盾构机车载网技术,未来隧道建设中多制式无线通信和定位将实现一网融合。

15.1 盾构机施工网络支撑技术研究现状

无线通信技术本质上是通过电磁波携带有用信息进行传播和应用的一项技术。在开阔空间理论方面,国内外学者对于电波传播的研究较为深入,提出很多预测电波传输损耗的模型。在 20 世纪,Friis 提出了自由空间无线电波传播损耗公式,公式计算方法简单,但适用性不强。结合城市或郊区大量的实测数据,Okumura 采用拟合手段计算了路径损耗与传输距离、频率、收发天线高度之间关系,提出了 Okumura 模型。Hata 在 Okumura 模型的基础上,改进得到了适用于城市环境地形的 Okumura-Hata 模型。2006 年 De Oliveira、Alencar 等结合相对湿度的影响进行数据实测,推导出适用于移动通信网络的电波传播模型。

在隧道通信理论方面,孙继平等研究了一系列隧道环境下的空间模型,包括圆形隧道、矩形隧道、梯形隧道等不同截面形状隧道在直线区域的电磁波传播特性,分析了弯曲矩形隧道的电磁波衰减特性,得到了适用于大多数隧道的电磁波传播模型。成凌飞等结合围岩电参数和电磁波衰减特性,对隧道顶部、底部、侧壁的介电常数和电导率变化所引起的电磁波衰减率变化进行了研究。

在隧道通信工程应用方面,孙溶辰等对隧道内列车对无线通信系统性能的影响做了系统研究,分析对比了有填充物和无填充物时的功率分布与路径损耗。徐兵峰等结合实际盾构机隧道工程,在直径 3m 隧道中和直径 6.4m 隧道中开展了盾构机和水平运输台车对隧道无线通信性能影响的试验。

在隧道通信物联网应用方面,张申等提出灾害征兆,实现各种灾害事故的预警预报,感知周围安全环境,实现主动式安全保障,感知矿山设备工作健康状况,实现预知维修。袁亮等提出了"人-机-环"信息统一描述方法,构建了物联网大数据高效接入与深度分析应用服务体系,实现矿山安全生产状态信息的全面精准感知、实时高效交互与智能分析应用。在隧道检测和健康检测方面,张晓峰等多位工程师和学者研究了基于物联网技术的隧道监测体系的软硬件实施,以及隧道内应急指挥系统的分析与设计,并基于无线传感器网络进行了地铁隧道结构的健康监测。

15.1.1 隧道内电磁波传播特性

电磁波在传输过程中的损耗情况是衡量无线通信信号品质的重要因素。隧道是长度远大于跨度和高度的类腔体受限空间,隧道弯曲程度、隧道倾斜度、隧道直径、隧道形状、隧道壁粗糙度、粉尘和水汽等都会影响电磁波信号的传输质量。盾构机数字化施工多个生产要素间的互动和数据共享,需要高质量、低成本的稳定网络作为基础支撑。研究电磁波在不同隧道中的传播特性,是正确选择隧道内无线通信的频段、制式、组网方式的前提条件。本小节结合实际工程,对圆形、椭圆形等类圆形隧道和矩形、梯形、马蹄形、拱形等类矩形隧道进行研究和分析,并在此基础上分析围岩电参数对电磁波传播特性的影响,以及大型设备对隧道中电磁波传播特性的影响。

1)类圆形空隧道的电磁波传播特性分析

类圆形空隧道是指隧道截面为圆形或椭圆形等类圆形,内部空间未被大面积填充的隧道区间。在隧道建设过程中,类圆形空隧道多位于隧道已掘进区域,该区域未被大型设备长时间、大面积填充。分析该区域的电磁波传播特性,对无线信号在该区域的覆盖距离、信号质量等有重要意义。传播模型也可用于隧道网络建设的网络规划、组网结构和网络优化。

孙继平等研究了类圆形空隧道中电磁波的传播特性,以隧道半径、不同围岩的磁导率、介电常数、电导率等参数,采用 Bessel 函数 J_m 和 Hankel 函数 H_m 作为电磁波解,推导出了当隧道内的介质通常为空气,无线信号工作频率较高,隧道截面的尺寸远大于波长时,空圆形隧道直线区域的衰减常数(单位 dB/m),其可近似为:

$$a_{0n} \approx 8.686 \frac{\zeta_{1n}^2}{k_0^2 a^3} \begin{cases} \mathrm{Re}\dfrac{1}{\sqrt{\varepsilon_2' - 1}} & \mathrm{TE}_{0n}\text{波模} \\ \mathrm{Re}\dfrac{\varepsilon_2'}{\sqrt{\varepsilon_2' - 1}} & \mathrm{TM}_{0n}\text{波模} \end{cases} \tag{15-1}$$

式中:a——隧道半径;
k_0——电磁波在自由空间中的传播常数;
ε_2'——隧道围岩的复相对介电常数;
ζ_{1n}——$J_1(\zeta)=0$ 的第 n 个非零根。

实际隧道往往在垂直方向或水平方向有弯曲,对圆形弯曲隧道可将麦克斯韦方程表示在圆环面坐标系中求其波模方程,可得出曲率半径 R 很大时,空圆形隧道弯道区域的衰减常数(单位 dB/m),可近似为式(15-2):

$$a_{0n}(R) \approx a_{0n}(\infty) + 11.581 \frac{k_0^2 a^3}{R^2 \zeta_{1n}^2} \begin{cases} \mathrm{Re}\dfrac{1}{\sqrt{\varepsilon_2' - 1}} & \mathrm{TE}_{0n}\text{波模} \\ \mathrm{Re}\dfrac{\varepsilon_2'}{\sqrt{\varepsilon_2' - 1}} & \mathrm{TM}_{0n}\text{波模} \end{cases} \tag{15-2}$$

式中:$a_{0n}(\infty)$——曲率半径 R 无穷大(隧道平直)时的衰减率。

通过对衰减常数进行模型化,形成工程可应用的规律。衰减率与隧道半径关系见图 15-1。衰减率与隧道半径的关系曲线见图 15-1a),可见隧道半径越小电磁波衰减越大,传播距离越受限,与实际应用情况相符。从衰减率的近似计算公式可以看出,衰减常数同隧道半径的三次方成反比。实测对比了某一市政污水管网项目中的 3m 直径隧道和某地铁项目的 6.4m 直径隧道的电磁波特性,发现 400MHz、2.4GHz、5.8GHz、6.4GHz 频段均呈现 6.4m 直径隧道电磁波衰减小于 3m 直径隧道,符合理论模型所得结论。

弯曲圆形隧道的衰减率随隧道弯曲曲率半径的变化关系见图 15-1b),可见衰减率随曲率半径的增大而减小,这同实际情况是相吻合的。经实际测试,在直径 3m 隧道直线区域 2.4GHz 的基站和移动台的通信距离约为 600m,转弯半径为 100m 时 2.4GHz 的基站和移动台的通信距离约为 400m。

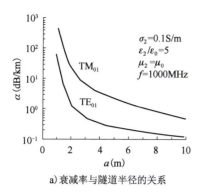
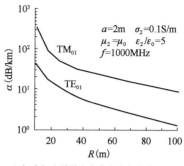

a) 衰减率与隧道半径的关系
b) 衰减率随隧道弯曲率半径的变化关系

图 15-1 衰减率与隧道半径关系

成凌飞等也对矩形弯曲隧道中极化方式随发射频率变化对电磁波传播的影响进行了分析,并通过试验验证得出:在矩形弯曲隧道中,当宽大于高时,水平极化受发射频率变化影响较大,频率较低时影响较小,电磁波传播特性和直隧道中传播一致;频率增加,水平极化电磁波受影响增大,电磁波迅速衰减,发射频率为 900MHz 时垂直极化接收功率大于水平极化;当发射频率大于 900MHz 时,弯曲隧道对水平极化影响减弱,极化方式间的区别逐渐减小。当宽小于高时,垂直极化优于水平极化。同时验证了在弯曲隧道中的电磁波传播比在直隧道中衰减严重;发射频率采取 900MHz,收发天线采用垂直极化更适合传播。

2)类矩形空隧道的电磁波传播特性分析

类矩形隧道的截面形状与类圆形隧道明显不同,对电磁波传播特性存在一定的影响。孙继平等结合隧道宽度、高度、顶底部围岩电参数、侧壁围岩电参数等,推导建立了类矩形空隧道的衰减模型。矩形隧道示意图见图 15-2。

与类圆形隧道不同的是类矩形隧道的水平极化[式(15-3)]和垂直极化[式(15-4)]衰减,将分别受隧道宽度、高度及围岩的影响,且隧道轴向中央位置和靠近隧道位置均呈现出不同的特性,电磁波近场和远场也有一定的区别。

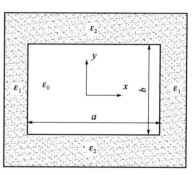

图 15-2 矩形隧道示意图

$$L_{Eh} = 4.343\lambda^2 z \left(\frac{\varepsilon_1}{a^3\sqrt{\varepsilon_1 - 1}} + \frac{1}{b^3\sqrt{\varepsilon_2 - 1}} \right) \quad (15\text{-}3)$$

$$L_{Ev} = 4.343\lambda^2 z \left(\frac{1}{a^3\sqrt{\varepsilon_1 - 1}} + \frac{\varepsilon_2}{b^3\sqrt{\varepsilon_2 - 1}} \right) \quad (15\text{-}4)$$

其中,隧道宽为 a、高为 b;λ 为电磁波波长;两侧壁电参数为 ε_1;顶部和底部电参数为 ε_2;隧道内空气电参数为 ε_0;z 为电磁波沿隧道轴向传播的距离。

在有损介质矩形波导中,传播模式根据电场极化方向可以分为两大类:水平极化模式 E_h 和垂直极化模式 E_v。对于具有相同岩层的正方形隧道而言,可认为其长、宽相同,顶、底和侧壁电参数相同。

对于 900MHz 电磁波,水平极化电磁波在矩形隧道中衰减明显小于垂直极化电磁波。在 500m 以内的近场区,由于存在很多高次模,信号波动剧烈而且幅度大,远场区主要是低次模,信号波动要平缓得多,衰减率约为 9dB/km;同时由于远场区低次模在隧道壁上反射并发生了模式转换,靠近隧道壁的信号比位于中央位置的信号产生了更大衰减和波动。矩形隧道电磁波传播是多种模式共同作用的结果,除受频率、截面尺寸和形状、介质电参数影响外,还与极化方式、接收信号位置等因素有关。

3)围岩电参数对电磁波传播的影响

由于隧道施工主要分为衬砌施工和非衬砌施工,结合工程情况,主要对混凝土和花岗岩两类围岩的电参数对电磁波传播的影响进行分析。根据电磁波衰减公式可知,衰减率和介电常数、电导率、磁导率有很大关系。由于绝大多数隧道围岩的磁导率同真空中的磁导率非常接近,在研究电参数对电磁波传播的影响时,一般只考虑介电常数和电导率这两种参数。

Cook 在美国矿井中提取多种矿石,并通过试验设备对不同岩石进行了测量,得到了围岩电参数数据,如表 15-1 所示。随着电磁波频率的升高,相对介电常数有下降的趋势,电导率则随之升高。同一围岩样本,当湿度增加时,相对介电常数和电导率升高。

围岩电参数 表 15-1

围岩样本	1MHz		5MHz		25MHz		100MHz	
	ε_r	$\sigma(S/m)$	ε_r	$\sigma(S/m)$	ε_r	$\sigma(S/m)$	ε_r	$\sigma(S/m)$
花岗岩(干)	2.5	6.9×10^{-6}	2.7	4.2×10^{-5}	2.5	7.0×10^{-5}	2.4	1.4×10^{-4}
花岗岩(湿)	3.0	1.2×10^{-4}	2.7	2.9×10^{-4}	2.6	4.7×10^{-4}	2.7	9.1×10^{-4}
混凝土(干)	7.3	4.4×10^{-4}	5.2	1.1×10^{-3}	3.8	2.8×10^{-3}	3.5	7.2×10^{-3}
混凝土(湿)	34.1	3.1×10^{-3}	20.4	3.8×10^{-3}	11.9	5.2×10^{-3}	8.9	1.1×10^{-2}

成凌飞等结合围岩电参数和电磁波衰减特性,对隧道顶部、底部、侧壁的介电常数和电导率变化所引起的电磁波衰减率变化进行了研究。结果表明,围岩电参数对不同极化模式的电磁波有不同的影响;顶、底板电参数的变化对垂直极化模式有很大影响,对水平极化模式没有影响;侧壁电参数的变化只对水平极化模式的电磁波有影响,对垂直极化模式的影响很小。围岩电参数对电磁波传播的影响为隧道中基站和天线的设计和设置提供了依据,应根据隧道围岩电参数的情况来设计天线的极化方式。

4)盾构机及其他大型设备对隧道中电磁波传播特性的影响

无论是类圆形还是类矩形隧道,理想的情况是内部中空无填充物,这种情况可以按照波导模型对其电磁波传播特性进行研究。但在实际隧道建设过程中,隧道内常被各类工程装备填充,特别是盾构机法施工,盾构机占据掌子面后的几百米的空间,而水平运输台车则间断性占据已掘进区域的空间。隧道无线通信(不包括感应通信和泄漏通信),其电磁波工作频率必须高于截止频率,否则电磁波将迅速衰减而无法通信。大型设备的填充改变了空隧道的波导特性,亦会改变电磁波工作截止频率。同时大型施工装备填充隧道会带来更多遮挡,使无线信号快速衰减。下面主要研究两个问题,一是存在大型设备填充的隧道电磁波截止频率会产生怎样的变化;二是大型设备遮挡带来的无线性能变化规律。

孙继平等对被填充的不同形状隧道均做了研究。由于大多施工设备主要由钢结构构成，故选取填充物材质为金属类，结合隧道尺寸、填充物尺寸、围岩电参数等计算出隧道截止频率随填充物高度变化趋势、隧道截止频率随填充物宽度变化趋势及隧道截止频率随填充物位置变化趋势。从分析结果可以看出，填充物使隧道各次 TE 波❶模和 TM 波❷模的截止频率下降，且随着填充物高度或宽度增加，截止频率对应减小。相同高度和宽度情况下，填充物越靠近隧道中央，电磁波截止频率越低。该结论表明，在隧道施工过程中建设无线网络，首先需要结合隧道半径、填充物尺寸、围岩材料等参数计算无线信号截止频率，低于截止频率的无线电信号将无法在隧道内使用。

无线信号在穿越填充物时功率损耗和反射均会增多，孙溶辰等对填充物对无线通信系统性能的影响做了系统研究，分析对比有填充物和无填充物时填充物内功率分布与路径损耗；并从天线应用角度，研究了角度特征、天线相关性、特征值、容量等对多入多出（MIMO）❸系统性能的影响，为隧道环境下多天线应用提供依据。研究发现，有填充物比无填充物时的路径损耗明显增加，且变化更剧烈；无填充物时，发射天线位于隧道中间路径损耗最小，有填充物时，发射天线位置对路径损耗基本无影响。覆盖全隧道多天线系统中，填充物反射明显降低天线相关性，提升信道容量。填充物内天线数与信道容量成正比，天线间距对信道容量无影响。

徐兵峰等结合实际盾构机隧道工程，选取了直径 3m 和直径 6.4m 隧道，开展了盾构机、水平运输台车对不同直径隧道无线性能影响的试验研究。试验采用统一仪器设备，选取 400MHz、2.4GHz、5.8GHz、6.4GHz 频段无线信号，对隧道直线区域、弯道区、盾构机区域、列车遮挡区域等进行理论推算和实际测试，试验结果基本符合孙溶辰等的研究结论。在原有基础上推导出适用于直径 3m 和直径 6.4m 盾构机隧道无线信道衰减工程模型，模型更加直观和简便，为隧道无线网络建设提供工程依据。

15.1.2 隧道环境下天线性能分析

在隧道无线通信网络建设时，电磁波辐射范围、方向以及波束形状极大程度影响隧道内无线网络的覆盖距离、场强和质量，有必要对主流天线的性能进行研究和分析，以满足隧道数字化建设的网络支撑需求。

无线电通信系统的信息传播包含电波能量的发射和接收。天线作为通信系统的前端器件，实现信号的发射和接收。天线是一种变换器，它把传输线上传播的导行波，变换成在无界媒介（通常是自由空间）中传播的电磁波或相反变换。天线具有可逆性，即同一副天线既可用作发射天线也可用作接收天线。天线的互易性保证其作为发射或接收的基本特性参数是相同的。

---

❶ TE 波（横电波）是指电场垂直于传播方向，而磁场沿着传播方向的电磁波。这种波动模式被称为"横波"，因为电场和磁场在任意垂直于传播方向的截面上都是相互垂直的，也就是说，它们的传播路径与振动方向垂直。

❷ TM 波（横磁波）是指磁场垂直于传播方向，而电场沿着传播方向的电磁波。这种波动模式也被称为"横波"，因为在任意垂直于传播方向的截面上，电场和磁场也都是相互垂直的。

❸ 多入多出（Multiple Input Multiple Output，MIMO）是为极大提高信道容量，在发送端和接收端都使用多根天线，在收发之间构成多个信道的天线系统。

天线的分类很多,由于隧道是类腔体的有限空间,从适用于隧道网络建设需要的角度,可以按方向性将其划分为定向天线和全向天线。

1) 天线辐射方向图分析及在隧道中应用方法

在实际工程应用中,通过研究天线主要电参数,包括辐射方向图、波束范围、极化方式,在不同洞径隧道内选取最适合的天线,保证无线网络通信质量。

辐射方向图表示天线辐射特性方向图。其以天线为坐标原点,表示在等距离球面上,天线在各点产生的功率通量密度或场强随空间方向的变化曲线。电磁场无色无味,难以想象,只有仿真可以进行更直观的表达。如图15-3所示,左边是全向天线的水平截面图和立体辐射方向图,右边是定向天线的水平截面图和立体辐射方向图。

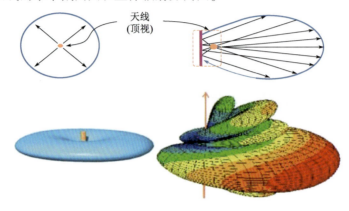

图 15-3 辐射方向图

通过天线的辐射方向图不难判断,隧道更适合采用定向天线。定向天线的辐射方向聚集在某一个主要方向,使天线在相同能量状态下,某一个方向上无线信号能量更,高传播距离更远。相对而言,全向天线的无线信号能量在水平方向上几乎是360°平均分配,难以汇聚。因此在隧道场景下,部署全向天线将使部分能量辐射到隧道壁,相应的在掘进方向上辐射的能量就会减少。

2) 天线波瓣范围分析及在隧道中应用方法

波瓣范围是描述天线远场辐射能量密度分布的一个重要参数。波瓣分为主瓣、副瓣、后瓣,其中,主瓣一般是指最大辐射方向的波瓣,其余的叫作副瓣,而与主瓣方向相反的副瓣叫作后瓣。以一种定向天线的立体辐射方向图为例(图15-4),-4°~5°范围内的波瓣就是主波瓣,与之相反方向的波瓣为后瓣,其他均为副瓣。主波瓣实际上是一个三维的"萝卜",人们将主波瓣最大场强的0.707(3dB)倍处的两辐射夹角设定为波瓣宽度。主波瓣这棵"萝卜"并不匀称,其水平方向和垂直方向的波瓣宽度是不同的。不同性能的天线主波瓣能量也是不同的,高性能天线能量主要聚集在主波瓣,而性能差的天线能量会

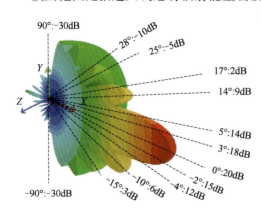

图 15-4 一种定向天线的立体辐射方向图

更多分散在副瓣上。在隧道环境下,采用主波瓣和隧道直径相匹配的定向天线,更有利于无线信号传播。相同能量和性能下,合理的波瓣宽度会使更多的能量聚集在主瓣,从而在一定程度上减小副瓣在隧道壁上的反射而引起的多径衰减。

3) 天线极化方式分析及在隧道中应用方法

天线的极化方式表示其在电磁波传播方向上电场矢量在空间中取向随时间变化的轨迹。合理选择天线极化方式和安装方向,对于增大电磁波覆盖距离有较大作用。图 15-5 是单极化天线的集中极化方式,其中图 15-5a) 是天线的水平极化,图 15-5b) 是垂直极化,图 15-5c) 是 +45°极化,图 15-5d) 是 -45°极化。

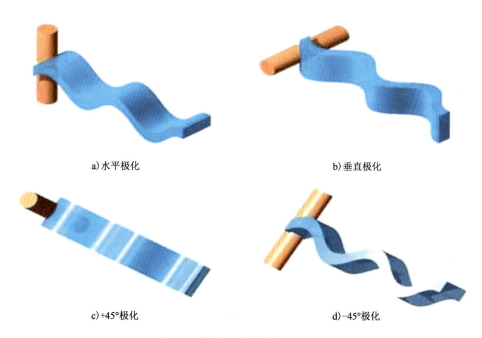

图 15-5 单极化天线的集中极化方式

图 15-6 是双极化天线的极化方式,左边是垂直/水平双极化,右边是 ±45°双极化。极化天线是由彼此正交的两根极化天线封装在同一天线罩中组成。双线极化天线通过多流传输提升无线网络的容量,可减少天线数目,简化天线安装过程,减少占地空间,降低成本。

图 15-6 双极化天线的极化方式

对于类圆形隧道中的单极化天线和双极化天线,不同极化方式对电磁波传播的影响差别不大。对于类矩形隧道,若采用单极化天线则需要结合隧道的顶部、底部、侧壁的尺寸选取合适的水平极化或垂直极化方式;若采用双极化天线,宜优先选用垂直/水平双极化方式,±45°双极化天线可能会与隧道产生过多不规则折射和反射,导致无线信号覆盖不均匀和剧烈波动,从而降低无线网络的质量和性能。

4)漏泄电缆性能分析及在隧道中应用方法

漏泄电缆作为一种特殊的天线广泛应用于各类隧道。由于隧道空间有限,普通天线与列车会产生干涉,导致普通天线的难以架设。隧道中穿行的列车、车辆等也会对定向天线或全向天线产生严重的遮挡。漏泄电缆与普通同轴电缆基本相同,区别在于其外导体上开有用作辐射的槽孔。普通同轴电缆的功能是将射频能量从电缆的一端传输到电缆的另一端,使信号能量不能穿透电缆,以避免传输过程中的损耗。漏泄电缆的设计目的则是特意减小横向屏蔽,使得电磁能量可以部分地从电缆内穿透到电缆外。漏泄电缆作为一种电缆形状的天线,可以铺设在隧道壁上,减少空间占用,其周期性辐射槽孔可使无线信号从隧道壁侧均匀辐射,避免了车辆过往所造成的遮挡。

漏泄电缆的主要参数有两个,分别是传输损耗和耦合损耗。传输损耗是描述漏泄电缆内部所传输电磁能量损失程度的重要指标;耦合损耗是描述漏泄电缆辐射量与可接收量的综合指标,指的是漏泄电缆内的信号与距电缆特定距离(一般为2m)处半波长偶极天线所接收的信号之比。

目前漏泄电缆主要应用于运营期的隧道,较少在建设期隧道中使用。运营隧道已实现贯通,可以方便漏泄电缆静态部署,而建设中的隧道处于动态掘进状态,难以实现随掘进过程前移的动态部署。漏泄电缆的铺设较为烦琐,涉及钻孔、设置固定漏泄电缆夹具、漏泄电缆固定、绝缘测试等多个工序。对于运营隧道,可在隧道网络建设阶段一次性集中铺设漏泄电缆。对于掘进中的隧道,车辆通行并不频繁且移速不高,水平运输台车仅会产生短时间的遮挡,大多数隧道网络应用都属非时延敏感,普通天线即可满足工程需要。此外,采用漏泄电缆作为掘进中隧道网络的天馈系统,需要项目付出长期、频繁施工的高额代价,即盾构机每掘进一段距离,需要工人进行漏泄电缆放线和安装,增加项目工作量。漏泄电缆的成本是普通天线的数十倍,增加项目成本。

15.2 智能盾构机无线接入技术

通信技术发展到一定阶段后,形成了网络化的格局。以公共通信网为代表的现代通信网主要由两大部分组成:核心网和接入网(Access Network,AN),如图15-7所示。核心网主要由传输网和交换机网络组成。接入网一般是指从系统交换机到最终用户所构成的网络。接入网是一个相对的概念,形式上具有业务接入点(Access Point,AP)和终端的结构,主要解决用户"最后一公里"的接入问题。由于隧道数字化施工的网络支撑侧重于通信技术应用,因此本节重点阐述终端和接入点所在的接入网。

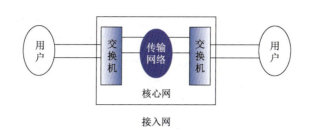

图 15-7　通信网结构

接入网有很多种分类方法，目前应用最广泛的是根据接入方式划分为有线接入网和无线接入网。有线接入网根据使用线缆不同，主要分为 3 类：铜缆接入，使用 xDSL(x Digital Subscriber Line，即 x 数字用户线)技术，也就是过去常用的电话线拨号上网。光纤同轴混合接入，是一种灵活的混合使用光纤和同轴电缆的技术，主要应用于有线电视。光纤接入，是使用全光纤接入的 PON(Passive Optical Network，即无源光网络)技术，是目前有线接入网的主流技术；FTTH(Fiber to the Home，即光纤到户)让超高速网络得到了普及应用。

无线接入技术主要由移动无线接入技术、固定无线接入技术等组成。移动无线接入技术服务的是大量使用移动终端(如手机)的用户，主要技术是蜂窝移动技术 4G、5G 等。固定无线接入网服务的是固定位置的用户或小范围移动的用户，主要技术包括蓝牙、WiFi、WiMAX 等。无线接入技术是近年来兴起的接入技术，已得到广泛应用。以光纤接入为代表的主流有线接入技术象征着超大带宽，无线技术的带宽和时延均不占优势，但是其核心优点是可接入移动物体并且无需布线。因此，有线更适用于回传和骨干链路，而无线更适用于接入网。

本节仅以盾构机数字化施工的应用方式为引，将无线接入技术划分为宽带无线接入和窄带无线接入进行探讨。宽带和窄带并没有严格的定义，随着通信技术日新月异的发展，其划分的原则也在不断变化，国际和国内也均没有严格的定义。对于无线接入来说，早期人们以系统工作带宽超过 56kbit/s 的属于宽带接入，低于 56kbit/s 的则认为是窄带无线接入，这对于现如今的通信技术来说显然并不适用。结合隧道施工要素特征，在原有的定义基础上重新区分两者的关系，以适用于不同的应用场景。从隧道设备终端应用的角度，将设备终端需长时间、大流量、有线供电的无线接入技术定义为宽带无线接入技术，将设备终端需短时间、小流量、电池供电的无线接入技术定义为窄带无线接入技术。常用的无线接入技术有很多，大多以覆盖距离和速率来描述，详见图 15-8。

15.2.1　宽带无线接入技术

宽带无线接入技术是以无线方式向用户提供宽带接入的技术。根据覆盖范围将宽带无线接入网划分为无线广域网、无线城域网、无线局域网、无线个域网。

无线广域网是采用无线网络把物理距离极为分散的局域网连接起来的通信方式，连接地理范围较大，通常是一个国家或是一个洲，当前具有代表性的 4G 和 5G 移动通信网络。

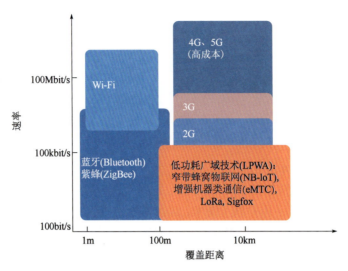

图15-8 常用无线接入技术对比

无线城域网通常可覆盖范围 50km,支持无线宽带数据、语音、视频业务,工作频段 10G~66GHz 应用于视距范围,工作频段 2G~11GHz 应用于非视距范围,向固定、便携、移动的设备提供宽带无线连接,还可用来连接 802.11 热点与因特网,提供公共连接,以及在"最后一公里"宽带接入领域替代有线接入。

无线局域网通常可覆盖距离通常 10~300m,解决的是"最后 100 米"的通信接入的问题,工作在 2.4G UHF 或 5G SHF ISM 射频频段。具有代表性的 Wi-Fi 是允许电子设备连接到一个无线局域网的技术,应用领域可以分为家用、企业公共接入、小规模点对点连接等网络应用。

无线个域网一般覆盖距离在 10m 以内,增加功率或外设后可达到 100m,主要解决设备与设备之间的相通问题。目前应用最广泛的是蓝牙技术,采用是数据和语音无线传输的开放式标准,实现无线方式连接移动电话、掌上电脑(PDA)、无线耳机、笔记本电脑、相关外设等众多设备。

各类宽带无线接入技术的接入方式、带宽、时延、成本等各不相同,对市面上主流的宽带无线接入技术进行了归纳,见表 15-2。

宽带无线接入技术　　　　　　　　　　　　　　　　　表 15-2

技术	4G(LTE)	5G	Wi-Fi
归类	移动/广域网	移动/广域网	局域网
技术归类	蜂窝移动通信	蜂窝移动通信	局域网
归属阵营	3GPP	3GPP	IEEE
频谱	880~1900MHz 2320~2370MHz 2575~2635MHz	3300~3400MHz 3400~3600MHz 4800~5000MHz	2400~2483MHz 5725~5850MHz
速率	150Mbit/s	1.2Gbit/s	2.4G 可达 600Mbit/s 5.8G 可达 1Gbit/s

续上表

覆盖距离	1~3km	250~300m	20~300m
功耗	高功耗	高功耗	高功耗
带宽	20MHz	100MHz	20MHz/40MHz/80MHz
距离分类	广域(远距离)	广域(远距离)	短距离
组网特征	公网通信(向运营商付费)	公网通信(向运营商付费)	自组网(私有网)
接入数量	中量接入	大量接入	少量连接
成本	高	极高	低
优点	高带宽、低时延、大量接入	超高带宽、超低时延、大量接入	覆盖范围广、成本低
缺点	依赖运营商,网络部署需大量、基站、核心网等基础设施支持,难以自组网,成本高	依赖运营商,网络部署需大量核心网基础设施支持,难以自组网,成本极高	稳定性差、漫游差、功耗高

15.2.2 窄带无线接入技术

窄带无线接入技术是相对于宽带无线接入技术而言的,两者都属于无线接入技术。随着通信技术的发展,各种制式通信技术的无线传输速率均在提升,所以难以用带宽或者传输速率来区分两者。但是以工业的角度和经验来看,行业普遍认为的窄带无线接入技术最大的优势在于其功耗低、高续航和电池供电。这三个特性极大程度上提升窄带通信设备和终端的布设灵活性,符合隧道数字化施工中部分场景需求。

现阶段主流的窄带无线接入技术主要有 NB-IoT(Narrow Band Internet of Things)、LoRa(Long Range,简称 LoRa)、ZigBee 等。其中 NB-IoT 基于蜂窝网络的窄带物联网,国内主要由运营商建设运营,其可直接部署于 GSM 网络、UMTS 网络或 LTE 网络,以降低部署成本,实现平滑升级,目前已经处于规模商用阶段,特别是在水表、燃气表上已大规模应用。NB-IOT 具有功耗低、BOM 成本低等优点,但是会产生运营资费,同时对于没有网络覆盖的地方,需要运营商完成网络部署。

LoRa 无线传输,是由美国 Semtech 公司推出的一种基于扩频技术的低功耗窄带远距离通信技术。LoRa 使用线性调频扩频调制技术,把能量扩展到噪声中,即使在噪声下面最高 25dB 仍然能够恢复;在保持了低功耗的同时,增加了通信距离和网络效率;在同等发射功率下比传统的无线射频通信距离扩大 3~5 倍。LoRa 通信技术具有成本低,通信距离远,网络部署灵活等特点,但由于 LoRa 在中国主要占用 433、868、915MHz 等免费公用频段,导致 LoRa 在中国始终面临着同频干扰的问题,也导致其在中国难以大规模商用。

ZigBee 是基于 IEEE802.15-4 标准的低功耗局域网协议,是一种短距离、低功耗、低成本无线自组网通信技术。在国内 ZigBee 主要工作在 2.4G 频段,共 16 个信道,理论的通信速率是 250kbit/s;不同于其他无线通信技术,ZigBee 的网络拓扑结构主要有星型网络和网状网络,网络具备自组网及自愈能力,能够实现多级中继通信服务;它的特点是低功耗、自组网、节点数多。由于工作在2.4G频段，同时受限于发射功率，ZigBee的通信距离一般在100m以内；多级的无线中间通信，也会降低整个链路的通信速率。类似的技术还有蓝牙和蓝牙低功耗等接入技术，详见表15-3。

窄带无线接入技术　　　　　　表15-3

技术	LoRa	SigFox	NBIOT	Zjgbee	蓝牙	蓝牙低功耗
归类	广域网	广域网	广域网	局域网	个域网	个域网
频谱	未授权免费频段（433MHz/868MHz/915MHz）	未授权免费频段	授权专用频谱 824M~849MHz电信、880M~915MHz移动或联通	中国ISM2.4GHz、欧洲868MHz、美国915MHz	ISM2.4GHz 2Mbit/s	ISM2.4GHz 2Mbit/s
可靠速率	50kbit/s	100bit/s	50kbit/s	250kbit/s	1Mbit/s	1Mbit/s
覆盖距离	最大10km	最大12km	最大15km	室内30~50m，室外100~350m	10~200m	10~200m
功耗	低功耗	低功耗	低功耗	低功耗，2节电池续航1年以上	低功耗	低功耗
带宽	低带宽	低带宽	低带宽	低带宽	低带宽	低带宽
距离分类	广域(远距离)	广域(远距离)	广域(远距离)	短距离	近距离	近距离
组网特征	自组网(私有网)	自组网(私有网)	公网通信（向运营商付费）与4G复用频谱和站点	自组网(私有网)	自组网(私有网)	自组网(私有网)
接入数量	大量连接	大量连接	大量连接	大量连接	大量连接	大量连接
成本	低成本	低成本	低成本	低成本	低成本	低成本
组网成本	低	低	运营商组网	低	低	低
发展现状	较为成熟	成熟商用	尚不成熟	成熟商用	成熟商用	成熟商用
优点	优点是小规模快速部署，企业自用场景	优点是小规模快速部署，企业自用场景	中国运营商建设，在覆盖、功耗、成本、连接数方面占优势	低功耗、低成本、短时延、网络容量大、近距离	低功耗、低时延、成本低	相比于蓝牙，BLE功耗更低、成本更低
缺点	短板是QoS不高，传输量小，不适应实时性要求高的场景。433MHz频段存在干扰	短板是QoS不高，传输量小，不适应实时性要求高的场景，国内应用少	适合低速率、移动性要求低、大量连接的场景，隧道覆盖需新建网，组织困难	穿墙能力差、自组网能力差	距离短、速率低、不同设备之间协议不兼容	距离短、速率低、不同设备之间协议不兼容

注：BLE-蓝牙低能耗技术；QoS-英文全称Quality of Service，即服务质量。

15.3 智能盾构机地下空间定位技术

人类建立了四大全球卫星定位系统，同时在地面逐步建成了 3G、4G、5G 移动通信系统，卫星和基站定位技术基本满足了用户在室外场景中对位置服务的需求。然而，室内和地下场景受到建筑物及底层遮挡的影响，GNSS 信号快速衰减，甚至完全拒止，无法满足室内场景中导航定位的需要，导致地下空间作业中的人、机器、新型物联网设备等大量的定位需求无法被满足。近年来，随着室内定位技术的发展，出现了以超宽带（UWB）❶、蓝牙、红外线为代表的一系列室内高精度定位技术。由于地下空间所面临的问题和与室内定位类似，借鉴室内定位技术，并结合地下空间的具体特征，定位技术逐渐在隧道建设中得以应用和落地。

在实际应用中，结合隧道施工过程中对人员、设备、资产、环境等的需求不同，隧道数字化施工以应用的角度将定位技术划分为三类，即 WAI 类（"Where am I"即"我在哪里"）、WAU 类（"Where are you"即"你在哪里"）、WIH 类（"Where is he"即"他在哪里"）。其中 WAI 类应用场景的主要特征在于发起定位诉求的主体和待测目标主体一致，定位场景的方法有飞行时间测距法（Time of Flight，TOF）、到达时间（Time of Arrival，ToA）、到达时间差（Time Difference of Arrival，TDoA）、RSSI、❷指纹定位、卫星定位及行人航位推算等。在隧道施工过程中，绝大部分主动定位应用场景均属于此类，如人的定位服务、机器的导航及路线指引等。

WAI 类定位需要用户主动提出定位诉求，且定位所需的源数据，包括但不限于时钟信息、频点频段信息、信道状态、到达时间等，这需要用户高度配合或主动定位，且具备较高计算能力。

WAU 类应用场景的主要特征在于发起定位诉求的主体与待测目标主体不一致，但二者之间具有联系。此类应用环境大多包涵交互与通信场景。发起定位诉求主体的目的是获取另一在网用户的位置信息，这需要被定位用户的授权与配合。

WIH 类应用场景的主要特征在于发起定位诉求的主体与被测目标主体无关，甚至希望对被测目标保密。WIH 类定位可以理解为被动定位，发起定位诉求主体一般位于服务侧，需要在任何时间、任意条件下完成对待定位目标的静默定位，无需用户配合，无算力要求，但要求用户设备采用低功耗方案。主要应用在项目管理层，常见的应用包括目标定位追踪、重点人员和重要资产监控等。

目前应用于地下空间的定位方法有多种，各项技术的定位精度、信号类型、定位原理也不尽相同，各有优劣，在应用的过程中需要结合隧道的洞径、长度、成本、定位维度需求、定位精度需求等进行综合研判，本书仅对各项技术进行初步归纳总结，见表 15-4。

---

❶ 超宽带（Ultra Wide Band，UWB）技术是一种无线载波通信技术，它不采用正弦载波，而是利用纳秒级的非正弦波窄脉冲传输数据，因此其所占的频谱范围很宽。主要应用于非开阔地带的定位技术。

❷ RSSI（Received Signal Strength Indication）：接收的信号强度指示，无线发送层的可选部分，用来判定链接质量，以及是否增大广播发送强度。

室内定位方法   表15-4

技术	定位精度(m)	相对成本	优点	缺点
A-GPS	5~10	低	速度快,精度高	占用通信资源
超声波	0.05	高	定位精度比较高	环境影响大
地磁	1~5	低	成本低	稳定性差
红外线	5~10	高	定位精度较高	只能用于安防
蓝牙	2~10	低	设备体积小,易集成	传输距离短,稳定性差
RFID	0.05~5	中	成本不高,精度高	标签没有通信能力,距离短
视觉	0.01~1	高	不依赖外部环境	成本高,稳定性差
WiFi	2~50	低	网络广泛部署,成本低	易受环境干扰
UWB	0.06~0.1	高	精度高,穿透性强	成本高,覆盖范围小
ZigBee	1~2	低	低功耗,低成本	稳定性差,易受环境干扰
Z-Wave	1~2	低	低功耗,低成本	稳定性差,易受环境干扰

15.4 盾构机车载网技术及应用

15.4.1 盾构机车载网技术简介

运营商建设4G、5G、室内分布站点等需要综合考虑投资收益比,规划建设周期长,在隧道建设期间蜂窝移动通信的应用难以普及,因此隧道数字化施工多采用项目可以主导的自组网技术。隧道掘进是一个动态前移的过程,传统的无线网络布设方式多为固定在墙壁或者洞壁的某个位置,随着隧道不断掘进,固定的网络覆盖区域无法覆盖到掌子面施工区域,这就需要在隧道建设过程中,不断往前架设通信设备,或者将旧的设备拆除移到前边。例如现有技术通常是隧道掘进几百米,向前架设一台通信设备和天线,以保证无线网络覆盖和接入。隧道掘进过程中的频繁架设,十分烦琐且耗费人力,导致了目前建设中的隧道网络覆盖较少、隧道内的信息化、数字化水平较低,各类信息系统、检测系统等应用困难。

在隧道数字化施工的范畴内,智能盾构机不再是单一的掘进工具,同时也是隧道施工各要素的通信和定位中枢。智能盾构机车载网是将盾构机本身视为一个移动空间和物体,将无线和定位网络内置于盾构机内部并向后延伸,随盾构机掘进而前移,免拆卸,即插即用,持续保障掌子面区域、盾构机区域及已掘进区域的网络和定位无线覆盖,为隧道施工中的各要素提供基础无线网络接入和位置信息。智能盾构机车载网移动通信室分系统整体亦为分布式结构。与传统室分系统不同的是隧道和盾构机的空间都是狭长的类腔体结构,且布设钢结构部件及多种机械电子设备,其遮挡和干扰较为复杂。由此天馈系统较多采用漏泄电缆、定向天线和八木天线,在盾构机及后配套部分充分利用漏泄电缆的特性来解决钢结构和运输台车的局部遮挡问题;在已掘进区域则以天线波束"窄而长"的特性,解决已掘进区域"窄而远"的覆盖问题。

隧道内的无线通信网和定位网均需考虑隧道的电磁波传播特性,对于不同洞径、长度、环境均有较大差异,需依据隧道特性制定相应的方案,不可一概而论。盾构机车载网所采用的通信制式以成本较低、易于实现的 WLAN 和 ZigBee 为主,WLAN 用以支撑宽带无线接入,ZigBee 支撑窄带无线接入,有特殊需求的亦可通过直放站引入 4G/5G 信号。无线定位网的技术选择多种多样,但实际应用还未普及。按照融合网的逻辑架构来看,一维 UWB 定位技术可能会因其精度和灵活性,成为未来的主要发展方向。智能盾构机的掘进机车载网解决了隧道数字化施工的接入成本高、接入烦琐及设备移动性的问题,使可穿戴设备、设备、仪器、仪表、传感器等可快速接入和部署,最终实现一键物联和智能控制,从而提升隧道建设的效率和安全保障。

2021 年,杨路帆等提出了一种盾构机车载网系统,利用设置于盾构机上的分布式通信系统通过光纤将信号传输至外部调度室,该系统可以随盾构机掘进向前移动,解决了以往通信频繁拆卸的问题。

盾构机车载网示意图如图 15-9 所示。

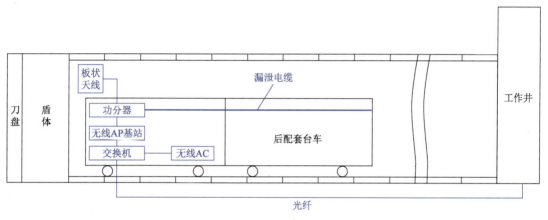

图 15-9 盾构机车载网示意图

盾构机车载网采用 WLAN 无线通信技术和 UWB 无线定位技术,可满足 2km 以内隧道期间,掘进全过程免拆卸、即插即用的全洞无线网络和定位覆盖,用以解决隧道内的数字化调度、安全信息系统、设备物联的应用和落地。在某市污水管网直径 3m 和某市地铁直径 6.4m 隧道,实现了精度在 30cm 左右的一维洞内无线定位和掘进全过程全洞无线网络覆盖(平均速率 30Mbit/s 以上),搭载了洞内外无距离限制无线对讲、智能安全帽、物联环境监测、隧道运输台车接入等应用,形成一套具备自主知识产权的隧道通信、定位、物联系统。

15.4.2 盾构机车载网应用

基于盾构机车载网技术实现了隧道掘进过程中的全洞通信,并对 IP 对讲机和智能安全帽两个产品进行了测试。IP 对讲机具有通信距离长、通信质量高、可以频道区分等优点,目前在建筑施工领域已逐渐取代传统对讲机。智能安全帽产品也在很多隧道施工项目中得到应用,其特点主要有:依托无线通信系统,不再有距离限制;扬声器内嵌安全帽内,位于耳朵上方,在嘈杂环境中声音和应答清晰;具备后台管理系统,使分组、调度、单线呼叫等更加灵活。

1) 车载网通信技术在直径 3m 隧道内的应用

中铁高新工业股份有限公司将掘进机车载网技术应用于直径 3m 的市政污水管网隧洞,实现了隧道全洞的流畅通信,全面提升项目整体的调度协调效率、安全管理水平和问题处理速率。基于该技术进行了 IP 对讲机和智能安全帽的应用测试,见图 15-10。

a)某市政污水管网盾构机隧道

b)隧道实时IP对讲机通话

c)隧道智能安全帽实时通信应用

图 15-10　盾构机隧道 IP 对讲机和智能安全帽应用测试

IP 对讲机应用测试由两位测试人员各持一台 IP 对讲机,一人位于洞外项目部,另一人在洞内每隔一定距离进行实时通信,实现了全洞高质量且信号稳定的 IP 对讲机通话。智能安全帽应用测试时,一人在隧道入口处通过安全帽的安全管控平台对安全帽的功能应用情况进行测试,另一人佩戴智能安全帽从隧道入口进入隧道内部协同测试,智能安全帽的语音通话、视频、文字转换语音等功能均得到可靠应用。

2)车载网通信技术在直径 6.4m 隧道内的应用

隧道施工单位往往面临多个项目同时施工、项目地点分布分散等问题,一旦施工出现问题,通常的做法是派技术人员或专家进入现场处理,不仅造成了大量人力和资源浪费,而且会影响工程施工进度。因此,如何对工程进行有效管理和技术支持,就成为一个目前急需解决的问题。

采用盾构机车载网技术可实现盾构机远程技术支持。在直径 6.4m 地铁隧道工程中对隧道专家远程技术支持场景进行了试应用,见图 15-11。测试通过远程视频接入的方式,现场维护人员位于隧道内盾构机处,项目管理人员位于隧道外,技术专家位于北京,通过远程专家技术支持,解决了现场维护问题,取得了良好的应用效果。

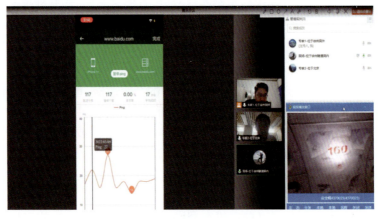

图 15-11　远程专家技术支持

15.5 本章小结

高速稳定的隧道通信网络是实现隧道建设数字化、智能化的基础。本章对不同形状隧道内电磁波的传播特性进行了理论分析,为隧道内无线通信频段、制式、组网方式设计提供了理论依据;对隧道环境下不同天线性能进行对比分析,为在实际工程中的天线选型及其部署应用提供参考方案;对盾构机无线通信技术和定位技术进行了归纳总结,为不同场景下的隧道无线通信网络规划提供了设计思路;介绍了一种盾构机车载网系统及其相关应用,验证了盾构机隧道施工无线通信网络的可行性和有效性。

未来的智能盾构机网络通信系统将朝着标准化、融合化、生态化、永临结合方向迈进,具体展望如下。

(1)网络设计和建设标准化。由于隧道通信网络建设涉及通信技术与隧道建设的结合,因此在隧道通信网络的设计和建设上需要进行标准化,旨在为建设中的隧道工程提供快速网络构建、快速变化响应、快速提升优化等多方面的技术服务支持。

(2)一网综合承载的融合网。隧道数字化施工是一个连通地上和地下的多学科技术综合应用场景,对接入网和定位需求也多种多样。通过弥合技术壁垒、跨越制式障碍、融合多种能力,以"一网"代替"多网",以一体化网络实现隧道数字化施工全维度的信息表达和数据流转是融合网的重要核心功能。同时隧道建设并不只有地下部分,还需要地面诸多设备、物资、人员的配合,连通地面和地下系统的通信和定位系统,形成上下融通的空间一体化网络,实现洞内外跨场景、跨区域联合定位与无缝切换是融合网的另一核心功能。整体来说,用于隧道数字化施工的融合网络需要以"一网"代替"多网"、跨区域联合定位,实现"在线即在位",用以支撑未来隧道施工各要素信息表达和要素间的数据流转。

(3)智慧网络应用的生态化。传统隧道建设工程往往存在粗放型管理、安全隐患和事故多等问题,随着信息和网络技术的快速发展和应用,使"智慧隧道"成为可能。基于隧道网络系统,开展大数据、云计算、BIM、物联网等信息技术的适用性综合应用研究,实现隧道施工的智能作业、智能检测、智能巡检、智能组织管理等,最终达到隧道建设的智能化、少人化、生态化。

(4)网络规划"永临结合"。永临结合兼顾隧道施工阶段的临时网络需求和运营阶段的永久网络需求,对网络设施复用和数字化信息数据无缝移交两个方面进行全面统筹,实现资源的合理调配,减少重复浪费和投入,提高设备利用率,达到降低工程成本、加快工程进度、提升隧道全生命周期管理能力的目的。

本章参考文献

[1] H T FRIIS. A Note on a simple Transmission Formula[J]. Proceedings of the Ire,1946,34(5):254-256.
[2] Y O. Field strength and its variability in VHF and UHF land mobile radio service[J]. Review of the Electrical Communications Laboratories,1968,16(9-10):825-873.

[3] M HATA. Empirical formula for propagation loss in land mobile radio services [J]. IEEE Transactions on Vehicular Technology,1980,29(3):317-325.

[4] J N C DE OLIVEIRA M ALENCAR, V C DA ROCHA JR, et a1. A new propagation model for cellular planning [C]// Fortaleza-CE of Brazil:IEEE. 2006:35-37.

[5] 孙继平,石庆冬.空圆形隧道中电磁波的传播特性[J].辽宁工程技术大学学报(自然科学版),2001(2):169-171.

[6] 孙继平,成凌飞.矩形隧道中电磁波传播模式的分析[J].电波科学学报,2005(4):522-525.

[7] 孙继平,成凌飞.梯形巷道中电磁波传播的等效分析方法[J].煤炭科学技术,2006(1):81-83.

[8] 成凌飞,孙继平.矩形隧道围岩电参数对电磁波传播的影响[J].电波科学学报,2007(3):513-517.

[9] 孙溶辰.隧道环境下无线信道特性分析[J].铁道学报,2017(2):58-66.

[10] 张申,丁恩杰,徐钊,等.物联网与感知矿山专题讲座之二——感知矿山与数字矿山、矿山综合自动化[J].工矿自动化,2010,36(11):129-132.

[11] 袁亮,俞啸,丁恩杰,等.矿山物联网人-机-环状态感知关键技术研究[J].通信学报,2020,41(2):1-12.

[12] J C COOK. Radar transparencies of mine and tunnel rocks[J]. Geophysics,1975,40(5):865-885.

[13] 孙继平,张宏炜.列车对矩形隧道电磁波传输影响带脊波导分析[J].辽宁工程技术大学学报(自然科学版),2005(2):243-245.

[14] 杨路帆,徐兵峰,张明涛,等.用于单层掘进机车载网的漏缆分布式通信系统:CN 215057369 U[P].2021-12-07.

第 16 章 盾构机智能化管控平台

盾构机营销、设计、生产、施工、运维、租赁等环节会产生数量巨大、种类繁多、关系复杂的各种各样的数据，如何打破盾构机产业上下游之间和各系统之间的数据壁垒，对产业各个环节产生的巨量数据进行科学、合理归类、采集、存储、分析、挖掘和应用，从而盘活数据，让数据服务产业，让数字变成资产，实现数据可见、可用、可协同、可运营，让数据说话，最后反哺到产业产品的设计、生产和运维，最大程度地发挥数据的潜在价值，为客户提供更多的增值服务，从而促进掘进机产业和隧道建设的发展，是盾构机产业智能化发展的一个重要课题。与此同时以5G通信、物联网、工业互联网、数字孪生等为代表的新一代信息化技术越来越多地应用到工业制造领域中，为盾构机行业的信息化智能化提供了解决方案。

16.1 平台架构

相对于盾构机全生态业务的复杂性，盾构机行业的数字化建设基础仍相对薄弱，具体表现在数据资产认识不深、数据采集维度不够完整、数据标准化程度不高、业务流程固化优化不够、数据资产流失严重、数据经验化知识化不足等问题较为突出。

以数据的完整性为例，掘进机产业链涵盖了设计、施工、运维、管理等各个环节，如表16-1所示。每个环节都衍生出大量复杂多样的数据。以当前的数字化水平，只有设备施工过程中产生的"机电液"数据等能够通过智能采集终端自动采集并存储至云端，大量的重要数据需要依靠人工录入的方式才能整合到数据中心。这在客观上难以保证数据的完备和正确性，阻碍盾构机产业的数字化、信息化和智能化建设的步伐。

业务数据归类　　　　　　　　　　　　　　　　表 16-1

设计类	施工类	运维类	管理类
设计计算	地质岩体	故障信息	项目统计
优化改善	施工参数	维保信息	设备、人员
试验仿真	施工工效	备件信息	质量、成本
设计评价	设备性能	拆机、装机	竣工资料等

盾构机智能化管控平台建设是一个系统性的复杂工程,由中铁装备自行开发的包括盾构机大脑、盾构机远程指挥中心、数字孪生应用平台、盾构机关键参数采集系统等在内的一系列应用平台构成,旨在以成熟的互联网技术方案,将各类数据"一网打尽",全面采集存储、科学分析、挖掘提取有效信息,最大程度挖掘数据的价值,从需求上倒逼盾构机产业数字化升级,从而加速盾构机上下游产业的信息化智能化过程。

盾构机智能化管控平台大体上包括数据中心、PaaS 平台、传感器装载、各类采集终端、数采系统、存储仓库和各类 SaaS 层的应用平台等。其中,以云计算技术为核心的数据中心是建造智能化平台的前提和基础,为各类应用系统提供 IaaS 层硬件资源的基础支持,并保证企业核心业务系统正常运转;PaaS 平台是数据的中转站,为各类数据提供基础环境和存储平台,管理各种数据资源,并归集了各个成熟的机器学习算法,为数据挖掘、建立 App 模型提供基础工具和运行环境;采集终端和数据采集系统用来对各类数据进行精准采集,拓展数据的范围和来源,保证数据的完整性;SaaS 层的应用平台是以 PaaS 层的各类算法和各类数据为基础,整合各种业务功能,为用户提供了可以直接操作的应用平台。

从流程上,通过在盾构机产业链的各个环节加装采集终端和数据采集系统采集各类数据并上传给数据中心存储,数据中心的 PaaS 层平台对各类数据进行过滤、分析、计算、挖掘,生成各类模型,并将模型推送到应用平台和终端 App,从而改善和拓展数据采集,丰富各类应用平台的功能,从而形成一个从终端—采集—分析—应用—终端的闭环,不断优化和改进盾构机的全生态链,见图 16-1。

中铁装备以自建的掘进机大数据中心(含云计算平台)为基础,开发了专业的盾构机大脑 PaaS 平台,整合以 Hadoop 和 Spark 为核心技术的大数据全生态框架,融合 Hive、OpenTsDb、Redis、MySQL、MongoDB 等各类型存储仓库,通过自研智能数据采集终端、油液检测、振动检测等各类终端采集数据,并针对性地开发盾构机远程指挥中心、工业 App、数据孪生应用平台等大型综合应用平台,为打造科学完整的盾构机全产业链智能化平台提供坚实基础。

盾构机智能化管控平台通过聚焦设计、生产、施工、运维等隧道建造全过程的智能化管理,从下到上解决盾构机施工过程的全面感知、平台整合和智能决策。在边缘感知层,在施工现场通过为盾构机加装各类智能终端,从而增强对人、设备和环境等的监测,实时将各类数据传输到信息化平台进行处理和展示;在平台整合层通过信息化平台实现对"人、机、料、法、环"的全流程业务覆盖,各业务要素均对应有信息化应用,并提供丰富的 API 和统一数据池,实现多业务平台间数据贯通与共享;在智能决策层通过大数据、人工智能、数字孪生等技术对各个阶段采集的巨量数据进行多维度分析挖掘,实现数据可视可管,构建丰富的智能应用,为隧道建造过程提供各类便捷的信息化工具。其功能架构如图 16-2 所示。

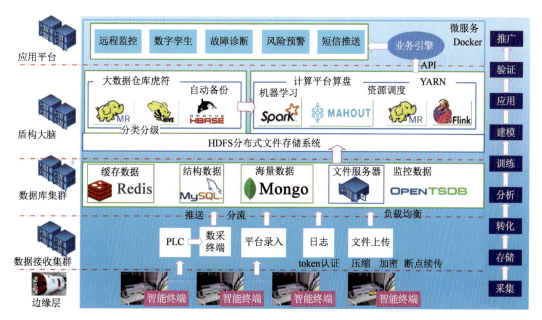

图 16-1　盾构机智能化管控平台架构

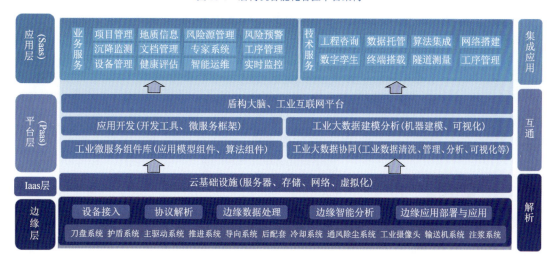

图 16-2　盾构机智能化管控平台功能架构

此平台为用户提供了丰富的 SaaS 层应用,主要聚焦在以下几个方面。

可视化看板:展示项目集群的基本信息、掘进进度、施工状态、风险源预警、设备类型分布、项目分布地图等,让用户对所属项目一目了然。

远程监控:实时展示设备的状态,用户可随时随地查看各类设备和终端的运行情况,客观评估设备的健康状态,及时纠正异常参数。

风险预警:实时显示设备的当前位置、最近风险源、设备健康状态、设备运行参数、地表沉降等重要的预警信息,当数据异常时即可在平台上或者以短信的方式向用户发送预警信息。

智能运维:实现设备和项目管理过程的运维,包括故障管理、物料管理、人员管理、保养管理、故障诊断专家系统等,以此提高项目管理水平,保障项目平稳运营。

质量控制：展示项目的隧道管片质量、盾尾间隙、渣土体积测量、壁后注浆等相关参数，根据关键参数和运行情况进行质量评价。同时可展示成型隧道与设计 BIM 偏差，进而全面了解隧道施工是否符合预期。

故障诊断：通过积累大量的故障案例、专家判断规则梳理，实现在线智能诊断、故障自动分析。

智能掘进：结合地质勘察数据、设备当前位置、运行参数等信息，通过实时智能化数据分析，给出最优掘进参数建议，并针对不合理的参数推送报警信息等。

由于篇幅所限，本书重点介绍盾构机大脑、盾构机远程指挥中心、数字孪生应用平台三个核心平台，从 PaaS 层系统环境、SaaS 层重点应用，到盾构机信息化智能化未来的发展方向三个方面介绍盾构机智能化管控平台的主要功能。

16.2 盾构机大脑

盾构机大脑是 PaaS 层的核心应用平台，是中铁装备自行研发的一款面向盾构机行业的工业数据操作系统。通过此平台以期达到打通各产业链全部数据、加持智能算法、合理调配资源、生产最大价值的目的，解决各个环节"问题多"与"专家少"，"业务多"与"知识少"，"系统多"与"串联少"的矛盾。

盾构机大脑的建设主要体现在以下几个方面：

（1）以 Hadoop 生态系统框架为核心，构建基础的 PaaS 层环境

盾构机大脑包括三大核心系统，即虎符、算盘、河图三大 PaaS 层套件，涵盖了从采集层、传输层、IaaS 层、PaaS 层、SaaS 层到交互层，实现企业内外部、在线、离线、信息技术（IT）、操作技术（OT）的数据采集、传输、存储、建模、应用开发，服务用户。盾构机大脑总体技术框架如图 16-3 所示。

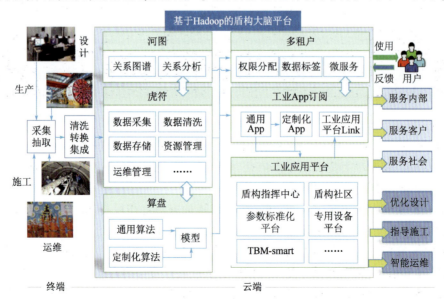

图 16-3　盾构机大脑总体技术框架

其中,虎符系统是以 Hadoop 生态系统为基础建立的数据中台,是各类数据(包括结构化数据和非结构化数据)的存储集中地,为各类工业 App 发布运行,为各种数据的互联互通提供一个基础的、稳定的 PaaS 层环境,并为用户建设个性化的工作台,让用户能够像使用传统数据库一样操作盾构机大脑。

算盘系统打包封装了市场上绝大多数的成熟的机器学习算法,供用户选择算法,对虎符系统中的数据进行训练,生成模型,并以图例的方式展示模型效果,以可视化、低代码的方式生成工业 App。算盘系统有四大特点,即知识组件化、模型显性化、业务智能化、部署多样化,以此来帮助用户快速完成数据模型的建立调优和部署应用。

河图系统为各类工业关系、各类数据关系提供了一个图谱分析平台,以此为基础,分析数据与数据之间的相关性,为数据的进一步分类、分析、挖掘打基础。

盾构机大脑及其 App 可以根据实际需要分别部署在云端、移动端、终端,满足在线、离线、综合业务、小微业务等的需求。盾构机大脑及其 App 内在逻辑如图 16-4 所示。

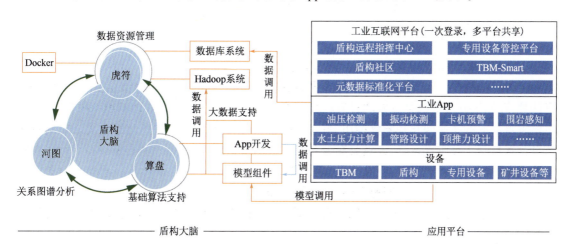

图 16-4　盾构机大脑及其 App 内在逻辑图

(2)内外网隔离,盾构机大脑平台各方共用,保证企业核心数据安全

盾构机大脑平台及开发的工业 App 默认部署在内网环境,优先满足企业内部员工正常使用。内网可充分保证数据的安全性,避免外部网络的直接侵入。除满足企业内部员工使用外,公网用户也可以通过网络路由转换、IP 及端口映射,实现外网和内网的数据互通,从而达到正常访问此平台的目的。另外,大数据中心采用专用的硬件和软件安全解决方案以及特殊的安全协议,集成到特定的业务系统或整个架构的出入口,对外部系统或网络进行安全认证和过滤。外网用户如果要访问盾构机大脑平台及工业 App,需通过大数据中心的各道关卡,包括路由过滤、防火墙限制、token 认证、加密设置,甚至盾构机大脑平台为涉密数据设置单独的访问权限等系统规范,再加上平台固有的数字签名、病毒查杀、访问控制、安全审计等多种安全机制,最大程度上规避非法用户侵入,从而避免企业数据外流,保障数据安全,如图 16-5 所示。

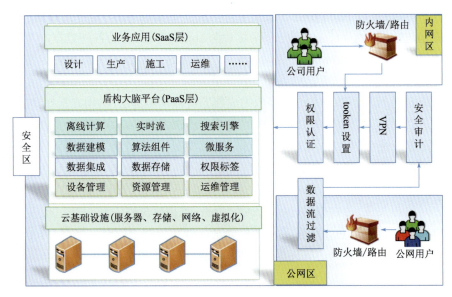

图 16-5　盾构机大脑及数据安全设计

(3) 计算、存储等硬件资源集中分配和动态扩展

随着盾构机产业的发展,可以预见伴生的数据将呈滚雪球式的爆炸增长。数据是无限的,但计算、存储等硬件资源是有限的且有巨大成本。如何合理、科学、有效地利用有限资源,一方面要满足数据的高速增长和频繁调用,另一方面也要充分考虑用户的体验舒适度。盾构机大脑平台本身基于分布式系统,天然具有分布式平台的架构优势,能够对集群中计算、存储、网络等硬件资源进行集中调度、管理和分配,确保集群负载均衡;并结合云计算技术实现对数据中心存储资源、计算资源、网络资源等各类资源的实时监控,当数据中心资源紧张时会及时向运维人员发出报警,通知运维人员采取必要应对措施(在线添加资源、均衡负载、程序优先度分级等)。

除了数据体量巨大外,盾构机伴生数据还有类型复杂的特点,即数据的属性、类别、表现形式、存储方式等多种多样,给数据的集中分析、统一管理造成了巨大的困难,所以在数据存储入库之前,需要先对数据进行过滤、清洗和转化,实现数据的格式化、标准化入库,为后续的数据分析、挖掘和应用打基础。

(4) 多种工业 App 快速开发,App 共享共用

盾构机大脑平台的算盘系统打包封装大量成熟的机器学习算法,采用统一的标准化数据建模技术,支持对模型对象的属性、版本、状态、生命周期、工作流等的集中管理,并为客户提供一种低代码、图形化的模型训练方式和 App 设计方式,如图 16-6 所示。

通过此平台,设计人员只需关注业务逻辑,通过简单的在线拖拉操作,即可完成 App 的开发和部署,从而大大降低了 App 的设计门槛,缩短了 App 的开发周期。每个 App 都必须有详细的 API 和使用说明,并对外提供 URL 接口,从而实现 App 的共享共用。比如 A 设计师开发了一个弹簧应力计算的模型,并封装成了 App,如果 B 设计师在开发另一个 App,如果也要用到弹力计算模型,就可以根据 API 接口直接调用 A 设计师开发的 App,从而节约了人力、时间等。

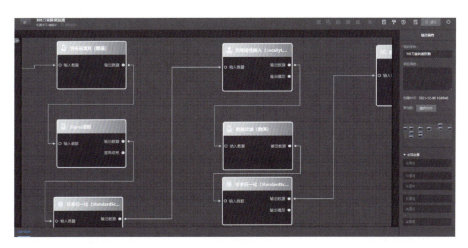

图 16-6　盾构机大脑算盘

（5）根据个人需要和权限隔离，订制订阅个性化的工作台

盾构机大脑平台支持多用户功能，为每个 App、每个功能单元、每台设备甚至每条数据设置权限标签，并为每个用户分配角色；每个角色对应若干权限，根据权限，为用户分配 App 和数据的相关权限，从而实现 App 和数据在用户之间的共享和隔离。盾构机大脑平台提供人性化的权限订阅功能和权限审核流程，用户除拥有自己开发的 App 和数据的所有权限外，还可根据盾构机大脑平台提供的 App 资源列表和数据列表，申请订阅感兴趣的 App 权限，经过系统和管理员审核后，即可拥有该项权限，正常使用或下载该项 App。用户登录盾构机大脑成功后，虎符系统会为用户生成一个个性化的工作台。此工作台只显示拥有权限的 App，并且根据个人喜好和使用频率对 App 进行智能排序，并且通用 App 和定制化的 App 分区陈列，方便用户快速查找自己需要的 App。个人订阅权限及工作区界面见图 16-7。

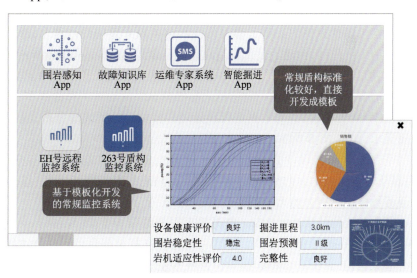

图 16-7　个人订阅权限及工作区界面

(6) 业务平台 App 化,并一键登录

云端服务平台(如专用设备平台、盾构机远程指挥中心、盾构机社区、App 商城等)都是单独部署在不同的容器中(或者虚拟机/服务器),与盾构机大脑没有直接关系,是隔离存在的,但业务平台可以根据和工业 App 提供的 API 接口,远程调用 App,从而实现应用平台对 App 功能的集成。这样既可以保证应用平台的独立性和安全稳定运行,降低盾构机大脑的负荷,又可共享工业 App 的功能和数据。

另外,盾构机大脑可以将业务平台以 App 图标的形式,排列分布在盾构机大脑的数据中台上,这些图标实际上是一个个远程链接,通过点击图标,像访问工业 App 一样,实现对平台的正常访问。通过盾构机大脑的后台管理系统,设置单独的"盾构机大脑用户-平台-平台用户"数据库表,来映射到每个业务平台的用户表,从而实现用户的登录令牌在多个业务平台中共享共用,实现对多个平台的单点登录(即只输入用户名密码一次,可以无须再输入用户名密码,直接访问相关业务平台)。

16.3 盾构机远程指挥中心

以盾构机远程指挥中心等应用平台构成的 SaaS 层服务,是盾构机智能化平台的重要组成部分,是直接面向用户的载体。盾构机远程指挥中心为用户提供了一个管理盾构机施工的重要平台,用户可根据自身权限访问平台,随时随地了解盾构机当前的施工状态,使项目业主方、监理方、施工方和设计方均能实时、系统、安全地获取到现场施工的全部信息,并能够满足跟踪项目施工进度,实现项目质量管控、安全管控等需求。

16.3.1 架构设计

1) 系统架构

盾构机远程指挥中心基于容器化技术和微服务架构设计理念,遵循 AKF 原则,即满足三个维度的无限扩展,构建轻量化容器化微服务集群,整体上采用分布式架构,计算、存储具备弹性伸缩、动态扩容能力。该中心以中铁装备自研的数据采集系统为依托,应用和管理盾构机施工产生的各类数据,并整合了盾构机大脑的算盘系统训练的算法模型,借助于盾构机大脑的数据管理中台(虎符系统)对数据进行预处理和转化及分类统计分析,满足不同客户不同视角的应用需求,如图 16-8 所示。

平台遵循 AKF 设计原则(图 16-9):基于分布式微服务架构面向业务服务,功能拆分的扩展;基于容器化技术面向集群支持弹性伸缩、动态扩容能力的扩展;基于大数据技术对于用户和业务数据处理能力的无限扩展。

微服务架构使用 SpringBoot 作为单个服务的架构集成,SpringBoot 内置的 SpringMvc 提供 Web 层面的 RestFul 风格接口。并以 SpringCloud 框架提供的可插拔式的微服务全家桶组件构建分布式架构,其中以 Consul 技术作为服务发现组件登记集群中各服务的 IP 和端口,基于 raft 协议保证服务注册的强一致性。Feign 提供声明式的 Rest 服务绑定功能,集成 Ribbon 提供客户端的负载均衡处理。Hystrix 作为断路器处理级联失败、舱壁模式、限流等问题。

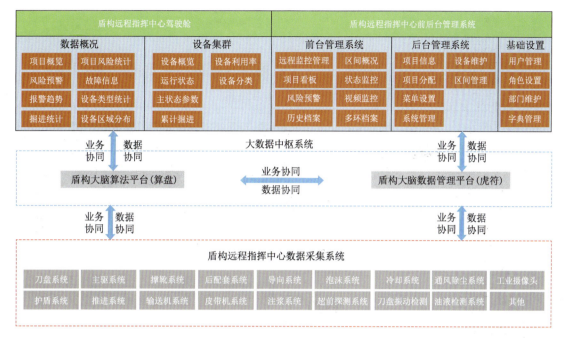

图 16-8 系统架构设计

在系统层面平台通过 Docker 容器化技术为各微服务构建 docker 镜像,实现各微服务单元的容器化部署,并实时监控各微服务单元的运行情况,根据各微服务单元的资源使用情况对所属容器进行弹性伸缩,动态调配微服务单元占用的软硬件资源。

2) 存储架构

在数据管理层面,平台搭建了多元化多维度的数据管理系统,结合关系和非关系型数据库对数据进行汇总和管理,实现数据的汇聚、归档、挖掘、智能应用,如图 16-10 所示。其中,关系数据库(MySQL)用于主业务数据存储,提供事务型数据处理,是应用系统的

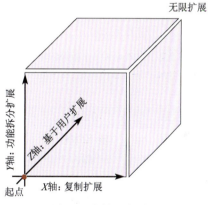

图 16-9 架构设计目标

核心数据存储。高速缓存(Redis Cluster)对复杂或操作代价昂贵的结果进行缓存,加速访问,用于实时的数据监控和为系统提供分布式缓存服务,并负责单点登录的会话存储、缓存,分布式锁。大数据存储(MongoDB,虎符),用于各类掘进机设备施工过程产生的历史数据归档,能支持高吞吐数据写入和查询,性能可线性扩展,满足大数据量数据管理和应用需求。

3) 技术栈

平台采用当下主流的前后端分离设计,前端以 Vue 全家桶(Vue、Vuex、ElementUi 等)构建 Html 展示的应用页面,后端采用 SpringBoot 等 Java 生态框架调度数据库,设计一个个接口,响应各种请求,为各个平台提供数据服务,具体如表 16-2 ~ 表 16-4 所示。

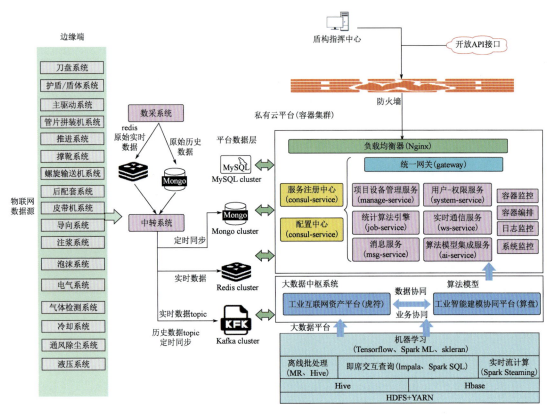

图 16-10 存储技术架构

注：hive 是基于 Hadoop 的一个数据仓库工具,可以将结构化的数据文件映射为一张数据库表,并提供简单的 SQL 查询功能。HBase 是一个高可靠性、高性能、面向列、可伸缩的一个开源的非关系型分布式数据库。

前端技术栈　　　　　　　　　　　　　　　　　　　　　　　　　　　　表 16-2

技术栈	解释
Vue 全家桶	基础的页面渲染框架
axios	网络请求框架
animte.css	动画样式框架
webpack	构建工具
百度地图 API	地图展示框架
echarts	百度开源的图标框架

后端技术栈　　　　　　　　　　　　　　　　　　　　　　　　　　　　表 16-3

名称	解释	描述
Spring cloud	微服务构建框架,提供了丰富的可插拔式的微服务全家桶组件	为构建分布式系统和微服务提供了通用的工具,例如：配置中心、服务注册与发现、熔断器、路由、代理、控制总线等
SpringBoot MyBatisPlus	应用开发框架,基于约定大于配置的理念,简化 Spring 应用的搭建以及开发过程,简化开发数据库的接口设计	作为单个服务的基础架构集成。使用 SpringBoot 内置的 SpringMVC 提供 Web 层面的 RestFull 风格接口

续上表

名称	解释	描述
Spring Security + JWT	Spring Security 权限控制 + JWT Token 认证	提供了一系列的过滤器链,web 请求在经过过滤器链的过程中会完成认证与授权,JWT(Java web token)是在网络应用环境间传递声明而执行的一种基于 JSON 的开放标准(RFC 7519),满足了分布式站点的单点登录场景
Druid	阿里巴巴开源的数据库连接池	将基础数据同步到 MySQL,以及同步的日志写到 MySQL,便于识别同步识别,可以定时重发机制
Jedis	Java 连接 Redis 的客户端	封装应用 Redis 数据库连接的交互逻辑

中间件技术栈 表 16-4

中间件	技术栈	描述
缓存	Redis Cluster	用于基础实时数据存储和为数据提供分布式缓存服务,负责单点登录的会话存储、缓存,分布式锁
消息中间件	Kafka Cluster	使用 Kafka Cluster 作为消息中间件处理异步消息、应用解耦、流量销峰
数据持久层	MySQL、MongoDB、OpenTSDB、HBase、ES	多元化多维度的数据库满足不同业务需求的数据存储与使用
推送服务	WebSocket	基于 TCP 连接的全双工协议,用于后端服务向前端推送设备数据的实时监测
ETL	Java、Flume、Kafka	
定时任务服务	Quartz	提供分布式任务调度服务
代理服务	Nginx	作为反向代理服务器,作为一级软负载
容器服务	Docker	提供虚拟化容器化服务

16.3.2 功能简介

1)集群管理

在地图上集中展示所属项目和设备的运行情况,包括设备类型、设备区域分布、周掘进、设备利用率、故障信息、项目风险信息、报警趋势等信息。所有的设备以卡片的形式集群展示,每个卡片都标有该设备当前的运行状况、是否在线、刀盘扭矩、掘进进度等信息。

盾构机大屏幕集群管理界面如图 16-11 所示。

2)项目看板

项目看板(图 16-12)包括项目基本信息介绍、当前的掘进状态、设备基本信息、项目人员信息、掘进统计、风险状态、日掘进统计、设备利用率、报警趋势、当前预警等。此界面可将项目和设备的大概信息全部展示,以快速了解项目的完成度信息。

图 16-11　盾构机大屏幕集群管理界面

图 16-12　项目看板

3)区间概况

区间概况(图16-13)展示了项目当前区间的掘进轨迹和当前区间设备的掘进状态,以了解掘进进度、项目所在位置、掘进位置、设备掘进状态等。

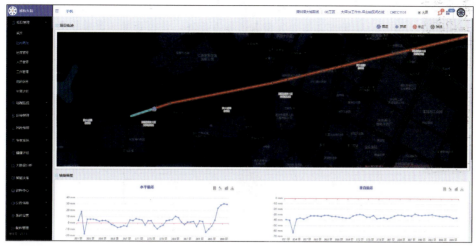

图16-13 区间概况

4)地质信息

项目纵断面图展示掘进过程中的地质数据。项目纵断面图中的地质信息以列表的形式展示在图16-14的下方,对掘进轨迹中的地质信息以图文并茂的方式展示。

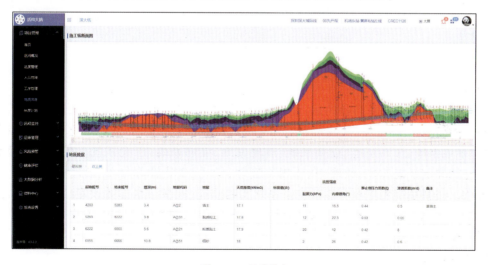

图16-14 地质信息

5)进度统计

根据选择的时间参数,查询一段时间的项目施工进度和施工效率,按天进行统计,并以图表和列表的方式双向展示,为管理者制订掘进计划提供决策依据,如图16-15所示。

6)人员管理

对当前项目的施工人员信息进行维护,包括员工的姓名、年龄、职别、联系方式、身份证号、家庭住址、头像等基本数据,如图16-16所示。

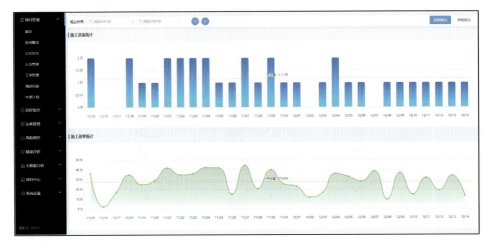

图 16-15　进度统计

图 16-16　人员管理

7）状态监控

分系统实时监控设备当前的运行状态和运行参数,包括主监控系统(图 16-17)、导向监控系统(图 16-18)、泡沫系统、注浆系统等。主监控系统监控对象包括刀盘系统、螺旋输送机系统、推进系统、注浆系统、铰接系统、盾尾密封、导向系统、土仓系统。导向监控系统监控内容包括导向系统参数、最近 10 环偏差统计、最近 10 环管片分布、盾尾偏差统计、盾尾间隙参数。注浆系统监控内容包括注浆系统实时监控、同步注浆参数设定、注浆实际消耗、最近 10 环注压力统计、最近 10 环注浆统计。泡沫系统监控压力参数、空气流量参数、混合液流量参数。

8）视频监控

将施工现场安装的各摄像头的数据接入平台,实现所在项目的在线实时视频监控。图 16-19 左侧部分显示当前项目的视频列表,通过点击列表的具体项,在中间页面切换不同的视频。

9）保养管理

保养管理功能可实现在线维护每天的保养记录,并根据后台设置的保养周期和保养策略计算每个部件下次保养的日期,并发出预警;可统计分析出设备常出现的故障和每日保养信息,如图 16-20 所示。

第 16 章
盾构机智能化管控平台

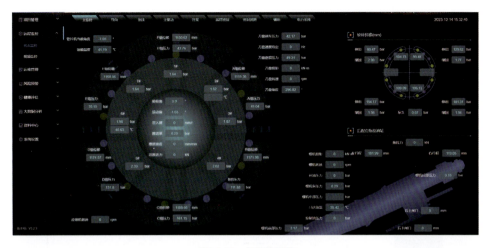

图 16-17　主监控系统

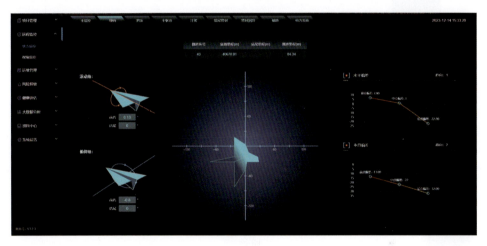

图 16-18　导向监控系统

图 16-19　视频监控

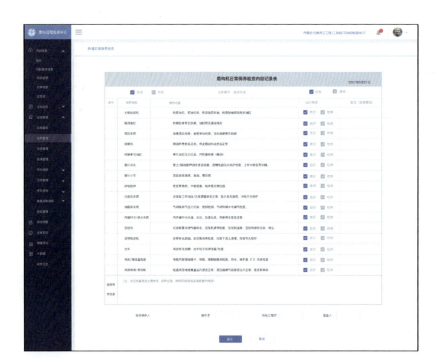

图 16-20　保养记录

10）风险源预警

风险源预警用于展示当前项目的风险源信息,根据设备当前的位置,计算风险等级,并根据计算结果在平台上发出报警通告,并以短信的方式发送给相关责任人知情,如图 16-21 所示。

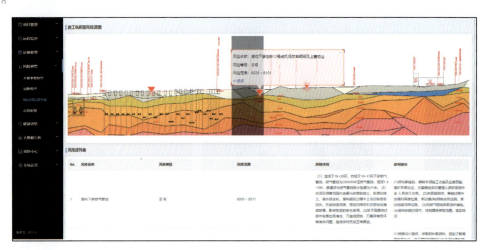

图 16-21　风险源预警

11）大数据分析

大数据分析包括多环档案、历史档案、环报统计等功能,通过平台内置算法,定时按环统计当前项目每一环的运行参数的平均值、最大值、最小值,或者某一环的历史数据走向,为管理人员深入了解设备的施工情况提供数据支持,并根据需要生成各种报表,供项目上使用,如图 16-22 所示。

图 16-22　多环档案

12)专家系统

在平台上维护当前项目的专家名单,包括专家的姓名、擅长专业、工作单位、联系方式等(图 16-23),如果项目遇到施工方面的问题,可通过专家系统向相应领域的专家申请帮助。

图 16-23　专家名单

13)文档管理

在整个隧道建造过程中会产生海量的各类数据,包括岩土信息、设备参数、作业说明、故障分析报告等,这些数据都是在施工过程中记录或总结出来的宝贵经验,对隧道的设计建造和掘进设备的设计制造都具有非常重要的参考价值。为避免这些数据资料流失,可按照数据类别和层级存储在云端,根据用户的权限,通过上传和下载实现数据的共享,如图 16-24 所示。

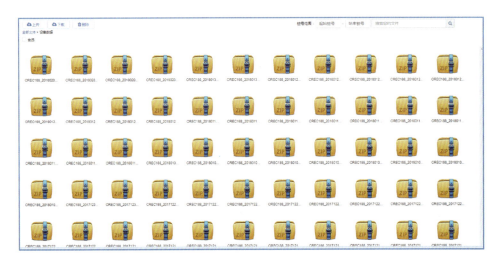

图 16-24　文档管理

16.4　数字孪生技术应用平台

数字孪生技术是指针对物理世界中的物体，通过数字化的手段来构建一个数字世界中一模一样的实体，借此来实现对物理实体的了解、分析和优化，这个过程贯穿于产品的设计、生产、使用、服务等整个生命周期。借助于数字孪生技术，将隧道建造全过程相关的隧道构造、开挖设备、辅助器件、人员车辆、建造过程等实际物体或建造过程用数字化的手段构建一个个虚拟的场景。其不仅可以加快整个工程的建设速度，更能精准地将隧道建造全过程真实情况直观反馈到隧道的设计端和相关设备的上下游企业，从而提升隧道建造装备的品质，提高隧道建造过程的安全性，进而改进隧道建造装备的设计与生产。数字孪生应用平台可作为单独的系统使用，也可以作为一个子系统内嵌到盾构机远程指挥中心中，丰富盾构机远程指挥中心的功能。目前数字孪生平台主要具备倾斜摄影、隧洞 BIM 漫游、设备施工仿真、三维点云扫描等功能。

16.4.1　倾斜摄影

倾斜摄影是近年来快速发展的地理信息系统（GIS）技术，使用搭载了传感器和高清摄像头的无人机，分别从前后左右和垂直 5 个角度拍摄图像，从而快速高效地获取地面的环境数据，然后用专业化的软件对这些多视角图像进行修改、调整、匹配等处理，获得三维模型。利用倾斜摄影技术，可由远及近、由高到低从整体上展示隧洞始发地或项目工程部的周边环境、建筑分布等场景信息，实现云端漫游隧道项目部和周边环境的布设。倾斜摄影效果图如图 16-25 所示。

图 16-25　倾斜摄影效果图

16.4.2　隧道 BIM 漫游

BIM 技术引进之初在应用上主要是以房建工程为主,但随着技术的发展与普及,BIM 在工程领域中的应用越来越广泛。BIM 除了应用在设计和施工,在运维上的表现也十分突出。相比传统的隧道运营监控方式,基于 BIM 和物联网技术的运营管理系统可将三维实景显示与视频监控相结合,在 BIM 模型中选择某一区域,即可立刻调用该区域的所有监控视频图像,同时通过 BIM 模型与所有的设备进行数据联动,可远程实现设备查找、定位功能,并可实时查看设备的运行状态,实时监测隧道环境状态,提高隧道安全运行水平和运维效率。基于 BIM 和物联网的隧道内交通虚拟仿真,可纳入城市智能交通系统,有效提高城市交通仿真的可视化效果,为缓解隧道交通阻塞、提高隧道通行能力、减少交通事故、减轻环境污染提供助力,从而为实现绿色智慧交通提供技术层面的支持,达到智能运维的目的。

利用三维引擎技术,将隧道整个模型经过轻量化处理,最终渲染到 Web 页面上,实现在页面用第一视角阅览整个隧道的建造情况。隧道模型和真实场景一一对应,漫游过程可加速、可停顿、可旋转,并可更换视角,实现在足不出户的情况下全方位浏览隧洞,具体效果如图 16-26 所示。

图 16-26　隧洞漫游

16.4.3 设备施工仿真

利用三维引擎技术,将隧道建造设备模型渲染到 Web 页面,定时采集设备数据并传送给云端模型引擎,由真实数据驱动模型上的部件做出前进、后退、旋转等动作,真实反映设备各零部件的工作情况。如果数据超过对应零部件的报警范围,则会触发模型的场景报警,从而弹出火灾、涌水、突泥等动画。

盾构机三维模型如图 16-27 所示。

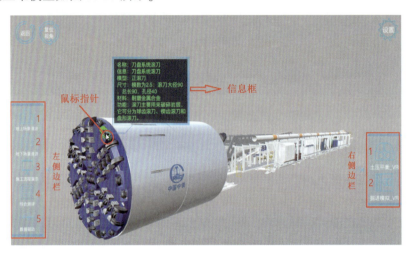

图 16-27　盾构机三维模型

16.4.4 三维点云扫描

三维激光扫描技术能够快速获得隧道表面三维坐标点云信息和空间几何数据,准确建立隧道三维点云模型,如图 16-28 所示,并将模型和数据信息保存在云上,供监控平台调用展示。图 16-29a)所示为隧道轴线、管片收敛可视化三维图像,当隧道断面空间位置与设计断面偏差为正时(即外凸)显示为红色,偏差为负时(即内凹)为蓝色,颜色越深代表偏差越大。从可视化图 16-29a)中可以直观地观察实际轴线与设计轴线偏差情况;同时根据点云颜色信息,可观察到本次扫描段图像中,管片有沿着隧道轴线向左下方向下沉的趋势,应关注左下侧注浆质量。图 16-29b)所示为针对截取断面进行具体的分析。这些点云信息可以形成不同时期的隧道数字化三维模型,为项目竣工验收及运维提供参考,同时可以为隧道施工信息化展示提供BIM 数据支持。当前三维激光扫描技术发展势头迅猛,已广泛应用于工业工程测量领域,并日益受到了隧道建造行业的重视。

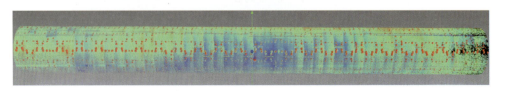

图 16-28　隧道三维点云模型

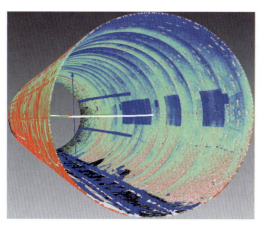
a) 隧道轴线、管片收敛可视化三维图像

b) 隧道断面分析

图 16-29　隧道三维点云扫描图像

16.5　本章小结

未来,通过盾构机智能化管控平台将实现施工过程的全面感知、平台整合、智能决策。全面感知,即在现场层通过智能终端增强对人、设备和环境的监测、感知能力,在传输层通过多源数据采集网络将采集的力、扭矩、温度、振动、视频、图像数据实时传输到信息化平台进行汇总和处理。平台整合,即在生产层通过平台实现对"人、机、料、法、环、测"全流程业务覆盖、全要素数据管理,通过丰富的 API 和统一数据池,实现多业务平台间数据贯通与共享。智能决策,即在管理层通过大数据、人工智能、数字孪生技术对时间、施工、线路、工区、项目等多维度数据纵深、横向对比,实现核心数据可视化、可管理,构建丰富的智能应用场景,服务于隧道建造管理。

本章参考文献

[1] 李建斌.掘进机未来技术[M].北京:人民交通出版社股份有限公司,2019.
[2] 吕鹏飞,何敏,陈晓晶,等.智慧矿山发展与展望[J].工矿自动化,2018,44(9):84-88.
[3] 陈湘生,徐志豪,包小华,等.中国隧道建设面临的若干挑战与技术突破[J].中国公路学报,2020,33(12):1-14.
[4] 齐飞,王秋红,朱雪田.基于5G切片技术的区域应急解决方案研究[J].电子技术应用,2020,46(3):23-27.
[5] 石迪.5G切片技术在移动通信中的应用与发展[J].中国新通信,2020,22(9):36.
[6] 钱志鸿,王雪.面向5G通信网的D2D技术综述[J].通信学报,2016(7):1-14.
[7] 周路军,蒋立,陈军,等.川藏铁路隧道TBM适应性及钻爆法机械化配套研究[J].现代隧道技术,2020,57(S1):52-56.

[8] 杨海博.5G 网络中的 D2D 技术分析[J].电子技术与软件工程,2020(12):8-10.

[9] 陈军俊.5G CPE 发展现状与展望[J].科技传播,2019,11(20):108-109.

[10] ZHANG R,YI Z,CHEN Y,et al. A Hybrid Antenna System for 5G-WLAN Customer Premise Equipment (CPE) Application[C]//2019 International Applied Computational Electromagnetics Society Symposium-China (ACES).China,2019:1-2.

[11] 王志坚.高速铁路山岭隧道智能化建造技术研究:以郑万高速铁路湖北段为例[J].铁道学报,2020,42(2):86-95.

[12] 刘飞香.铁路隧道智能化建造装备技术创新与施工协同管理展望[J].隧道建设(中英文),2019,39(4):545-555.

[13] 于太彰,李建斌,荆留杰,等.TBM 施工信息云计算平台的设计与实践[J].现代隧道技术,2018,55(6):33-41,52.

[14] 朱庆,李函侃,曾浩炜,等.面向数字孪生川藏铁路的实体要素分类与编码研究[J].武汉大学学报(信息科学版),2020,45(9):1319-1327.

[15] 肖雄武.具备结构感知功能的倾斜摄影测量场景三维重建[J].测绘学报,2019,48(6):802.

[16] 朱庆.三维 GIS 及其在智慧城市中的应用[J].地球信息科学学报,2014,16(2):151-157.

[17] 解亚龙,王万齐,李琳.BIM 技术在清河站建设中的应用研究与实践[J].铁道标准设计,2021,65(1):104-109.

[18] 王同.基于 BIM 技术的铁路工程建设管理创新与实践[J].铁道学报,2019,41(1):1-9.

[19] 尹恒,封全宏,廖紫骅,等.基于三维激光扫描技术的病害隧道监测[J].地下空间与工程学报,2014,10(4):895-901.

[20] 刘训华,孙韶媛,顾立鹏,等.基于改进 Frustum PointNet 的 3D 目标检测[J].激光与光电子学进展,2020,57(20):328-334.

[21] 李建斌.隧道掘进机辅助智能化施工技术[M].北京:科学出版社,2020.